WiSo-KURZLEHRBÜCHER
Reihe Betriebswirtschaft

Castan, Rechnungslegung der Unternehmung

# Rechnungslegung der Unternehmung

von

Dr. Edgar Castan

o. Professor der Betriebswirtschaftslehre
an der Hochschule für Wirtschaft und Politik
Hamburg

2., neubearbeitete Auflage

Verlag Franz Vahlen München

CIP-Kurztitelaufnahme der Deutschen Bibliothek

*Castan, Edgar:*
Rechnungslegung der Unternehmung / von Edgar Castan. – 2., neubearb. Aufl. – München: Vahlen, 1984.
(WiSo-Kurzlehrbücher: Reihe Betriebswirtschaft)
ISBN 3 8006 1083 3


ISBN 3 8006 1083 3

© 1984 Verlag Franz Vahlen GmbH, München
Satz und Druck: C. H. Beck'sche Buchdruckerei, Nördlingen

# Vorwort zur zweiten Auflage

Da auch der Nachdruck der ersten Auflage inzwischen vergriffen ist, wurde eine Neuauflage des Buches notwendig. Eine Neuauflage konnte an der im Zusammenhang mit der Umsetzung der 4. EG-Richtlinie in deutsches Recht bevorstehenden Bilanzrechtsreform nicht vorübergehen. Dabei bestand die Schwierigkeit, daß im gegenwärtigen Zeitpunkt das Bilanzrichtlinie-Gesetz noch nicht verabschiedet ist und zur Zeit auch nicht absehbar ist, ob der Gesetzgeber der großen Lösung (Änderung vor allem des HGB mit Wirkung für alle Kaufleute) oder der kleinen (Änderung nur des AktG und des GmbHG) den Vorzug geben wird. Da die wesentlichen Teile der Bilanzrechtsreform jedoch von der 4. EG-Richtlinie vorgegeben sind und selbst eine Beschränkung auf eine Änderung des Rechts der Kapitalgesellschaften nicht ohne Wirkung auf das Bilanzrecht insgesamt bleiben würde, erscheint eine Neubearbeitung auf der Grundlage des Entwurfs eines Bilanzrichtlinie-Gesetzes (vom 26. 8. 1983) als vertretbar. Wegen des ungewissen Schicksals des Gesetzentwurfs sind Hinweise auf das zur Zeit jeweils vorgesehene Gesetz (EHGB, EAktG, EGmbHG, EGenG) möglichst vermieden worden. Stattdessen wird zumeist von dem „neuen Recht" oder den „zu erwartenden Regelungen" gesprochen.

An der Grundkonzeption des Buches ist auch in der zweiten Auflage festgehalten worden:

- Handels- und Steuerbilanz werden nebeneinander dargestellt,
- soweit möglich werden die Ausführungen empirisch belegt oder durch Beispiele anschaulich gemacht,
- den praktischen Einzelproblemen der Bilanzierung wird der Vorrang vor allgemein-theoretischen Erörterungen eingeräumt.

Um den Umfang des Buches als eines „Kurzlehrbuchs" nicht ungebührlich zu überschreiten, wurde in der Neubearbeitung auf die Abschnitte über die Konzernrechnungslegung und die Sozialbilanz verzichtet. Dies bot sich im ersten Fall auch deshalb an, da zur Zeit zwar die (7.) EG-Richtlinie zum Konzernabschluß verabschiedet ist, aber noch kein Regierungsentwurf zur Umsetzung der Richtlinie in deutsches Recht vorliegt. Die Zahl der Unternehmen, die Sozialbilanzen aufstellen, ist vergleichsweise klein geblieben.

Angesichts nicht weniger Unternehmungszusammenbrüche der letzten Jahre, mit denen in der Öffentlichkeit auch Verstöße gegen die Bilanzierungsregeln in Zusammenhang gebracht wurden, erschien es zweckmäßig, wenigstens kurz auf die strafrechtlichen Konsequenzen einzugehen, die eine Nichtbeachtung der Bilanzierungsvorschriften mit sich bringt.

Hamburg, im April 1984 *Edgar Castan*

# Vorwort zur ersten Auflage

In den letzten Jahrzehnten hat der Gesetzgeber die Anforderungen an die Qualität der Rechnungslegung mehrfach erhöht. Zugleich nahm die Zahl der Bilanzinteressenten zu. Beide Entwicklungen sind noch nicht abgeschlossen. Überfällig ist die Reform der Rechnungslegungsvorschriften für die bisher nicht publizitätspflichtigen Gesellschaften mit beschränkter Haftung. Die Rechtsangleichung in den Ländern der EWG wird sich auch auf die Normen der Bilanzierung, zuerst der Kapitalgesellschaften, auswirken. Die Ausdehnung der Mitbestimmung, die stärkere Ausschöpfung der Rechte des Betriebsverfassungsgesetzes, die Bildung von Produktivvermögen in Arbeitnehmerhand und die Popularisierung des „Aktiensparens" bringen mehr Menschen als je zuvor mit dem Bilanzwesen in Berührung. Das vorliegende Buch will mithelfen, das hierfür notwendige Wissen zu verbreiten.

Das Bilanzsteuerrecht beeinflußt den handelsrechtlichen Jahresabschluß in nicht geringem Umfang und in den nicht publizitätspflichtigen Unternehmen wird regelmäßig überhaupt nur ein Abschluß aufgestellt. Es bot sich daher an, die handels- und steuerrechtlichen Rechnungslegungsvorschriften nebeneinander darzustellen. Die wachsende Zahl verbundener Unternehmen verringert den Erkenntniswert des Einzelabschlusses. Aus diesem Grund erscheint eine Beschreibung wenigstens der Grundzüge der Konzernrechnungslegung nützlich. Schließlich konnte auch an den bisher vorliegenden Ansätzen für eine Sozialbilanz nicht vorübergegangen werden, auch wenn dieser Teil der Rechnungslegung noch lange nicht das Stadium erreicht hat, das man als „lehrbuchreif" zu bezeichnen pflegt.

Grundkenntnisse der Buchführungstechnik können an einigen Stellen des Buches den Zugang erleichtern, notwendige Voraussetzungen für das Verständnis sind sie nicht. Empfehlenswert ist es, sich einen veröffentlichten Jahresabschluß und Geschäftsbericht zu beschaffen und bei der Lektüre heranzuziehen. Abschlüsse der Börsengesellschaften besorgt jedes Kreditinstitut.

Hamburg, im November 1976 *Edgar Castan*

# Inhalt

Vorwort ....................................................... V
Abkürzungsverzeichnis ......................................... XIV

A. Einführung ................................................. 1
  I. Gegenstand des Buches ..................................... 1
  II. Empirische Grundlagen .................................... 3
  III. Zur Geschichte der Rechnungslegung und der Rechnungslegungsvorschriften ................................................. 3
  IV. Rechtsgrundlagen der Gegenwart ........................... 7
    a) Gesetze und Verordnungen ................................ 7
      1. Handelsrechtliche Rechnungslegungsvorschriften ......... 7
      2. Steuerrechtliche Rechnungslegungsvorschriften .......... 9
      3. Zum Verhältnis handelsrechtlicher und steuerrechtlicher Rechnungslegungsvorschriften ................................. 11
    b) Grundsätze ordnungsmäßiger Buchführung .................. 12
    c) Rechtsprechung .......................................... 13

B. Der erste Teil der Rechnungslegung: Die Bilanz .............. 15
  I. Der Inhalt der Bilanz ..................................... 15
    a) Übersicht ............................................... 15
    b) Der Inhalt der Bilanz auf der Aktivseite ................ 15
      1. Die aktiven Wirtschaftsgüter (Vermögensgegenstände) .... 15
        (a) Abgrenzung nach der Art des Wirtschaftsgutes ........ 15
        (b) Abgrenzung zwischen privatem und betrieblichem Vermögen .. 18
        (c) Abgrenzung nach der rechtlichen oder wirtschaftlichen Zugehörigkeit ............................................. 21
        (d) Abgrenzung nach der zeitlichen Zugehörigkeit ........ 25
      2. Die aktiven Rechnungsabgrenzungsposten ................. 27
      3. Die aktiven Bilanzierungshilfen ........................ 29
      4. Die aktiven Korrektur- und Ausgleichsposten ............ 30
      5. Die Aktivierungswahlrechte ............................. 31
      6. Die Aktivierungsverbote ................................ 33
    c) Der Inhalt der Bilanz auf der Passivseite ............... 35
      1. Übersicht .............................................. 35
      2. Die passiven Wirtschaftsgüter (Schulden) ............... 35
        (a) Abgrenzung nach der Art des Wirtschaftsgutes ........ 35
        (b) Abgrenzung zwischen privaten und betrieblichen Schulden .... 38
      3. Das Eigenkapital ....................................... 39
      4. Die Sonderposten mit Rücklageanteil .................... 40
      5. Die passiven Rechnungsabgrenzungsposten ................ 41
      6. Die passiven Bilanzierungshilfen ....................... 42
      7. Die passiven Korrekturposten ........................... 43
      8. Die Passivierungswahlrechte ............................ 44
      9. Die Passivierungsverbote ............................... 45

## Inhalt

| | |
|---|---|
| II. Die Bewertung der Vermögens- und Kapitalteile | 45 |
| a) Die handels- und steuerrechtlichen Wertbegriffe | 45 |
| 1. Übersicht | 45 |
| 2. Die Basiswerte | 46 |
| (a) Die Anschaffungskosten | 46 |
| (1) Begriffsinhalt | 46 |
| (2) Anschaffungskosten in Sonderfällen | 50 |
| α) Anschaffungskosten bei der Übertragung von aufgelösten stillen Rücklagen | 50 |
| β) Anschaffungskosten bei unentgeltlichem Erwerb | 50 |
| γ) Anschaffungskosten beim Tausch | 51 |
| δ) Anschaffungskosten bei Gegenständen, die aufgrund von Leasing-Verträgen dem „Mieter" zugerechnet werden | 52 |
| ε) Anschaffungskosten bei der Verschmelzung von Unternehmen | 53 |
| ζ) Anschaffungskosten bei Sacheinlagen | 53 |
| η) Anschaffungskosten bei der Rückrechnung | 54 |
| (b) Die Herstellungskosten | 54 |
| (1) Begriffsinhalt | 54 |
| (2) Herstellungskosten in Sonderfällen | 58 |
| α) Herstellungskosten bei Unterbeschäftigung und stilliegenden Betriebsteilen | 58 |
| β) Herstellungskosten bei Reparaturen und Umbauten | 59 |
| γ) Herstellungskosten bei Kuppelproduktion | 60 |
| δ) Anschaffungs- oder Herstellungskosten bei Beteiligungen | 61 |
| ε) Herstellungskosten bei der Rückrechnung | 62 |
| 3. Die Vergleichswerte | 62 |
| (a) Der aus dem Börsenkurs oder dem Marktpreis abgeleitete Wert | 62 |
| (b) Der Wert, der den Gegenständen am Abschlußstichtag beizulegen ist | 65 |
| (c) Der gemeine Wert | 66 |
| (d) Der Teilwert | 66 |
| 4. Die fakultativen Werte | 70 |
| (a) Der nahe Zukunftswert | 70 |
| (b) Der niedrigere, steuerlich zulässige Wert | 70 |
| (c) Der niedrigere, handelsrechtlich zulässige Wert | 72 |
| b) Bewertungsgrundsätze | 73 |
| 1. Die allgemeinen Bewertungsgrundsätze | 73 |
| (a) Vorbemerkung | 73 |
| (b) Der Grundsatz der Richtigkeit | 73 |
| (c) Der Grundsatz der Bewertungsstetigkeit | 75 |
| (d) Der Grundsatz der Unternehmensfortführung | 76 |
| (e) Der Grundsatz der Vorsicht | 78 |
| (f) Der Grundsatz der Periodenabgrenzung | 80 |
| (g) Der Grundsatz der Einzelbewertung | 82 |
| (h) Der Grundsatz der Bilanzidentität | 83 |
| (i) Abweichungen von den allgemeinen Bewertungsgrundsätzen | 85 |
| 2. Die besonderen Bewertungsgrundsätze | 85 |
| (a) Die Bewertung des nichtabnutzbaren Anlagevermögens | 85 |
| (b) Die Bewertung des abnutzbaren Anlagevermögens | 87 |
| (c) Die Bewertung des Umlaufvermögens | 93 |

(d) Die Bewertung der Verbindlichkeiten ................... 95
(e) Die Bewertung der Rückstellungen ..................... 97
c) Einzelfragen der Bewertung .............................. 100
  1. Methoden der Abschreibung ............................ 100
    (a) Übersicht ........................................ 100
    (b) Die Abschreibung mit gleichen Quoten (lineare Abschreibung) ............................................ 101
    (c) Die Abschreibung mit fallenden Quoten (degressive Abschreibung) ............................................ 102
    (d) Die Abschreibung nach der Beanspruchung oder Leistung ..... 107
    (e) Kombinierte Abschreibungsmethoden .................. 108
    (f) Wechsel der Abschreibungsmethode ................... 108
  2. Die Abschreibung vom Wiederbeschaffungswert ............. 110
  3. Die Sofortabschreibung geringwertiger Wirtschaftsgüter ........ 112
  4. Methoden der Sammelbewertung ......................... 114
    (a) Übersicht ........................................ 114
    (b) Die Durchschnittsbewertung .......................... 114
    (c) Die Gruppenbewertung .............................. 116
    (d) Die Ermittlungsverfahren mit unterstellter Verbrauchsfolge ... 116
    (e) Die Festwertrechnung .............................. 119
  5. Die Berücksichtigung wertaufhellender Umstände nach dem Bilanzstichtag .......................................... 120
  6. Die Wertaufholung (Zuschreibung) ....................... 123
  7. Stille Rücklagen ....................................... 126
  8. Der Ausweis von Pfennigbeträgen ........................ 128
III. Die Gliederung der Bilanz .................................. 129
  a) Allgemeine Grundsätze der Gliederung ...................... 129
    1. Übersicht ........................................... 129
    2. Kontoform .......................................... 129
    3. Gliederungsstetigkeit .................................. 130
    4. Angabe der Vorjahrszahlen ............................. 131
    5. Mitzugehörigkeit zu einem anderen Posten ................. 132
    6. Überschneidung verschiedener Formblätter ................ 133
    7. Freiwillige Untergliederung und Einfügung neuer Posten ....... 133
    8. Anpassung der Gliederung und Bezeichnung der Posten an die Besonderheiten des Unternehmens ......................... 133
    9. Zusammenfassung unbedeutender oder die Klarheit vermindernder Posten ........................................... 134
    10. Verzicht auf Leerposten ............................... 135
  b) Die Bilanzgliederung im einzelnen ......................... 135
    1. Übersicht ........................................... 135
    2. Die Gliederung der Aktivseite ........................... 137
      (a) Die Gliederung des Anlagevermögens .................. 137
        (1) Begriff und Hauptposten ......................... 137
        (2) Die immateriellen Wirtschaftsgüter .................. 138
        (3) Die Sachanlagen ................................ 139
        (4) Die Finanzanlagen .............................. 141
      (b) Die Gliederung des Umlaufvermögens .................. 143
        (1) Begriff und Hauptposten ......................... 143
        (2) Die Vorräte ................................... 144
        (3) Die Forderungen und sonstigen Wirtschaftsgüter ......... 145
        (4) Die Wertpapiere ............................... 147
        (5) Die flüssigen Mittel ............................. 148

      (c) Die Rechnungsabgrenzungsposten der Aktivseite .......... 149
      (d) Zusätzliche Posten ................................. 149
   3. Die Gliederung der Passivseite ........................... 150
      (a) Die Gliederung des Eigenkapitals ..................... 150
         (1) Begriff und Hauptposten ......................... 150
         (2) Das gezeichnete Kapital .......................... 150
         (3) Kapitalrücklage ................................. 150
         (4) Gewinnrücklagen ............................... 151
         (5) Gewinnvortrag/Verlustvortrag ..................... 153
         (6) Jahresüberschuß/Jahresfehlbetrag ................... 153
         (7) Zusätzlicher Posten ............................. 153
      (b) Die Gliederung der Sonderposten mit Rücklageanteil ........ 154
      (c) Die Gliederung der Rückstellungen .................... 154
         (1) Die Posten der Bilanzschemata .................... 154
         (2) Zusätzliche Posten .............................. 156
      (d) Die Gliederung der Verbindlichkeiten ................... 158
         (1) Die Posten der Bilanzschemata .................... 158
         (2) Zusätzliche Posten .............................. 161
      (e) Die Rechnungsabgrenzungsposten der Passivseite .......... 161

## C. Der zweite Teil der Rechnungslegung: Die Gewinn- und Verlustrechnung .... 163

  I. Der Inhalt der Gewinn- und Verlustrechnung .................... 163
    a) Übersicht .............................................. 163
    b) Die Abgrenzung zwischen Aufwand (Ertrag) und Betriebsausgaben
       (Betriebseinnahmen) ..................................... 164
    c) Die Abgrenzung zwischen Betriebsausgaben (-einnahmen) und Privat-
       ausgaben (-einnahmen) ................................... 166
    d) Die Abgrenzung zwischen abzugsfähigen und nichtabzugsfähigen
       (laufenden) Betriebsausgaben ............................... 167

  II. Die Gliederung der Gewinn- und Verlustrechnung ................. 167
    a) Allgemeine Grundsätze der Gliederung ...................... 167
      1. Übersicht ........................................... 167
      2. Staffelform ......................................... 168
      3. Bruttorechnung ..................................... 168
      4. Gesamtkostenverfahren ............................... 169
      5. Ausweis der ursprünglichen Aufwendungen ............... 170
      6. Anwendung der allgemeinen Gliederungsgrundsätze der Bilanz
         auch auf die Gewinn- und Verlustrechnung ................ 170
    b) Die Gliederung der Gewinn- und Verlustrechnung im einzelnen ..... 172
      1. Übersicht ........................................... 172
      2. Die Gliederung bis zur ersten Zwischensumme ............. 172
         (a) Umsatzerlöse ................................... 172
         (b) Erhöhung oder Verminderung des Bestands an fertigen und
            unfertigen Erzeugnissen ............................ 173
         (c) Andere aktivierte Eigenleistungen ..................... 173
         (d) Sonstige betriebliche Erträge ........................ 173
         (e) Materialaufwand ................................. 174
         (f) Personalaufwand ................................. 175
         (g) Abschreibungen ................................. 176
         (h) Sonstige betriebliche Aufwendungen .................. 176
         (i) Die erste Zwischensumme ......................... 177

## Inhalt XI

3. Die folgende Gliederung bis zum Ergebnis der gewöhnlichen Geschäftstätigkeit ........................................ 177
   (a) Erträge aus Beteiligungen ............................ 177
   (b) Erträge aus Gewinngemeinschaften, Gewinnabführungs- und Teilgewinnabführungsverträgen ....................... 177
   (c) Erträge aus Wertpapieren, Ausleihungen und sonstigen Finanzanlagen ............................................. 178
   (d) Sonstige Zinsen und ähnliche Erträge ................... 178
   (e) Abschreibungen auf Finanzanlagen und auf Wertpapiere des Umlaufvermögens ..................................... 179
   (f) Aufwendungen aus Verlustübernahmen .................. 179
   (g) Zinsen und ähnliche Aufwendungen .................... 179
   (h) Ergebnis der gewöhnlichen Geschäftstätigkeit ............. 180
4. Die folgende Gliederung bis zum Jahresüberschuß/Jahresfehlbetrag ................................................... 180
   (a) Außerordentliche Erträge ............................. 180
   (b) Außerordentliche Aufwendungen ...................... 181
   (c) Außerordentliches Ergebnis .......................... 181
   (d) Steuern vom Einkommen und Ertrag ................... 181
   (e) Sonstige Steuern .................................... 182
   (f) Erträge aus Verlustübernahme ........................ 182
   (g) Auf Grund einer Gewinngemeinschaft, eines Gewinnabführungs- oder eines Teilgewinnabführungsvertrags abgeführte Gewinne ........................................... 182
   (h) Jahresüberschuß/Jahresfehlbetrag ...................... 182
5. Die Gliederung der Ergebnisverwendung ................... 182

III. Die Anlage zur Bilanz als Ersatz für die Gewinn- und Verlustrechnung für die Zwecke der Veröffentlichung gem. § 5 Abs. 4 PublG .......... 183
   a) Übersicht ............................................. 183
   b) Umsatzerlöse ......................................... 184
   c) Erträge aus Beteiligungen .............................. 185
   d) Personalaufwendungen ................................ 186
   e) Bewertungs- und Abschreibungsmethoden ................ 186
   f) Zahl der Beschäftigten ................................. 186

**D. Der dritte Teil der Rechnungslegung: Der Anhang** .................. 189

I. Vorbemerkung ............................................. 189

II. Allgemeine Grundsätze für den Inhalt und die Gliederung des Anhangs. 191

III. Der Inhalt des Erläuterungsberichts ........................... 192
   a) Übersicht ............................................. 192
   b) Allgemeine Erläuterungen des Jahresabschlusses ............. 193
     1. Der Diskrepanzhinweis ............................... 193
     2. Allgemeine Erläuterungen zur Aktivierung und Passivierung von Wirtschaftsgütern, Korrekturposten, Rechnungsabgrenzungsposten und zur Bilanzierungshilfe ............................ 193
     3. Allgemeine Erläuterungen zur Bewertung ................ 194
     4. Allgemeine Erläuterungen zur Gliederung ................ 196
   c) Die Erläuterung einzelner Posten des Jahresabschlusses .......... 197
     1. Vorbemerkung ....................................... 197
     2. Die Erläuterung einzelner Bilanzposten .................. 197

(a) Posten der Aktivseite ................................. 197
  (1) Der Anlagenspiegel ............................... 197
  (2) Posten des Umlaufvermögens ....................... 199
(b) Posten der Passivseite ................................ 201
  (1) Der Eigenkapitalspiegel .......................... 201
  (2) Rückstellungen ................................... 201
  (3) Sonderposten mit Rücklageanteil .................. 203
  (4) Verbindlichkeiten ................................ 203
3. Die Erläuterung einzelner Posten der Gewinn- und Verlustrechnung ............................................... 204

IV. Die Darstellung der Ergebnisverwendung und Erläuterungen, die sich auf das außerordentliche Ergebnis und das Jahresergebnis beziehen .... 205

V. Der Bericht über Haftungsverhältnisse und bestimmte Verpflichtungen aus schwebenden Verträgen ................................. 206

VI. Der Bericht über finanzielle Leistungen an die Mitglieder von Organen des Unternehmens ........................................ 209

VII. Der Bericht über Beteiligungen (i. w. S.) und verbundene Unternehmen .. 210

VIII. Der Personalbericht ........................................ 212

IX. Die allgemeine Schutzklausel ................................ 213

E. Der vierte Teil der Rechnungslegung: Der Lagebericht ................. 215

  I. Vorbemerkung ........................................... 215

  II. Allgemeine Grundsätze für den Inhalt des Lageberichts ............. 216

  III. Der Bericht über den Geschäftsverlauf und die Lage des Unternehmens . 217

  IV. Der Nachtragsbericht ..................................... 219

  V. Der Prognosebericht ...................................... 220

  VI. Der Forschungsbericht .................................... 224

F. Der Prozeß der Rechnungslegung und die in diesem Zusammenhang anfallenden Prüfungen .................................................. 229

  I. Die Aufstellung des Jahresabschlusses und Lageberichts ............. 229

  II. Die Prüfung des Jahresabschlusses und Lageberichts ................ 230
    a) Übersicht ............................................. 230
    b) Die handelsrechtliche Jahresabschlußprüfung .................... 231
      1. Die Prüfung durch den Abschlußprüfer ..................... 231
        (a) Der Kreis der prüfungspflichtigen Unternehmen ........... 231
        (b) Subjekt, Ziel und Ergebnis der Abschlußprüfung ........... 231
      2. Die Prüfung durch den Aufsichtsrat ....................... 236
        (a) Der Kreis der prüfungspflichtigen Unternehmen ........... 236
        (b) Subjekt, Ziel und Ergebnis der Prüfung durch den Aufsichtsrat ................................................ 236
    c) Die steuerrechtliche Jahresabschlußprüfung (Außenprüfung) ........ 237
      1. Der Kreis der prüfungspflichtigen Unternehmen ............... 237
      2. Subjekt, Ziel und Ergebnis der steuerrechtlichen Jahresabschlußprüfung ............................................. 239

  III. Die Feststellung des Jahresabschlusses ......................... 241

  IV. Die Mitteilung und Vorlage des Jahresabschlusses ................. 243

Inhalt XIII

V. Die Einreichung des Jahresabschlusses und Lageberichts zu einem öffentlichen Register ........................................... 245
VI. Die Vervielfältigung und Veröffentlichung des Jahresabschlusses und Lageberichts ............................................. 247

G. **Rechtsfolgen bei Verstößen gegen die Rechnungslegungsvorschriften** ....... 251
   I. Handelsrechtliche Straf- und Bußgeldvorschriften ................. 251
     a) Geltendes Recht ......................................... 251
       1. HGB ................................................ 251
       2. Handelsrechtliche Sondergesetze ......................... 251
         (a) AktG, GenG, VAG, PublG ........................... 251
         (b) GmbHG .......................................... 253
     b) Entwurf eines Bilanzrichtlinie-Gesetzes ...................... 253
       1. HGB ................................................ 253
       2. Handelsrechtliche Sondergesetze ......................... 254
   II. Vorschriften des Strafgesetzbuches ............................ 254
     a) Bilanzdelikte in der Krise .................................. 254
     b) Bilanzdelikte außerhalb der Krise ........................... 255
     c) Strafsachenstatistik ....................................... 255
   III. Steuerrechtliche Straf- und Bußgeldvorschriften .................. 256

Literaturverzeichnis ................................................ 259
Stichwortverzeichnis ............................................... 273

# Abkürzungsverzeichnis

| | |
|---|---|
| A.A | Anderer Ansicht |
| AfA | Absetzung für Abnutzung |
| AfS | Absetzung für Substanzverringerung |
| AG | Aktiengesellschaft |
| | Die Aktiengesellschaft. Zeitschrift für das gesamte Aktienwesen (seit 1956) |
| AktG | Aktiengesetz vom 6. 9. 1965 |
| AktG 1937 | Aktiengesetz vom 30. 1. 1937 |
| Anm. | Anmerkung |
| AO | Abgabenordnung vom 16. 3. 1976 |
| AR | The Accounting Review (seit 1959) |
| AuslInvG | Gesetz über steuerliche Maßnahmen bei Auslandsinvestitionen der deutschen Wirtschaft vom 18. 8. 1969 |
| BB | Der Betriebs-Berater (seit 1946) |
| BBK | Buchführung, Bilanz, Kostenrechnung (seit 1958) |
| BdF | Bundesminister der Finanzen |
| BerlinFG | Gesetz zur Förderung der Berliner Wirtschaft i.d.F. vom 23. 2. 1982 |
| BetrVG | Betriebsverfassungsgesetz vom 15. 1. 1972 |
| BewG | Bewertungsgesetz i.d.F. vom 26. 9. 1974 |
| BFH | Bundesfinanzhof |
| BFuP | Betriebswirtschaftliche Forschung und Praxis (seit 1949) |
| BGB | Bürgerliches Gesetzbuch vom 18. 8. 1896 |
| BGH | Bundesgerichtshof |
| BGHZ | Entscheidungssammlung des Bundesgerichtshofs in Zivilsachen (seit 1951) |
| BörsG | Börsengesetz vom 22. 6. 1896 |
| BPO | Betriebsprüfungsordnung (Steuer) vom 23. 12. 1965 |
| BStBl | Bundessteuerblatt (seit 1951) |
| BVerfGE | Entscheidungen des Bundesverfassungsgerichts |
| DB | Der Betrieb (seit 1948) |
| DBW | Die Betriebswirtschaft (seit 1907) |
| DMBilG | Gesetz über die Eröffnungsbilanz in Deutscher Mark und die Kapitalneufestsetzung vom 21. 8. 1949 |
| DR | Deutsches Steuerrecht (seit 1962) |
| EAktG | Entwurf zur Änderung des AktG im EBilRG |
| EBilRG | Entwurf eines Gesetzes zur Durchführung der Vierten Richtlinie des Rates der Europäischen Gemeinschaften zur Koordinierung des Gesellschaftsrechts (Bilanzrichtlinie-Gesetz) vom 26. 8. 1983 |
| eG | eingetragene Genossenschaft |
| EFG | Entscheidungen der Finanzgerichte (seit 1953) |
| EGAktG | Einführungsgesetz zum Aktiengesetz vom 6. 9. 1965 |
| EGenG | Entwurf zur Änderung des GenG im EBilRG |
| EGmbHG | Entwurf zur Änderung des GmbHG im EBilRG |
| EHGB | Entwurf zur Änderung des HGB im EBilRG |

## Abkürzungsverzeichnis XV

| | |
|---|---|
| EntwLStG | Gesetz über steuerliche Maßnahmen zur Förderung von privaten Kapitalanlagen in Entwicklungsländern i.d.F. vom 21.5.1979 |
| ErbVO | Erbbaurecht Verordnung vom 15.1.1919 |
| EStDV | Einkommensteuer-Durchführungsverordnung i.d.F. vom 23.6.1982 |
| EStG | Einkommensteuergesetz i.d.F. vom 6.12.1981 |
| EStR | Einkommensteuer-Richtlinien i.d.F. vom 7.4.1982 |
| EVAG | Entwurf zur Änderung des VAG im EBilRG |
| FG | Finanzgericht |
| FG | Fachgutachten des Instituts der Wirtschaftsprüfer in Deutschland e.V. |
| FM NW | Finanzminister Nordrhein-Westfalen |
| FR | Finanz-Rundschau (seit 1946) |
| GA | Goltdammer's Archiv für Strafrecht (seit 1853) |
| GenG | Gesetz betreffend die Erwerbs- und Wirtschaftsgenossenschaften vom 20.5.1898 |
| GmbH | Gesellschaft mit beschränkter Haftung |
| GmbHG | Gesetz betreffend die Gesellschaften mit beschränkter Haftung vom 20.5.1898 |
| GmbHR | GmbH-Rundschau (seit 1909) |
| GoB | Grundsätze ordnungsmäßiger Buchführung |
| HdbBil | Handbuch der Bilanzierung (Gnam), Loseblattwerk, Freiburg |
| HdWW | Handwörterbuch der Wirtschaftswissenschaft, Stuttgart-New York–Tübingen–Göttingen–Zürich 1977/83 |
| HFA | Stellungnahme des Hauptfachausschusses im Institut der Wirtschaftsprüfer in Deutschland e.V. |
| HFR | Höchstrichterliche Finanzrechtsprechung (seit 1961) |
| HGB | Handelsgesetzbuch vom 10.5.1897 |
| HGrG | Gesetz über die Grundsätze des Haushaltsrechts des Bundes und der Länder vom 19.8.1969 |
| HJWG | Hamburger Jahrbuch für Wirtschafts- und Gesellschaftspolitik (seit 1955) |
| h.M. | herrschende Meinung |
| HWB | Handwörterbuch der Betriebswirtschaft, 4. Aufl., Stuttgart 1976 |
| HWR | Handwörterbuch des Rechnungswesens, 2. Aufl., Stuttgart 1981 |
| HWRev | Handwörterbuch der Revision, Stuttgart 1983 |
| HwStR | Handwörterbuch des Steuerrechts, 2. Aufl., München-Bonn 1981 |
| IdW | Institut der Wirtschaftsprüfer in Deutschland e.V. |
| InvZulG | Investitionszulagegesetz i.d.F. vom 4.6.1982 |
| JbFSt | Jahrbuch der Fachanwälte für Steuerrecht (seit 1974) |
| JoA | Journal of Accountancy (seit 1953) |
| KG | Kommanditgesellschaft |
| KGaA | Kommanditgesellschaft auf Aktien |
| KO | Konkursordnung vom 10.2.1877 |
| KohleG | Gesetz zur Anpassung und Gesundung des deutschen Steinkohlenbergbaus und der deutschen Steinkohlenbergbaugebiete vom 15.5.1968 |
| KStG | Körperschaftsteuergesetz vom 18.7.1975 |

XVI  Abkürzungsverzeichnis

| | |
|---|---|
| KWG | Gesetz über das Kreditwesen vom 10. 7. 1961 |
| LAG | Gesetz über den Lastenausgleich vom 1. 10. 1969 |
| MDR | Monatsschrift für Deutsches Recht (seit 1947) |
| NB | Neue Betriebswirtschaft (seit 1948) |
| NJW | Neue Juristische Wochenschrift (seit 1947) |
| oHG | Offene Handelsgesellschaft |
| PÖV | Verordnung PR Nr. 30/53 über die Preise bei öffentlichen Aufträgen vom 21. 11. 1953 |
| PreußGS | Preußische Gesetzessammlung |
| PublG | Gesetz über die Rechnungslegung von bestimmten Unternehmen und Konzernen vom 15. 8. 1969 |
| RFH | Reichsfinanzhof |
| RG | Reichsgericht |
| RGZ | Entscheidungssammlung des Reichsgerichts in Zivilsachen (1880 bis 1945) |
| RStBl | Reichssteuerblatt (1910 bis 1945) |
| StbJb | Steuerberater-Jahrbuch (seit 1948) |
| Stbp | Die steuerliche Betriebsprüfung (seit 1961) |
| StGB | Strafgesetzbuch vom 15. 5. 1871 |
| StuW | Steuer und Wirtschaft. Zeitschrift für die gesamte Steuerwissenschaft (seit 1922) |
| UEC | Union Européenne des Expertes Comtables Economics et Financiers |
| UmwStG | Gesetz über steuerliche Maßnahmen bei Änderung der Unternehmensform vom 6. 9. 1976 |
| UStG | Umsatzsteuergesetz vom 26. 11. 1979 |
| VAG | Gesetz über die Beaufsichtigung der privaten Versicherungsunternehmungen vom 6. 6. 1931 |
| VO | Verordnung |
| VStR | Vermögensteuer-Richtlinien i. d. F. vom 31. 1. 1983 |
| VVaG | Versicherungsverein auf Gegenseitigkeit |
| WiSt | Wirtschaft und Statistik (seit 1949) |
| WGG | Gesetz über die Gemeinnützigkeit im Wohnungswesen vom 29. 2. 1940 |
| WM | Wertpapier-Mitteilungen (seit 1946) |
| WP | Wirtschaftsprüfer |
| WPg | Die Wirtschaftsprüfung (seit 1948) |
| WStG | Wechselsteuergesetz i. d. F. vom 24. 7. 1959 |
| ZfB | Zeitschrift für Betriebswirtschaft (seit 1924) |
| ZfbF | Schmalenbachs Zeitschrift für betriebswirtschaftliche Forschung (1906 bis 1963 unter dem Titel Zeitschrift für handelswissenschaftliche Forschung) |
| ZGR | Zeitschrift für Unternehmens- und Gesellschaftsrecht (seit 1972) |

# A. Einführung

## I. Gegenstand des Buches

Rechnungslegung der Unternehmung ist eine obligatorische,[1] in bestimmter Form geordnete, periodisch wiederkehrende Zusammenstellung von Buchführungs- und anderen Daten, die in erster Linie darauf abzielt, Außenstehende über Ergebnisse des Wirtschaftens in Betrieben zu unterrichten. Der Begriff bezeichnet sowohl das Produkt als auch eine Abfolge bestimmter Tätigkeiten.

Nicht zur Rechnungslegung im hier verstandenen Sinn gehören demnach Bilanzen und Ergebnisrechnungen, die anderen als den gesetzlichen Zwecken dienen (z. B. der Ermittlung eines „Plangewinns"[2]) oder die nicht regelmäßig, sondern aus besonderem Anlaß gefertigt werden (z. b. der Auseinandersetzungs-,[3] Vergleichs-,[4] Konkurs-[5] und Liquidationsstatus[6]).

---

[1] Die herrschende Meinung sieht sowohl in der Abgabe von Steuererklärungen als auch in der handelsrechtlichen Rechnungslegung eine öffentlich-rechtliche Verpflichtung (vgl. z. B. *Hildebrandt* in *Schlegelberger*, Handelsgesetzbuch, 5. Aufl. München 1973, Anm. 2 zu § 38 HGB; *Goerdeler* in *Hachenburg*, GmbH-Gesetz, 7. Aufl., Berlin-New York 1979, Anm. 9 zu § 41 GmbHG). *A. A. Claussen* in Kölner Kommentar zum Aktiengesetz, Köln-Berlin-Bonn-München 1971, Anm. 3 zu § 148 AktG. *Claussen* beurteilt die handelsrechtliche Verpflichtung zur Bilanzierung nicht als öffentlich-rechtliche, sondern als privatrechtliche (= Rechenschaftslegung über fremdverwaltetes Vermögen). Er läßt dabei außer acht, daß die Pflicht zur Bilanzierung auch den Einzelkaufmann (und den Alleinvorstand, der zugleich Alleinaktionär ist) trifft und selbst durch Vereinbarung zwischen den Gesellschaftern nicht beseitigt werden kann.
[2] *Hans Trumpler* (Die Bilanz der Aktiengesellschaft, Basel 1950, S. 5) hat diese andere Art der Rechnungslegung als „private Bilanz" bezeichnet.
[3] Der Auseinandersetzungsstatus dient der Ermittlung des Abfindungsbetrages, der dem aus einer Personengesellschaft (z. B. oHG, KG) ausscheidenden Gesellschafter zusteht. Die Rechnung wird notwendig, wenn der Gesellschafter nach Gesetz oder Gesellschaftsvertrag einen Anspruch auf die in der Zeit seiner Zugehörigkeit zur Gesellschaft gebildeten offenen und stillen Rücklagen sowie den Firmenwert hat. Einzelheiten vgl. die Kommentare zum HGB sowie die Literatur zur Ermittlung des Gesamtwertes von Unternehmen (z. B. *Adolf Moxter*, Grundsätze ordnungsgemäßer Unternehmungsbewertung, 2. Aufl., Wiesbaden 1983).
[4] Der Vergleichsstatus ist eine Gegenüberstellung des Vermögens und der Schulden, die der Schuldner gegebenenfalls dem Antrag auf Eröffnung eines Verfahrens zur Abwendung des Konkurses beizufügen hat (§§ 4 und 5 VerglO). Auf Gliederung und Bewertung sind die handels- und steuerrechtlichen Vorschriften der Rechnungslegung nicht anzuwenden.
[5] Der Konkursstatus ist eine Gegenüberstellung des Vermögens und der Schulden, die der Konkursverwalter für das Gericht und die Gläubiger aufzustellen hat (§ 124 KO). Der Bewertung liegen die geschätzten Verwertungserlöse der einzelnen Vermögensge-

## A. Einführung

Die Rechnungslegung richtet sich in erster Linie an Personen, die weder im Unternehmen leitend tätig sind noch ihm als Mitglied des Aufsichtsrates[7] angehören. Das schließt nicht aus, daß auch die Unternehmungsleitung Entscheidungen unter dem Einfluß der eigenen Jahresabschlußzahlen fällt (z. B. über eine Erhöhung des Grundkapitals zur Ausdehnung des Geschäftsvolumens oder Änderung der Kapitalstruktur) und daß der Jahresabschluß auch der Unterrichtung des Aufsichtsrats dient. Als Steuerungsinstrument fällt er – zumindest im Großbetrieb – dagegen weitgehend aus, da seine Zahlen nicht aktuell genug und zu stark aggregiert sind. Die Unternehmensleitung stützt sich auf das interne Rechnungswesen, der Aufsichtsrat auf Quartalsberichte. Allerdings knüpft der Gesetzgeber an bestimmte Ergebnisse des Jahresabschlusses Rechtsfolgen (z. B. die Konkursantragspflicht oder das Verbot, Gewinne auszuschütten), wodurch die Leitung zum Handeln aufgefordert wird.

Sind die Informationen durch Veröffentlichung oder Einreichung zu einem öffentlichen Register jedermann zugänglich, so liegt **öffentliche** Rechnungslegung vor. Die Rechnungslegung ist grundsätzlich **vergangenheitsorientiert**, was nicht ausschließt, daß der Empfänger im Zusammenhang mit der Abrechnung über Vergangenes auch über beabsichtigte Maßnahmen oder erwartete Entwicklungen informiert wird. Im übrigen verlangt die Rechnung in vergleichsweise starkem Maße Annahmen über künftige Entwicklungen (Schätzungen).

Die **Rechtsnormen** der Rechnungslegung enthält das Handelsrecht (z. B. HGB, AktG), das Steuerrecht (z. B. EStG) und das Verwaltungsrecht (Eigenbetriebsverordnungen der Länder). Die Rechnungslegung der Gemeindeunternehmen ohne Rechtspersönlichkeit (Eigenbetriebe) gehört nicht zum Gegenstand unseres Buches.

Die vollständige Rechnungslegung umfaßt nach geltendem Recht drei, nach neuem Recht vier Teile: die Bilanz, die Gewinn- und Verlustrechnung sowie den Geschäftsbericht, der künftig in den Anhang und den Lagebericht aufgeteilt wird. Nicht alle Teile sind für alle Unternehmen obligatorisch. Die **Bilanz** zeigt Vermögen und Kapital zu einem Stichtag, die **Gewinn- und Verlustrechnung**[8] Erträge und Aufwendungen einer Periode (Geschäftsjahr). Im

---

genstände zugrunde. Die Gliederung folgt der Systematik der Konkursordnung. Einzelheiten bei *Georg Plate*, Die Konkursbilanz, Köln-Berlin-Bonn-München 1979.

[6] Der Liquidationsstatus zeigt bei Beginn, während und am Ende der Abwicklung den jeweiligen Stand der zur Veräußerung bestimmten Vermögensteile sowie der Schulden. Nach Auflösung der Gesellschaft dient die Abwicklung der planmäßigen Veräußerung aller Vermögensgegenstände mit dem Ziel der Tilgung der Schulden und Verteilung des Restvermögens an die Anteilseigner. Die Gliederung des Liquidationsstatus ist grundsätzlich frei. Einzelheiten vgl. die Kommentare zu §§ 154 HGB, 270 AktG, 71 GmbHG und 89 GenG.

[7] Daher gehört z. B. der Abhängigkeitsbericht (§ 312 AktG) nicht zur Rechnungslegung. Seine praktische Bedeutung ist im übrigen gering. Einzelheiten bei *Karlheinz Küting*, Der Abhängigkeitsbericht in der Wirtschaftspraxis, ZfB 1975, S. 473–492.

[8] Großen Personenunternehmen ist es gestattet, anstelle der Gewinn- und Verlustrechnung und des Anhangs eine **Anlage** (früher: Anhang) zur Bilanz bekanntzumachen (§ 5 PublG, Einzelheiten vgl. S. 183 ff.). Auch sie gehört zum Jahresabschluß.

künftigen **Anhang** sind die in der Bilanz und der Gewinn- und Verlustrechnung enthaltenen Zahlen und Begriffe zu erläutern. Diese drei Teile bilden den **Jahresabschluß**. Neben ihm steht der **Lagebericht**, der die Entwicklung des Unternehmens in der Vergangenheit aufzeigen soll und in dem nach neuem Recht auch Zukunftserwartungen zu bestimmten Themenbereichen auszudrücken sind.

Die Rechnungslegung als **Prozeß** umfaßt alle Tätigkeiten von der Ableitung der Daten aus Buchführung, Inventar und Beschlußprotokollen bis zur Bekanntgabe des Jahresabschlusses und Lageberichts. Im einzelnen gehören hierzu die Aufstellung, die handelsrechtliche Prüfung, die Feststellung, die Mitteilung und Vorlage, die Einreichung, die Vervielfältigung und die Veröffentlichung. Die steuerliche Betriebsprüfung ist keine Voraussetzung für das Zustandekommen des Jahresabschlusses. Daher gehört sie nicht zur Rechnungslegung. Wir wollen kurz dennoch auf sie eingehen, da die Steuerbilanz unter ihrem Vorbehalt steht.

## II. Empirische Grundlagen

Empirische Basis des Buches bilden

- die im Bundesanzeiger in der Zeit vom 1. 1. 1977 bis 31. 12. 1982 veröffentlichten Jahresabschlüsse von Unternehmen mit Sitz im Bundesgebiet (einschl. ausländische Niederlassungen von Banken und Versicherungen) für ein Geschäftsjahr, das in 1977 endete;
- die im Bundesgebiet in der Zeit vom 1. 1. bis 31. 12. 1982 veröffentlichten Jahresabschlüsse (gleicher Abgrenzung);
- 200 Geschäftsberichte deutscher Großunternehmen, die zwischen 1973 und 1983 veröffentlicht wurden, davon 82 für 1982 (mind. 2 je Branche).

Die Verteilung der dem Bundesanzeiger entnommenen Jahresabschlüsse nach Rechtsformen zeigt *Tab. 1*.

## III. Zur Geschichte der Rechnungslegung und der Rechnungslegungsvorschriften

a) Der Zeitpunkt, von dem ab im heutigen Sinne Rechnung gelegt wird, läßt sich nicht genau bestimmen. Sicher ist, daß die Geschichte der Rechnungslegung kürzer ist als die Geschichte der Buchführung. Der Bücherabschluß diente nämlich zunächst nicht einer periodisch wiederkehrenden Datenaufbereitung, sondern er war entweder technisch bedingt (Übertragung der Salden auf ein neues Buch) oder einem Status (Vermögensübersicht aus besonderem Anlaß) vergleichbar oder es wurde mit ihm ein bestimmtes, von mehreren Partnern gemeinsam finanziertes Vorhaben abgerechnet.

Der Beginn einer systematischen Buchführung wird in das 13. Jahrhundert unserer Zeitrechnung gelegt. Aus dieser Zeit stammt das sogenannte Florentiner Handlungsbuch, das an die Stelle der bis dahin üblichen formlosen

Tab. 1: Ausgewertete Jahresabschlüsse nach Rechtsformen

| Rechtsform | Zahl der Abschlüsse | |
|---|---|---|
| | für 1977[1] | in 1982[2] |
| AG | 2.029 | 1.921 |
| GmbH | 296 | 353 |
| Sparkassen | 289 | 393 |
| KG[3] | 154 | 161 |
| VVaG | 153 | 140 |
| Ausländische Niederlassungen[4] | 50 | 124 |
| Körperschaften und Anstalten des öffentlichen Rechts | 38 | 23 |
| KGaA | 29 | 20 |
| eG | 19 | 30 |
| oHG[5] | 10 | 9 |
| Einzelkaufmann | 8 | 8 |
| Verwertungsgesellschaften | 5 | 5 |
| Stiftungen | 2 | 2 |
| Bergrechtliche Gewerkschaften | 2 | 5 |
| Rechtlich unselbständig[6] | 1 | 2 |
| BGB-Gesellschaft | – | 1 |
| Eigenbetrieb | 1 | – |
| Nicht feststellbar[7] | 28 | 22 |
| | 3.114 | 3.219 |

[1] Im Bundesanzeiger in der Zeit vom 1.1.1977 bis 31.12.1982 veröffentlichte Jahresabschlüsse für ein Geschäftsjahr, das in 1977 endete.
[2] Im Bundesanzeiger in 1982 veröffentlichte Jahresabschlüsse.
[3] Einschl. GmbH & Co KG und AG & Co KG.
[4] Niederlassungen von Banken und Versicherungen.
[5] Einschl. GmbH & Co oHG.
[6] Selbständig bilanzierende Abteilungen deutscher Banken.
[7] Rechtsform nicht feststellbar anhand der Zusammenstellung aller Firmen, die einen Jahresabschluß im Bundesanzeiger veröffentlicht haben (jährlich), Hoppenstedts Handbücher der Großunternehmen und dem Verzeichnis der Kreditinstitute und ihrer Verbände sowie der Treuhänder für Kreditinstitute in der Bundesrepublik Deutschland und in Berlin (West), hrsg. von der *Deutschen Bundesbank*, Ausgabe 1980. In den meisten Fällen handelt es sich um Privatbankiers in der Rechtsform der oHG oder der KG.

Erzählungen geschäftlicher Vorfälle die Gutschrift und Belastung von Kundenkonten setzte. Ende des 13. Jahrhunderts tauchen in den Florentinischen Büchern die Sachkonten auf. Die am stärksten verbreitete Gesellschaftsform der romanischen Länder war die commenda. Sie war eine Gelegenheitsgesellschaft, an der die Gesellschafter mit Kapital oder/und Arbeit beteiligt waren. „Wenn der tractans (der tätige Gesellschafter) auf die Messe oder ad alias mercationes[1] gereist ist, so kann der socius[2] innerhalb 15 Tagen nach der

---

[1] Zu anderen Geschäften.
[2] Geschäftspartner.

## III. Zur Geschichte der Rechnungslegung

Rückkehr dann Rechenschaftsablegung und Teilung verlangen, wenn die societas[3] ausdrücklich nur für diese Reise gemacht war oder wenn inzwischen der terminus societatis[4] herangekommen ist".[5]

Im 15. Jahrhundert wurde die **doppelte Buchführung** – ausgehend wahrscheinlich von Venedig oder Genua – in den Kontoren der namhaften europäischen Unternehmen eingeführt. Bilanzen wurden aber auch jetzt noch – bis in das 17. Jahrhundert hinein – überwiegend zum Abschluß eines Kontobuches oder aus besonderem Anlaß (Veränderungen in der Geschäftsleitung sowie beim Eintritt oder beim Ausscheiden eines Gesellschafters) aufgestellt. *Pausch*[6] weist darauf hin, daß die Steuerbilanz älter sei als die Handelsbilanz.[7] Allerdings dienten die ersten Steuerbilanzen nicht der Ermittlung des Gewinns, sondern des Vermögens.[8] Nach ihrem ersten Auftreten verschwanden sie für lange Zeit wieder, da sich das Besteuerungssystem von den Vermögen- auf die Verbrauchsteuern verlagerte.

Die Bedeutung eines regelmäßigen **Schlußinventars** dürfte im 17. Jahrhundert erkannt worden sein. Als angesehenster Buchhaltungslehrer dieser Zeit gilt der Richter *Savary*.[9] Als Mitglied des Conseil de la Reformé wurde er zum geistigen Vater der ordonannce de commerce (1673), der ersten Kodifikation eines Handelsrechts in Europa. Nach *Savary* soll die Bilanz den Stand des Vermögens zeigen und im Falle des Konkurses die Gutgläubigkeit des Gemeinschuldners beweisen. Die ordonnance verlangte (nur von den Kleinhändlern) ein alle zwei Jahre zu errichtendes Inventar, das alle beweglichen und unbeweglichen Güter sowie alle Forderungen und Schulden enthalten mußte. Die Vorschriften der ordonnance wurden im code de commerce de Napoléon (1807)[10] erweitert, der nunmehr (allen Kaufleuten) die jährliche Bestandsaufnahme vorschrieb. Den Begriff „Bilanz" erwähnt dieses Gesetz nur im Zusammenhang mit Konkursvorschriften.

Für die deutschen Länder brachte das Allgemeine Landrecht für die preußischen Staaten (1794) die ersten handelsrechtlichen Buchführungs- und Bilanzierungsvorschriften. Eine allgemeine Verpflichtung für Kaufleute, „die Bilanzen seines Vermögens wenigstens alljährlich einmal zu ziehen" verlangte auch das ALR lediglich im Zusammenhang mit den konkursrechtlichen Vor-

---

[3] Gesellschaft.
[4] Ende der Gesellschaft, Auflösungstermin.
[5] *W. Silberschmidt,* Die Commenda in ihrer frühesten Entwicklung, Würzburg 1884, S. 137.
[6] *Alfons Pausch,* Vom Beutesymbol zur Steuerbilanz, Köln 1982, S. 58.
[7] *Pausch* (ebenda) erwähnt aus Deutschland eine Fugger-Bilanz aus dem Jahre 1527, die der Steuerordnung Augsburgs entsprochen habe.
[8] So auch *Dieter Schneider,* Der Gewinnbegriff vor der Betriebswirtschaftslehre und die Substanzerhaltungsdiskussion heute, ZfbF 1976, S. 724–743.
[9] *Jaques Savary,* Le parfait négociant on instruction générale pour ce qui regarde le commerce des merchandise de France et de pays étrangers, Paris 1675.
[10] Der code de commerce wurde nicht nur in Frankreich, sondern u.a. auch in Polen, Luxemburg, Belgien, Holland und einigen Gebieten Deutschlands (Rheinprovinz, Rheinhessen, Rheinpfalz, Baden) eingeführt. Einzelheiten bei *Levin Goldschmidt,* Handbuch des Handelsrechts, Bd. 1, 2. Aufl., Stuttgart 1875.

schriften.[11] Darüber hinaus sah § 642 ALR eine Verpflichtung zur Inventur- und Bilanzerrichtung bei Handelsgesellschaften nur für den Fall vor, daß der Gesellschaftsvertrag nichts anderes verlangte. Eine öffentlich-rechtliche Verpflichtung zur Bilanzierung (losgelöst von der konkursrechtlichen Seite) führte für Aktiengesellschaften das preußische Aktiengesetz von 1843 ein. Das Gesetz legte den Inhalt der Bilanz nicht fest. Gemäß § 2 hatte vielmehr der Gesellschaftsvertrag die Grundsätze zu bestimmen, nach denen die Bilanz aufzustellen war. Der Gesellschaftsvertrag bedurfte der staatlichen Genehmigung. Die Statuten[12] sahen regelmäßig die Veröffentlichung der Bilanz vor.

Das ab 1861 zunächst[13] landesrechtlich (z.B. Preußen mit Einführungsgesetz vom 24. 6. 1861) eingeführte Allgemeine Deutsche Handelsgesetzbuch verlangte von allen Kaufleuten alljährlich Inventur und Bilanzierung. Eine bestimmte Buchhaltungsform (einfache oder doppelte Buchführung) forderte es nicht. Daher erwähnte es zwar die Bilanz, nicht aber die Gewinn- und Verlustrechnung. Auch Strafvorschriften waren nicht vorgesehen. Sie brachte – nur für den Konkursfall – erst das Strafgesetzbuch vom 15. 5. 1871.

Eine gesetzliche Verpflichtung zur **Veröffentlichung** der Bilanzen von Aktiengesellschaften und Kommanditgesellschaften auf Aktien führte das Aktiengesetz des Norddeutschen Bundes vom 11. 6. 1870 (reformiert 1884, übernommen in das HGB vom 10. 5. 1897) ein. An den Rechnungslegungsvorschriften des ADHGB hat das HGB von 1897 nur wenig geändert. Als wichtigste Neuerung erscheint – zumindest aus heutiger Sicht – der Zusatz (in § 38, vormals Art. 28), daß die Lage des Vermögens nach den „Grundsätzen ordnungsmäßiger Buchführung" ersichtlich zu machen sei. Das HGB verlangte – von den Aktiengesellschaften – erstmals auch die Veröffentlichung einer Gewinn- und Verlustrechnung.

In den folgenden Jahren hat der Gesetzgeber die Anforderungen an die Qualität der handelsrechtlichen Rechnungslegung mehrfach erhöht. Die ersten Vorschriften über die Aufstellung eines **Geschäftsberichts** für Aktiengesellschaften und über die **Pflichtprüfung** enthielt die Notverordnung über Aktienrecht, Bankenaufsicht und über eine Steueramnestie vom 19. 9. 1931. Die Aktienrechtsreformen vom 30. 1. 1937 und 6. 9. 1965 schränkten den Bilanzierungsspielraum der Aktiengesellschaften weiter ein. Sie beeinflußten auch die Rechnungslegung der Nichtaktiengesellschaften, auch wenn es bis zum Bilanzrichtlinie-Gesetz strittig bleiben wird, welche aktienrechtlichen Rechnungslegungsvorschriften als Grundsätze ordnungsmäßiger Buchführung für alle Unternehmen anzuwenden sind. Das Aktiengesetz von 1965 brachte auch die ersten Vorschriften zur Konzernrechnungslegung.

---

[11] Zahlungsunfähige Kaufleute wurden nach § 1468 ALR als „fahrlässige Bankerutierer" angesehen, wenn sie keine ordentlichen Bücher geführt hatten oder wenn sie die mindestens jährliche Abschlußziehung unterlassen hatten. Einzelheiten bei *Wilfried Schmidt-Busemann*, Entstehung und Bedeutung der Vorschriften über Handelsbücher, Göttingen 1977.
[12] Vgl. z.B. Statut der Sächsisch-Thüringischen AG für Braunkohlen-Verwertung vom 31. 12. 1855 (Preuß. GS 1856, S. 16–32).
[13] Der Norddeutsche Bund übernahm das Gesetz am 5. 6. 1869, Gesetz des Deutschen Reiches wurde es am 16. 4. 1871.

Zur Angleichung der in den Mitgliedstaaten der Europäischen Gemeinschaft von den Kapitalgesellschaften anzuwendenden Rechnungslegungsvorschriften verabschiedete der Rat der EG am 25. 7. 1978 die **Vierte Richtlinie** über Form, Inhalt, Offenlegung und Prüfung von Jahresabschlüssen. Der Umsetzung dieser Richtlinie in das deutsche Recht dient das **Bilanzrichtlinie-Gesetz**, das sich zur Zeit (Sommer 1984) noch in der parlamentarischen Beratung befindet. Gegenwärtig ist vorgesehen, nicht nur das Recht der Kapitalgesellschaften zu ändern, sondern die geltenden Rechnungslegungsvorschriften des HGB neu zu formulieren und erheblich auszuweiten (vgl. den Entwurf der Bundesregierung vom 26. 8. 1983, BT-Drucksache 10/317). Die Reform würde somit die Jahresabschlüsse aller Kaufleute betreffen.

b) Preußen war der erste deutsche Staat, der (nach englischem Vorbild[14]) eine selbständige **Einkommensteuer** einführte (1812–1814 als Kriegssteuer, ab 1820 als Klassensteuer[15]). Die Besteuerungsgrundlagen wurden bei der Klassensteuer nach äußeren Merkmalen des Wohlstands von der Verwaltung geschätzt, wobei ein tieferes Eindringen in die Einkommensverhältnisse des Steuerpflichtigen nicht gestattet war. Dies änderte sich in Preußen 1891 mit Einführung der Selbsterklärung des Steuerpflichtigen. Das Ergebnis der Handelsbilanz zur Grundlage der Einkommensbesteuerung (der zugehörigen Einkunftsart) machten unter den deutschen Staaten zuerst Sachsen und Bremen (EStG von 1874). Seit der Reichseinkommensteuer von 1920 haben sich die handels- und die steuerrechtlichen Rechnungslegungsvorschriften einige Jahrzehnte lang auseinander entwickelt. In den letzten Jahren kann dagegen wieder eine gewisse Annäherung beobachtet werden. Die zur Zeit vorbereitete Reform der handelsrechtlichen Rechnungslegungsvorschriften soll sich auf die Steuerbilanz nicht auswirken. Ob sich diese Zielsetzung verwirklichen läßt, erscheint zweifelhaft.

## IV. Rechtsgrundlagen der Gegenwart

### a) Gesetze und Verordnungen

#### 1. Handelsrechtliche Rechnungslegungsvorschriften

Handelsbilanz im hier gemeinten Sinn[1] ist der nach handelsrechtlichen Vorschriften aufgestellte Jahresabschluß.

---

[14] Großbritannien kannte seit 1799 eine Einkommensteuer (als Kriegssteuer). Sie wurde in der Folgezeit zweimal beseitigt (1802 und 1816), nach wenigen Jahren jeweils aber wieder eingeführt (1803 und 1842). Vgl. *Bernhard Großfeld*, Die Einkommensteuer, Tübingen 1981, S. 10–25.

[15] Die Klassensteuer ist genau genommen eine Vorstufe zur Einkommensteuer.

[1] Im Außenhandel versteht man unter demselben Begriff die Gegenüberstellung von Wareneinfuhr und -ausfuhr eines Landes in einem bestimmten Zeitabschnitt.

8  A. Einführung

Handelsrechtlich können die Unternehmen wegen ihrer Kaufmannseigenschaft, ihrer Rechtsform, ihrer Größe, ihres Geschäftszweiges oder wegen der Börsenzulassung ihrer Wertpapiere allgemeinen oder speziellen Rechnungslegungsvorschriften unterworfen sein.

Rechtsnormen für die Abschlüsse der **Kaufleute** enthalten nach geltendem Recht §§ 38–47b HGB, nach der Bilanzrechtsform sollen die §§ 178–290 HGB hinzukommen. Das reformierte HGB wird die Anforderungen an die Rechnungslegung nach der Rechtsform und der Größe der Unternehmen differieren. Unterschieden werden künftig

- Unternehmen, die ihren Jahresabschluß offenzulegen haben
  - Prüfungspflichtige Unternehmen: mittelgroße[2] und große[3] GmbH sowie alle AG und eG;
  - Nicht prüfungspflichtige Unternehmen: kleine GmbH.[4]
- Unternehmen, die ihren Jahresabschluß nicht offenzulegen haben: Personengesellschaften und Einzelkaufleute unterhalb der Schwellen des PublG.[5]

Neben dem HGB kommen die handelsrechtlichen Sondergesetze für bestimmte **Rechtsformen** in Betracht, insbesondere §§ 148–178 AktG, 41–42a GmbHG, 33–33g GenG, 36a und 55–62 VAG.

Eine Verpflichtung zur öffentlichen Rechnungslegung aufgrund ihrer **Größe** trifft gem. §§ 1 und 3 PublG sehr große Unternehmen[6] in der Rechtsform der

---

[2] Nach dem Gesetzentwurf vom 26. 8. 1983 sollen als mittelgroß Unternehmen gelten, auf die zwei der folgenden drei Merkmale zutreffen:
- Bilanzsumme zwischen 2.850.000 DM und 11.400.000 DM
- Umsatzerlöse zwischen 5.700.000 DM und 22.000.000 DM,
- durchschnittlich Beschäftigte zwischen 50 und 250 Arbeitnehmer.

Es kann davon ausgegangen werden, daß z.Zt. etwa 10% GmbHs „mittelgroß" nach diesen Kriterien sind. Vgl. *Herbert Biener,* Schwerpunkte des Regierungsentwurfs eines Bilanzrichtlinie-Gesetzes. In: Das neue Bilanzrichtliniegesetz (hrsg. von *Walter Busse von Colbe* und *Klaus Chmielewicz),* Arbeitsbericht Nr. 26 des Instituts für Unternehmensforschung, Bochum 1983, S. 34.

[3] Als groß sollen Unternehmen gelten, die zwei der vorstehend genannten drei Höchstgrenzen übersteigen. Dies trifft z.Zt. auf etwa 3% der GmbHs zu (*Biener,* ebenda).

[4] Als klein sollen Unternehmen gelten, die zwei der in Fußnote 2) genannten Mindestgrenzen nicht erreichen. Bis zur Bilanzrechtsreform ist die GmbH nur publizitätspflichtig, falls sie die Größenmerkmale des PublG erreicht oder ein Kreditinstitut ist.

[5] Vgl. Fußnote 6.

[6] Als sehr groß im Sinne des PublG gelten Unternehmen, auf die zwei der folgenden drei Merkmale zutreffen:
- Bilanzsumme übersteigt 125 Mio DM
- Umsatzerlöse übersteigen 250 Mio DM
- Zahl der durchschnittlich beschäftigten Arbeitnehmer übersteigt 5.000.

Abweichend hiervon unterliegen Versicherungsunternehmen dem PublG, wenn ihre Einnahmen aus Versicherungsprämien (d.h. aus dem Erst- und Rückversicherungsgeschäft einschl. der in Rückdeckung gegebenen Anteile) 100 Mio DM übersteigen. Kreditinstitute sind ohne Rücksicht auf Rechtsform und Größe publizitätspflichtig (§ 25a KWG).

## IV. Rechtsgrundlagen der Gegenwart

Personengesellschaft (oHG, KG), des Einzelkaufmanns, der bergrechtlichen Gewerkschaft, des wirtschaftlichen Vereins der rechtsfähigen Stiftung des bürgerlichen Rechts (sofern Gewerbebetrieb) und der Körperschaften, Stiftungen oder Anstalten des öffentlichen Rechts (sofern **Kaufleute**).

**Geschäftszweigabhängige** Rechnungslegungsvorschriften bestehen zur Zeit vor allem für Kreditinstitute,[7] Hypothekenbanken,[8] Schiffspfandbriefbanken,[9] Kapitalanlagegesellschaften,[10] Wohnungsunternehmen,[11] Verkehrsunternehmen,[12] Versicherungsunternehmen,[13] Bausparkassen,[14] Gesellschaften zur Verwertung von Urheberrechten,[15] Krankenhäuser[16] und Sparkassen.[17]

Schließlich gibt es eine Verpflichtung zur öffentlichen Rechnungslegung für Unternehmen, die Wertpapiere an der **Börse** eingeführt haben,[18] soweit diese nicht bereits vom AktG, GmbHG oder PublG erfaßt werden. Theoretisch könnte es sich hier um Personengesellschaften handeln, die die Größenkriterien des PublG nicht erreichen, deren Obligationen börsenmäßig gehandelt werden (z. Zt. kein Fall bekannt).

### 2. Steuerrechtliche Rechnungslegungsvorschriften

Als Steuerbilanz der Kaufleute bezeichnet man die aus der Handelsbilanz abgeleitete Vermögensübersicht.[19] Sie wird für die Veranlagung zur Einkom-

---

[7] § 6 Abs. 1 in Verbindung mit §§ 26–26b KWG; VO über die Gliederung des Abschlusses von Kreditinstituten vom 20. 12. 1967 i.d.F. v. 27. 5. 1969.
[8] § 24 Hypothekenbankgesetz v. 15. 2. 1963 i.d.F. v. 22. 5. 1980.
[9] §§ 22–26 Gesetz über Schiffspfandbriefbanken v. 8. 4. 1943 i.d.F. v. 11. 3. 1974; VO über Formblätter für die Gliederung des Jahresabschlusses der Hypothekenbanken und der Schiffspfandbriefbanken v. 17. 12. 1968 i.d.F. v. 27. 5. 1969.
[10] § 25 Gesetz über Kapitalanlagegesellschaften i.d.F. v. 8. 9. 1980; § 4 Gesetz über den Vertrieb ausländischer Investmentanteile und über die Besteuerung der Erträge aus ausländischen Investmentanteilen vom 28. 7. 1969, i.d.F. v. 14. 12. 1976.
[11] § 23 VO zur Durchführung des Wohnungsgemeinnützigkeitsgesetzes v. 24. 11. 1969 i.d.F. v. 18. 4. 1975; VO über Formblätter für die Gliederung des Jahresabschlusses von Wohnungsunternehmen v. 22. 9. 1979.
[12] VO über die Gliederung des Jahresabschlusses von Verkehrsunternehmen v. 27. 2. 1968.
[13] §§ 55–56a VAG; VO über die Rechnungslegung von Versicherungsunternehmen v. 11. 7. 1973 i.d.F. v. 16. 8. 1976.
[14] § 18 Abs. 3 Gesetz über Bausparkassen vom 16. 11. 1972 i.d.F. v. 24. 3. 1976.
[15] § 9 Gesetz über die Wahrnehmung von Urheberrechten und verwandten Schutzrechten v. 9. 9. 1965.
[16] §§ 4–6 VO über die Rechnungs- und Buchführungspflichten von Krankenhäusern vom 10. 4. 1978.
[17] Die Sparkassengesetzgebung ist Angelegenheit der Länder. Beispiel: § 26 Sparkassengesetz für das Land Niedersachsen vom 6. 7. 1962 i.d.F. v. 20. 3. 1972; VO über die Aufstellung des Jahresabschlusses und des Geschäftsberichts der Sparkassen im Land Nordrhein-Westfalen vom 14. 1. 1971.
[18] §§ 36 und 44 BörsG; § 4 Bekanntmachung betreffend die Zulassung von Wertpapieren zum Börsenhandel v. 4. 7. 1910 und die Zulassungsrichtlinien der einzelnen Börsen. Einzelheiten bei *Eberhard Schwartz*, Börsengesetz, München 1976, Anm. 15 zu § 36 BörsG.
[19] Die „Steuerbilanz" wird in § 60 EStDV als „eine den steuerlichen Vorschriften

men- oder Körperschaftsteuer notwendig, falls die Handelsbilanz handelsrechtlich unrichtig ist oder Ansätze enthält, die zwar handelsrechtlich erlaubt sind aber gegen zwingende steuerrechtliche (Bewertungs-)Vorschriften verstoßen (z. B. wegen des Ansatzes von Abschreibungen in einem steuerrechtlich nicht zulässigen Umfang). Die wichtigsten steuerrechtlichen Bilanzierungsvorschriften sind in den §§ 4–7 f EStG enthalten.

Die Verpflichtung zur Rechnungslegung und die Art der Gewinnermittlung hängen steuerlich von der Einkunftsart, dem der Gewinn (Verlust) zuzurechnen ist, und der Betriebsgröße ab:

- Gewerbetreibende, die nach Handelsrecht verpflichtet sind, Bücher zu führen und jährlich Abschlüsse zu machen (Kaufleute) haben diese Verpflichtung auch für die Zwecke der Besteuerung (§ 140 AO).
- Auf Gewerbetreibende ohne Kaufmannseigenschaft sind §§ 38–41 HGB entsprechend anzuwenden, sofern ihr Betrieb bestimmte Größenmerkmale überschreitet.[20]
- Land- und Forstwirte sind steuerlich zur Buchführung verpflichtet, sofern ihr Betrieb bestimmte Größenmerkmale übersteigt.[21]
- Kleingewerbebetreibende und Angehörige der freien Berufe, die nicht zur Bilanzierung verpflichtet sind und auch freiwillig keine Bücher führen, können ihren Gewinn mit Hilfe der Überschußrechnung ermitteln.[22] Sie bleibt im folgenden unberücksichtigt.

---

entsprechende Vermögensübersicht" definiert. Der Begriff findet sich auch in § 29 Abs. 1 KStG.

[20] Zur Zeit sind dies ein
- Umsatz von mehr als 360.000 DM oder
- Betriebsvermögen von mehr als 100.000 DM oder
- Gewinn von mehr als 36.000 DM im Jahr.

Der Begriff „Betriebsvermögen" wird in § 141 Abs. 1 AO nicht im Sinne der Steuerbilanz sondern in dem des Vermögensteuergesetzes verwandt. Im Gegensatz zur Bewertung für die Zwecke der Bilanz gibt es in der Vermögensaufstellung für die VermSt keine Bindung an den Anschaffungswert als Höchstwert (vgl. S. 79). Grundstücke und Gebäude werden nicht mit den (fortgeführten) Anschaffungskosten, sondern zum sogen. Einheitswert angesetzt.

[21] Zur Zeit sind dies ein
- Umsatz von mehr als 360.000 DM oder
- eine selbstbewirtschaftete land- und forstwirtschaftliche Fläche mit einem Wirtschaftswert von mehr als 40.000 DM oder
- Gewinn von mehr als 36.000 DM im Jahr.

Der „Wirtschaftswert" ist ein spezieller Ertragswert, der bei der Ermittlung des Einheitswertes land- und forstwirtschaftlicher Betriebe verwandt wird (vgl. § 46 BewG).

[22] Die Überschußrechnung (§ 4 Abs. 3 EStG) ermittelt den Gewinn grundsätzlich als Differenz zwischen den Betriebseinnahmen (im Zeitpunkt der Vereinnahmung) und den Betriebsausgaben (im Zeitpunkt der Verausgabung). Wertänderungen am Vermögen bleiben unberücksichtigt. Besonderheiten gelten für die Anlagegüter und periodisch wiederkehrende Einnahmen und Ausgaben, die kurze Zeit vor bzw. nach dem Abschlußstichtag anfallen.

## IV. Rechtsgrundlagen der Gegenwart

### 3. Zum Verhältnis handelsrechtlicher und steuerrechtlicher Rechnungslegungsvorschriften

Die handels- und steuerrechtlichen Rechnungslegungsvorschriften sind auf verschiedene Weise miteinander verflochten. § 5 Abs. 1 EStG verlangt von den buchführungspflichtigen Betrieben den Ansatz des Vermögens, der nach **handelsrechtlichen** Grundsätzen ordnungsmäßiger Buchführung auszuweisen ist (= Grundsatz der Maßgeblichkeit der Handelsbilanz für die Steuerbilanz). Einschränkend fordert aber § 4 Abs. 1 EStG die Beachtung der steuerlichen Vorschriften über die Bewertung. Demnach sind zu unterscheiden:

- Handelsrechtliche Rechnungslegungsvorschriften, die über den Maßgeblichkeitsgrundsatz auch für die Steuerbilanz zu beachten sind (insbesondere die Aktivierungs- und Passivierungsregeln, aber auch bestimmte Bewertungsvorschriften, soweit in den §§ 6 und 7 EStG nichts anderes verlangt wird). Das Steuerrecht erklärt diese handelsrechtlichen Vorschriften sogar für Gewerbetreibende für verbindlich, auf die normalerweise die Normen des Handelsrechts nicht anzuwenden sind (Minderkaufleute, soweit sie die steuerlichen Schwellenwerte übersteigen).
- Handelsrechtliche Rechnungslegungsvorschriften, die in derselben oder einer ähnlichen Formulierung auch in das EStG aufgenommen worden sind (z.B. die Vorschriften über die Posten der Rechnungsabgrenzung).
- Steuerrechtliche Rechnungslegungsvorschriften, die im Handelsrecht nicht enthalten sind oder dort einen anderen Inhalt haben (z.B. die meisten Bewertungsvorschriften).
- Handelsrechtliche Rechnungslegungsvorschriften, die für die Zwecke der Besteuerung vergleichsweise unerheblich sind (z.B. die Gliederungsvorschriften).
- Steuerrechtliche Rechnungslegungsvorschriften, die für die Handelsbilanz der Gewerbetreibenden unerheblich sind (z.B. die Vorschriften zur Gewinnermittlung der Land- und Forstwirte und zur Ermittlung der Einkünfte aus selbständiger Arbeit).

Strittig ist, ob handelsrechtliche Aktivierungswahlrechte (die es z.Zt. vor allem noch für den derivativen Firmenwert gibt) auch steuerlich anzuerkennen sind. Da der Maßgeblichkeitsgrundsatz dem Steuerrecht angehört, ist sein Anwendungsbereich aus der Systematik und dem Zweck des Einkommensteuerrechts abzuleiten. Über den Grundsatz der Gleichmäßigkeit der Besteuerung führt dies zu einer Ablehnung handelsrechtlicher Aktivierungswahlrechte für die Steuerbilanz.

Es gibt aber nicht nur eine Abhängigkeit der Steuerbilanz von der Handelsbilanz, sondern auch eine umgekehrte Beziehung. Gesetzgeber oder Verwaltungspraxis machen wirtschaftspolitisch erwünschte Steuervergünstigungen im Regelfall davon abhängig, daß sie auch in der Handelsbilanz berücksichtigt worden sind (sogen. umgekehrte Maßgeblichkeit). Z.B. kann eine Pensionsrückstellung in der Steuerbilanz nur gebildet werden, wenn sie auch in die Handelsbilanz aufgenommen wurde. Dies gilt ebenso für die Inanspruchnahme von Bewertungsfreiheiten. Handelsrechtliche Wahlrechte werden in diesen Fällen zumeist so ausgenutzt, daß die steuerlich erwünschte Wirkung erreicht wird. Der Grundsatz, daß die Steuerbilanz der Handelsbilanz folgt, gilt insofern nur formal.[23]

Handels- und Steuerbilanzen unterscheiden sich schließlich dadurch, daß der Staat als „Zwangsgesellschafter" die gewinnabhängigen Steuern als Teil des Gewinns ansieht, während diese bei Kapitalgesellschaften Aufwand darstellen.

Es kann davon ausgegangen werden, daß z. Zt. rd. 90% aller deutschen Kaufleute nur eine Bilanz aufstellt.[24] In diesen Fällen sind für den Jahresabschluß sowohl die handels- als auch die steuerrechtlichen Vorschriften zu beachten.

### b) Grundsätze ordnungsmäßiger Buchführung

Als „Grundsätze ordnungsmäßiger Buchführung" (GoB) werden die Regeln verstanden, nach denen rechtsform- und größenunabhängig Rechnung zu legen ist. Sie sind zum geringeren Teil in Gesetzen enthalten (z. b. das Niederstwertprinzip vor der Bilanzrechtsreform in § 155 Abs. 2 AktG), zum größten Teil nicht kodifiziert (z. B. der Inhalt der Herstellungskosten[25]). Im Zuge der Bilanzrechtsreform sollen zahlreiche, bisher nicht kodifizierte GoB in das HGB aufgenommen werden.

Ursprünglich ging man davon aus, daß mit GoB die Buchführungsgepflogenheiten der Praxis gemeint seien (obwohl zu keiner Zeit zweifelhaft sein konnte, daß Handelsbrauch allein noch keine Quelle des Rechts ist). Später setzte sich (insbesondere unter dem Einfluß von Leffson[26]), die Meinung durch, daß es nicht auf die Gepflogenheit der Praxis, sondern vielmehr darauf ankäme, diejenigen Regeln als GoB zu begreifen, die den Zwecken des Jahresabschlusses am besten zu dienen geeignet sind. Allerdings gibt es keinen allgemeinen Konsens über den Zweck der Rechnungslegung.[27]

---

[23] *Günter Wöhe,* Maßgeblichkeitsprinzip, HwStR, S. 986.
[24] Vgl. *Georg Döllerer,* Handelsbilanz ist gleich Steuerbilanz. In: Der Jahresabschluß im Widerstreit der Interessen (hrsg. von *J. Baetge*), Düsseldorf 1983, S. 159. Mit *Döllerer* kann angenommen werden, daß die Aktiengesellschaften meistens zwei Bilanzen aufstellen, die Gesellschaften mit beschränkter Haftung und die Personenunternehmen dagegen nur, wenn sie Groß- oder Konzernunternehmen sind.
[25] Vgl. S. 54.
[26] *Ulrich Leffson,* Die Grundsätze ordnungsmäßiger Buchführung, 6. Auflage, Düsseldorf 1982. Zur Rechtsnatur der GOB vgl. auch *Heinrich Wilhelm Kruse,* Grundsätze ordnungsmäßiger Buchführung, Rechtsnatur und Bestimmung, 2. Aufl. Köln 1976.
[27] Einzelheiten bei *Reinhard Heyd,* Ziele und Funktionsfähigkeit von Jahresabschlüssen nach den vorparlamentarischen Regierungsvorlagen für ein Bilanzrichtlinie-Gesetz unter besonderer Berücksichtigung des Interessenschutzes und der Interessengewichtung bei unterschiedlichen Rechtsformen, Frankfurt/M. 1982.

## IV. Rechtsgrundlagen der Gegenwart

GoB bestehen sowohl für die Buchführungstechnik als auch für die Rechnungslegung. Grundsätze der Buchführungstechnik betreffen z.b. die Organisationsmittel im Bereich der Buchführung, den organisatorischen Ablauf, das Belegwesen und die Inventur. Sie werden im vorliegenden Buch nicht behandelt.[28]

Da es verschiedene Arten der Rechnungslegung gibt, können ihre Verfahrensgrundsätze offenbar nur übereinstimmen, wenn der Zweck dieser verschiedenen Arten im Grundsatz gleich ist. Dies ist aber zumindest zwischen der handels- und der steuerrechtlichen Rechnungslegung nicht der Fall. Zweck des steuerlichen Abschlusses ist die Ermittlung eines (nicht des) Gewinns (bzw. Verlusts). Dagegen dient die handelsrechtliche Rechnungslegung sowohl dem Ausweis des Vermögens und Kapitals als auch der Ermittlung eines Gewinns. Zu Schwierigkeiten muß es kommen, wenn die Anwendung einer bestimmten Bilanzierungsregel zwar den Vermögens- (bzw. Schulden-)- ausweis verbessert, aber den Gewinnausweis der Periode verschlechtert[29] oder umgekehrt.[30] Soll eine Regel für beide Rechnungen gelten, so muß abgewogen werden, welchen der beiden Zwecke im gegebenen Fall der Vorrang gegeben werden soll. Dem Handelsrecht ist nicht zu entnehmen, welches der beiden Ziele wichtiger ist. Im Streit um die GoB entscheidet letztlich die Rechtsprechung.[31]

### c) Rechtsprechung

Aufgabe des Gerichts ist es, die Normen des Rechts anzuwenden, nicht dagegen neue zu schaffen.[32] Das Gericht ist aber dort, wo das Gesetz Lücken läßt oder verschiedene Deutungen zuläßt, gezwungen, die Lücken auszufüllen und eine zweifelsfreie Auslegung herbeizuführen. Im Sinne der Stetigkeit des Rechts und seiner Vereinfachung liegt es, wenn der Richter Auffassungen

---

[28] Einzelheiten bei *Otto Wanik*, Die Buchführungsvorschriften des Handelsgesetzbuches in der Diskussion, AG 1975, S. 29–36 und 62–67.
[29] Sind z.B. im alten Jahr Ausgaben zur Vorbereitung einer Werbekampagne angefallen (Idee, Gestaltung oder Anzeigen, Anfertigung von Werbefilmen und Dias, Anwerben und Ausbilden von Beratern), die erst im neuen Jahr durchgeführt werden soll, so gehört der Aufwand im Sinne eines richtigen Gewinnausweises in das neue Jahr, von dem ja frühestens der Nutzen erwartet werden kann. Eine Aktivierung im alten Jahr verbietet sich aber, da die Ausgaben nicht zu einem Vermögensgegenstand geführt haben.
[30] Ist z.B. im alten Jahr eine an sich notwendige Reparatur nicht durchgeführt worden, so gehört der Aufwand in das alte Jahr, da der Verschleiß in der Vergangenheit eingetreten ist. Dies kann man bilanziell erreichen, indem ein Fremdkapitalposten (Rückstellungen) eingestellt wird, obwohl in Höhe dieses Betrags gar keine Schulden vorliegen und (wenn die Arbeit später selbst ausgeführt wird) vielleicht auch nie entstehen werden.
[31] Vgl. *Ulrich Leffson*, Zur Gemeinsamkeit juristischer und ökonomischer Ermittlung der Grundsätze ordnungsmäßiger Buchführung, WPg 1973, S. 582–585 (582).
[32] Das schließt nicht aus, daß die Rechtsprechung die gesetzliche Regelung durch „gesetzesübersteigende Rechtsfortbildung" auch einmal korrigieren kann.

übergeordneter Instanzen (in Sonderheit die höchstrichterliche Rechtsprechung), soweit diese einen gleichgelagerten Fall betreffen, berücksichtigt. Wird dieser „ständigen Rechtsprechung" mit dem Willen zur Rechtsgeltung gefolgt, dann kann aus Gerichtsgebrauch Gewohnheitsrecht werden.

Entscheidungen des Bundesgerichtshofs zur handelsrechtlichen Rechnungslegung gibt es nur wenige.[33] Auch der Vorgänger des BGH ist nicht häufig in Bilanzierungsfragen bemüht worden. Offenbar bestand auf Seiten der Gesellschafter und der übrigen Adressaten der Rechnungslegung bisher entweder nur ein geringes Bedürfnis oder nur eine geringe Erfolgsaussicht, handelsrechtliche Rechnungslegungsvorschriften im Sinne des Klagebegehrenden höchstrichterlich entscheiden zu lassen.

Anders als der BGH nimmt der Bundesfinanzhof (ebenso wie sein Vorgänger) jährlich in einer Vielzahl[34] von Entscheidungen zu Fragen Stellung, die von der Rechnungslegung aufgeworfen werden.[35] Er hat damit in erheblichem Umfang zur Präzisierung der GoB beigetragen (sich allerdings gelegentlich auch dem Vorwurf ausgesetzt, die Normen der Rechnungslegung in einseitig fiskalpolitischen Sinn ausgelegt zu haben). Als Folge des Grundsatzes der Maßgeblichkeit der Handelsbilanz für die Steuerbilanz und weil die obersten Gerichtshöfe des Bundes wechselseitig an ihre Rechtsprechung gebunden sind, sofern sie nicht den Gemeinsamen Senat anrufen wollen, sind Entscheidungen des BFH über Fragen, in denen dieser Grundsatz berührt wird, zugleich handelsrechtliche Entscheidungen.[36]

---

[33] Beispiele: BGH-Urteil vom 27. 2. 1961 (BB 1961, S. 426) betreffend die Bilanzierung von Pensionsanwartschaften; BGH-Urteil vom 31. 5. 1965 (BGHZ 44, 1966, S. 35) betreffend den Ausweis von Forderungen an Konzernunternehmen; BGH-Urteil vom 11. 7. 1966 (BB 1966, S. 915) betreffend die Bildung von Rückstellungen für Ausgleichsansprüche der Handelsvertreter; BGH-Urteil vom 30. 3. 1978 (BB 1978, S. 683) betreffend Abgrenzung von Herstellungskosten und Erhaltungsaufwand; BGH-Urteil vom 31. 10. 1978 (NJW 1980, S. 183) betreffend die Behandlung von nichtigen oder schwebend unwirksamen Anschaffungsgeschäften; BGH-Urteil vom 31. 10. 1978 (WPg 1979, S. 158) betreffend den Ausweis von Beteiligungen im Anlagevermögen; BGH-Urteil vom 3. 11. 1975 (BB 1976, S. 9) betreffend den Ausweis von Forderungen gegenüber verbundenen Unternehmen; BGH-Urteil vom 1. 3. 1982 (WPg 1982, S. 591) betreffend die Bildung von Rückstellungen für Verluste aus schwebenden Geschäften.

[34] *Otto Sauer* listet in seiner „Übersicht zum Bilanzsteuerrecht" (Becksche Steuertabellen, Stand 1. 12. 1982) insgesamt 2.265 BFH-Urteile zur Bilanz und Einheitswertfeststellung auf.

[35] Eine Übersicht gibt *Adolf Moxter*, Bilanzierung nach der Rechtsprechung des Bundesfinanzhofs, Tübingen 1982.

[36] Vgl. *Georg Döllerer*, Die Rechtsprechung des Bundesfinanzhofs und die Wirtschaftsprüfung. In: Wirtschaftsprüfung heute, Wiesbaden 1977, S. 185–193; *Heinrich Beisse*, Handelsbilanzrecht in der Rechtsprechung des Bundesfinanzhofs, BB 1980, S. 637–646. Kritisch hierzu: *Werner Schülen*, Grundsätze ordnungsmäßiger Buchführung – Quellen und Auslegungskompetenzen. In: 50 Jahre Wirtschaftsprüferberuf. Bericht über die Jubiläumsfachtagung vom 21. bis 23. Oktober 1981 in Berlin, Düsseldorf 1981, S. 71–82.

# B. Der erste Teil der Rechnungslegung: Die Bilanz

## I. Der Inhalt der Bilanz

### a) Übersicht

Die Frage nach dem Inhalt der Bilanz betrifft die sogenannte „Bilanzierung dem Grunde nach". Zu untersuchen ist also zunächst, ob (gegebenenfalls auch warum und wann) ein Posten in die Bilanz eingestellt werden muß oder darf. Im Kapitel über die **Bewertung** wird dann zu überlegen sein, welche Geldbeträge den bilanzierbaren Vorgängen zuzuordnen sind. Schließlich ist die **Gliederung** (Anordnung) der Posten zu erörtern.

Wenn in der Einführung[1] erklärt wurde, daß die Bilanz Vermögen und Kapital zu einem Stichtag zeige, so ist ihr Inhalt damit nicht vollständig umschrieben. Zwar wird die Bilanz üblicherweise als Gegenüberstellung[2] der Werte des **Vermögens** und des **Kapitals** bezeichnet; dabei wird jedoch vernachlässigt, daß beide Seiten der Bilanz auch Posten enthalten können, die keine Vermögens- oder Kapitalteile sind. Bei ihnen handelt es sich um die Rechnungsabgrenzungsposten, die Bilanzierungshilfen und die Korrekturposten.

Bezeichnet man alle Posten der linken Bilanzseite als Aktiva und alle Posten der rechten Bilanzseite als Passiva, dann liegt es nahe, das Einstellen eines aktiven Postens als **aktivieren** und das Einstellen eines passiven Postens als **passivieren** zu bezeichnen. Aktivieren bedeutet demnach nicht zugleich auch einen Ausweis als Vermögensgegenstand (obwohl dies der Regelfall ist). Vielmehr kann es sich auch um einen Rechnungsabgrenzungsposten, eine Bilanzierungshilfe oder einen Korrekturposten handeln.

### b) Der Inhalt der Bilanz auf der Aktivseite

#### 1. Die aktiven Wirtschaftsgüter (Vermögensgegenstände)

(a) Abgrenzung nach der Art des Wirtschaftsgutes

Sieht man von der Schuldentilgung und der Gewinnausschüttung ab, dann wirken sich Ausgaben[3] im Jahresabschluß entweder (als Aufwand) in der

---

[1] Vgl. S. 2.
[2] Der Begriff „Gegenüberstellung" wird hier in einem weiteren Sinn verwandt. Aktiva und Passiva können auch untereinander angeordnet werden. Vgl. S. 130.
[3] Ausgaben in diesem Sinne sind auch Beträge, die erst später zu Geldabflüssen führen, im Zeitpunkt der Anschaffung des Vermögensgegenstandes also noch Verbindlichkeiten darstellen.

Gewinn- und Verlustrechnung oder (als Vermögensgegenstand, Rechnungsabgrenzungsposten oder Bilanzierungshilfe) in der Bilanz aus. Die Aktivierung verhindert demnach die Aufwandsverrechnung, sie erhöht den Gewinn (bzw. vermindert den Verlust). Man kann auch sagen, es sei Zweck der Aktivierung, Ausgaben nicht im Jahr des Geldabflusses, sondern erst später (spätestens im Zeitpunkt der Liquidation des Unternehmens) erfolgswirksam werden zu lassen. Wer eine Maschine kauft, die viele Jahre genutzt werden soll, der wird die Ausgabe für die Anlage nicht im Jahr des Erwerbs als Gewinnminderung behandeln, sondern die Ausgabe auf die Jahre der Nutzung verteilen. Ebenso sollen die Ausgaben für die hergestellten und noch nicht verkauften Erzeugnisse erst in dem Jahr erfolgswirksam werden, in dem die Erzeugnisse verkauft werden. Bis dahin werden sie „aktiviert".

Bei den durch die Inventur (= mengen- und wertmäßige Erfassung der Vermögensgegenstände und der Schulden) erfaßten Wirtschaftsgütern ist es im allgemeinen nicht zweifelhaft, daß sie zu aktivieren sind. Probleme können bei Ausgaben auftreten, die nicht zu greifbaren Gegenständen geführt haben. Gehört z. B. ein durch Abstandszahlung an den Mieter erlangter Vorteil (Räumung des Grundstücks vor Ablauf der vertraglich festgelegten Pachtzeit) in die Bilanz?

Bis zum Bilanzrichtlinie-Gesetz verwandte das Handelsrecht für die aktivierungsfähigen Güter den Begriff „Vermögensgegenstand", während das Steuerrecht (seit 1927 in der Rechtsprechung, seit 1934 auch im Gesetz) mit dem Begriff „Wirtschaftsgut" arbeitete. Die steuerliche Rechtsprechung hatte den Begriff Wirtschaftsgut gegenüber dem Begriff Vermögensgegenstandes zunächst stärker ausgedehnt. Seit Änderung des § 5 EStG im Jahre 1969 sind jedoch auch in der Steuerbilanz die Vermögensgegenstände auszuweisen, die nach den handelsrechtlichen GoB aktivierbar sind. Für eine unterschiedliche Interpretation der beiden Begriffe besteht daher kein Grund mehr. Die beabsichtigte Angleichung der Terminologie des Handelsrechts an die des Steuerrechts bedeutet daher keine sachliche Änderung. Allerdings ist damit der Streit[4] nicht beigelegt, welche Voraussetzungen nun im einzelnen ein Wirtschaftsgut (Vermögensgegenstand) erfüllen muß, um aktiviert werden zu können.

Nicht strittig sind die folgenden Anforderungen:

- Wirtschaftsgüter müssen grundsätzlich durch **Ausgaben** (Geldleistungen) erworben sein. Sofern die Ausgaben bei dem Rechtsvorgänger angefallen sind, können auch geschenkte oder eingetauschte Gegenstände Wirtschaftsgüter sein.[5] Auch selbstgeschaffene Güter beruhen auf Ausgaben (für Löhne, Material u. dgl.). Aktivierbar sind sie, sofern die übrigen Voraussetzungen zutreffen und kein Aktivierungsverbot[6] besteht.

- Wirtschaftsgüter müssen eine über die Abrechnungsperiode hinausgehende **Nutzungsmöglichkeit** für das Unternehmen besitzen.

---

[4] Einzelheiten bei *Wolfgang Freericks,* Bilanzierungsfähigkeit und Bilanzierungspflicht in Handels- und Steuerbilanz, Köln-Berlin-Bonn-München 1976.
[5] Vgl. S. 50 f.
[6] Vgl. S. 33.

## I. Der Inhalt der Bilanz

- Wirtschaftsgüter müssen **selbständig bewertbar** sein (und nicht lediglich den Firmenwert des Unternehmens oder den Wert eines anderen Gutes erhöhen). Die Voraussetzung der selbständigen Bewertbarkeit ist nicht schon dadurch erfüllt, daß Ausgaben für einen bestimmten Vorgang angefallen sind. Vielmehr muß auch ein (gedachter) Erwerber des ganzen Unternehmens im Gegenwert der Ausgabe einen greifbaren Wert sehen, für den er im Rahmen des Gesamtkaufpreises ein besonderes Entgelt zahlen würde.[7]

Nicht einig ist sich die Lehre in der Frage, ob Wirtschaftsgüter auch selbständig veräußerbar („verkehrsfähig") sein müssen. Von Handelsrechtlern[8] und Betriebswirten[9] wird dies zumeist verlangt, von den Steuerrechtlern[10] überwiegend[11] abgelehnt. Da z.b. Halbfabrikate, persönlich erteilte Konzessionen (z.B. für ein Omnibusunternehmen mit Linienverkehr), mit einem schuldrechtlichen Veräußerungsverbot belegte Gegenstände oder Forderungen, die nicht abgetreten werden dürfen, nach dem Kriterium der Verkehrsfähigkeit keine Wirtschaftsgüter sein könnten, begnügen sich die Befürworter dieser Auffassung mit der sogenannten „abstrakten Veräußerbarkeit", ohne diese allerdings näher zu definieren. Ist z.b. ein Teppichboden, den ein Mieter mit Zustimmung des Vermieters (ohne Anspruch aus Ersatz beim Auszug) verkleben läßt „abstrakt veräußerbar"?

Nach der hier (wie in der Vorauflage) vertretenen Auffassung ist nicht erkennbar, warum selbst bei Vermögensgegenständen, die nicht zur Veräußerung bestimmt sind, die Veräußerbarkeit Kriterium der Aktivierbarkeit sein soll. Im übrigen widerspricht die Forderung nach Einzelveräußerbarkeit dem Bewertungsgrundsatz, daß das Unternehmen fortgeführt wird.[12] Eine Definition des Wirtschaftsgutes, die alle in der Praxis vorkommenden Fälle zweifelsfrei abdeckt, dürfte allerdings nicht möglich sein. Daher wird insbesondere die Frage der selbständigen Bewertbarkeit auch in Zukunft Zweifel offen lassen, die nur im Einzelfall beseitigt werden können.

Die selbständige Bewertbarkeit ist in erster Linie bei immateriellen Wirtschaftsgütern strittig. Bei ihnen handelt es sich um Rechte, rechtsähnliche Werte und sonstige Vorteile, soweit sie nicht Finanzanlagen (z.B. Beteiligungen) oder Gegenstände des Umlaufvermögens, Anzahlungen auf derartige Güter oder ein (originärer) Firmenwert sind. Zu trennen ist zwischen Ausga-

---

[7] Ähnlich: BFH-Entscheidung vom 1. 10. 1975 (BStBl. II 1976, S. 202).
[8] Z.B. *Bruno Kropff* in *Geßler-Hefermehl*, Aktiengesetz, München 1973, Anm. 47 zu § 149 AktG.
[9] Z.B. *Rudolf Federmann*, Bilanzierung nach Handelsrecht und Steuerrecht, 4. Aufl. Bielefeld 1978, S. 124; *Adolf Gerhard Coenenberg*, Jahresabschluß und Jahresabschlußanalyse, 6. Aufl., Landsberg 1982, S. 62; *Gert Ellenberger*, Die Bilanzierung unentgeltlich erworbener Wirtschaftsgüter nach Handels- und Steuerrecht, WPg. 1971, S. 237; *Dieter Schneider*, Abschreibungsverfahren und Grundsätze ordnungsmäßiger Buchführung, WPg. 1974, S. 365.
[10] Z.B. *Gerd John*, Wirtschaftsgut, HwStR, S. 1633.
[11] A.A.: *Klaus Tiedtke*, Einkommensteuer- und Bilanzsteuerrecht, Berlin–New York 1983, S. 253.
[12] Vgl. S. 76.

Ausgaben, die nicht zu einem Wirtschaftsgut führen (weil etwa die Voraussetzungen der selbständigen Bewertbarkeit nicht gegeben ist, z.B. die Kenntnisse der Belegschaft) und Wirtschaftsgüter, die als Folge eines gesetzlichen Aktivierungsverbots[13] nicht in die Bilanz eingestellt werden dürfen. Ein selbstentwickeltes Patent ist z.B. ebenso ein Wirtschaftsgut wie die unfertige Produktion. Es ist auch selbständig bewertbar. Soweit es zum Anlagevermögen gehören würde, scheidet eine Aktivierung jedoch wegen des gesetzlichen Aktivierungsverbotes aus. Falls die mit der Ausgabe erlangten Vorteile die Kriterien des Wirtschaftsgutes nicht erfüllen, ist zu prüfen, ob die Ausgabe gegebenenfalls als Rechnungsabgrenzungsposten[14] oder Bilanzierungshilfe[15] behandelt werden kann (oder muß).

(b) Abgrenzung zwischen privatem und betrieblichem Vermögen

(1) Gemäß § 39 Abs. 1 HGB hat der Kaufmann **sein** Vermögen in die Bilanz aufzunehmen. Diese Formulierung wirft die Frage auf, ob bei Einzelkaufleuten auch das Privatvermögen bilanzierungspflichtig oder bilanzierungsfähig ist. Kapital- oder Personengesellschaften haben demgegenüber im Regelfall[16] kein Privatvermögen, da es bei diesen neben der betrieblichen, durch die Satzung geschaffenen Sphäre keinen privaten Bereich gibt.

Im **Handelsrecht** wird die Frage nach der Bilanzierungsfähigkeit des Privatvermögens unterschiedlich beantwortet.[17] Die Befürworter der Bilanzierungspflicht begründen diese entweder mit der Fassung des Gesetzes (**sein** Vermögen) oder/und mit dem Argument der Haftung: Da das Betriebsvermögen beim Einzelkaufmann auch für private Schulden und das Privatvermögen auch für betriebliche Schulden hafte, sei der Erkenntniswert einer Bilanz ohne das Privatvermögen für die Gläubiger gering. Beide Argumente überzeugen nicht. Mit dem Begriff „Kaufmann" meint das HGB keine natürliche Person, sondern den Betreiber eines Handelsgewerbes (vgl. § 1 HGB). Dieser kann auch eine AG oder der Staat sein. Da das HGB den Kaufmann von seinem Handelsgewerbe her definiert, kann „sein" Vermögen auch nur das dem Betrieb gewidmete Vermögen umfassen.[18] Im übrigen spricht auch

---

[13] Vgl. S. 33.
[14] Vgl. S. 27.
[15] Vgl. S. 29.
[16] Eine Ausnahme gilt steuerlich für sogenannte Liebhabereibetriebe (= Betriebe, die nach ihrem Wesen und der Art ihrer Bewirtschaftung auf die Dauer keinen Gewinn abwerfen können, z.b. ein nicht erwerbswirtschaftlich geführtes Gestüt oder landwirtschaftliche Dauerverlustbetriebe). Sofern diese von Kapitalgesellschaften unterhalten werden, ist ihr Vermögen dem Betriebsvermögen nicht hinzuzurechnen. Einzelheiten bei *H. W. Bayer* und *T. Birtel*, Die Liebhaberei im Steuerrecht, Tübingen 1981.
[17] Bejahend z.B. *Hildebrandt* in *Schlegelberger*, Anm. 3 zu § 39 HGB. Verneinend z.B. *Baumbach-Duden*, Handelsgesetzbuch, 23. Aufl. München 1978, Anm. 4c zu § 38 HGB.
[18] So auch: *Lotte Knapp*, Was darf der Kaufmann als seine Vermögensgegenstände bilanzieren?, DB 1971, S. 1121; *Freericks*, S. 116.

## I. Der Inhalt der Bilanz

das Ziel der Rechnungslegung gegen die Einbeziehung des Privatvermögens: unterrichtet werden soll über die Ergebnisse des Wirtschaftens in der Unternehmung, nicht im privaten Haushalt.

Für die gem. PublG bilanzierenden Personenunternehmen bestimmt § 5 Abs. 3 ausdrücklich, daß das Privatvermögen nicht bilanziert werden darf.

In die Bilanz des Einzelunternehmers gehören demnach die Vermögensgegenstände, die dem Betrieb dienen, bei Personengesellschaften die Güter, die zum Gesamthandvermögen der Gesellschafter zählen. Auf Vermögensgegenstände, die zwar dem Betrieb gewidmet sind, jedoch im Eigentum einzelner Gesellschafter von Personenunternehmen stehen (z.B. das an die KG verpachtete Privatgrundstück eines Kommanditisten oder in die Gesellschaft eingebrachte Grundstücke, die noch nicht auf die Gesellschaft umgeschrieben sind) ist in einem Bilanzvermerk hinzuweisen.[19]

(2) Auch **steuerrechtlich** gehört Privatvermögen nicht in die Bilanz (§ 4 Abs. 1 EStG). Die Abgrenzung zwischen Betriebs- und Privatvermögen ist hier besonders wichtig, da

- nur die aus Betriebsvermögen fließenden Erträge zu den Betriebseinnahmen gehören und in der Regel[20] nur die mit Betriebsvermögen im Zusammenhang stehenden Aufwendungen Betriebsausgaben sind;

- grundsätzlich[21] Veräußerungsgewinne (= Verkaufspreis höher als Buchwert) nur besteuert werden, wenn es sich um Betriebsvermögen handelt.

Zur Abgrenzung zwischen dem (bilanzierten) Betriebsvermögen und dem (nichtbilanzierten) Privatvermögen werden im Steuerrecht drei Begriffe verwandt: das notwendige Betriebsvermögen, das notwendige Privatvermögen und das gewillkürte Betriebsvermögen.

Das **notwendige Betriebsvermögen** umfaßt diejenigen Gegenstände, die objektiv erkennbar zur Verwendung im Betrieb bestimmt sind.[22] Maßgeblich für die Zuordnung ist die Zweckwidmung (Absicht beim Erwerb), nicht die Behandlung in den Büchern. Beispiele für notwendiges Betriebsvermögen sind das Warenlager, Anlagegegenstände, betrieblich entstandene Forderungen sowie Grundstücke (betrieblich genutzte und Vorratsgelände). Die Zweckbestimmung des Vermögens läßt sich ändern. So kann der Möbelhändler Möbel für private Zwecke entnehmen (z.B. um sie seiner Tochter zu schenken). Verkauft er sie später doch noch, dann hat er sie gedanklich vor dem Verkauf wieder in das Unternehmen eingebracht. Er hat also Be-

---

[19] Stellungnahme HFA 1/1976. Einzelheiten bei *Sudhoff*, Bilanzierung nur zur Benutzung eingebrachter betriebsnotwendiger Wirtschaftsgüter, DB 1974, S. 842–844.
[20] Es gibt Ausnahmen: Wird z.B. ein zum Betriebsvermögen gehörender Personenwagen auf einer Privatfahrt beschädigt, so sind die Reparaturkosten keine Betriebsausgaben (Abschn. 118 EStR). Wird ein privater PKW für betriebliche Zwecke verwandt, so können die hierdurch verursachten Aufwendungen Betriebsausgaben sein.
[21] Ausnahmen: §§ 17 (Veräußerung von Anteilen an Kapitalgesellschaften bei wesentlicher Beteiligung) und 23 EStG (Spekulationsgeschäfte).
[22] Einzelheiten bei *Lothar Woerner*, Steuerliche Fragen der Abgrenzung des Betriebsvermögens bei der Einkommensteuer, StbJb. 1974/75, S. 321–350.

triebsvermögen veräußert. Beim Anlagevermögen ist die Betrachtungsweise etwas anders. Es kann – falls die Benutzungsart entscheidend geändert worden ist (z.B. dadurch, daß ein bisher betrieblich genutzter PKW künftig nur noch privat genutzt wird) – entnommen und später auch privat veräußert werden. Werden Wirtschaftsgüter auch privat, überwiegend (d.h. zu mehr als 50%) aber betrieblich genutzt, so gehören sie vollständig zum notwendigen Betriebsvermögen. Die Zurechnung eines einheitlichen Wirtschaftsguts zu mehreren Vermögensmassen ist nur bei Grundstücken und Gebäuden möglich, sofern jeder der verschieden genutzten Grundstücksteile eine gewisse Bedeutung hat.[23]

Im Gegensatz zur handelsrechtlichen Beurteilung gehören steuerlich zum notwendigen Betriebsvermögen auch Wirtschaftsgüter (insbesondere Grundstücke), die bürgerlich-rechtlich im Eigentum eines Gesellschafters (oder mehrerer Gesellschafter) stehen. Dabei ist es gleichgültig, ob die Wirtschaftsgüter gesellschaftsrechtlich (d.h. gegen Gewinnanteil) oder schuldrechtlich (z.B. durch Pachtvertrag) zur Verfügung gestellt worden sind. Unerheblich ist auch, ob die zur Nutzung eingebrachten Gegenstände „dem Wert nach" (ohne Verpflichtung zur Übertragung des Eigentums auf die Gesellschaft) oder nur zur Benutzung eingebracht worden sind.[24] Steuerlich gehören diese Gegenstände zum sogenannten **Sonderbetriebsvermögen**. Es wird in ergänzenden Sonderbilanzen (Ergänzungsbilanzen) der einzelnen Gesellschafter geführt. Die Sonderbilanzen bilden zusammen mit der Gesellschaftsbilanz die Steuerbilanz der Personengesellschaft.[25]

Als **notwendiges Privatvermögen** werden diejenigen Gegenstände bezeichnet, die dem Betrieb nicht gewidmet sind. Hierher gehören z.B. das vom Einzelkaufmann bewohnte Einfamilienhaus (auch wenn es für Geschäftskredite belastet wurde), persönlich benutzte Schmuck-, Kleidungs- und Hausratgegenstände. Das einer Personengesellschaft gehörende Grundstück, das von einem Gesellschafter privat genutzt wird, ist zwar in die Handelsbilanz aufzunehmen (Gesamthandvermögen), nicht dagegen in die Steuerbilanz (notwendiges Privatvermögen). Wirtschaftsgüter, die von der Personengesellschaft gekauft worden sind, werden auch dann dem Privatvermögen zugerechnet, falls beim Erwerb erkennbar war, daß das Gut nur Verluste bringen wird oder es nach Lage des Falls von einem Dritten nicht erworben worden wäre.[26]

Beim **gewillkürten Betriebsvermögen** handelt es sich um Gegenstände, die der Art nach Privatvermögen sein könnten, vom Einzelkaufmann aber bestimmt sind, dem Betrieb zu dienen. Nur für den Fall, daß sich das Letztere

---

[23] Beträgt der gemeine Wert des Grundstücksteils weder mehr als ein Fünftel des Werts des ganzen Grundstücks noch mehr als 20.000 DM, so ist der Grundstücksteil regelmäßig von untergeordneter Bedeutung (Abschn. 14 Abs. 2 EStR).
[24] Bei der Einbringung „dem Werte nach" sind die anderen Gesellschafter nicht nur an der Nutzung, sondern auch an einer eventuellen Wertsteigerung des Grundstücks beteiligt.
[25] Einzelheiten bei *Hoffmann*, Ergänzungsbilanzen, HdbBil, 37. Erg.Lfg. 1982.
[26] BFH-Urteil vom 22. 5. 1975 (BStBl. II 1975, S. 804).

## I. Der Inhalt der Bilanz

nicht einwandfrei feststellen läßt (z.B. bei Geldbeständen oder Wertpapieren) spielt die Frage der Verbuchung als Betriebsvermögen eine Rolle. War der Gegenstand einmal Teil des Betriebsvermögens, dann verliert er diese Eigenschaft nicht schon durch Veränderung der tatsächlichen Beziehung zum Betrieb, sondern erst durch eine eindeutige Entnahmehandlung. Da es weder bei Personen- noch bei Kapitalgesellschaften ein Gesellschafts-Privatvermögen gibt, kommt bei diesen auch kein gewillkürtes Betriebsvermögen vor.

### (c) Abgrenzung nach der rechtlichen oder wirtschaftlichen Zugehörigkeit

(1) Grundsätzlich sind alle diejenigen Gegenstände zu bilanzieren, die sich im rechtlichen Eigentum des Unternehmens befinden bzw. (bei Forderungen) deren Inhaber das Unternehmen ist. Falls aber rechtliches Eigentum und wirtschaftliche Zugehörigkeit auseinanderfallen, dann entscheidet die letztere über die Bilanzierung. Wirtschaftliche Zugehörigkeit wird angenommen, wenn der rechtliche Eigentümer bei vertragsgemäßem Verhalten des Besitzers für dauernd von der Einwirkung auf das Wirtschaftsgut ausgeschlossen ist. Ein Herausgabeanspruch des bürgerlich rechtlichen Eigentümers hat in diesem Fall keine praktische Bedeutung mehr.[27]

Unterschiede zwischen rechtlichem Eigentum und wirtschaftlicher Zugehörigkeit treten vor allem beim Eigentumsvorbehalt, bei der Sicherungsübereignung, bei Kommissions- und Pensionsgeschäften, bei den Treuhandverhältnissen, beim Nießbrauch, bei Miete und Pacht und bei Leasing-Verträgen auf.

(2) Wenn sich der Lieferant das **Eigentum** an der gelieferten Sache **vorbehält** oder sich der Gläubiger einen Gegenstand zur **Sicherheit übereignen** läßt (oder sich Forderungen still abtreten läßt), kann der Schuldner über die Gegenstände im Rahmen des normalen Geschäftsbetriebs weiterhin frei verfügen. Das fremde Eigentum verhindert eine Bilanzierung beim Schuldner nicht (dem Vermögensteil steht der noch nicht bezahlte Kaufpreis auf der Passivseite gegenüber). Eine andere Betrachtungsweise wäre nur angebracht, wenn der Gläubiger wegen Zahlungsunfähigkeit des Schuldners seinen Eigentumsanspruch angemeldet hat. In diesem Fall wird dem Käufer die wirtschaftliche Verfügungsmacht entzogen.

(3) Ähnlich liegt der Fall bei **Kommissionsgeschäften**. Bei der Verkaufskommission verkauft ein Beauftragter (der Kommissionär) im eigenen Namen aber für Rechnung eines anderen (des Kommittenten). Der Kommissionär erwirbt weder rechtlich noch wirtschaftlich Eigentum an der Ware. Sie ist daher bis zum Verkauf beim Kommittenten (als Vorratsvermögen, nicht etwa als Forderung) zu bilanzieren. Bei der Einkaufskommission erwirbt der Kommissionär zwar das rechtliche Eigentum an der Ware, wirtschaftlich gehört sie aber von Anfang an dem Auftraggeber. Praktisch wird der Kommittent die Ware (und die Verbindlichkeit) bilanzieren, wenn er die Abrechnung vom Kommissionär erhalten hat.

---

[27] BFH-Urteil vom 26. 1. 1970 (BStBl. II, S. 264).

(4) Von **Pensionsgeschäften** wird gesprochen, wenn jemand Vermögensgegenstände unter bestimmten Bedingungen für begrenzte Zeit einem anderen (z.B. einer Bank) überträgt.[28] Beim echten Pensionsgeschäft hat der Pensionsnehmer den Gegenstand zu einem im voraus bestimmten oder vom Pensionsgeber zu bestimmenden Zeitpunkt gegen einen vereinbarten Betrag zurückzugeben. Fehlt der Anspruch auf Rückübertragung oder kann nur der Pensionsnehmer die Rückübertragung verlangen, dann wird von einem unechten Pensionsgeschäft gesprochen. Bei echten Pensionsgeschäften wird der in Pension gegebene Gegenstand (und die Verbindlichkeit) dem Pensionsgeber zugerechnet, wenn

– das Pensionsgeschäft wirtschaftlich eine Kreditaufnahme des Pensionsgebers darstellt (bei dem der Pensionsgegenstand als Sicherheit dient) oder

– das Pensionsgeschäft in erster Linie dazu dient, das Bilanzbild des Pensionsgebers zum Stichtag zu verbessern (= Erhöhung der Zahlungsmittelbestände).

Beim unechten Pensionsgeschäft wird der Gegenstand dem Pensionsnehmer zugerechnet. In der Bilanz des Gebers erscheint dann auch keine Verbindlichkeit (obwohl der Pensionsgeber auf Verlangen des Nehmers den Gegenstand möglicherweise jederzeit bei sofortiger Zahlung zurücknehmen muß).[29]

(5) Bei den **Treuhandverhältnissen** im eigentlichen Sinne (fiduziarische Treuhandschaften) hat jemand (der Treuhänder) von einem anderen (Treugeber) Vermögensgegenstände (Treugut) durch Eigentumsübertragung oder Abtretung mit der Maßgabe erworben, daß der Treuhänder das erworbene Recht im eigenen Namen aber nicht oder nicht ausschließlich im eigenen Interesse ausüben soll.[30] Das Treugut wird in diesem Fall zum Sondervermögen[31] (d.h. es ist dem Zugriff der Gläubiger des Treuhänders entzogen). Als wirtschaftliches Eigentum verbleibt es in der Bilanz des Treugebers. Auch in der Bilanz des Treuhänders ist aber auf das Treugut hinzuweisen. Dies geschieht üblicherweise in Vorspalten (deren Betrag in diesem Fall nicht in die Bilanzsumme eingeht) als Treuhandvermögen und Treuhandverbindlichkeit.

(6) **Nießbrauch** ist das unveräußerliche und unvererbliche Recht, einen Vermögensgegenstand (z.B. ein Grundstück, ein Unternehmen, einen Kommanditanteil, ein übertragbares Recht) zu nutzen, ohne über die Substanz verfügen zu dürfen (§§ 1030 BGB). Der Inhalt des Nießbrauchrechts kann ver-

---

[28] Das Pensionsgeschäft darf nicht mit privat- oder öffentlich-rechtlichen Versorgungsrenten (Pensionen) verwechselt werden.
[29] Kreditinstitute haben auf diese Verpflichtung in einem Bilanzvermerk hinzuweisen, Aktiengesellschaften und publizitätspflichtige Gesellschaften mit beschränkter Haftung sie im Anhang zu erläutern.
[30] *Adler-Düring-Schmaltz*, Rechnungslegung und Prüfung der Aktiengesellschaft, 4. Aufl., Bd. I, Stuttgart 1968, Anm. 52 zu § 49 AktG.
[31] Der Begriff „Sondervermögen" des BGB ist nicht mit dem steuerrechtlichen Begriff des „Sonderbetriebsvermögens" (vgl. S. 20) identisch. Dem Sondervermögen wird eine besondere Stellung neben dem übrigen Vermögen eingeräumt, ohne daß eine juristische Person besteht (z.B. die verschiedenen Vermögensmassen bei der Gütergemeinschaft).

## I. Der Inhalt der Bilanz

schiedenartig sein. Entsprechend differiert auch die bilanzielle Behandlung. Das Wirtschaftsgut wird dem Nießbrauchberechtigten nur dann zugerechnet, wenn dieser (ausnahmsweise) als wirtschaftlicher Eigentümer anzusehen ist. Dies wird insbesondere dann der Fall sein, wenn der Nießbraucher nicht nur für die gewöhnliche Erhaltung des Vermögensgegenstandes zu sorgen hat, sondern auch zu bestimmten Investitionen verpflichtet ist (z.B. Umbau, Modernisierung, Wiederaufbau nach Zerstörung) und wenn er nach außen als Inhaber der rechtlichen und wirtschaftlichen Verfügungsmacht auftritt.

(7) **Miet- und Pachtverhältnisse** werden grundsätzlich in der Bilanz nicht berücksichtigt. Vermieter oder Verpächter bleiben Eigentümer, die neben dem Mieter oder Pächter Nutzen aus der Besitzüberlassung ziehen. In diesem Fall bilanziert der Eigentümer die Gegenstände. Errichtet der Pächter auf gepachtetem Grundstück ein Gebäude, so gehört sein Wert in die Bilanz des Pächters. Dabei spielt es keine Rolle, ob der Bau nur vorübergehend mit dem Grund und Boden verbunden wurde oder ob er als wesentlicher Bestandteil des Grundstücks in das Eigentum des Verpächters übergegangen ist. Zu einer Übertragung des wirtschaftlichen Eigentums kann es bei Miet- (und Pachtverhältnissen) kommen, sofern das Mietobjekt für den Vermieter unwiderruflich dem Mieter überlassen wird und nach dem Tode des Vermieters auch das rechtliche Eigentum übergehen soll.

(8) **Leasingverträge** können juristisch Mietverträge sein, falls der Vertrag jederzeit (jedenfalls längere Zeit vor Ablauf der Nutzungsdauer) kündbar ist und der Leasingnehmer neben dem Mietzins nur die Verpflichtung übernimmt, den Gegenstand pfleglich zu behandeln (sog. operating leasing, z.b. Vermietung von EDV- oder Telefonanlagen und Frankiermaschinen). Leasingverträge können auch den Charakter von Kaufverträgen haben, bei denen die sog. Mietraten tatsächlich Kaufpreisraten darstellen. Im Gegensatz zur Miete ist der Ratenkauf auf den Erwerb des Gegenstands (d.h. auch auf die Erlangung des rechtlichen Eigentums) gerichtet. Schließlich kommen Vertragsgestaltungen vor, bei denen die Zuordnung zu Miete oder Kauf nicht eindeutig ist (insbesondere beim sogenannten financial leasing). Die Finanzverwaltung hat die ertragsteuerliche Behandlung der strittigen Leasingverträge in zwei Erlassen geregelt.[32] Danach liegt Finanzierungs-Leasing vor, wenn

- der Vertrag über eine bestimmte Zeit abgeschlossen wird, während der er bei vertragsgemäßer Erfüllung von beiden Seiten nicht kündbar ist (Grundmietzeit) und

- der Leasingnehmer mit dem in der Grundmietzeit zu entrichtenden Raten mindestens die Anschaffungs- oder Herstellungskosten, die Nebenkosten und die Finanzierungskosten des Leasinggebers bezahlt.

Hinsichtlich der Zurechnung des Gegenstandes zu den Aktiven (und entsprechend den Passiven) des Leasingnehmers oder -gebers wird steuerlich einerseits danach unterschieden, ob in den Verträgen eine Kauf- oder Mietverlän-

---

[32] Schreiben betreffend ertragsteuerliche Behandlung von Leasing-Verträgen über bewegliche Wirtschaftsgüter v. 19. 4. 1971 (BStBl. I, S. 264) und über unbewegliche Wirtschaftsgüter vom 21. 3. 1972 (BStBl I, S. 188).

gerungsoption vorgesehen ist und andererseits danach, in welchem Verhältnis die Grundmietzeit zur betriebsgewöhnlichen Nutzungsdauer steht. Schließlich kann auch die Art des Gegenstands beachtlich sein. Bei Kaufoption hat der Leasingnehmer das Recht, nach Ablauf der Grundmietzeit den Gegenstand zu erwerben. Bei der Mietverlängerungsoption ist dieses Recht auf eine Verlängerung des Vertragsverhältnisses über die Grundmietzeit hinaus gerichtet. Der Mietverlängerungsoption wird eine automatische Vertragsverlängerung (für den Fall, daß der Mietvertrag nach Ablauf der Grundmietzeit nicht von einer der Parteien gekündigt wird) i. d. R. gleichgestellt. Der Leasinggegenstand wird dem Leasingnehmer zugerechnet, wenn

- die Grundmietzeit weniger als 40% oder mehr als 90% der betriebsgewöhnlichen Nutzungsdauer beträgt oder

- die Grundmietzeit zwischen 40% und 90% der betriebsgewöhnlichen Nutzungsdauer liegt und entweder

  – eine Kaufoption vereinbart ist, nach der der spätere Kaufpreis niedriger ist als der unter Anwendung der linearen AfA ermittelte Buchwert (gegebenenfalls zuzüglich des Grund und Bodens) oder der niedrigere gemeine Wert[33] im Zeitpunkt der Veräußerung oder

  – eine Mietverlängerungsoption vereinbart ist, nach der die Anschlußmiete so bemessen ist, daß sie den Wertverzehr für den Gegenstand (= lineare AfA[34] vom Buchwert oder niedrigerer gemeiner Wert) nicht deckt[35]
  oder

  – Spezial-Leasing vorliegt, d. h. Verträge über Gegenstände, die auf die Verhältnisse des Leasingnehmers besonders zugeschnitten und nach Ablauf der Grundmietzeit regelmäßig nur noch beim Leasingnehmer wirtschaftlich sinnvoll verwendbar sind (z. B. Hochöfen, Kernkraftwerke, Warenhausgebäude).

Die Zahlen 40 und 90 sind pragmatisch festgesetzt. Die 40%-Grenze setzt das Leasing mit dem Ratenkauf gleich: Wenn der „Mieter" bereits nach Ablauf einer relativ kurzen Zeit die gesamten Anschaffungskosten aufgebracht hat, wird unterstellt, daß eine Vereinbarung besteht, wonach er den Gegenstand nach Ablauf der Grundmietzeit behalten kann. Die 90%-Grenze bezeichnet den Zeitpunkt, von dem ab das Wirtschaftsgut praktisch verbraucht und damit für den Leasinggeber wertlos geworden ist.[36] Dabei ist die Bezugnahme auf den gemeinen Wert problematisch, da ein Marktpreis für gebrauchte Anlagegüter (falls es ihn überhaupt gibt) bei Vertragsabschluß i. d. R. nicht vorhersehbar ist.

---

[33] Vgl. S. 66.
[34] Vgl. S. 490.
[35] Bei Leasing-Verträgen über unbewegliche Wirtschaftsgüter gilt das Entsprechende, falls die Anschlußmiete nicht mindestens 75% der üblichen Miete beträgt.
[36] Einzelheiten bei *Bernd Fahrholz*, Leasing in der Bilanz, Köln-Berlin-Bonn-München 1979; *Karl-Friedrich Hagenmüller* und *Gerhard Stoppok*, Leasing-Handbuch für die betriebliche Praxis, 4. Aufl., Frankfurt/M. 1981; *Arno Bordewin*, Leasing im Steuerrecht, Stuttgart-Wiesbaden 1976.

I. Der Inhalt der Bilanz 25

Die **handelsrechtliche** Beurteilung der Leasing-Verträge ist nicht einheitlich. Das IdW[37] stellt grundsätzlich (ohne Festsetzung exakter Grenzen) auf dieselben Kriterien ab wie die Finanzverwaltung. Sofern nicht genau feststehe, ob eine Bilanzierungspflicht gegeben sei und die Leasingverträge „in ihrer Gesamtheit von Bedeutung sind",[38] wird ein Bilanzvermerk[39] verlangt. Hinweise auf Leasingverträge kommen in veröffentlichten Jahresabschlüssen allerdings selten vor.

(d) Abgrenzung nach der zeitlichen Zugehörigkeit

*(1) Der Zeitpunkt des Vermögenszugangs/-abgangs*

Der Käufer bilanziert erworbene Gegenstände, sobald sie in seine Verfügungsgewalt übergegangen sind. Maßgeblich ist also wieder nicht der rechtliche Eigentumsübergang, sondern die wirtschaftliche Verfügungsmöglichkeit.

Grundstücke rechnen zum Vermögen des Käufers vom Tag der Auflassung an, also praktisch mit Abschluß des notariellen Kaufvertrags, sofern am Bilanzstichtag keine Hindernisse bekannt sind, die der Eintragung entgegenstehen. Das rechtliche Eigentum geht dagegen erst sehr viel später (mit der Eintragung im Grundbuch) über.

Bewegliche Sachen bilanziert der Käufer nach Eingang der Ware. Bei Handelswaren kommt als Zeitpunkt der Lieferung auch der Termin infrage, von dem ab der Käufer auf andere Weise die Verfügbarkeit erlangt hat (z.B. durch Aushändigung von Konnossementen, Ladescheinen, indossablen Lagerscheinen, Frachtbriefen, Mitteilung des Spediteurs, Lagerhalters oder Frachtführers über die Verfügbarkeit der Ware). Auf den Eingang der Rechnung kommt es dagegen nicht an. Ist die Gefahr bei unterwegs befindlicher („rollender" oder „schwimmender") Ware bereits auf den Abnehmer übergegangen, ohne daß der Käufer auch die Verfügungsbefugnis hat, dann gehört sie noch nicht zu seinem Vermögen. Es ist in diesem Fall möglich, daß die Ware am Bilanzstichtag vom Käufer noch nicht und vom Verkäufer nicht mehr bilanziert wird.

Forderungen aus Lieferungen sind zu aktivieren, wenn der Verkäufer den Vertrag in allen wesentlichen Teilen erfüllt hat und die Gefahr des zufälligen Untergangs auf den Käufer übergegangen ist.[40] Die Praxis nimmt die Entstehung der Forderung allerdings in der Regel mit dem Zeitpunkt der Rechnungserteilung an. Das ist unproblematisch, solange dieser Zeitpunkt und der der Lieferung nicht wesentlich auseinanderfallen. Andernfalls wird eine Korrektur notwendig. Werden vor Fertigstellung Zwischenabrechnungen erteilt, ohne daß selbständig abzunehmende und abzurechnende Teilleistungen vorliegen (insbesondere im Großanlagengeschäft, z.B. Reaktorbau), dann ist

---

[37] Stellungnahme HFA 1/73. Ähnlich: *Kropff*, Anm. 67 zu § 149 AktG.
[38] Zur Erläuterung dieses Begriffs vgl. *Karl-Heinz Forster*, Zur Leasing-Stellungnahme des HFA, WPg. 1973, S. 83.
[39] Vgl. S. 206.
[40] Einzelheiten bei *Wolf Schäfer*, Grundsätze ordnungsmäßiger Bilanzierung für Forderungen, Düsseldorf 1977.

die Gewinnrealisierung durch eine Rückstellung in Höhe des Unterschieds zwischen den aktivierungspflichtigen Herstellungskosten und dem Erlös hinauszuschieben.[41] Die Praxis unterläßt diese Rückstellung allerdings nicht selten.

*(2) Schwebende Geschäfte*

Schwebende Geschäfte folgen aus Verträgen, bei denen die Hauptleistung, die Gegenstand des Geschäfts ist (Lieferung oder Leistung), noch nicht erbracht ist (z.B. Kaufvertrag, solange die Ware nicht geliefert ist, Miet- und Arbeitsvertrag für die Zeit nach dem Bilanzstichtag). Schwebende Geschäfte werden nicht bilanziert,[42] da bei ihnen davon ausgegangen wird, daß sich zum Zeitpunkt der Rechnungslegung Leistung und Gegenleistung nicht zu Ungunsten des Bilanzierenden gegenüberstehen. Der Käufer erwartet, daß die bestellte Ware nicht weniger wert ist als der vereinbarte Preis. Sein (aus dem Weiterverkauf oder der Nutzung) erhoffter Gewinn ist noch nicht realisiert. Eine Bilanzierung wird notwendig, wenn entweder diese Prämissen nicht mehr stimmen oder wenn Ausgaben oder Einnahmen für schwebende Geschäfte anfallen.

Wird mit einem Verlust aus einem schwebenden Geschäft gerechnet, dann ist dieser in der Periode des Bekanntwerdens i.d.R.[43] als Rückstellung zu erfassen. Ist z.B. eine Maschine bestellt worden, von der zu erwarten ist, daß sie nach Lieferung nicht mehr den Wert für den Käufer haben wird, von dem dieser bei Abschluß des Vertrags ausgegangen ist, dann ist der Betrag der Wertminderung in eine Rückstellung einzustellen. Nicht anders liegt der Fall, wenn der Verkäufer aus einem schwebenden Liefergeschäft einen Verlust erwartet (weil z.B. seine Einkaufspreise inzwischen gestiegen sind oder saisonbedingte Ware nicht rechtzeitig geliefert werden kann). Künftige Kostensteigerungen sind allerdings nur insoweit zu berücksichtigen, als ihre Ursache bereits am Bilanzstichtag vorlag.[44] Auch bei schwebenden Dauerverträge kann eine Rückstellung notwendig werden. Hat sich z.B. eine Unternehmung durch einen langfristigen Mietvertrag an einen Mietgegenstand gebunden, der vor Ablauf der Mietzeit wirtschaftlich nicht mehr genutzt werden kann,

---

[41] *Kropff,* Anm. 74 und 87 zu § 149 AktG.

[42] Im Schrifttum wird gelegentlich – zuletzt im Anschluß an die Leasing-Erlasse – eine generelle Bilanzierungspflicht für schwebende Geschäfte gefordert. Maßgeblich für die Bilanzierung sollte z.B. nach *Ernst Bodarwé* allein die Tatsache sein, daß eine Zahlungsverpflichtung entstehen kann, die „unter der Voraussetzung der Vertragserfüllung durch die Gegenseite unbedingt ist". (Erfüllen die Grundsätze ordnungsmäßiger Buchführung und Bilanzierung noch ihre Aufgaben?, WPg 1966, S. 671,) Dem Passivposten müßte grundsätzlich ein Aktivposten in gleicher Höhe gegenübergestellt werden. Der zusätzliche Erkenntniswert dieser Bilanzverlängerung wäre m.E. geringer als der Nachteil, Bilanzposten einzuführen, die keine Grundlage in der Buchführung haben („noch nicht entstandene Verbindlichkeiten").

[43] Der Aufwand kann auch in der Weise entstehen, daß Abschreibungen auf geleistete Anzahlungen notwendig werden falls mit einer Lieferung nicht mehr zu rechnen ist.

[44] Einzelheiten bei *Georg Döllerer,* Die Grenzen des Imparitätsprinzips, StbJB 1977/78, S. 129–152.

# I. Der Inhalt der Bilanz

so kommt eine Rückstellung für die noch ausstehenden Mietzahlungen in Frage. Entsprechendes gilt für nichtausnutzbare schwebende Arbeitsverträge.[45]

Anzahlungen (auch Vorauszahlungen in voller Höhe des Kaufpreises), die ein Käufer auf ein schwebendes Geschäft leistet, ändern an der Tatsache des Schwebezustandes nichts, solange die Hauptleistung nicht erbracht ist. Der Verkäufer bilanziert die Anzahlung als „erhaltene", der Käufer als „geleistete". Erwartete Verluste erhöhen die Rückstellung und sind grundsätzlich nicht etwa als Minderung der Anzahlung zu berücksichtigen.

Aufwendungen für schwebende Geschäfte sind zu aktivieren, wenn durch die Aufwendung ein bilanzierbarer Vermögensgegenstand geschaffen wurde. Aktivierungspflicht besteht z.b. für Werkzeuge, die zur Ausführung eines noch nicht ausgeführten schwebenden Auftrages angeschafft wurden. Ebenso werden beim Hersteller die bis zum Bilanzstichtag angefallenen Herstellungskosten für die verkaufte aber noch nicht gelieferte Anlage aktiviert.

## 2. Die aktiven Rechnungsabgrenzungsposten

a) Rechnungsabgrenzungsposten werden auf der Aktivseite der Bilanz unter bestimmten Voraussetzungen für Ausgaben gebildet, soweit sie Aufwand für eine bestimmte Zeit nach dem Abschlußstichtag sind.[46] Aufgrund ausdrücklicher gesetzlicher Vorschrift (§ 247 Abs. 1 EHGB und 5 Abs. 4 EStG) sind darüberhinaus bestimmte Vorgänge als Rechnungsabgrenzungsposten zu erfassen, auf die vorstehende Definition nicht zutrifft. Wir wollen diese die „besonderen" Posten der Rechnungsabgrenzung nennen.

Voraussetzung der (allgemeinen) Rechnungsabgrenzungsposten ist ein gegenseitiger Vertrag, der sich auf eine zeitlich definierte Nutzungsüberlassung (im weiteren Sinn) richtet und auf den vertragsgemäß bereits Zahlungen geleistet worden sind, während die Nutzung noch aussteht. Rechnungsabgrenzungsposten werden von den Wirtschaftsgütern getrennt ausgewiesen, weil es sich bei ihnen um Anzahlungen auf künftige Aufwendungen handelt. Wenn die Zahlung periodengerecht gewesen wäre, hätte sie nicht zu einem Wirtschaftsgut geführt. Rechnungsabgrenzungsposten dienen nicht dem Ausweis des Vermögens, sondern ausschließlich der Gewinnermittlung. Eine Zahlung, die das neue Jahr (oder künftige Jahre) betrifft (z.B. die im voraus bezahlte Miete), soll nicht schon im alten Jahr zu Aufwand werden. Andererseits dürfen nicht alle Zahlungen aktiviert werden, denen irgendwelche Gegenleistungen in der Zukunft gegenüberstehen, sondern nur solche, die nach objektiven Kriterien abgrenzbar sind. Zu ihnen gehören zunächst ein **Vertrag**

---

[45] Einzelheiten bei *Hartmut Friedrich*, Grundsätze ordnungsmäßiger Bilanzierung für schwebende Geschäfte, Düsseldorf 1975.
[46] Buchungstechnisch wird z.b. eine im Dezember des alten Jahres für den Januar des neuen Jahres gezahlte Miete vom Konto Mietaufwand auf das Konto Rechnungsabgrenzung (und damit in die Bilanz) übernommen. Im neuen Jahr wird der Rechnungsabgrenzungsposten über das Mietaufwandskonto aufgelöst.

auf **Nutzungsüberlassung** i.w.S. (Miet-, Pacht-, Kredit-, Versichungs-, Arbeits-, Bürgschafts-, Vereinsvertrag, aber auch die amtliche Zulassung eines Kraftfahrzeugs, die Kfz-Steuerpflicht auslöst), ferner die vertragsgemäße **Ausgabe im alten Jahr**, die **noch ausstehende Gegenleistung** und der **kalendermäßig bestimmbare Zeitraum**, für den die Zahlung geleistet wurde. Bei geleisteten Anzahlungen[47] (Vorauszahlung für eine künftige Leistung) liegt kein Vertrag auf Nutzungsüberlassung vor und sie führen später i.d.R. (Ausnahme z.b. Vorauszahlung auf eine Speditionsleistung) zu aktivierungspflichtigen Wirtschaftsgütern. Freiwillige Vorauszahlungen tragen Darlehenscharakter und gehören daher nicht zu den Rechnungsabgrenzungsposten. Die noch ausstehende Gegenleistung muß einen Wert für das Unternehmen haben. Eine Pachtvorauszahlung für ein Grundstück, das z.b. wegen behördlicher Auflagen nicht wie vorgesehen genutzt werden kann, gehört nicht mehr in die Bilanz. Schließlich muß der Zeitraum kalendermäßig bestimmbar sein, in dem die Gegenleistung erbracht werden soll (z.b. das Zurverfügungstellen der Mietsache, der Versicherungsschutz). Die statistisch belegte Lebensdauer eines Menschen reicht zur Annahme eines bestimmten Zeitraums nicht aus.[48] Daher kann z.b. eine Zahlung, die jemand dafür leistet, daß er „auf Lebenszeit" einen Privatweg des Nachbarn mitbenutzen kann, nicht als Rechnungsabgrenzung behandelt werden.

Zu den Rechnungsabgrenzungsposten gehört auch das **Disagio** bzw. **Damnum**,[49] dessen Aktivierung für publizitätspflichtige Unternehmen auch handelsrechtlich obligatorisch werden wird. Auf Darlehensverträge, bei denen der ausgezahlte Betrag niedriger ist als der Rückzahlungsbetrag, treffen die für Rechnungsabgrenzungsposten genannten Voraussetzungen zu. Der im Zeitpunkt der Auszahlung des Darlehens vorgesehene Zeitraum kann sich später ändern (z.B. infolge vorzeitiger Rückzahlung), dies hindert den Ausweis als Rechnungsabgrenzung im Zeitpunkt der Aufnahme des Darlehns aber nicht (ebenso kann eine Beteiligung später in ein Wertpapier des Anlagevermögens verwandelt werden). Auch die fehlende Ausgabe hindert die Abgrenzung nicht. Da das Disagio wirtschaftlich ein vorweg bezahlter Zins ist,[50] kann der Einbehalt eines Teils der Kreditsumme nicht anders behandelt werden als die vollständige Auszahlung mit anschließender Rücküberweisung des im voraus zu zahlenden Zinses. Ein aktiviertes Disagio (Damnum) ist durch planmäßige jährliche Abschreibungen (verteilt auf die Laufzeit des Kredits) zu „tilgen". Auch außerplanmäßige Abschreibungen (z.B. wegen einer wesentlichen Zinssenkung) sind möglich.

---

[47] Vgl. S. 139 und 144.
[48] A.A.: *Ludwig Schmidt,* Einkommensteuergesetz, 2.Aufl., München 1983, Anm. 25 zu § 5 EStG.
[49] Als Disagio (Abgeld) wird bei Anleihen und ähnlichen Darlehn die Differenz zwischen dem Rückzahlungsbetrag (z.B. 100%) und dem Ausgabekurs (z.B. 98%) bezeichnet. Damnum meint denselben Sachverhalt bei Hypothekenschulden. Nicht zum Disagio gehören die sog. Geldbeschaffungskosten (Gebühren, Provisionen, Notariatskosten).
[50] Bürgerlich-rechtlich bestehen gegen diese Formulierung Bedenken, da im BGB nur eine nach Maßgabe des Zeitablaufs berechnete Vergütung als Zins gilt.

I. Der Inhalt der Bilanz 29

b) Bei den „besonderen" Rechnungsabgrenzungsposten kann es sich um zwei Tatbestände handeln:[51]

- als Aufwand berücksichtigte Zölle und Verbrauchsteuern, soweit sie auf das Vorratsvermögen entfallen,
- als Aufwand berücksichtigte Umsatzsteuer auf erhaltene Anzahlungen.

Der erste Fall betrifft z.b. die Biersteuer (vergleichbar: Mineralöl- oder Tabaksteuer), die bei Entfernung des Bieres aus der Brauerei anfällt. Verbringt die Brauerei das Bier in ihre eigene Niederlassung oder ein Auslieferungslager, dann entsteht der Steueraufwand (und eine Steuerverbindlichkeit oder ein Geldabfluß). Solange die Ware nicht verkauft ist, soll der Rechnungsabgrenzungsposten verhindern, daß der Steueraufwand erfolgswirksam wird. Die Auffassung des IdW,[52] daß die Biersteuer zu den Herstellungskosten gehöre, hat der BFH abgelehnt. Das IdW hatte eine Aktivierung als Rechnungsabgrenzungsposten verworfen, da das Begriffsmerkmal „bestimmte Zeit" nicht gegeben sei.

Im zweiten Fall erhält ein Lieferant Erlöse, bevor er die Leistung ausführt. Die erhaltene Anzahlung löst bei dem Empfänger Umsatzsteuerpflicht aus, sofern die Anzahlung z.Zt. mindestens 10.000 DM beträgt (§ 13 UStG). Mit dem Rechnungsabgrenzungsposten soll erreicht werden, daß die Umsatzsteuer erst in dem Jahr erfolgswirksam wird, in dem die Lieferung erbracht wird. Das IdW[53] hatte empfohlen, die erhaltene Anzahlung entweder brutto auszuweisen (Anzahlung einschließlich Umsatzsteuer mit Aktivierung eines Anspruchs auf Rückerstattung der Umsatzsteuer) oder sie netto zu berücksichtigen (Anzahlungen ohne erhaltene Umsatzsteuer).

c) In der Abgrenzung der Begriffe der allgemeinen und der besonderen Rechnungsabgrenzungsposten wird nach der Bilanzrechtsreform zwischen der Handels- und der Steuerbilanz kein Unterschied mehr bestehen.

## 3. Die aktiven Bilanzierungshilfen

a) Die sogenannte Bilanzierungshilfe hat das AktG 1937 eingeführt. Mit dem AktG 1965 wurde ihre Anwendungsmöglichkeit eingeschränkt, mit dem Bilanzrichtlinie-Gesetz soll sie wieder erweitert werden.

Als Bilanzierungshilfe können Aufwendungen für die **Ingangsetzung** des Geschäftsbetriebes (geltendes Recht) und dessen **Erweiterung** (neues Recht) aktiviert werden, soweit sie nicht als Wirtschaftsgüter oder Rechnungsabgrenzungsposten anzusetzen sind.[54] Im einzelnen handelt es sich um Ausgaben für

---

[51] Die genannten Tatbestände sind 1980 in das EStG eingestellt worden und sie sollen auch in das reformierte HGB aufgenommen werden. Der Gesetzgeber des EStG wollte hiermit die Auswirkungen zweier BFH-Urteile (vom 26. 5. 1975 – BStBl. S. 13 – und vom 26. 6. 1979 – BStBl S. 625) verhindern.
[52] Stellungnahme HFA 5/1975.
[53] Stellungnahme HFA 1/1979.
[54] Kropff, Anm. 59 zu § 153 AktG.

den Aufbau der Vertriebsorganisation, die Beschaffung von Arbeitskräften, Organisationsgutachten, Marktstudien, Einführungsreklame[55] anläßlich der Gründung oder Erweiterung des Unternehmens. Dabei ist der Begriff Erweiterung eng auszulegen. Zu denken ist insbesondere an den Aufbau neuer Produktionsstätten (für alte oder neue Betriebszweige), nicht dagegen an ein allmähliches Wachstum. Keine Ingangsetzungskosten (und damit nicht aktivierbar) sind die Gründungskosten (Aufwendungen der Beurkundung, der Rechtsberatung, der Gründungsprüfung, des Aktiendrucks, Kapitalverkehrsteuer). Die Bilanzierungshilfe ist in jedem folgenden Geschäftsjahr zu mindestens einem Fünftel durch Abschreibungen zu „tilgen". Ferner soll eine Ausschüttungssperre eingeführt werden: So lange ein derartiger Posten aktiviert ist, sollen Gewinne nur ausgeschüttet werden dürfen, soweit die Gewinnrücklagen (zuzüglich Gewinnvortrag und abzüglich Verlustvortrag) mindestens so hoch sind wie die Bilanzierungshilfe.

Die Bilanzierungshilfe ist eine Inkonsequenz des Gesetzgebers. Die hier zu berücksichtigenden Ausgaben erhöhen allenfalls den Geschäftswert des Unternehmens. Nach der Begründung des Regierungsentwurfs[56] soll mit der Bilanzierungshilfe „eine sonst eventuell eintretende Überschuldung vermieden" werden. Die Begründung überzeugt nicht: Die Gründung von Unternehmen, die derart unterkapitalisiert sind, daß sie bereits als Folge des Anlaufs ihr gesamtes Eigenkapital verlieren, sollte vom Gesetzgeber nicht begünstigt werden.

b) Steuerlich gibt es keine Bilanzierungshilfen. Die hierunter fallenden Beträge sind Betriebsausgaben.

## 4. Die aktiven Korrektur- und Ausgleichsposten

a) Korrekturposten der Bilanz berichtigen auf der Gegenseite zu hoch ausgewiesene Beträge. Sie werden eingestellt, wenn ein Bruttoausweis bestimmter Bilanzposten verlangt oder gewünscht wird. Nachdem Verluste künftig auf der Passivseite zu berücksichtigen sind,[57] wird es nach der Reform nur noch die ausstehenden Einlagen als Korrekturposten auf der Aktivseite der Bilanz geben.

Der Posten „ausstehende Einlagen" zeigt den Teil des vertragsgemäß übernommenen Eigenkapitals, der noch nicht eingezahlt worden ist. Es handelt sich also um noch nicht erbrachte Kommanditanteile, nicht voll eingezahlte Aktien oder GmbH-Anteile. Künftig soll hier ein Wahlrecht gelten: Entweder

---

[55] *Karl Heinz Maul* (Bilanzierungshilfen im künftigen Bilanzrecht, AG, 1980, S. 233) möchte demgegenüber den Begriff Bilanzierungshilfe auf alle Bilanzierungswahlrechte beziehen.
[56] A. A. *Hermann-Heuer* (Anm. 57 zu § 5): „Bedient sich der Steuerpflichtige dieser Bilanzierungshilfe, so ist er daran auch steuerlich gebunden, weil seine Handelsbilanz dann auch steuerlich maßgeblich ist". M.E. gilt das Maßgeblichkeitsprinzip nur hinsichtlich des Betriebsvermögens und für die Rechnungsabgrenzungsposten, nicht aber für andere Posten der Bilanz (vgl. den Wortlaut des § 5 Abs. 1 EStG).
[57] Vgl. S. 153.

wird der im Handelsregister eingetragene Betrag des Gesellschaftskapitals passiviert und ihm als Korrekturposten der Betrag der ausstehenden Einlagen gegenübergestellt, oder es wird eine Saldierung mit dem Teil der noch nicht eingeforderten ausstehenden Einlagen vorgenommen. Im letzten Fall wird das „eingeforderte Kapital" netto auf der Passivseite ausgewiesen (mit einem Vermerk der noch nicht eingeforderten Beträge in einer Vorspalte zum Posten eingefordertes Kapital und einem Ausweis der noch nicht eingegangenen eingeforderten Beträge unter den Forderungen).

b) Verluste sollen nach der Bilanzrechtsreform auf der Passivseite der Bilanz verrechnet werden. Offensichtlich ist dies aber nur so lange möglich, wie ein positiver Saldo des Eigenkapitals verbleibt, da Bilanzposten nicht negativ sein können. Übersteigen die Verluste (oder Entnahmen bei Personenunternehmen) das vormals ausgewiesene Eigenkapital, so muß der überschießende Betrag auf der Aktivseite erscheinen („nicht durch Eigenkapital gedeckter Fehlbetrag"). In diesem Fall liegt bilanztechnisch Überschuldung[58] vor.

c) Die genannten Korrektur- und Ausgleichsposten kommen auch in der Steuerbilanz vor.

## 5. Die Aktivierungswahlrechte

a) Mit Aktivierungswahlrechten wird es in das Belieben des Bilanzierenden gestellt, ein Wirtschaftsgut in die Bilanz einzustellen oder darauf zu verzichten (und den entsprechenden Aufwand in die Gewinn- und Verlustrechnung zu übernehmen). Da der Kaufmann sämtliche Vermögensgegenstände in seine Bilanz aufzunehmen hat, sind grundsätzlich alle bilanzier**baren** Vermögensgegenstände auch bilanzierungs**pflichtig**. Ausnahmen von diesem Grundsatz gibt es nur aufgrund besonderer gesetzlicher Vorschriften oder Anerkennung als GoB.

Nach geltendem Recht wird davon ausgegangen, daß immaterielle Anlagewerte, die als solche entgeltlich (d.h. von einem Dritten) erworben wurden und der derivative Firmenwert nicht aktiviert werden müssen.

Sofern Ausgaben[59] für den Erwerb eines **immateriellen Anlagegegenstandes** (z.B. Patente, Lizenzen, Markenrechte) angefallen sind, ihnen ein Wert beizulegen ist und das Gut den für derartige Anlagegüter typischen Risiken unterliegt, besteht z.Zt. handelsrechtlich ein Aktivierungswahlrecht (abgeleitet aus § 153 Abs. 3 AktG).[60] Eine Aktivierung entgeltlich erworbener immaterieller Anlagegüter erscheint dagegen auch nach geltendem Recht zwin-

---

[58] Vgl. S. 254.
[59] An die Stelle der Ausgaben tritt bei Sacheinlagen in Personen- oder Kapitalgesellschaften der Betrag der vereinbarten Einlage.
[60] *Kropff*, Anm. 52 zu § 153 AktG; *Adler-Düring-Schmaltz*, Anm. 117 zu § 153 AktG. *Georg Döllerer* (Rechnungslegung nach dem neuen Aktiengesetz und ihre Auswirkungen auf das Steuerrecht, BB 1965, S. 1408) und *Karl Heinz Maul* (Immaterielle Anlagewerte im Jahresabschluß der Aktiengesellschaft, ZfbF 1973, S. 16–28) bestreiten dieses Wahlrecht.

gend, wenn das unterstellte Risiko gar nicht gegeben ist.[61] Umgekehrt entfällt eine Aktivierung, wenn mit Erträgen aus dem Gut in absehbarer Zeit nicht zu rechnen ist.[62]

Von einem **derivativen Firmenwert**[63] wird gesprochen, wenn beim Erwerb eines Unternehmens, das seine rechtliche Selbständigkeit verliert, der Kaufpreis des Unternehmens die Werte der einzelnen Vermögensgegenstände abzüglich der Schulden übersteigt. Der Erwerber geht in diesem Fall offenbar davon aus, daß in dem erworbenen Unternehmen außer den einzeln bilanzierten Gütern noch weitere Vorteile vorhanden sind (z.b. besonderer Standort, Qualität der Beschäftigten, Organisation, Kundenstamm), für die es sich lohnt, einen zusätzlichen Betrag zu bezahlen.

Zuweilen[64] wird die Bilanzierung des gewillkürten Betriebsvermögens als Aktivierungswahlrecht bezeichnet. Dem wird hier nicht gefolgt. Bei derartigen Gütern besteht zwar die Wahl, sie dem Betrieb zu widmen oder nicht. Ist diese Wahl aber einmal entschieden, dann besteht kein Wahlrecht zur Aktivierung mehr. Wer seinen Personenwagen nicht für den Betrieb, sondern für private Zwecke anschafft, übt kein Aktivierungs-, sondern ein Wahlrecht zwischen Investition und Konsum aus.

Die herrschende Lehre[65] nimmt schließlich bei unentgeltlich erworbenen Gegenständen (mit Ausnahme der immateriellen Anlagegüter) ein Aktivierungswahlrecht an. Die Möglichkeit der Aktivierung wird mit dem Vollständigkeitspostulat und mit dem Analogieschluß aus dem Erlaß von Forderungen begründet. Wenn jemand auf eine Forderung aus einer Lieferung verzichtet (z.B. um einen Vergleich zu ermöglichen), dann führe dies im Jahresabschluß des Begünstigten zu einem außerordentlichen Ertrag, nicht aber zu einem Verschwinden des Aktivums aus der erhaltenen Lieferung. Entsprechendes müsse auch für unentgeltliche Vermögensüberlassungen gelten. Auch eine Aktivierung von geschenktem Geld könne nicht verboten werden, da sonst der Kassenbestand falsch ausgewiesen würde. Die Möglichkeit der Nichtaktivierung wird mit dem Fehlen von Anschaffungskosten begründet. Das Gesetz spricht von Anschaffungskosten im Zusammenhang mit der Bewertung,[66] nicht aber bei der Aktivierung. Sobald ein Wert feststellbar ist, ist daher nicht von einem Aktivierungswahlrecht, sondern von einer Aktivierungsverpflichtung bei unentgeltlichem Erwerb auszugehen.

---

[61] *Kropff* (ebenda) nennt als Beispiel den Erwerb eines Patentes, für das der Unternehmung Lizenzeinnahmen zustehen.

[62] *Kropff* (ebenda) nennt als Beispiel ein nur vorsorglich erworbenes Schutzrecht, an dessen Auswertung in absehbarer Zeit nicht gedacht ist.

[63] Im Gegensatz zum originären, selbstgeschaffenen Firmenwert, der sich in der Unternehmung bilden kann und nicht durch einen Verkauf realisiert worden ist. Einzelheiten bei *Werner Doralt*, Der Firmenwert in der Handels- und Steuerbilanz, Berlin 1976.

[64] Z.B. *Federmann*, S. 154.

[65] Vgl. z.B. *Kropff*, Anm. 18; *Adler-Düring-Schmaltz*, Anm. 52; *Claussen*, Anm. 8 zu § 153 AktG.

[66] Vgl. S. 46.

# I. Der Inhalt der Bilanz

Aktivierungswahlrechte wird es nach neuem Recht nur noch für Rechnungsabgrenzungsposten, die Bilanzierungshilfe und die Korrekturposten geben. Bei den aktiven Rechnungsabgrenzungsposten besteht zunächst ein Aktivierungswahlrecht für geringfügige Beträge, insbesondere wenn diese regelmäßig wiederkehren. Die Forderung nach einer „richtigen" Rechnungslegung darf nicht überspitzt werden, zumal es im Rahmen der – später zu erörternden –[67] Bewertungswahlrechte im Regelfall um sehr viel höhere Beträge geht als bei den Rechnungsabgrenzungsposten. So wird niemand die Aktivierung vorausbezahlter Steuern für den Wachhund verlangen. Die Grenze für den Begriff der „Geringfügigkeit" ist nicht allgemeingültig zu ziehen. Sie hängt von der Bilanzsumme ab.[68]

Ein handelsrechtliches Aktivierungswahlrecht bei den aktiven Rechnungsabgrenzungsposten soll ferner für das Disagio bzw. Damnum gelten, sofern das Unternehmen nicht publizitätspflichtig ist. Diese Differenzierung ist logisch nicht vertretbar, da die Antwort auf die Frage nach dem Grad der Genauigkeit der Rechnungslegung zwar von der Bilanzsumme, nicht aber von der Publizität abhängen kann.

b) Steuerlich hat es ein Aktivierungswahlrecht bei den **Wirtschaftsgütern** schon früher nicht gegeben[69] (vgl. § 7 Abs. 2 EStDV). Insofern wird das Handelsrecht jetzt dem EStG angeglichen. Das Wahlrecht hinsichtlich geringfügiger Beträge der **Rechnungsabgrenzungsposten** gilt auch für die Steuerbilanz. Dagegen besteht steuerlich eine Verpflichtung zur Aktivierung des Disagios bzw. Damnums.[70] Umgekehrt wird für die Steuerbilanz die sog. **Bilanzierungshilfe** mit dem Hinweis darauf überwiegend abgelehnt, daß es sich hier nicht um ein Wirtschaftsgut handele. Da **Korrekturposten** den Erfolgsausweis der Periode nicht beeinflussen, bestehen insoweit steuerlich keine Vorschriften.

## 6. Die Aktivierungsverbote

a) Mit Aktivierungsverboten greifen der Gesetzgeber oder die Rechtsprechung bestimmte (strittige) Tatbestände auf und entscheiden die Frage der Aktivierbarkeit negativ. Es gibt sie bei allen Arten von Bilanzposten.

Ein Aktivierungsverbot bei Wirtschaftsgütern setzt voraus, daß die entsprechende Ausgabe überhaupt zu einem Wirtschaftsgut führen würde, da nur ein mögliches Handeln verboten werden kann. So ist es nicht strittig, daß im Betrieb **selbst entwickelte Patente** (aber auch andere greifbare Ergebnisse der Forschung und Entwicklung[71]) ebenso Wirtschaftsgüter sein können wie an-

---

[67] Vgl. S. 126.
[68] Vgl. S. 134.
[69] BFH-Urteil vom 19. 1. 1978 (BStBl II, S. 262).
[70] Schreiben des BdF vom 27. 4. 1970 (DB 1970, S. 952). D. *Dziadkowski*, Die Aktivierungsunfähigkeit handelsrechtlicher Bilanzierungshilfen in der Steuerbilanz, BB 1980, S. 1515–1520.
[71] So auch *Herbert Vormbaum, Klaus Peter Franz* und *Hans Günter Rautenberg*, Die

dere im Betrieb hergestellte Erzeugnisse. Sie sind nicht schwerer zu bewerten und auch aus der Sicht eines fiktiven Erwerbers des Unternehmens ausreichend konkretisiert. Wenn der Gesetzgeber eine Aktivierung dieser Wirtschaftsgüter verhindern will, so kann er dies nur über eine ausdrückliche Vorschrift. Sie ist im geltenden Recht in § 153 Abs. 3 AktG enthalten. Eine entsprechende Regelung wird auch in das neue Recht aufgenommen. Das Aktivierungsverbot besteht für die im eigenen Unternehmen (oder in abhängigen Unternehmen[72]) entwickelten gewerblichen Schutzrechte (Patente, Warenzeichen) und ähnliche Rechte (Rezepte, Erfindungen) sowie unentgeltlich erlangte Konzessionen (z.b. Betriebsrechte der Energieversorgungsunternehmen und der Kleinbahnen). Auch eine Aktivierung eigener Aufwendungen für von Dritten erworbene immaterielle Wirtschaftsgüter kommt nicht in Betracht (z.b. Aufwendungen für die Weiterentwicklung eines gekauften Patentes). Als nicht im eigenen Betrieb entwickelt gilt dagegen ein Schutzrecht, das der Bilanzierende vom eigenen Arbeitnehmer erworben hat (gesonderte Erfindervergütung, im Gegensatz zur Lohnzahlung an einen „angestellten Erfinder"). Auf die Art der Gegenleistung kommt es dagegen nicht an. Sie kann in Geld bestehen (Kaufvertrag), eine Ware umfassen (Tauschvorgang) oder eine Einbringung darstellen (Gesellschaftsvertrag). Das Aktivierungsverbot betrifft im übrigen nur die selbst erstellten Gegenstände des **Anlage**vermögens. Zulässig wäre also die Aktivierung selbst entwickelter Patente, die zum Verkauf bestimmt sind.[73]

Ein Aktivierungsverbot für einen bestimmten aktiven Rechnungsabgrenzungsposten sieht § 56 VAG vor. Die Vorschrift verbietet den Versicherungsunternehmen die Aktivierung von **Abschlußkosten von Versicherungsverträgen** (und zwar die unmittelbaren, z.B. von der Unternehmung gezahlte Abschlußprovision oder Aufwendungen der ärztlichen Untersuchung in der Lebensversicherung, ebenso wie die der mittelbaren, z.B. die im Innendienst entstandenen Aufwendungen der Bearbeitung von Versicherungsverträgen).

Von **latenten Steuern** wird gesprochen, falls die Steuerschuld aufgrund des Ergebnisses der Steuerbilanz größer oder kleiner ist als die Steuerbelastung, die sich ergeben würde, wenn man das Ergebnis der Handelsbilanz der Besteuerung zugrunde legen würde. Ein aktiver Posten für latente Steuern käme grundsätzlich in Frage, wenn die gezahlten Steuern im Vergleich zum Ergebnis der Handelsbilanz „zu hoch" sind (weil z.B. in der Steuerbilanz eine längere Nutzungsdauer bestimmter Anlagen zugrundegelegt werden mußte[74] als in der Handelsbilanz oder die Steuerverwaltung bestimmte Rückstellungen nicht anerkannt hat). Da diesem „zu hohen" Steueraufwand in der gegenwärtigen Periode vergleichsweise niedrigere Steuerzahlungen in der Zukunft gegenüberstehen (die Abschreibungen in der Steuerbilanz sind künftig

---

Abbildung von Forschung und Entwicklung in der externen Rechnungslegung von Unternehmungen. In: Wettbewerb und Fortschritt. Festschrift für *Burkhart Röper*, Baden-Baden 1981, S. 190.

[72] *Kropff* (Anm. 48 zu § 153 AktG) macht einen Unterschied, ob es sich um eine vertragliche oder eine faktische Abhängigkeit handelt.
[73] A.A.: *Döllerer*, Rechnungslegung, S. 1408.
[74] Vgl. S. 91.

## I. Der Inhalt der Bilanz

höher als in der Handelsbilanz, für die Rückstellungsgründe fallen Ausgaben an, die in der Handelsbilanz bereits berücksichtigt waren), könnte an eine Aktivierung gedacht werden. Dabei läge zwar kein Wirtschaftsgut (fehlender Anspruch) und kein Rechnungsabgrenzungsposten (fehlende zeitliche Bestimmtheit) vor. Zu denken wäre jedoch an eine Bilanzierungshilfe. Diese soll im neuen Recht ausdrücklich untersagt werden. Eine Aktivierung latenter Steuern kommt daher nicht in Betracht.[75]

Schließlich hat der Gesetzgeber (nach geltendem Recht in § 153 Abs. 4 AktG) klargestellt, daß Aufwendungen für die **Gründung und die Eigenkapitalbeschaffung** nicht als Bilanzierungshilfe (und schon gar nicht als Wirtschaftsgut) angesehen werden dürfen. Die Vorschrift gilt als GoB.

### c) Der Inhalt der Bilanz auf der Passivseite

#### 1. Übersicht

Die Aktivseite der Bilanz wird von den Vermögensgegenständen beherrscht. Die neben diesen bilanzierbaren oder bilanzierungspflichtigen Rechnungsabgrenzungsposten, Bilanzierungshilfen und Korrekturposten sind im Regelfall verhältnismäßig unbedeutend. Die Gleichsetzung der Begriffe „Aktiva" und „Vermögensgegenstände" (Wirtschaftsgüter) ist daher zwar nicht korrekt, trifft aber den wesentlichen Inhalt der linken Seite der Bilanz. Auf der Passivseite der Bilanz ist dies anders. Auch hier gibt es die vergleichsweise unwichtigen Rechnungsabgrenzungsposten, Bilanzierungshilfen und Korrekturposten; den wesentlichen Teil der Passivseite nehmen aber nicht nur die passiven (negativen) Wirtschaftsgüter (das bilanzierte Fremdkapital) sondern auch das Eigenkapital und die Posten ein, die sachlich zwischen dem Eigen- und dem Fremdkapital einzuordnen sind (Sonderposten mit Rücklageanteil).

#### 2. Die passiven Wirtschaftsgüter (Schulden)

(a) Abgrenzung nach der Art des Wirtschaftsgutes

Der Streit um den Inhalt des Begriffes „Wirtschaftsgut" ist fast immer nur um die aktiven Güter geführt worden. Bezeichnenderweise erklärt das EStG (§ 6 Abs. 1 Nr. 3) zu den Verbindlichkeiten lediglich, daß diese „unter sinngemäßer Anwendung der Vorschriften der Nr. 2" (die sich mit der Bewertung der nichtabnutzbaren Wirtschaftsgüter des Anlagevermögens und des Umlaufvermögens befaßt) anzusetzen seien. Das HGB erwähnt die Schulden im Zusammenhang mit dem Inventar (§ 39 Abs. 1).

---

[75] Einzelheiten bei *J. E. Harms* und *K. Küting*, Bilanzierungsprobleme von latenten Steuern im Rahmen der 4. EG-Richtlinie, ZfB 1979, S. 891–905. *W. Ziegeler*, Zur Berücksichtigung latenter Steuern im künftigen EG-Jahresabschluß, DB 1980, S. 2401–2406. *W. Schubert*, Latente Steuern. In: Unternehmung und Steuer (Festschrift für *P. Scherpf*), Wiesbaden 1983, S. 63–69.

Die Begriffe „Schulden" und „Verbindlichkeiten" sind identisch. Man versteht hierunter Verpflichtungen (wirtschaftliche Belastungen) des Unternehmens, die am Bilanzstichtag dem Grunde und der Höhe nach entstanden sind, soweit ihnen im gleichen Sachzusammenhang keine Ansprüche (mehr) gegenüberstehen.[76] Die Verpflichtung richtet sich in der Mehrzahl der Fälle auf eine Geldzahlung (z.B. Bankschulden); sie kann aber auch in einer Sach- oder Dienstleistung bestehen („erhaltene Anzahlungen"). Die Verpflichtung ist meistens durch die Aufnahme von Geld (Kredit) oder eine erhaltene Lieferung (Verbindlichkeiten aus Lieferungen und Leistungen) entstanden. Sie kann aber auch auf öffentlich-rechtlichen Beziehungen (Steuerschulden), gesellschaftsrechtlichen Verhältnissen (Verpflichtungen zur Dividendenzahlung aufgrund des Beschlusses der Gesellschafter) oder bestimmten Handlungen (z.B. Schadenersatzverpflichtungen) beruhen. Die Verpflichtung muß nicht „einklagbar" sein. Es reicht, daß der Bilanzierende davon ausgeht, daß er sich der Zahlung nicht entziehen kann oder wird. Keine Verbindlichkeiten sind dagegen Abnahme- oder Lieferverpflichtungen aus schwebenden Geschäften[77] (z.B. abgeschlossene Einkaufsverträge), so lange davon ausgegangen werden kann, daß die eigene Leistung und die Leistung des Vertragspartners gleichwertig sind.

Schulden können sicher oder unsicher sein. Bei den sicheren Verbindlichkeiten sind am Bilanzstichtag Tatsache und Höhe der Verpflichtung bekannt. Schulden, bei denen am Bilanzstichtag nicht gewiß ist, ob eine Verpflichtung zur Zahlung oder Leistung besteht oder/und bei denen die Höhe (der Betrag) nicht feststeht, werden als **Rückstellungen** in der Bilanz erfaßt. Sie werfen die meisten Abgrenzungsprobleme auf.[78] Von den passiven Rechnungsabgrenzungsposten unterscheiden sich die Verbindlichkeiten dadurch, daß Rechnungsabgrenzungsposten nicht durch eine Zahlung (oder Lieferung) abgelöst werden, sondern daß diese durch Inanspruchnahme der vereinbarten Nutzungsüberlassung ihre Berechtigung verlieren.[79] In Unternehmen, in denen die Nutzungsüberlassung Sachziel ist (z.B. einer Wohnungsgesellschaft) können im voraus erhaltene Nutzungsentgelte (z.B. Miete) entweder als erhaltene Anzahlungen oder als passive Rechnungsabgrenzungen behandelt werden. Verpflichtungen, mit deren Eintritt nicht gerechnet wird, gehören weder zu den Verbindlichkeiten noch zu den Rückstellungen. Sie werden als sogen. „Eventualverbindlichkeiten" im Bilanzvermerk oder im Anhang ausgewiesen.[80]

Vergleichbar den Anforderungen, die an die aktiven Wirtschaftsgüter zu stellen sind, gelten als Voraussetzungen für das Vorliegen eines passiven Wirtschaftsgutes:

---

[76] Einzelheiten bei *Ulrich Hüttemann,* Grundsätze ordnungsmäßiger Bilanzierung für Verbindlichkeiten, Düsseldorf 1970.
[77] Vgl. S. 26.
[78] Einzelheiten bei *Günter Eifler,* Grundsätze ordnungsmäßige Bilanzierung für Rückstellungen, Düsseldorf 1976.
[79] Aufgelöst werden sie z.B. durch die Buchung: Passive Rechnungsabgrenzung an Mieterträge.
[80] Vgl. S. 206.

## I. Der Inhalt der Bilanz 37

- Es muß sich um Verpflichtungen handeln, die Ausgaben (bzw. Lieferungen) in der Zukunft erfordern, denen keine entsprechenden Ansprüche (mehr) gegenüberstehen.
- Die Verpflichtung (wirtschaftliche Last) muß am Bilanzstichtag begründet (verursacht) sein.
- Die Verpflichtung (wirtschaftliche Last) muß selbständig bewertbar sein.

In der Abgrenzung des Begriffes der (sicheren) Verbindlichkeiten besteht zwischen Handels- und Steuerrecht kein Unterschied. Differenzen gibt es bei der Abgrenzung der Rückstellungen, in Sonderheit derjenigen, die für Verpflichtungen gebildet werden, die nicht gegenüber Dritten bestehen (sogen. **Aufwandsrückstellungen**). Soweit eine Rückstellung handelsrechtlich zwingend zu bilden ist, gilt der Passivierungszwang auch für die Steuerbilanz (Maßgeblichkeit). Handelsrechtliche Wahlrechte werden steuerlich dagegen zumeist nicht anerkannt.

Nach neuem Recht sind Rückstellungen zu bilden[81] für

- ungewisse Verbindlichkeiten,
- drohende Verluste aus schwebenden Geschäften,
- unterlassene Instandsetzungsarbeiten, die im folgenden Geschäftsjahr innerhalb von drei Monaten nachgeholt werden,
- Gewährleistungen, die ohne rechtliche Verpflichtung erbracht werden,
- latenten Steueraufwand.

Strittig ist, ob eine ungewisse Verbindlichkeit stets gegenüber einem Dritten bestehen muß oder ob auch sogen. Innenverpflichtungen das Kriterium der selbständigen Bewertbarkeit erfüllen. Der BFH lehnt das letztere grundsätzlich ab. Zu denken ist hierbei in erster Linie an unterlassene Reparaturarbeiten: Wird eine Anlage aus Mangel an Geld oder Zeit nicht – wie an sich notwendig – im alten Jahr repariert (gewartet, überholt), so besteht zwar wirtschaftlich ein Zwang zur Reparatur, der aber nicht notwendigerweise zu Zahlungsansprüchen Dritter führt. (Die Reparatur kann später auch mit eigenem Personal durchgeführt werden.) Der BFH[82] ließ „aus Gründen der Vereinfachung der Buchführung" eine Rückstellung für unterlassene Instandsetzung zu, sofern es sich um unaufschiebbare, umfangreiche Erhaltungsarbeiten handelte, die in den ersten 3 Monaten des neuen Jahres durchgeführt worden sind. Nach einem jüngeren Urteil[83] möchte er diese Einstellung jedoch aufgeben, da es sich bei der bisher zugrundeliegenden handelsrechtlichen Norm (§ 152 Abs. 7 AktG) um ein Wahlrecht handele. Wahrscheinlich wird das HGB aus diesem Grund gegenüber dem AktG geändert. Dies spräche dafür, Verpflichtungen des Unternehmens „gegen sich selbst" nur in den Fällen als rückstellungspflichtig anzuerkennen, in denen dies im Gesetz ausdrücklich verlangt wird.

---

[81] Vgl. S. 154 ff.
[82] BFH-Urteil vom 15. 2. 1955 (BStBl III 1955, S. 172). Vgl. auch Abschn. 31a Abs. 5 EStR.
[83] BFH-Urteil vom 26. 5. 1976 (BStBl III 1976, S. 622).

Nach wie vor ungeklärt ist die Frage, unter welchen Vorausetzungen eine Verpflichtung am Bilanzstichtag wirtschaftlich begründet ist. Die steuerliche Rechtsprechung und Verwaltung verlangen für die Verursachung, daß der Tatbestand, an den das Gesetz oder ein Vertrag eine Verpflichtung knüpft, im wesentlichen verwirklicht ist. Ferner müßten die Ereignisse, die zum Entstehen der Verpflichtung führen, dem alten Jahr zuzurechnen sein. In diesem Sinne werden Rückstellungen zugelassen für die Kosten der Aufstellung des Jahresabschlusses,[84] der Jahresabschlußprüfung[85] und für einen Sozialplan,[86] dagegen abgelehnt für Ausgleichsverpflichtungen[87] gegenüber Handelsvertretern.[88] Eine gesetzliche Regelung haben jüngst die Patentrückstellungen im Steuerrecht gefunden.

Der BFH geht davon aus, daß die Aufwendungen der Aufstellung des Jahresabschlusses allein vom Umfang der im abgelaufenen Jahr verursachten Geschäftsvorfälle abhinge (womit die Verursachung eindeutig sei), während der Ausgleichsanspruch des Handelsvertreters von den erwarteten künftigen Gewinnchancen des Unternehmers bestimmt werde. Im letzten Fall vertrat der BGH[89] zwar eine andere Meinung (die Tätigkeit des Handelsvertreters hätte zu einer Erhöhung des Geschäftswertes in der Vergangenheit geführt), er bestand aber nicht auf einer Passivierung.

Gemäß § 5 Abs. 3 EStG dürfen Rückstellungen wegen Verletzung fremder Patent-, Urheber- oder ähnlicher Schutzrechte erst gebildet werden, wenn

- der Rechtsinhaber Ansprüche wegen der Rechtsverletzung geltend gemacht hat oder

- mit einer Inanspruchnahme wegen der Rechtsverletzung ernsthaft zu rechnen ist.

(b) Abgrenzung zwischen privaten und betrieblichen Schulden

(1) Die Ausführungen zur Frage der handelsrechtlichen Bilanzierbarkeit von Privatvermögen des Einzelkaufmanns gelten für private Verbindlichkeiten sinngemäß.[90] Private Schulden gehören nicht in die Bilanz.

---

[84] BFH-Entscheidung vom 20. 3. 1980 (BStBl II 1980, S. 297).
[85] BFH-Entscheidung vom 23. 7. 1980 (BStBl II 1981, S. 62).
[86] Sobald der Unternehmer den Betriebsrat von der vorgesehenen Betriebsänderung unterrichtet hat (BdF-Schreiben vom 2. 5. 1977, BStBl I, S. 280).
[87] Gemäß § 89b HGB kann der Handelsvertreter nach Beendigung des Vertragsverhältnisses einen angemessenen Ausgleich verlangen, wenn und soweit der Unternehmer aus der Geschäftsverbindung mit neuen Kunden auch nach Beendigung des Vertrages noch erhebliche Vorteile hat und der Vertreter infolge Vertragsbeendigung Ansprüche auf Provision verliert. Der Ausgleich beträgt höchstens eine Jahresprämie (berechnet nach dem Durchschnitt der letzten 5 Jahre).
[88] BFH-Beschluß vom 4. 12. 1980 (BStBl II 1981, S. 266).
[89] BFH-Urteil vom 11. 6. 1966 (BB, S. 915). Vgl. auch *Hans Friedrichs*, Zulässigkeit von Rückstellungen für Ausgleichsansprüche der Handelsvertreter, WPg 1972, S. 11–12; *Klaus Brezing*, Steuerliche Probleme aus dem Personal- und Sozialbereich, StbJb 1977/78, S. 377; *Heinrich List*, Ausgleichszahlungen an Handelsvertreter im Spiegel der Rechtsprechung des Bundesfinanzhofs. In: Unternehmung und Steuer. Festschrift f. *P. Scherpf*, Wiesbaden 1983, S. 71–81.
[90] Vgl. S. 90.

## I. Der Inhalt der Bilanz

(2) Steuerlich gibt es notwendige Betriebsschulden und notwendige Privatschulden, dagegen keine gewillkürten Betriebsschulden.[91] Eine notwendige Betriebsschuld entsteht, wenn der Grund der Schuldaufnahme (aus der Sicht des Schuldners) im betrieblichen Bereich liegt (z.b. Kauf von Wirtschaftsgütern auf Kredit, Zahlung von Löhnen oder Zinsen mit einem Dispositionskredit der Bank, aber auch Entnahmen, sofern Eigenkapital durch einen Kredit ersetzt wird[92]). Ist die Schuldaufnahme privat veranlaßt, dann handelt es sich auch dann um Privatschulden, wenn Betriebsmittel für den Kredit verpfändet wurden. Dies gilt auch umgekehrt. Im übrigen kann sich der Charakter der Schuld später ändern, sofern der Grund der Schuldaufnahme ein anderer wird: Nach Überführung des für betriebliche Zwecke angeschafften Personenwagens in das Privatvermögen des Einzelkaufmanns wandelt sich auch die entsprechende Verbindlichkeit in eine Privatschuld um.

Die Abgrenzung zwischen Betriebs- und Privatschulden ist wichtig für die Frage der Anerkennung von Zinsen als Betriebsausgaben sowie für die steuerlichen Folgen beim Erlaß von Schulden.

Wird ein einem Gesellschafter gehörender Vermögensgegenstand (z.B. ein Grundstück) der Personengesellschaft zur Nutzung überlassen, so gehören die in diesem Zusammenhang aufgenommenen Schulden in die steuerliche Ergänzungsbilanz des Gesellschafters. Ebenso ist mit Darlehn zu verfahren, die der Gesellschafter zur Finanzierung seiner Kapitaleinlage in Anspruch genommen hat. Rechtsbeziehungen zwischen dem Betrieb des Einzelunternehmers und dem Einzelunternehmer gibt es weder handels- noch steuerrechtlich. Zwischen den Gesellschaftern einer Personengesellschaft und ihrer Gesellschaft sind sie handelsrechtlich möglich, steuerrechtlich dagegen grundsätzlich nicht. Der von einem Mitunternehmer seiner Gesellschaft gewährte Kredit ist daher handelsrechtlich als Verbindlichkeit gegenüber Gesellschaftern, steuerlich als Eigenkapital auszuweisen. Dies gilt nicht für Veräußerungen (z.B. Lieferung des Gesellschafters an die Gesellschaft) zu marktüblichen Bedingungen. In diesem Fall entsteht auch steuerlich eine Betriebsschuld.

### 3. Das Eigenkapital

(a) Das Eigenkapital gehört nicht zu den (passiven) Wirtschaftsgütern. Bei ihm handelt es sich um die Summe (bzw. den Saldo) aus dem gezeichneten Kapital (Betrag, auf den die Haftung der Gesellschafter für die Verbindlichkeiten des Unternehmens beschränkt ist) und/oder den Einlagen persönlich haftender Gesellschafter oder Einzelkaufleuten, den Kapitalrücklagen (z.B. aus einem Agio bei der Kapitalerhöhung[93]), den Gewinnrücklagen (Beträge,

---

[91] Einzelheiten bei *Günter Söffing*, Gewillkürtes Betriebsvermögen, StbJb 1980/81, S. 513.
[92] Einzelheiten bei *Wilhelm H. Wacker*, Spezielles Veranlassungsprinzip für die Bilanzierung von Schulden in der Steuerbilanz bei Einzelunternehmen und Mitunternehmerschaften. In: Unternehmung und Steuer. Festschrift f. P. *Scherpf*, Wiesbaden 1983, S. 83–108.
[93] Vgl. S. 150.

die im Geschäftsjahr oder früher aus dem Jahresüberschuß einbehalten worden sind), dem Gewinn- bzw. Verlustvortrag (nicht ausgeschüttete und nicht in die Rücklage eingestellter Teil des Jahresüberschusses der Vergangenheit bzw. nicht ausgeglichener Fehlbetrag) und dem Jahresüberschuß bzw. dem Jahresfehlbetrag. Auf die genannten Begriffe wird in späteren Teilen des Buches[94] näher eingegangen.

Das Eigenkapital unterscheidet sich vom Fremdkapital in erster Linie dadurch, daß die hierunter ausgewiesenen Beträge den primären Risikoträger darstellen: Eigenkapital kann im Falle eines Konkurses nicht als Konkursforderung geltend gemacht werden.

(b) Begrifflich besteht zwischen dem handelsrechtlichen und dem steuerrechtlichen Eigenkapital grundsätzlich kein Unterschied, allerdings muß die Höhe nicht gleich sein. Kommt es – wegen Unterschieden in der Aktivierung, Passivierung oder Bewertung – in der Steuerbilanz zu einem höheren Ausweis der Aktiva oder einem niedrigeren Ausweis der Passiva, so ist dies gesondert zu berücksichtigen. Bei Personenunternehmen geschieht dies im allgemeinen durch eine Anpassung der variablen Kapitalkonten. In Kapitalgesellschaften wird stattdessen die Einstellung eines Steuerausgleichspostens notwendig. Er enthält somit Eigenkapital, das so lange fortgeführt wird, wie sich die unterschiedlichen Bilanzierungs- oder Bewertungsmaßnahmen auswirken. Da der Mehrgewinn der Steuerbilanz des abgelaufenen Jahres (gegenüber der Handelsbilanz) zumeist gesondert ausgewiesen wird, enthält der Steuerausgleichsposten die Gewinndifferenzen aus den Vorjahren, soweit sie sich auch in der Zukunft noch auswirken.[95] Der Posten verschwindet, wenn die Handelsbilanz an die Steuerbilanz angeglichen wird oder wenn z.B. die betreffenden Aktiva auch in der Steuerbilanz voll abgeschrieben (bzw. veräußert worden) sind.

### 4. Die Sonderposten mit Rücklageanteil

Im Gegensatz zu den Gewinnrücklagen, die aus dem versteuerten Gewinn gebildet worden sind, haben die Sonderposten mit Rücklageanteil den steuerlichen Gewinn gemindert; sie sind also bei ihrer Einstellung in die Bilanz wie ein Aufwand (zu Lasten des Gewinns) behandelt worden. Da diese Posten im Regelfall in späteren Perioden (bei der Auflösung) zu einer Erhöhung der steuerlichen Belastung führen, sind sie nicht in voller Höhe Eigenkapital, sondern in Höhe der später entstehenden Steuerschuld Fremdkapital (und insoweit den Rückstellungen vergleichbar).

Nach neuem Recht soll es zwei Arten von Sonderposten mit Rücklageanteil geben, die in der Bilanz auch entsprechend bezeichnet werden sollen:
- Rücklagen, die erst bei ihrer Auflösung zu versteuern sind;
- Steuerliche Sonderabschreibungen und erhöhte Absetzungen, soweit sie über die handelsrechtlich gebotenen Ansätze hinausgehen.

---

[94] Vgl. S. 183.
[95] Einzelheiten bei *Fähnrich*, Steuerausgleichsposten, HdbBil., 31. Erg.Lfg. 1981.

Im ersten Fall wird z.b. der Gewinn aus der Veräußerung bestimmter Anlagegüter in eine Rücklage eingestellt, um eine Versteuerung im Jahr der Entstehung zu verhindern (steuerfreie Rücklage gem. § 6b EStG[96]). Im zweiten Fall besteht die Möglichkeit, bestimmte Anlagen oder Anlagen in bestimmten Gegenden (gegebenenfalls auch schon Anzahlungen) schneller abzuschreiben als dies den GoB entspricht (z.B. gemäß §§ 79 EStDV oder 14 BerlinFG).[97] Sonderabschreibungen und erhöhte Absetzungen sollen eine Steuerstundung aus bestimmten volkswirtschaftlich erwünschten Gründen ermöglichen (i.d.R. Investitionsanreize). Um das Ausmaß der Bilanzbeeinflussung durch derartige Bewertungsmaßnahmen erkennbar zu machen, will der Handelsgesetzgeber von den publizitätspflichtigen Unternehmen künftig den Ausweis als Wertberichtigung[98] in Form des Sonderpostens mit Rücklageanteil (statt Verminderung der Aktiva) verlangen.

Die Bildung von Sonderposten mit Rücklageanteil in der Steuerbilanz setzt fast immer einen entsprechenden Ausweis in der Handelsbilanz voraus. Wird hierauf ausnahmsweise seitens des Gesetzgebers verzichtet (z.B. bei der Preissteigerungsrücklage[99]), so gehört in die Handelsbilanz in Höhe der bei der Bildung ersparten Ertragsteuern eine Rückstellung für latente Steuern.

## 5. Die passiven Rechnungsabgrenzungsposten

(a) Rechnungsabgrenzungsposten werden auf der Passivseite der Bilanz unter bestimmten Voraussetzungen für Einnahmen gebildet, soweit sie Ertrag für eine bestimmte Zeit nach dem Abschlußstichtag sind (z.B. im voraus erhaltene Miete, Pacht, Zinsen, Versicherungsprämien). Die Voraussetzungen im einzelnen entsprechen (mit umgekehrtem Vorzeichen) denen der aktiven Rechnungsabgrenzungsposten.[100] Von den Rückstellungen unterscheiden sie sich insbesondere dadurch, daß Rechnungsabgrenzungsposten später nicht zu Ausgaben führen. Vielmehr steht den erhaltenen Einnahmen eine Leistungsverpflichtung in der Zukunft (z.B. die Zurverfügungstellung der Miet- oder Pachtsache) gegenüber. Schwieriger ist die Abgrenzung zur erhaltenen Anzahlung. Normalerweise führen erhaltene Anzahlungen im Zeitpunkt der späteren Lieferung beim Empfänger zu einem aktivierungspflichtigen Wirtschaftsgut, während dies bei den passiven Rechnungsabgrenzungsposten nicht der Fall ist. Die Übergabe des Sachgutes (z.B. die Ablieferung des Schiffes durch die Werft) ist wirtschaftlich anders zu beurteilen als die Einräumung des Rechts auf die Benutzung einer Sache. Anzahlungen werden häufig auch damit begründet, daß der Lieferant die für die Herstellung erforderlichen Rohstoffe nicht allein finanzieren könne oder wolle. Daher werden Anzahlungen nicht selten in der Bilanz vom Bestand der Roh-, Hilfs- und Betriebsstoffe offen abgesetzt. Für Einnahmen, die als Rechnungsabgrenzungsposten zu behandeln sind, gilt dieses nicht.

---

[96] Vgl. S. 154.
[97] Vgl. S. 71.
[98] Vgl. S. 154.
[99] Vgl. S. 153.
[100] Vgl. S. 27.

(b) Die Abgrenzung des Begriffs der passiven Rechnungsabgrenzungsposten ist in Handels- und Steuerbilanz grundsätzlich gleich. Der BFH hat allerdings die Voraussetzungen des Vertrags auf Nutzungsüberlassung und den kalendermäßig bestimmbaren Zeitraum zuweilen großzügiger ausgelegt als dies hier geschehen ist. Z.B. verlangte der BFH[101] die Bildung eines passiven Rechnungsabgrenzungspostens in der Bilanz des Lieferanten für Kreditgebühren, die der Käufer an eine Teilzahlungsbank gezahlt hat, die diese teilweise dem Lieferanten weitergegeben hatte (als Entgelt für die Übernahme der Haftung des Lieferanten für die Verbindlichkeiten des Käufers gegenüber der Teilzahlungsbank). Analog seien auch im voraus erhaltene Gebühren eines Ehevermittlungsunternehmens vor Erbringung aller vertragsmäßigen Leistungen zu behandeln.[102] M.E. hätte der letzte Fall als erhaltene Anzahlung behandelt werden müssen, falls der Zeitraum, für den das Vermittlungsunternehmen noch tätig sein mußte, nicht kalendermäßig bestimmt war.

## 6. Die passiven Bilanzierungshilfen

(a) Während die aktive Bilanzierungshilfe in einer Aktivierung von Ausgaben besteht, die eigentlich als Aufwand hätten verrechnet werden müssen (da sie weder zu einem Wirtschaftsgut noch zu einem Rechnungsabgrenzungsposten führen), wird die passive Bilanzierungshilfe dadurch in Anspruch genommen, daß auf die Passivierung von Verbindlichkeiten verzichtet wird. Das Ziel ist in beiden Fällen dasselbe: Eine mit den GoB normalerweise nicht vereinbare Verminderung von Aufwendungen in der Gegenwart.

Ein (nicht mehr aktuelles) Beispiel für eine passive Bilanzierungshilfe bot die Lastenausgleichs-Vermögensabgabe.[103] Sie durfte als Verbindlichkeit, als Rücklage oder überhaupt nicht bilanziert werden (§ 218 LAG). In den beiden letzten Fällen war der Gegenwartswert der Vermögensabgabe und der auf sie zu entrichtende Vierteljahresbetrag zu vermerken. Die Erlaubnis, auf eine Passivierung zu verzichten, war damit begründet worden, daß andernfalls nicht wenige Unternehmen überschuldet gewesen wären oder mit einem Dividendenausfall für lange Zeit hätten rechnen müssen.

Ein anderes Beispiel liefert § 88 des 2. Wohnungsbaugesetzes: Der Bauherr im sozialen Wohnungsbau ist nicht verpflichtet, sogen. Aufwendungsdarlehn in seiner Handelsbilanz auszuweisen. Auch mit dieser Vorschrift soll eine Überschuldung vermieden werden.[104]

---

[101] BFH-Entscheidung vom 15. 2. 1967 (BStBl III 1967, S. 297).
[102] BFH-Entscheidung vom 17.8. 1967 (BStBl II 1968, S. 80).
[103] Mit der Vermögensabgabe (§§ 16–90 LAG) wurde eine Umverteilung von Kriegs- und Kriegsfolgeschäden nach dem zweiten Weltkrieg angestrebt. Unbeschränkt abgabepflichtig waren natürliche und juristische Personen, die am 21. 6. 1948 ihren Sitz im Geltungsbereich des Grundgesetzes oder Berlin (West) hatten. Die Vermögensschuld galt am 21. 6. 1948 als entstanden. Sie war in gleichen, vierteljährlichen Teilbeträgen (bei Betriebsvermögen 1,7% der Abgabeschuld), die Tilgungsanteile und Verzinsung der Abgabeschuld enthielten, bis zum 21. 3. 1979 zu entrichten.
[104] *Arno Bordewin,* JbFSt 1975/76, S. 246.

I. Der Inhalt der Bilanz 43

Schließlich kann auch in der Nichtpassivierung der Pensionsverpflichtung[105] eine Bilanzierungshilfe gesehen werden, jedenfalls sofern der Verzicht auf das Argument gestützt wird, daß andernfalls ein Rückgang der Pensionszusagen zu befürchten sei.

(b) Steuerlich sind passive Bilanzierungshilfen grundsätzlich unbeachtlich: Die Lastenausgleichsabgabe galt als Personensteuer, die den steuerlichen Gewinn nicht mindern durfte. Aufwendungsdarlehn sind steuerlich als Schulden anzusehen. Lediglich die in der Handelsbilanz unterlassene Pensionsrückstellung darf auch nicht in die Steuerbilanz eingestellt werden.

## 7. Die passiven Korrekturposten

(a) Nach geltendem Recht sind passive Korrekturposten Wertberichtigungen zu bestimmten Vermögensteilen. Aktienrechtlich sind sie z. Zt. noch zulässig zu Sachanlagen, Beteiligungen und zu Wertpapieren des Anlagevermögens sowie als Pauschalwertberichtigung zu Forderungen.

Wertberichtigungen zum Anlagevermögen sind die Folge **indirekter Abschreibungen**.[106] In veröffentlichten Bilanzen kommen sie verhältnismäßig selten vor (insbesondere bei kommunalen oder gemischtwirtschaftlichen Versorgungs- und Verkehrsbetrieben).

Der Ausweis von Wertberichtigungen zu Forderungen (Delkredere) ist nach den geltenden aktienrechtlichen Bilanzierungsgrundsätzen nur für das allgemeine Kreditrisiko möglich. Im Gegensatz zu den **speziellen Kreditrisiken**, die jeweils von der Vermögenslage des Schuldners, der Laufzeit der Forderung, der Art des zugrunde liegenden Geschäfts und bestehenden Sicherungen abhängig sind, wird das **allgemeine Kreditrisiko** in der Gefahr gesehen, daß durch bestimmte Ereignisse, die nicht im Wesen des bisherigen Engagements liegen (z. B. Konjunkturabschwächung, neuer Kundenkreis, Änderung der Währungsparitäten, Beschlagnahme) Forderungen nicht mehr voll einbringlich sind.

Das neue Recht wird passive Korrekturposten nicht mehr vorsehen. Abschreibungen (auch wegen des allgemeinen Kreditrisikos) sind künftig grundsätzlich aktivisch abzusetzen. Eine Ausnahme bilden steuerliche Sonderabschreibungen und erhöhte Absetzungen, die künftig in den Sonderposten mit Rücklageanteil einzustellen sind.[107]

(b) Steuerlich wird die Einstellung von Korrekturposten als Ausweistechnik angesehen, für die keine speziellen Vorschriften bestehen.

---

[105] Vgl. S. 44.
[106] Bei indirekter Abschreibung zeigt die Aktivseite der Bilanz die ursprünglichen Anschaffungs- oder Herstellungskosten der Vermögensgegenstände. Ihnen werden auf der Passivseite die akkumulierten Abschreibungen (Wertberichtigungen) gegenübergestellt. Scheidet ein Gegenstand aus dem Vermögen aus oder ist er völlig abgeschrieben, so wird ein gleich hoher Betrag auf der Aktiv- (Anlagekonto) und Passivseite (Wertberichtigungskonto) „entnommen".
[107] Vgl. S. 40.

## 8. Die Passivierungswahlrechte

(a) Bei einem Passivierungswahlrecht stellt es der Gesetzgeber in das Ermessen des Bilanzierenden, einen Posten auf der Passivseite der Bilanz vorzusehen oder darauf zu verzichten.

Ein Passivierungswahlrecht bei **Verbindlichkeiten** kann ausnahmsweise mit einem Aktivierungswahlrecht in Verbindung stehen. Gewährt z.B. der Erwerber eines schwer bewertbaren Wirtschaftsgutes (Praxiswert eines freien Berufes, Patente) dem Veräußerer als Gegenleistung eine lebenslängliche Rente, so hat er die Wahl, ob er die Rentenlast passivieren (und das Wirtschaftsgut entsprechend aktivieren) oder erst die laufenden Rentenzahlungen als Anschaffungskosten behandeln will.[108]

Passivierungswahlrechte bei den **Rückstellungen** sind handelsrechtlich nur insoweit anzuerkennen, als der Gesetzgeber diese ausdrücklich vorsieht. Dies soll nach neuem Recht geschehen für

- Instandhaltungen, die nach Ablauf von 3 Monaten (bis zum Jahresende) des neuen Geschäftsjahres nachgeholt werden,
- Großreparaturen in der Zukunft, sofern die Höhe der zukünftigen Aufwendungen eine unverhältnismäßige Belastung des Ergebnisses des betreffenden Geschäftsjahres bedeutet und diese nur durch Verteilung der Aufwendungen auf mehrere Geschäftsjahre vermieden werden kann;
- laufende Pensionen, Anwartschaften auf Pensionen und ähnliche Verpflichtungen;
- Steuern vom Einkommen, die vom Unternehmer oder Mitunternehmer von Personenunternehmen auf den ihnen steuerlich zugerechneten Gewinn des Unternehmens zu zahlen sind (möglich soll auch eine Rückstellung in Höhe der Körperschaftsteuer auf ausgeschüttete Gewinne sein).

Die Verbindlichkeit bei Pensionszusagen ist ungewiß, da weder der Zahlungsbeginn (bei Berücksichtigung vorzeitiger Invalidität) noch das Zahlungsende (der Tod des Berechtigten) genau vorhersehbar sind. Der BGH[109] hat eine Passivierungspflicht u.a. deshalb verneint, weil die Mehrheit der Kaufleute von einem Wahlrecht ausgehe. Die Begründung ist nicht überzeugend, da schon aus steuerlichen Gründen unterlassene Rückstellungen eher die Ausnahme als die Regel darstellen und es im übrigen für die Annahme von GoB nicht auf die Ansicht der Kaufleute ankommt.[110] Die durch den BGH geschaffene Rechtslage ist mit dem AktG von 1965 nicht geändert worden; auch vom neuen Recht wird eine Korrektur nicht erwartet. Das IdW hält das Passivierungswahlrecht für nicht sachgerecht.[111] Soweit Widerrufsvorbehalte bestehen, unterscheidet sich die Rückstellung für Pensionsverpflichtungen allerdings von der Mehrzahl der übrigen Rückstellungen.

---

[108] BFH-Entscheidung vom 2.2.1967 (BStBl II 1967, S. 366).
[109] BGH-Urteil vom 27.1.1967, BGHZ 34, S. 324.
[110] Vgl. S. 12.
[111] Hauptfachausschuß des IdW, Ist das Bilanzierungswahlrecht für Pensionsverpflichtungen vertretbar?, WPg 1976, S. 86–88.

## II. Die Bewertung der Vermögens- und Kapitalteile

Die Einstellung von **Sonderposten mit Rücklageanteil** ist in das Belieben des Bilanzierenden gestellt, da er die Steuervergünstigung nicht in Anspruch nehmen muß. Will er allerdings hierauf nicht verzichten, dann kann er dies im Regelfall nur durch einen entsprechenden Posten auch in der Handelsbilanz.

Bei den **passiven Rechnungsabgrenzungsposten** besteht ein Passivierungswahlrecht hinsichtlich geringfügiger Beträge, insbesondere wenn diese regelmäßig wiederkehren.

(b) Die genannten Wahlrechte bei den Rückstellungen werden steuerlich nicht anerkannt, mit Ausnahme der Rückstellung für Pensionsverpflichtungen (§ 6a EStG).[112] Die Ausführungen zu den passiven Rechnungsabgrenzungsposten und den Sonderposten mit Rücklageanteil gelten auch für die Steuerbilanz.

### 9. Die Passivierungsverbote

Ausdrückliche Normen, mit denen der Ansatz bestimmter Verbindlichkeiten untersagt wird, gibt es weder im Handels- noch im Steuerrecht. Unstreitig ist der Ausweis fiktiver Kreditoren, also Schulden, die gar nicht (mehr) bestehen, verboten. Auf sie trifft aber der Begriff Verbindlichkeiten gar nicht zu. Dies gilt auch für die privaten Schulden. Sie sind nicht bilanzierungsfähig. Von Passivierungsverboten kann daher nur dort gesprochen werden, wo gezweifelt werden kann, ob eine (ungewisse) Verbindlichkeit überhaupt (oder noch) besteht. Dies ist der Bereich der Rückstellungen. Es ist bereits darauf hingewiesen worden, daß nicht alle Rückstellungen, die das Handelsrecht gestattet, auch steuerlich zulässig sind.[113] Keine unterschiedliche Auffassung besteht darüber, daß Rückstellungen, für die der Grund weggefallen ist (bzw. bei denen sich das Risiko der Inanspruchnahme vermindert hat) nicht beibehalten werden dürfen.

## II. Die Bewertung der Vermögens- und Kapitalteile

### a) Die handels- und steuerrechtlichen Wertbegriffe

#### 1. Übersicht

Die Eröffnungsbilanz und der Jahresabschluß sind in Deutscher Mark aufzustellen (§ 40 Abs. 1 HGB). Bewertung ist die Zuordnung bestimmter Geldbe-

---

[112] Mit der Einschränkung, daß Rückstellungen für Pensionszusagen an Gesellschafter-Geschäftsführer von Personengesellschaften nicht zulässig sind. Bei Kapitalgesellschaften, an denen die Geschäftsführer allein oder zusammen mit Ehegatten und abhängigen Kindern zu mehr als 50% beteiligt sind, können derartige Rückstellungen nur gebildet werden, wenn die Ernsthaftigkeit der Zusage nachgewiesen wird, die Gesamtbezüge angemessen sind und das Nachzahlungsverbot (Verbot rückwirkender Vergütungen) beachtet wird.
[113] Vgl. S. 38.

träge zu bestimmten Mengen, der Ausdruck von Mengen in Geldeinheiten. Sie entfällt nur dort, wo das Geld selbst erfaßt wird (Addition der am Bilanzstichtag vorhandenen inländischen Zahlungsmittel und Bankguthaben) und dort, wo Kapitalbeträgen kein „Mengengerüst" zugrunde liegt (Einsetzung des Grundkapitalpostens, Bildung von Rücklagen, Übertragung von Salden). Der Aussagewert des Jahresabschlusses hängt im wesentlichen von der Art der Bewertung der Wirtschaftsgüter ab.

Das Handelsrecht verwendet die grundsätzlich auf Ausgaben der Unternehmung beruhenden Anschaffungs- und Herstellungskosten als Basiswerte und die nicht auf eigenen Ausgaben beruhenden Marktpreise und den beizulegenden Wert als Vergleichswerte. Fakultativ können daneben der nahe Zukunftswert sowie die niedrigeren handels- und steuerlich zulässigen Werte infrage kommen. Das Steuerrecht kennt neben den Basiswerten und dem niedrigeren steuerlich zulässigen Wert den gemeinen Wert und den Teilwert.

Grundlagen der Bewertung sind zunächst die **Basiswerte**, die auf Aufschreibungen der Buchführung (Eingangsbelegen oder internen Belegen) beruhen. Anhand der **Vergleichswerte** wird geprüft, ob die Basiswerte gegebenenfalls als zu hoch angesehen werden müssen. **Fakultative Werte** sind Beträge, auf die unter bestimmten Voraussetzungen ein Ansatz ermäßigt werden kann (nicht muß).

## 2. Die Basiswerte

(a) Die Anschaffungskosten

*(1) Begriffsinhalt*

Anschaffungskosten sind die Aufwendungen, die geleistet wurden, um ein Wirtschaftsgut zu erwerben und es betriebsbereit zu machen. Der Erwerbsvorgang gilt bei Vermögensgegenständen, die der Leistungserstellung dienen[1], spätestens in dem Zeitpunkt als abgeschlossen, in dem Besitz und Eigentum auf den Erwerber übergegangen sind. Spätere Aufwendungen dienen nicht mehr der Anschaffung, sondern dem Erhalt oder der Veränderung. Die Definition läßt erkennen, daß es sich bei den Anschaffungs**kosten** nicht um Kosten im betriebswirtschaftlichen Sinn[2] handelt. Es wäre allerdings nicht treffender, statt von Anschaffungs**kosten** von Anschaffungs**ausgaben** oder Anschaffungs**aufwendungen** zu sprechen. Anschaffungskosten setzen nicht immer Ausgaben voraus (z.B. Schenkung, Tausch, Verschmelzung). Auch ein Verbrauch (Aufwand) ist für den Begriff nicht wesentlich (z.B. Anschaffungskosten von Beteiligungen). Bei den sogenannten „gesetzlichen

---

[1] Zu nachträglichen Anschaffungskosten bei Beteiligungen vgl. S. 61.
[2] Kosten sind der bewertete, leistungsbezogene Güterverbrauch. Im Gegensatz zu den Aufwendungen, die grundsätzlich auf Ausgaben beruhen, bilden die Realgüterbewegungen im Rahmen des Produktionsprozesses die Grundlagen der Kosten, unabhängig von den Zahlungsvorgängen. Einzelheiten bei *Dieter Moews*, Kosten und Leistung, HWR, Sp. 1114–1126.

## II. Die Bewertung der Vermögens- und Kapitalteile 47

Anschaffungskosten" wird selbst ein **Anschaffungs**vorgang (= Erlangung der wirtschaftlichen Verfügungsmacht über ein Wirtschaftsgut von einem Dritten) nicht unbedingt vorausgesetzt: Gemäß § 5 Abs. 3 DMBilG galten die in die DM-Eröffnungsbilanz eingesetzten Werte als Anschaffungskosten für die künftigen Jahresbilanzen.[3] Schließlich berücksichtigt die Definition nicht, daß der „Erwerb eines Wirtschaftsgutes" auch in der Entstehung einer Forderung bestehen kann. Zu den Anschaffungskosten der Forderungen aus Lieferungen und Leistungen gehört gegebenenfalls auch der Gewinn. Eine Definition der Anschaffungskosten, die alle Anwendungsfälle abdeckt, ist somit nicht möglich. Anschaffungskosten beruhen grundsätzlich auf Ausgaben (das unterscheidet sie z. b. von den Wiederbeschaffungskosten), und sie fallen i. d. R. bei der Erlangung der wirtschaftlichen Verfügungsmacht über Wirtschaftsgüter von Dritten an (das unterscheidet sie von den Herstellungskosten[4]).

Die Anschaffungskosten setzen sich aus dem Anschaffungspreis, den Anschaffungsnebenkosten und den Anschaffungskostenminderungen zusammen. Die genannten Begriffe haben im Handels- und Steuerrecht grundsätzlich[5] denselben Inhalt. Es ist allerdings möglich, daß sich Anschaffungskosten im steuerrechtlichen Sinne handelsrechtlich nicht auswirken. Zahlt z. b. jemand für den Erwerb eines Anteils an einer Personengesellschaft mehr als seinem späteren Kapitalanteil entspricht, so aktiviert er den Mehrpreis als Anschaffungskosten lediglich in seiner Ergänzungsbilanz.

**Anschaffungspreis** ist der Betrag, der in der Rechnung ausgewiesen (oder der erwartet) wird bzw. (bei Barzahlung) des hingegebenen Geldes. Grundsätzlich sind auch sogenannte „Schwarzmarktpreise" (überhöhte Preise) Anschaffungskosten. Falls Schulden oder Lasten (z. b. Hypotheken) beim Erwerb mit übernommen werden, so gehören auch diese Belastungen zum Anschaffungspreis. Bei Kaufpreis-Leibrenten ist Anschaffungspreis der Barwert der Rente im Zeitpunkt der Lieferung. Spätere Erhöhungen oder Verminderungen der Rente bleiben ohne Einfluß auf die Höhe der Anschaffungskosten. Ist der Kaufpreis über einen längeren Zeitraum gestundet oder in Raten zu zahlen, so wird davon ausgegangen, daß die Zinsen in der Kaufpreissumme enthalten sind. Anschaffungspreis ist in diesem Fall der Barwert der Kaufpreisschuld. Der Unterschiedsbetrag zum Nennwert der Verbindlichkeit ist gesondert zu aktivieren und auf die Laufzeit der Verbindlichkeit zu verteilen. Anschaffungspreise in ausländischer Währung sind bei Bar- und Vorauszahlungen mit dem Wechselkurs am Tag der Zahlung in die inländische Währung umzurechnen. Beim Kauf auf Ziel ist vom Wechselkurs am Tag der Lieferung auszugehen.[6] Nachträgliche Veränderungen des Kaufprei-

---

[3] Gesetzliche (fiktive) Anschaffungskosten sieht auch § 55 EStG vor. Mit dieser Vorschrift soll die Versteuerung von Veräußerungsgewinnen aus Grund und Boden der Landwirte und Selbständigen (soweit die Gewinne auf Wertsteigerungen bis zum 30. 6. 1970 beruhten) verhindert werden.
[4] Einzelheiten bei *Edgar Castan*, Anschaffungskosten, Prüfung der, HWRev, Sp. 17–30.
[5] Ausnahme vgl. S. 50.
[6] *Adler-Düring-Schmaltz* sehen beim Kauf auf Ziel den „ordnungsgemäß verbuchten

ses im Prozeßwege oder im Rahmen eines Schiedsverfahrens vermindern bzw. erhöhen den Kaufpreis, sofern es sich bei der nachträglichen Zahlung (Vergütung) nicht um Aufwendungen aufgrund von Schadenersatzansprüchen oder um Prozeßaufwendungen handelt.

Bei Anlagen, zu deren Nutzung Werkzeuge benötigt werden, gehört nicht nur der Preis für die Anlage zu den Anschaffungskosten, sondern auch der Preis für die Werkzeugerstausstattung (Bohrer, Fräser, Drehstähle, Sägeblätter u. ä.). Gesamtkaufpreise (z. B. Erwerb eines Grundstücks mit Gebäude) sind auf die verschiedenen Vermögensgegenstände aufzuteilen. Wenn dem Kaufvertrag entsprechende Angaben nicht zu entnehmen sind (oder diese mit den tatsächlichen Gegebenheiten nicht übereinstimmen) wird eine Aufteilung nach dem Verhältnis der Verkehrswerte (Einzelveräußerungspreise), steuerlich der Teilwerte,[7] vorgenommen.

Sofern das Unternehmen zum Vorsteuerabzug berechtigt ist (§ 15 Abs. 1 UStG), gehört die abzugsfähige (d. h. dem Käufer in Rechnung gestellte) Vorsteuer nicht zum Anschaffungspreis. Ist die Vorsteuer umsatzsteuerrechtlich nur zum Teil abziehbar, so kann unter bestimmten Voraussetzungen[8] der nicht abziehbare Teil sofort als Aufwand verrechnet werden. Ein Vorsteuerabzug kommt z. B. nicht infrage, soweit die Umsatzsteuer auf die Anschaffung von Anlagen entfällt, die zur Ausführung steuerfreier Umsätze verwandt werden (§ 15 UStG.).[9]

**Anschaffungsnebenkosten** sind alle einzeln zurechenbaren Aufwendungen, die in Zusammenhang mit dem Erwerb und der Inbetriebnahme des Wirtschaftsgutes stehen. Da der Anschaffungsvorgang grundsätzlich erfolgsneutral (d. h. ohne Belastung der Gewinn- und Verlustrechnung) behandelt werden soll, ist eine Aktivierung der Anschaffungsnebenkosten in Handels- und Steuerbilanz geboten. Zu den Nebenkosten gehören in erster Linie die Aufwendungen, die bis zur Verbringung des Gegenstandes an den vorgesehenen Standort anfallen: Frachten, Transportversicherung, Zölle, Provisionen, Lagergeld, Notariatsgebühren, Gerichts- und Registerkosten, Grunderwerb-

---

Rechnungsbetrag" als Anschaffungskosten an. Wechselkursänderungen nach dem Zeitpunkt der Verbuchung berührten die Anschaffungskosten nicht (Anm. 26 zu § 153 AktG). M.E. kann der Tag der Verbuchung nicht die Höhe der Anschaffungskosten bestimmen, da die Anschaffungskosten auf Ausgaben beruhen. Vgl. auch *Theodor Klein,* Wechselkursänderung als Bilanzierungsproblem, Wiesbaden 1975.

[7] Vgl. S. 66 ff.
[8] Voraussetzungen sind gem. § 9 b EStG, daß der Teil des Vorsteuerbetrags, der nicht abgezogen werden kann,
– 25% des Vorsteuerbetrags und 500 DM nicht übersteigt oder
– die zum Ausschluß des Vorsteuerabzugs führende Umsätze nicht mehr als 3% des Gesamtumsatzes betragen.
[9] Die abzugsfähige Vorsteuer darf nicht mit der Umsatzsteuer auf den Selbstverbrauch (sogen. Investitionsteuer) verwechselt werden, die zeitweilig (z. B. zwischen dem 1. 1. 1968 und 31. 12. 1972) erhoben wurde. Sie war als Anschaffungsnebenkosten zu behandeln. Einige Unternehmen haben diese Steuer auch gesondert aktiviert und schneller abgeschrieben als den dazugehörenden Vermögensgegenstand.

## II. Die Bewertung der Vermögens- und Kapitalteile

und Börsenumsatzsteuer,[10] Maklergebühren, Wiegegeld, gegebenenfalls auch Aufwendungen für das Niederreißen und Wiederherrichten von Mauern beim Hereinschaffen von Maschinen. Zu aktivieren sind ferner die bis zur Inbetriebnahme angefallenen Aufwendungen (Montage- und Fundamentierungskosten, Aufwendungen der Sicherheitsüberprüfung und Abnahme). Die Kosten der Einkaufsabteilung rechnen dagegen nicht zu den Anschaffungsnebenkosten, da sie im Regelfall nicht einzeln zugerechnet werden können.

Prozeßaufwendungen sind Nebenkosten, wenn mit ihnen von vornherein zu rechnen war und sie daher bei der Bemessung des Kaufpreises berücksichtigt werden konnten. Schmiergelder sind ansetzungspflichtig, wenn sie in einem engen wirtschaftlichem Zusammenhang mit dem Anschaffungsvorgang stehen (z.B. Zahlung an einen Angestellten des Verkäufers beim Erwerb eines Grundstücks). Eine Berücksichtigung von Fremdkapitalzinsen kommt nur in Betracht, wenn der Kredit nachweislich der Finanzierung von Anzahlungen oder Vorauszahlungen auf Anschaffungen gedient hat, der Anschaffungspreis entsprechend herabgesetzt war und eine Amortisation der gesamten Anschaffungskosten aus den Erträgen der Anlage zu erwarten ist (z.B. im Schiffbau).

Anschaffungskosten können auch noch nach dem Erwerb des Eigentums anfallen (sogen. **nachträgliche Anschaffungskosten**). Dies setzt allerdings voraus, daß ein unmittelbarer sachlicher und wirtschaftlicher Zusammenhang zwischen beiden Vorgängen besteht (z.B. Grunderwerbsteuer, die wegen Nichtverwirklichung des ursprünglichen begünstigten Zwecks nacherhoben wird; Zölle, die bei Verbringung eines längere Zeit vorher im Ausland angeschafften Wirtschaftsgutes in das Inland fällig werden).

Im Gegensatz zu den nachträglichen Anschaffungskosten gehören die sogen. **anschaffungsnahen Aufwendungen** nicht mehr zum Anschaffungsvorgang. Die nach Erlangung der wirtschaftlichen Verfügungsmacht entstandenen Aufwendungen sind entweder sofort erfolgswirksam zu verbuchen (z.B. Renovierungskosten für ein Gebäude) oder als Herstellungskosten zu behandeln (z.B. Umbau eines Gebäudes im Anschluß an den Erwerb).

**Anschaffungskostenminderungen** sind Beträge, um die der Kaufpreis ermäßigt wird. Hierzu gehört zunächst der Skonto (Preisnachlaß, der dem Käufer bei Bezahlung innerhalb einer bestimmten Frist eingeräumt wird). Steuerlich ist der Abzug nur bei bereits bezahlten Rechnungen möglich (in den anderen Fällen ist eine spätere Korrektur zulässig). Handelsrechtlich werden Skontobeträge, mit denen sicher gerechnet wird, auch schon vor Regulierung der Rechnung vom Anschaffungspreis abgesetzt. Der Skonto kann auch pauschaliert werden. Strittig ist die Frage, ob die Anschaffungskosten handels-

---

[10] *Eberhard Littmann* (Das Einkommensteuerrecht, 13. Aufl. Stuttgart 1981, Anm. 34 zu § 6 EStG) hat Bedenken hinsichtlich des Ansatzes von Aufwendungen, die auch ein künftiger Erwerber wieder machen müßte (z.B. der Grunderwerb- und der Börsenumsatzsteuer). Die Bedenken sind m.E. unbegründet, da zumindest für die Bewertung des Anlagevermögens die Frage der späteren Veräußerung zunächst keine Rolle spielt.

rechtlich auch durch nicht in Anspruch genommene Skonti gemindert werden können oder gar müssen.[11]

Auch die in direktem Zusammenhang mit dem Bezug bestimmter Güter bei der Lieferung gewährten Rabatte (einschließlich Naturalrabatt) vermindern den Anschaffungspreis. Dies gilt ebenfalls für den nicht im Zusammenhang mit einer bestimmten Lieferung (sondern z.B. vom Jahresumsatz abhängigen) nachträglich gewährten Bonus, sofern im Zeitpunkt der Bonusgewährung der Vermögensgegenstand noch vorhanden ist. In der Praxis werden Boni allerdings überwiegend als Ertrag behandelt.[12] Anschaffungskostenminderungen sind ferner zurückgewährte Entgelte (z.B. Minderung des Kaufpreises nach Mängelrüge oder Rückgabe von Verpackungsmaterial).

Strittig ist die Behandlung der (verlorenen) Zuschüsse (Subventionen) aus öffentlichen oder privaten Mitteln. Steuerlich[13] besteht grundsätzlich ein Wahlrecht zwischen erfolgswirksamer (d.h. ohne Abzug von Anschaffungskosten, Erhöhung des Ertrags) und erfolgsneutraler Verbuchung (Anschaffungskostenminderung). Bestimmte staatliche Investitionszulagen[14] verringern allerdings weder die Anschaffungskosten, noch sind sie steuerlich ein Ertrag, vielmehr sind sie wie eine Kapitaleinlage zu behandeln). M.E. sollten Zuschüsse (ebenso wie Versicherungsentschädigungen) nicht als Anschaffungskostenminderungen sondern als Ertrag behandelt werden, da die Abschreibungen andernfalls nicht mehr vergleichbar sind.

*(2) Anschaffungskosten in Sonderfällen*

*α) Anschaffungskosten bei der Übertragung von aufgelösten stillen Rücklagen*

Im Falle der Übertragung von Veräußerungsgewinnen aus dem Verkauf bestimmter Wirtschaftsgüter (§§ 6b EStG, 4 Ausl InvG, 82 StädtebauförderungsG) fallen der steuerrechtliche und der handelsrechtliche Begriff der Anschaffungskosten auseinander: Steuerlich gilt der um den übertragenen Gewinn geminderte Betrag als Anschaffungskosten des Wirtschaftsgutes. Handelsrechtlich ist dagegen die Übertragung von Veräußerungsgewinnen eine außerplanmäßige Abschreibung;[15] der Betrag der Anschaffungskosten wird hiervon nicht berührt.

*β) Anschaffungskosten bei unentgeltlichem Erwerb*

Es ist bereits darauf hingewiesen worden,[16] daß handelsrechtlich bei Schenkungen grundsätzlich[17] als Anschaffungskosten derjenige Betrag anzusetzen ist, der dem vorsichtig geschätzten Verkehrswert entspricht. Steuerlich ist

---

[11] Für den Barpreis auch in diesem Fall *Kropff*, Anm. 9 zu § 153 AktG.
[12] Einzelheiten bei *Bernhard Hartmann*, Anschaffungen im Handels- und Steuerrecht anhand typischer Fälle, Freiburg/Br. 1980.
[13] Vgl. Abschn. 34 EStR.
[14] Vgl. z.B. §§ 5 Abs. 2 InvZulG, 19 Berlin FG, 32 Abs. 4 KohleG.
[15] Vgl. S. 86.
[16] Vgl. S. 32.
[17] Ausnahme: unentgeltlicher Erwerb immaterieller Wirtschaftsgüter.

## II. Die Bewertung der Vermögens- und Kapitalteile

zwischen der Übertragung eines ganzen Betriebs (bzw. eines Teilbetriebs) und der Übertragung einzelner Vermögensgegenstände zu unterscheiden. Wird ein **Betrieb**, ein **Teilbetrieb** oder eine **100%ige Beteiligung** an einer Kapitalgesellschaft übertragen, so sind als Anschaffungskosten die bisherigen Buchwerte anzusetzen. Das gilt auch für aktiviertes immaterielles Anlagevermögen.[18] Die Übertragung ist erfolgsneutral. Bei der unentgeltlichen Übertragung eines **einzelnen Wirtschaftsguts** wird zwischen Übertragung aus betrieblichem und privatem Anlaß differenziert. Bei der Schenkung aus **betrieblichem** Anlaß hat der Erwerber als Anschaffungskosten den Betrag anzusetzen, den er für das einzelne Wirtschaftsgut im Zeitpunkt des Erwerbs hätte aufwenden müssen (§ 7 Abs. 2 EStDV). Gegenposten ist ein außerordentlicher Ertrag. Ist der Beschenkte eine Kapitalgesellschaft, so geschieht der Erwerb stets aus betrieblichem Anlaß. Wird der Vermögensgegenstand aus **privatem** Anlaß geschenkt (z. B. schenkt der Vater seinem Sohn ein Grundstück, das zum notwendigen Betriebsvermögen des Einzelkaufmanns wird), dann muß das Wirtschaftsgut von dem Beschenkten nach den Grundsätzen für eine Einlage angesetzt werden (d. h. Bewertung zum Teilwert[19] und erfolgsneutrale Vereinnahmung).

Gratisaktien[20] sind nicht zu aktivieren, da hier davon ausgegangen wird, daß der Wert des bisherigen Aktienbestands als Folge der Kapitalberichtigung entsprechend gesunken ist.[21]

### γ) Anschaffungskosten beim Tausch

Handelsrechtlich werden auf die Frage, welche Anschaffungskosten beim Tausch von Vermögensgegenständen anzusetzen sind, drei Antworten für zulässig gehalten:[22]

- als Anschaffungswert des erhaltenen Gegenstandes dürfe höchstens der Buchwert des hingegebenen angesetzt werden (da ein objektiver Wertmaßstab beim Tausch fehle);
- als Anschaffungskosten des erhaltenen Gegenstandes dürfe höchstens der Verkehrswert des hingegebenen Gutes gelten (da ein Sachtausch nicht grundsätzlich anders beurteilt werden könne als ein Tausch Ware gegen Geld);
- als Anschaffungskosten des erhaltenen Gegenstandes dürfe höchstens der Buchwert des hingegebenen zuzüglich der durch den Tauschvorgang gegebenenfalls ausgelösten Ertragsteuern gelten (da der Anschaffungsvorgang erfolgsneutral behandelt werden müsse).

Die dritte Antwort weist bereits darauf hin, daß es steuerlich nach ständiger Rechtsprechung beim Tausch grundsätzlich keine Wahlmöglichkeit gibt: Als

---
[18] Vgl. Abschn. 31 a Abs. 2 EStR.
[19] Zu diesem Begriff vgl. S. 66 ff.
[20] „Gratisaktien" (Berichtigungsaktien) werden an die Aktionäre gegen Einlagen ausgegeben, die die ausgebende Gesellschaft ihrem Jahresüberschuß oder freien Rücklagen entnimmt (Kapitalerhöhung aus Gesellschaftsmitteln, § 207 ff AktG).
[21] BFH-Urteil vom 21. 1. 1966 (BStBl III 1966, S. 220).
[22] Vgl. *Kropff,* Anm. 20 bis 24 zu § 153, *Adler-Düring-Schmaltz,* Anm. 27 bis 32 zu § 153 AktG.

Anschaffungskosten des erworbenen Gegenstands gilt der gemeine Wert[23] des hingegebenen. Liegt der gemeine Wert über dem Buchwert, dann tritt eine Gewinnrealisierung, d.h. die Auflösung einer stillen Rücklage, ein. Läßt sich der gemeine Wert des hingegebenen Gegenstandes nur mit großen Schwierigkeiten feststellen, so kann das erhaltene Gut auch mit seinem eigenen gemeinen Wert angesetzt werden.[24] Im steuerlichen Schrifttum[25] – und ausnahmsweise beim Tausch von Wertpapieren auch vom BFH[26] – wird die Ansicht vertreten, daß bei der Frage der Gewinnrealisierung auch danach zu unterscheiden sei, ob das erworbene Wirtschaftsgut art- und funktionsgleich mit dem hingegebenen ist (z.B. Tausch einer kleineren Präzisionsdrehbank gegen eine größere Drehbank geringerer Genauigkeit) oder nicht (z.B. Tausch einer Drehbank gegen Aktien). Im ersteren Fall wird im Schrifttum eine Gewinnrealisation verneint. Der BFH berücksichtigte allerdings nur den Fall, daß Aktien gegen Aktien getauscht wurden und beide die Funktion einer Kapitalanlage gehabt haben oder mit beiden ein Einfluß auf vergleichbare Unternehmen bezweckt worden ist.

Für die Einräumung von Wahlrechten besteht m.E. hier kein Bedürfnis. Es entspricht der Logik, daß stille Rücklagen spätestens dann aufzulösen sind, wenn der Vermögensgegenstand aus dem Unternehmen ausscheidet.

δ) *Anschaffungskosten bei Gegenständen, die aufgrund von Leasing-Verträgen dem „Mieter" zugerechnet werden*

Falls eine Aktivierung von Leasing-Gegenständen beim Leasingnehmer in Frage kommt,[27] sind diese mit den Anschaffungs- oder Herstellungskosten des Leasinggebers (zuzüglich etwaiger eigener Aufwendungen, z.B. für Transport und Montage) anzusetzen. Als Anschaffungskosten kommen hier also Beträge vor, die im Regelfall[28] vom Bilanzierenden (noch) gar nicht selbst aufgebracht worden sind. Zur Ermittlung dieser fiktiven Anschaffungskosten gibt es drei Möglichkeiten:

- Der Leasinggeber teilt dem Leasingnehmer den Kaufpreis mit. Boni, Rabatte und ähnliche Nachlässe bleiben unberücksichtigt.
- Falls der Leasinggeber den Gegenstand selbst hergestellt hat und über die eigenen Kosten keine Auskunft gibt, so ist der normale Verkaufspreis anzusetzen, wenn das Gut einen Marktpreis hat.
- Fehlt ein Marktpreis, so sind die Kosten zu schätzen. Rieger[29] schlägt für diesen Fall eine Abzinsung der Leasingraten vor. Problematisch dürfte dabei die Wahl des Zinssatzes sein.

---

[23] Vgl. S. 66.
[24] BFH-Entscheidung vom 18.7.1972 (BStBl II 1972, S. 884).
[25] Vgl. z.B. *Littmann*, Anm. 519 zu § 6 EStG.
[26] BFH-Urteil vom 2.11.1965 (BStBl 1966, III, S. 127).
[27] Vgl. S. 23f.
[28] Ausnahme beim sog. Sale-and-lease-back, bei dem der spätere Mieter die Gegenstände zunächst erwirbt und sie dann der Leasinggesellschaft verkauft, die ihrerseits einen Mietvertrag mit dem vorherigen Eigentümer abschließt.
[29] *Heinz P. Rieger*, Mobilien-Leasing in der Steuerbilanz, BBK vom 3.9.1981, S. 534.

## II. Die Bewertung der Vermögens- und Kapitalteile 53

### ε) Anschaffungskosten bei der Verschmelzung von Unternehmen

Bei der Umwandlung einer Kapitalgesellschaft (z.b. AG) auf eine andere Kapitalgesellschaft (z.b. GmbH) besteht steuerrechtlich ein Wahlrecht hinsichtlich der Auflösung stiller Rücklagen. Das aufnehmende Unternehmen kann die Vermögensgegenstände also entweder mit den bisherigen Buchwerten fortführen, zum Teilwert ansetzen oder den Wert der Gegenleistung wählen (§ 14 UmwStG). Wird eine Kapitalgesellschaft (z.b. GmbH) auf eine Personengesellschaft (z.b. KG) umgewandelt, so gelten als Anschaffungskosten der übernommenen Wirtschaftsgüter die Teilwerte (§ 3 UmwStG). Bei der Umwandlung einer Personenunternehmung (z.b. einer Einzelfirma) in eine Kapitalgesellschaft (z.b. GmbH) ist das eingebrachte Betriebsvermögen entweder mit seinem bisherigen Buchwert oder mit einem (aus der Gegenleistung folgenden) höheren Wert anzusetzen (§ 20 Abs. 2 UmwStG). Übersteigen in diesem Fall die Verbindlichkeiten die Aktivposten, so hat die übernehmende Gesellschaft das eingebrachte Betriebsvermögen mindestens so anzusetzen, daß sich Aktiva und Passiva ausgleichen (jedoch höchstens zum Teilwert). Dies gilt grundsätzlich auch für die Umwandlung zwischen Personenunternehmen (z.b. Einbringung einer Einzelfirma in eine KG, § 24 UmwStG).

### ζ) Anschaffungskosten bei Sacheinlagen

Anschaffungskosten von Sacheinlagen sind handelsrechtlich im Regelfall der Verkehrswert am Tag der Einbringung, steuerlich der Teilwert (§ 6 Abs. 1 Nr. 5 EStG).

Bei Einlagen in Personenunternehmen wird der Wert der Sacheinlage in der Regel mit der Erhöhung des Kapitalanteils übereinstimmen. Bei Kapitalgesellschaften kommt es dagegen nicht selten vor, daß der Verkehrswert der Sacheinlage (z.b. eines Grundstücks) höher ist als der Nominalbetrag der Aktien (bzw. des Stammanteils). *Adler-Düring-Schmaltz*[30] halten in diesem Fall vier Lösungsmöglichkeiten für zulässig: Die eingelegten Vermögensgegenstände werden entweder

- mit dem Nennwert der zu gewährenden Aktien bewertet oder
- zum Verkehrswert angesetzt (der über den Nennwert hinausgehende Betrag gehört in die Kapitalrücklage) oder
- zu dem Wert angesetzt, der in der Satzung für die Erhöhung des Nominalkapitals zuzüglich des Agios genannt worden ist (entsprechender Verkehrswert vorausgesetzt) oder
- mit den Buchwerten desjenigen fortgeführt, der die Scheinlage einbringt.

Soweit diese Wertansätze den Teilwert unterschreiten, sind sie steuerlich nicht zulässig. Sie führen zu einer Verfälschung des Vermögens- und Gewinnausweises.

---

[30] *Adler-Düring-Schmaltz*, Anm. 55 und 56 zu § 153 AktG.

## η) Anschaffungskosten bei der Rückrechnung

In Einzelhandelsgeschäften mit umfangreichem Warenlager (z.B. Warenhäuser, Apotheken, Textileinzelhandel) ist es üblich, die Waren nur mit den Verkaufspreisen auszuzeichnen. Eine nachträgliche Ermittlung der tatsächlichen Anschaffungskosten ist hier entweder gar nicht (Vermischung aus verschiedenen Einkäufen) oder nur mit erheblichem Aufwand möglich. In diesen Fällen kommt eine retrograde Berechnung der Anschaffungskosten durch Abzug der Bruttogewinnspanne[31] von den Verkaufspreisen in Frage.

Steuerlich ist die Rückrechnung (Verkaufswertverfahren) nur zulässig, wenn die Rohgewinnabschläge ohne beachtliche Schätzungsfehler festzustellen sind. Es ist daher notwendig, die Waren in Gruppen zusammenzufassen, auf die die jeweiligen Bruttogewinnabschläge entsprechend der Warenstatistik des Unternehmens bezogen werden.

(b) Die Herstellungskosten

*(1) Begriffsinhalt*

α) Das neue Bilanzrecht wird für die Herstellungskosten erstmals eine Legaldefinition einführen. Herstellungskosten sind demnach „die Aufwendungen, die durch den Verbrauch von Gütern und die Inanspruchnahme von Diensten für die Herstellung eines Wirtschaftsgutes, seine Erweiterung oder für eine über seinen ursprünglichen Zustand hinausgehende wesentliche Verbesserung entstehen" (§ 260 Abs. 3 EHGB). Im Gegensatz zur Anschaffung, bei der es um die Erlangung der wirtschaftlichen Verfügungsmacht über ein grundsätzlich **fertiges** Gut von einem Dritten geht, bedeutet Herstellung die Schaffung eines Gutes im eigenen Unternehmen oder die wesentliche Veränderung eines bereits bestehenden Gegenstandes. Anders als bei den Anschaffungskosten, die überwiegend durch Eingangsrechnungen belegt sind, müssen die Herstellungskosten aufgrund des innerbetrieblichen Wertverzehrs ermittelt werden.[32] Die Feststellung der Herstellungskosten ist daher schwieriger als die der Anschaffungskosten. Mit Herstellungskosten werden in Industrieunternehmen vor allem die unfertigen und fertigen Produkte bewertet.

Bei den Herstellungskosten handelt es sich – wie bei den Anschaffungskosten – nicht um Kosten im betriebswirtschaftlichen Sinn:

- Herstellungskosten beruhen (wie die Anschaffungskosten) grundsätzlich auf Ausgaben; der betriebswirtschaftliche Kostenbegriff ist dagegen von den Zahlungsvorgängen grundsätzlich unabhängig. Z.B. werden das verbrauchte Material und die Abschreibungen nach kalkulatorischen Grundsätzen auf Basis der (auch höheren) Wiederbeschaffungswerte angesetzt, in

---

[31] Als Bruttogewinn bezeichnet man im Handelsbetrieb den Stückgewinn einschließlich der über den Einstandspreis hinaus dem Stück zugerechneten Aufwendungen (Handelsspanne).

[32] Die „Herstellungskosten" bei der Errichtung oder wesentlichen Veränderung von Gebäuden sind, sofern die Arbeiten durch Fremde durchgeführt werden, streng genommen Anschaffungskosten.

## II. Die Bewertung der Vermögens- und Kapitalteile 55

die Herstellungskosten dürfen dagegen nur die tatsächlichen Ausgaben (bzw. der Buchwert[33]) eingehen.[34] Ferner gehören die kalkulatorischen Unternehmerlöhne (Mitarbeit von Gesellschaftern in Personenunternehmen), die Eigenkapitalzinsen und die kalkulatorischen Wagnisse,[35] soweit sie erst später anfallende Ausgaben betreffen (z.B. Zuführungen zur Garantierückstellung), nicht zu den Herstellungskosten.

- Der Spielraum für den Ansatz von Herstellungskosten ist größer als für den Ansatz der Kosten. Bilanzpolitische Überlegungen (Gewinnbeeinflussung) haben in der Kostenrechnung keinen Platz.[36]

Das neue Recht sieht im Zusammenhang mit den Herstellungskosten Bewertungsgebote, Bewertungswahlrechte und Bewertungsverbote vor. **Bewertungsgebot** (d.h. Zwang zum Ansatz, sofern dadurch der niedrigere Vergleichswert[37] nicht überschritten wird) besteht für die Einzelkosten (im handelsrechtlichen Sinn). Kalkulatorisch sind Einzelkosten diejenigen Kosten, die dem Erzeugnis direkt, d.h. ohne den Weg über die Kostenstellen, zugerechnet werden. Diese Definition gilt grundsätzlich auch für die Bilanz (mit der Einschränkung, daß die Werthöhe unterschiedlich sein kann).

Einzelkosten werden üblicherweise in Materialkosten, Fertigungslöhne und Sonderkosten der Fertigung eingeteilt. **Materialkosten** sind die einzeln zugerechneten, zur Herstellung verwandten Stoffmengen, gleichgültig, ob sie sich in dem späteren Erzeugnis wiederfinden oder nicht (bewertet zu Anschaffungskosten oder niedrigeren Buchwerten). Im einzelnen kann es sich um Rohstoffe (Hauptbestandteile des Fertigerzeugnisses, z.B. Blech, Baumwolle, Tabak, aber auch zugekaufte Erzeugnisteile, z.B. Batterien oder Reifen bei der Autoherstellung), Hilfsstoffe (untergeordnete Bestandteile, z.B. Schrauben, Lack) oder Betriebsstoffe (bei der Herstellung verbrauchte Stoffe, insbesondere Energie, z.B. Strom bei der Aluminiumproduktion, und ähnliche Güter, z.B. Wasser in Kernkraftwerken) handeln. Verpackungsmaterial, das im Zusammenhang mit dem Produktionsprozeß anfällt und für die Verkaufsfähigkeit des Produktes wesentlich ist (sog. Innenverpackung) gehört ebenfalls zu den Materialkosten (z.B. Zigaretten- oder Pralinenschachteln).

Das neue Recht spricht statt von **Fertigungslöhnen** von Fertigungskosten. Hiermit kann aber nichts anderes gemeint sein, da die Fertigungsgemeinkosten und die Sonderkosten der Fertigstellung gesondert erwähnt werden.

---

[33] Wird z.B. aus Teilen eines voll abgeschriebenen Kraftwagens ein neues Aggregat (z.B. eine Notstromanlage) gebaut, dann sind die Materialaufwendungen handelsrechtlich mit 0 DM anzusetzen.
[34] Das schließt nicht aus, daß im Einzelfall Werte der Kostenrechnung (z.B. Materialkosten auf Basis von Durchschnittskosten) übernommen werden.
[35] Soweit die verrechneten Wagnisse einer Normalisierung der im Fertigungs- oder Materialbereich auftretenden Verluste dienen (z.B. Erfassung von Schwund oder Verderb von Gütern), können sie auch in die Berechnung der Herstellungskosten einbezogen werden. Vgl. *Adler-Düring-Schmaltz,* Anm. 47 zu § 155 AktG.
[36] Allerdings können bei Selbstkostenerstattungspreisen (z.B. bei Leistungen für öffentliche Auftraggeber) auch „kostenpolitische" Überlegungen die Kalkulation beeinflussen.
[37] Vgl. S. 93.

Fertigungslöhne sind die einzeln zugerechneten Arbeitsentgelte (einschl. Überstunden- und Feiertagszuschläge), gesetzliche und tarifliche Sozialaufwendungen.

Anstelle des Begriffs der **Sonderkosten der Fertigung** verwendet der Entwurf des Bilanzrichtlinie-Gesetzes den Terminus „Sonderkosten der Fertigstellung". Unter dem bisher gebräuchlichen Begriff versteht man die direkt zugerechneten Kosten für Modelle, Spezialwerkzeuge, Vorrichtungen, auch Herstellungslizenzen sowie Entwicklungs-, Versuchs- und Konstruktionskosten, soweit sie im Rahmen eines bestimmten Auftrags anfallen (also nicht im Zusammenhang mit der allgemeinen Produktforschung stehen). Es besteht kein Grund für die Annahme, daß mit dem geänderten Begriff ein anderer Inhalt gemeint sein soll (etwa in dem Sinne, daß Fertigstellung nur die Endphase der Herstellung umfassen soll). Verbrauchsteuern, die beim Verbringen auf ein Lager des Produktionsunternehmens anfallen (z.B. Mineralöl-, Bier-, Tabaksteuer) sind nach dem neuen Recht nicht mehr als Sondereinzelkosten, sondern als Rechnungsabgrenzungsposten zu erfassen.[38]

**Bewertungswahlrechte** (d.h. Freiheit im Ansatz, soweit dadurch der Vergleichswert nicht überschritten wird) bei der Ermittlung der Herstellungskosten werden nach neuem Recht für die notwendigen Materialgemeinkosten, die notwendigen Fertigungsgemeinkosten sowie die allgemeinen Verwaltungskosten bestehen, soweit sie (d.h. alle drei) auf den Zeitraum der Herstellung entfallen. Nicht zulässig ist es z.b., nachgeholte Pensionsrückstellungen oder Gewerbesteuernachzahlungen als Herstellungskosten zu behandeln.

**Materialgemeinkosten** sind die Aufwendungen, die durch den Einkauf, die Warenannahme, die Materialprüfung, Lagerung und Materialverwaltung verursacht sind.

**Fertigungsgemeinkosten** sind die bei der Herstellung der Erzeugnisse angefallenen Aufwendungen, soweit sie nicht einzeln (direkt) zugerechnet worden sind. Beispiele sind Energiekosten, Abschreibungen auf Anlagen der Fertigung, nichtgewinnabhängige Steuern (Gewerbekapital-, Vermögen-, Grundsteuer), Prämien für Sachversicherungen, laufende Instandhaltungen, Kosten der Arbeitsvorbereitung. Zinsen für Fremdkapital, das zur Finanzierung der Herstellung eines Wirtschaftsgutes verwendet wird, dürfen angesetzt werden. Auch Aufwendungen für soziale Einrichtungen, für freiwillige soziale Leistungen und für die betriebliche Altersversorgung können Fertigungsgemeinkosten sein. Der Begriffsteil „notwendig" bei den Material- und Fertigungsgemeinkosten wird aus der steuerlichen Rechtsprechung übernommen. Notwendig in diesem Sinne sind Aufwendungen, denen sich der Betrieb unter den gegebenen Verhältnissen nicht entziehen kann. Hierzu gehören auch überhöhte Kosten, die sich z.B. aus einer unwirtschaftlichen Fertigungsweise oder zu hohen Preisen im Einkauf ergeben.

Zu den **Kosten der allgemeinen Verwaltung** gehören die Personalkosten und Abschreibungen in der Verwaltung sowie der Rest der nicht als Material-, Fertigungsgemein- oder Vertriebskosten verrechneten Kosten (z.B. Porti, Te-

---

[38] Vgl. S. 29. Zum früheren Recht vgl. *Wolfgang Peiner*, Zur Aktivierung der Verbrauchsteuern als Teil der Herstellungskosten, WPg. 1976, S. 69–72.

## II. Die Bewertung der Vermögens- und Kapitalteile 57

lefon, Reisen, Rechts- und Wirtschaftsberatung, Ausbildungs- und Rechnungswesen, Werkschutz).

Ein **Ansatzverbot** nach altem und neuem Recht besteht für die Vertriebskosten. Sie sind demnach unmittelbar als Aufwand in die Gewinn- und Verlustrechnung einzustellen. Hierzu zählen die Kosten der Vertriebsläger,[39] der Vertriebsabteilungen, der Werbung, Provisionen für Handelsvertreter, Abschreibungen auf Anlagen, die dem Vertrieb dienen (z.B. Fahrzeuge der Reisenden).

Bis zur Bilanzrechtsreform wird strittig bleiben, ob die variablen (d.h. in Abhängigkeit von der Kapazitätsauslastung sich verändernden) Gemeinkosten des Material- und Fertigungsbereichs (z.B. Stromkosten der Fertigung) ansatzpflichtig[40] oder nur ansetzbar[41] sind. Das neue Recht wird der zuletztgenannten Auffassung folgen.

β) Das EStG definiert den Begriff der Herstellungskosten nicht. Durch die Rechtsprechung und Verwaltungsanweisungen[42] ist der Umfang der **steuerrechtlichen** Bewertungsgebote, -wahlrechte und -verbote jedoch vergleichsweise sicher abgegrenzt. Der Kreis der ansatzpflichtigen Herstellungskosten ist steuerrechtlich grundsätzlich weiter als handelsrechtlich. Andererseits gibt es auch Aufwendungen, die zwar handelsrechtlich, nicht aber steuerrechtlich den Herstellungskosten zugerechnet werden können.

**Bewertungsgebot** besteht steuerlich für die Einzelkosten (Fertigungsmaterial, Fertigungslöhne, Sonderkosten der Fertigung) und die produktionsnahen Gemeinkosten. Zu den letzteren zählen ein Teil der Materialgemeinkosten (z.B. Aufwendungen für Lagerhaltung, Transport und Prüfung des Fertigungsmaterials, Werkzeuglager) und ein Teil der Fertigungsgemeinkosten (z.B. Aufwendungen für Arbeitsvorbereitung und Kontrolle, Sachversicherungen, Lohnbüro für die Fertigung, Abschreibung auf Anlagen, die der Fertigung dienen, und die entsprechende Gewerbekapitalsteuer). Die Abschreibungen sind nach der linearen Methode[43] anzusetzen, sofern diese Methode auch der Bewertung der Anlagen zugrundeliegt. Werden die Anlagen degressiv abgeschrieben, so können diese Abschreibungen übernommen werden. Für die Zwecke der Erzeugnisbewertung ist aber auch eine Umwandlung in lineare Abschreibungen zulässig. Bewertungsfreiheiten,[44] Absetzungen wegen au-

---

[39] Gehört die Lagerung zum Herstellungsprozeß (z.B. bei der Gärung alkoholischer Erzeugnisse oder der Trocknung von Holz), so sind die Lagerkosten Teil der Fertigungsgemeinkosten.

[40] *Claussen*, Anm. 16–24 zu § 153 AktG; *Kropff*, Anm. 16–20 zu § 155 AktG; *Adler-Düring-Schmaltz*, Anm. 16–84 zu § 155 AktG.

[41] *J. Eßer*, Gliederungsvorschriften, Bewertung, Gewinnverwendung und Pflichtangaben nach dem Aktiengesetz 1965, AG 1965, S. 310–319 (316); *Otto Mutze*, Die unterschiedliche Behandlung der Herstellungskosten auf den verschiedenen Anwendungsgebieten, DB 1967, S. 169–174 (170); *Hans-Erich Kriehne*, Das Verhältnis zwischen Handels- und Steuerbilanz, BB 1968, S. 553–557 (555).

[42] Vgl. insbesondere Abschn. 33 EStR 1981 und BdF-Schreiben vom 11.11.1974 (BStBl I, S. 994).

[43] Vgl. S. 101.

[44] Vgl. S. 71. A.A. *Bordewin* in *Hartmann-Böttcher*, Anm. 40 zu § 6 EStG.

ßergewöhnlicher technischer oder wirtschaftlicher Abnutzung[45] und Teilwertabschreibungen[46] dürfen bei der Ermittlung der Herstellungskosten nicht berücksichtigt werden.

**Bewertungswahlrechte** gibt es in der Steuerbilanz für den Teil der Materialgemeinkosten und der Fertigungsgemeinkosten, der nicht aktivierungspflichtig ist, sowie für die Verwaltungskosten. Hierzu gehören demnach die Aufwendungen des Einkaufs und des Wareneingangs, der Geschäftsleitung, des Personalbüros, des Rechnungswesens, der Ausbildung, des Nachrichtenwesens, der betrieblichen Altersversorgung, Jubiläumsgeschenke, Weihnachtszuwendungen, Wohnungsbeihilfen, Kantinenzuschüsse und ähnliche freiwillige soziale Leistungen sowie die Gewerbeertragsteuer.

Hinsichtlich des Ansatzes von Zinsen für Fremdkapital ist die steuerliche Regelung enger als die handelsrechtliche. Gemäß Abschn. 33 Abs. 7 EStR 1981 dürfen Zinsen nur aktiviert werden, wenn

- sie für einen Kredit bezahlt wurden, der in unmittelbarem wirtschaftlichen Zusammenhang mit der Herstellung eines Wirtschaftsgutes steht (z.B. den Bau eines Schiffes);
- die Herstellung sich über einen längeren Zeitraum (mehr als ein Jahr) erstreckt und
- in der Handelsbilanz ebenso verfahren wird.

**Bewertungsverbot** besteht steuerlich für die Vertriebskosten, die Steuern vom Einkommen und die Vermögensteuer.

Die Herstellungskosten von Anlagegegenständen, deren Herstellung bis zum Bilanzstichtag nicht beendet ist, auf die aber bereits erhöhte Absetzungen oder Sonderabschreibungen verrechnet oder für die bereits Investitionszuschüsse (§ 1 InvZulG) beantragt werden können, werden steuerlich als **Teilherstellungskosten** bezeichnet. Der Begriff der Herstellung wird hier weiter gefaßt als handelsrechtlich. So entspricht es der herrschenden Auffassung,[47] daß zu den Teilherstellungskosten im Sinne des § 1 InvZulG z.B. auch die Kosten für das zum Ende des Wirtschaftsjahrs auf der Baustelle angelieferte, aber noch nicht verbaute Material gehören.

*(2) Herstellungskosten in Sonderfällen*

*α) Herstellungskosten bei Unterbeschäftigung und stilliegenden Betriebsteilen*

Bei rückläufiger Beschäftigung steigen die Stückkosten an, sofern die Minderung der Gesamtkosten geringer ist als der Rückgang der Ausbringungsmenge: Anlagen verlieren auch zeitabhängig an Wert, die Zahl der Arbeitnehmer kann nicht bei jedem Beschäftigungsrückgang vermindert werden, bestimmte

---

[45] Vgl. S. 91.
[46] Vgl. S. 92. *Blümich-Falk* (§ 6, S. 35) lassen eine Ausnahme bei Teilwertabschreibungen wegen technischer Überholung oder Überalterung zu, soweit diese bei allen Betrieben der gleichen Branche erforderlich sind.
[47] Z.B. *Blümich-Falk,* Anm. 127 zu § 1 InvZulG.

Kosten fallen für die ganze Fertigungshalle an, auch wenn nur wenige Anlagen in Betrieb sind. Fraglich ist, ob und in welcher Höhe diese Kosten der nicht ausgenutzten Kapazität (die sog. Leerkosten) als Herstellungskosten anzusehen sind.

*Mellerowicz*[48] hält eine Aktivierung von Leerkosten nicht für zulässig, da es an einer Beziehung zwischen dem hergestellten Wirtschaftsgut und den wegen mangelnder Aufträge in der gleichen Periode entstehenden Unterbeschäftigungskosten fehle. Dieses Argument würde allerdings für die gesamten fixen Kosten gelten. Die herrschende Lehre[49] geht daher zu Recht davon aus, daß auch Leerkosten ansetzbar (nicht ansatzpflichtig) sind, soweit sie nicht offensichtlich überhöht sind. Das letztere wird zumindest dann anzunehmen sein, wenn sie durch den anteiligen erwarteten Erlös nicht mehr gedeckt sind.

Steuerlich führen Leerkosten nicht zu einer Minderung der in die Herstellungskosten einzubeziehenden Fertigungsgemeinkosten, wenn sich die Schwankungen in der Kapazitätsausnutzung aus der Art der Produktion (z.B. bei einer Zuckerfabrik als Folge der Abhängigkeit von natürlichen Verhältnissen) ergibt.[50] Nach den EStR sind die Kosten, die infolge teilweiser Stillegung oder mangelnder Aufträge anfallen, nicht zu berücksichtigen.[51] Diese Formulierung ist wenig präzis, da von „mangelnden Aufträgen" auch schon dann gesprochen werden kann, wenn der Betrieb nicht mehr voll ausgelastet ist. Gemeint ist offenbar, daß in beiden Fällen entweder ein Betriebsteil stilliegt oder einzelne Anlagen für einen längeren Zeitraum nicht mehr genutzt werden.

*β) Herstellungskosten bei Reparaturen und Umbauten*

Im Zusammenhang mit Reparaturen, Erneuerungsarbeiten und Umbauten ist die Frage zu beantworten, ob die dabei angefallenen Aufwendungen als Herstellungskosten anzusetzen sind oder ob sie (als „Erhaltungsaufwand") Betriebsausgaben darstellen.

Ansatzpflichtiger Aufwand liegt vor, wenn durch die Maßnahme die Wesensart des Vermögensgegenstands geändert wurde (z.B. Umbau eines Pkw in einen Abschleppwagen) oder eine so umfangreiche Erneuerung der Substanz (z.B. Modernisierung eines Verwaltungsgebäudes) vorgenommen wurde, daß von einem neuen Gegenstand gesprochen werden kann.[52] Zu den Herstellungskosten gehören bei einem Gebäude die Aufwendungen für seine Erweiterung (Anbau, Umbau), für die Verbesserung (Einbau einer Sammelheizung anstelle individueller Öfen) oder Veränderung (Aufteilung von Großwohnungen in Kleinwohnungen).[53] Umgekehrt liegt Erhaltungsaufwand vor, wenn die Aufwendungen die Wesensart des Vermögensgegenstandes nicht verändern, ihn im ordnungsgemäßen Zustand erhalten sollen (z.B.

---

[48] *Mellerowicz,* Anm. 70 zu § 153 AktG.
[49] *Adler-Düring-Schmaltz,* Anm. 63 zu § 155; *Kropff,* Anm. 22 zu § 155; *Claussen,* Anm. 20 zu § 153 AktG.
[50] Abschn. 33 Abs. 2 EStR; BFH-Urteil vom 15. 2. 1966 (BStBl III S. 468).
[51] Abschn. 33 Abs. 6 EStR.
[52] *Littmann,* Anm. 97 zu § 6 EStG.
[53] Vgl. Abschn. 157 Abs. 3 EStR.

Lackierung eines Pkw) sowie regelmäßig in ungefähr gleicher Höhe wiederkehren. Es brauchen nicht alle drei Voraussetzungen gleichzeitig vorzuliegen.[54]

Für die Abgrenzung ist auch wichtig, ob der Vermögensgegenstand, der erneuert wird, ein selbständig bilanziertes Wirtschaftsgut oder Teil eines anderen Guts ist. Wird z.B. eine Heizung erneuert, die als Gebäudeteil behandelt wird, so liegt Erhaltungsaufwand vor. War die Heizung dagegen selbständig aktiviert, so ist Herstellungsaufwand anzunehmen.[55] Unwesentlich ist dagegen, ob der reparierte Gegenstand noch mit einem Buchwert in der letzten Bilanz stand. Der Einbau eines neuen Motors in einen Pkw ist also auch dann Erhaltungsaufwand, wenn der Wagen bereits voll abgeschrieben war. Bei Bauaufwendungen spielt auch die Höhe des Aufwands eine Rolle. So werden gegenwärtig ohne weitere Nachprüfung Bauaufwendungen auf Antrag als Erhaltungsaufwand angesehen, wenn die Aufwendungen für die einzelne Baumaßnahme[56] nicht mehr als 4000 DM (ohne Umsatzsteuer) je Gebäude und Jahr betragen.

Aufwendungen, die kurze Zeit nach dem Erwerb des Gebäudes gemacht werden (anschaffungsnaher Aufwand) sind Herstellungskosten, wenn sie im Verhältnis zum Kaufpreis hoch sind und durch die Aufwendungen im Vergleich zu dem Zustand des Gebäudes im Erwerbszeitpunkt das Wesen des Gebäudes verändert, der Nutzungswert erheblich erhöht oder die Nutzungsdauer beträchtlich verlängert wird.[57] Die Voraussetzungen sind i.d.R. nur gegeben, wenn Instandhaltungsarbeiten nachgeholt werden müssen. Ob anschaffungsnaher Aufwand vorliegt, ist für die ersten drei Jahre nach dem Erwerb des Gebäudes nur für die Jahre zu prüfen, in denen Aufwendungen für Instandsetzung von mehr als 25% der Mieteinnahmen entstanden sind.[58]

Die vom Steuerrecht entwickelten Regeln für die Abgrenzung zwischen Herstellungskosten und Erhaltungsaufwand werden für die handelsrechtliche Rechnungslegung grundsätzlich übernommen.[59]

*γ) Herstellungskosten bei Kuppelproduktion*

Als Kuppelproduktion wird derjenige Teil eines Produktionsprozesses bezeichnet, aus dem technologisch zwangsläufig zwei oder mehr Produkte gleichzeitig hervorgehen (z.B. Gas und Koks, Benzin und Heizöl, Fleisch und Häute). Die Mengenrelation zwischen den Produkten kann dabei fest oder in bestimmten Grenzen beeinflußbar sein. Eine Zurechnung der im einheitlichen Produktionsprozeß angefallenen Kosten auf die verschiedenen Produkte ist nach dem Verursachungsprinzip nicht möglich. Es müssen daher Konstruktionen gefunden werden, die anderen Prinzipien folgen. In der Litera-

---

[54] BFH-Urteile vom 9.7. 1953 (BStBl III, S. 245) und vom 1.3. 1960 (BStBl III, S. 198).
[55] *Littmann*, Anm. 87 zu § 6 EStG.
[56] Es darf sich dabei jedoch nicht um Maßnahmen handeln, die der endgültigen Fertigstellung eines neu errichteten Gebäudes dienen.
[57] BFH-Urteil vom 22. 8. 1966 (BStBl III S. 672).
[58] Abschn. 157 Abs. 5 EStR 1981.
[59] Z.B. *Kropff*, Anm. 35 zu § 153; *Adler-Düring-Schmaltz*, Anm. 23 zu § 152 AktG.

tur[60] wird häufig danach unterschieden, ob die angefallenen Produkte im Verhältnis von Haupt- und Nebenprodukt stehen (z.b. Drehteil und Späneschrott) oder ob es sich um mehrere Hauptprodukte handelt (z.B. bei der Kohlehydrierung). Für den ersten Fall wird zumeist die Restwertrechnung, für den zweiten die Verteilungsrechnung empfohlen.

Bei Anwendung der **Restwertrechnung** werden die (erwarteten) Erlöse der Nebenprodukte – vermindert um die bis zur Verkaufsreife noch anfallenden Aufwendungen – von den gemeinsam verursachten Herstellungskosten abgezogen. Der verbleibende Rest gilt als Herstellungskosten des Hauptprodukts. Das Verfahren hat den Nachteil, daß die zu bewertenden Vorräte nach zwei verschiedenen Grundsätzen (einmal einschließlich Gewinn und einmal ohne diesen) bewertet werden. Sofern die Nebenprodukte in nennenswertem Umfang anfallen und gegebenenfalls marktbedingt an aufeinanderfolgenden Stichtagen in stark schwankenden Mengen vorhanden sind, wird dadurch der Aussagewert der Rechnung gemindert.

Beim **Verteilungsverfahren** werden die Kosten mit Hilfe einfacher oder kombinierter Schlüssel auf die Kuppelprodukte umgelegt. Als Schlüssel kommen vor allem physikalische Eigenschaften (z.B. Molekulargewichte, Heizwerte, Dichte) oder Marktpreise infrage.[61]

Besonderheiten ergeben sich, falls die Kuppelprodukte mit anderen Zwischenprodukten (die ebenfalls aus Kuppelproduktion entstanden sein können) in nachgelagerte Fertigungsprozesse eingehen (verflochtene Kuppelproduktion) oder in vorgelagerten Fertigstufen wieder eingesetzt werden (zyklische Kuppelproduktion).[62]

### δ) Anschaffungs- oder Herstellungskosten bei Beteiligungen

Im Anschluß an ein Urteil des BGH[63] ist in der Literatur die Frage diskutiert worden, ob auch im Zusammenhang mit Beteiligungen[64] von Herstellungskosten, gesprochen werden könne. Gedacht wird an den Fall, daß im Anschluß an den Erwerb eines Kapitalanteils (z.B. eines Aktienpakets) Forderungsverzichte und Sanierungszuschüsse an die Beteiligungsunternehmung gewährt werden. Im Gegensatz zum BGH und BFH,[65] die derartige

---

[60] Z.B. *Adler-Düring-Schmaltz*, Anm. 73 zu § 155 AktG.
[61] Beispiel: Gesamtkosten der ersten Fertigungsstufe, aus der zwei Verbundprodukte hervorgehen, 10 DM je ME Ausstoß. Das erste Produkt ist unmittelbar marktreif (Vertriebskosten 1 DM). Das zweite Produkt durchläuft eine zweite Fertigungsstufe, in der 3 DM Kosten anfallen (zuzüglich 2 DM Vertriebskosten). Der Verkaufspreis des ersten Produktes betrage 13 DM, der des zweiten 23 DM. Die gekürzten Marktwerte verhalten sich dann wie 12 (13 − 1) zu 18 (23 − 2 − 3). Als Herstellungskosten der ersten Fertigungsstufe gelten demnach für das erste Produkt 4 DM und für das zweite 6 DM.
[62] Einzelheiten bei *Hans-Jürgen Wurl*, Handelsrechtliche Bewertung unfertiger und fertiger Erzeugnisse bei Kuppelproduktion, WPg 1975, S. 101–109; *Paul Riebel*, Kuppelproduktion und -kalkulation, Management-Enzyklopädie, Bd. 3, München 1970, S. 1243–1265.
[63] BGH-Urteil vom 31. 10. 1978 (NJW 1980, S. 183).
[64] Vgl. S. 143.
[65] BFH-Urteil vom 29. 5. 1968 (BStBl II 1968, S. 722).

Vorgänge als zusätzliche Anschaffungskosten deuten, vertreten *Goerdeler* und *Müller*[66] die Auffassung, daß zwischen einer Zahlung an den früheren Anteilsinhaber (= Anschaffungsvorgang) und der Zahlung an die Beteiligungsunternehmung (= Herstellungsvorgang) zu unterscheiden sei. Eine derartige Auslegung wird dem Begriff der Herstellung nicht gerecht: Herstellung setzt stets einen innerbetrieblichen Wertverzehr voraus. Hieraus folgt allerdings, daß der Vorgang der Anschaffung bei Vermögensgegenständen, die nicht unmittelbar der Leistungserstellung dienen, nicht notwendigerweise mit dem Eigentumsübergang beendet ist. Zu- oder Nachschüsse auf Beteiligungen sind nachträgliche Anschaffungskosten, Kapitalerhöhungen führen zu einem neuen Anschaffungsvorgang.[67]

Von nachträglichen Anschaffungskosten kann bei Forderungsverzichten und Sanierungszuschüssen im übrigen nur gesprochen werden, wenn sie den Wert der Beteiligung über den Zustand vor dem Verzicht oder der Zahlung erhöht haben. War die Forderung ohnehin verloren, dann kann auch ein Verzicht auf sie keine Werterhöhung der Beteiligung bewirken.[68]

ε) *Herstellungskosten bei der Rückrechnung*

Statt die Herstellungskosten „vorwärts", d. h. durch Ansatz der bis zum jeweiligen Reifezustand der unfertigen Arbeiten angefallenen Kosten zu ermitteln, wird in der Praxis zuweilen auch die retrograde Rechnung angewandt. Dabei wird vom Verkaufspreis (ohne Umsatzsteuer) ausgegangen, der um den erwarteten Gewinn und die noch anfallenden Vertriebs- und Verwaltungskosten gekürzt wird. Von dem verbleibenden Betrag wird der Teil angesetzt, der dem Grad der Fertigstellung am Bilanzstichtag entspricht.

Da die Bewertung nicht zuletzt dazu dient, den Gewinn festzustellen (der bei der Rückrechnung als gegeben angesehen werden muß), wird diese Art der Bewertung nur ausnahmsweise als ordnungsmäßig gelten können. Die Rückrechnung dient im übrigen zur Gewinnung eines sekundären Maßstabs, mit dem die Angemessenheit des Ansatzes der Vollkosten (z.B. bei Unterbeschäftigung) beurteilt wird.

## 3. Die Vergleichswerte

(a) Der aus dem Börsenkurs oder dem Marktpreis abgeleitete Wert

(1) Den Begriff „Börsen- oder Marktpreis"[69] verwendet der Gesetzgeber — außer in § 155 AktG (dessen Inhalt weitgehend in das neue Recht übernom-

---

[66] *Reinhard Goerdeler* und *Wolf Müller,* Die Behandlung von nichtigen oder schwebend unwirksamen Anschaffungsgeschäften, von Forderungsverzichten und Sanierungszuschüssen im Jahresabschluß, WPg 1980, S. 318.
[67] So auch *Norbert Kücken,* Herstellungskosten für Beteiligungen?, WPg 1983, S. 579–583.
[68] *Goerdeler-Müller,* S. 320.
[69] Das neue Recht wird nicht vom Börsen**preis**, sondern vom Börsen**kurs** sprechen. Dabei haben sich die Verfasser des Entwurfs wahrscheinlich davon leiten lassen,

## II. Die Bewertung der Vermögens- und Kapitalteile

men wird) – auch in §§ 385[70] und 453[71] BGB, 373,[72] 376[73] und 400[74] HGB, 18 KO[75] und 1 PÖV.[76] Es entspricht verbreiteter Meinung,[77] daß der Marktpreis als Vergleichswert des AktG, als Bewertungsmaßstab des BGB und des Kaufrechts des HGB denselben Inhalt hat. Als Marktpreis im Sinne dieser Vorschriften gilt der Preis, der an einem Handelsplatz, an dem die Ware regelmäßig umgesetzt wird, für Waren einer bestimmten Gattung von durchschnittlicher Art und Güte zu einem bestimmten Zeitpunkt oder innerhalb eines bestimmten Zeitabschnitts im Durchschnitt bezahlt wird. Die Verwendung eines einheitlichen Marktpreisbegriffs ist jedoch nicht zwingend, da der Zweck der Vorschriften offensichtlich nicht übereinstimmt (Verlustantizipation im Bilanzrecht, Schutz vor Übervorteilung im Kaufrecht).

Markt im Sinne der ökonomischen Theorie ist kein bestimmter Ort („Handelsplatz"), sondern er bezeichnet die Gesamtheit der Austauschbeziehungen zwischen anbietenden und nachfragenden Wirtschaftseinheiten, die hinsichtlich ihrer Verkaufs- und Einkaufsmöglichkeiten in einem bestimmten Verhältnis gegenseitiger Abhängigkeit stehen.[78] Zur näheren Bestimmung des **Marktpreises** als Vergleichswert erscheint es zweckmäßig – in Anlehnung an das öffentliche Preisrecht – zwischen dem allgemeinen und dem besonderen Markt zu unterscheiden. Von einem allgemeinen Markt wird gesprochen,[79] wenn eine Mehrheit von Lieferanten vorhanden ist, von der das Unternehmen Güter beziehen (Beschaffungsmarktpreis) oder es eine Mehrheit von Abnehmern gibt, an die das Unternehmen absetzen kann (Absatzmarktpreis). Der besondere Markt zeichnet sich dadurch aus, daß die bilanzierende Unternehmung auf ihm regelmäßig als einzige Nachfragerin bzw. einzige Anbieterin auftritt.

**Beschaffungsmarktpreis** auf dem **allgemeinen** Markt ist der Durchschnitt der infrage kommenden Preise, zu dem das zu bewertende Gut am Bilanzstichtag in markt- oder betriebsüblicher Menge zu beziehen ist. Der „infrage kommende" Preis meint den betriebsüblichen Kaufort und die Handelsstufe, auf der das Gut üblicherweise eingekauft wird. Die Annahme eines bestimmten Preises als Beschaffungsmarktpreis schließt also nicht aus, daß es Lieferanten gibt, die das zu bewertende Gut zu einem niedrigeren Preis anbieten.

---

daß die Preise an der Börse „Kurse" heißen. Dies trifft allerdings nur auf die Preise im Effektenhandel zu. Eine sachliche Änderung dürfte damit nicht beabsichtigt sein.
[70] Freihändiger Verkauf bei Annahmeverzug.
[71] Bestimmung des Marktpreises als Kaufpreis.
[72] Freihändiger Verkauf bei Annahmeverzug.
[73] Schadenersatz wegen Nichterfüllung beim Fixhandelskauf.
[74] Selbsteintritt des Kommissionärs.
[75] Konkurseröffnung vor Ablauf der Frist bei Fixgeschäften.
[76] Grundsatz der Preisbemessung für Leistungen auf Grund öffentlicher Aufträge.
[77] *Adler-Düring-Schmaltz*, Anm. 164 zu § 155; *Mellerowicz*, Anm. 26 zu § 155 AktG; *Meyer-Meulenberg-Beuthien*, Genossenschaftsgesetz, 12. Aufl., München 1983, Anm. 21 zu § 33 c GenG.
[78] *Alfred Eugen Ott*, Marktformen, HdWW, Bd. 5, S. 105.
[79] Vgl. *Ebisch-Gottschalk*, Preise und Preisprüfungen bei öffentlichen Aufträgen, 4. Aufl., München 1977, Anm. 1 zu § 4 PÖV.

**Absatzmarktpreis** auf dem **allgemeinen** Markt ist der niedrigste Preis, zu dem das Gut am Bilanzstichtag unter den betrieblichen Gegebenheiten (also z.B. kein Schleuderverkauf) verkauft werden könnte. Maßgeblich hierfür sind die Preislisten des Unternehmens (sofern diese der Wirklichkeit im Verkauf entsprechen).

**Beschaffungsmarktpreis** auf dem **besonderen** Markt ist der Durchschnittspreis, den die Unternehmung auf der Grundlage von Einzelverträgen mit Lieferanten, von denen sie gewöhnlich bezieht, zu zahlen hat. Der Begriffsteil „Markt" setzt voraus, daß es sich um einen fortgesetzten Bezug, also keinen einmaligen Beschaffungsakt (z.B. Erwerb eines Patents), handelt. So lange die Preise zwischen Nachfrager und Anbieter ausgehandelt werden und/oder der Nachfrager die Möglichkeit hat, notfalls auf das Gut zu verzichten, ohne dabei seine wirtschaftliche Existenz aufs Spiel zu setzen, kann auch dann noch von einem Marktpreis gesprochen werden, wenn dem einzigen Nachfrager nur ein Anbieter gegenübersteht. Dies setzt allerdings voraus, daß der einzige Lieferant kein von dem Käufer abhängiges oder ihn beherrschendes Unternehmen ist.

**Absatzmarktpreis** auf dem **besonderen** Markt ist der Preis, den das Unternehmen mit dem einzigen Abnehmer ausgehandelt hat und der erwartungsgemäß auch für die bereits auf Vorrat hergestellte oder unfertige Ware erzielt werden kann (z.B. Herstellung von Zubehör für eine bestimmte Kraftfahrzeugmarke).

Der **Börsenkurs** ist eine spezielle Art des Marktpreises, nämlich der nach § 29 BörsG im amtlichen Handel (bei Effekten auch im geregelten Freiverkehr) festgesetzte Preis. Derartige Preise gibt es für bewegliche Sachen, die Gegenstand des Handelsverkehrs an den Produktenbörsen (z.B. Zucker, Getreide, Baumwolle, Tabak, Buntmetalle) oder Wertpapierbörsen (z.B. Aktien, Obligationen) oder Devisenbörsen sind. Von einem Börsenpreis kann nur gesprochen werden, wenn zu diesem Wert Umsätze tatsätzlich zustande gekommen sind (also nicht bei den reinen Geld- oder Briefkursen[80]). Sofern nur Spannen zwischen zwei Beträgen veröffentlicht werden (sogen. Spannungsnotizen), die an den Warenbörsen den Preisrahmen der abgeschlossenen Geschäfte angeben, ist der Durchschnitt aus dem höchsten und dem niedrigsten Grenzkurs als Börsenpreis anzusehen. Falls fortlaufende Kurse neben einem Einheitskurs mitgeteilt werden (variable Notierung bei bestimmten Effekten mit großem Markt und einem bestimmten Mindestschluß) gilt der Einheitspreis als Börsenpreis. Bei Waren und Wertpapieren, die ausschließlich an ausländischen Börsen gehandelt werden, kommt der Preis des Haupthandelsplatzes oder (bei Waren) des Platzes infrage, an dem das Unternehmen üblicherweise kauft. War die Börse am Bilanzstichtag geschlossen (so regelmäßig am 31.12.), so gilt die Notiz des Vortags.

Vergleichswert ist nicht der Börsen- oder Marktpreis selbst, sondern der aus ihm abgeleitete Wert. Dem Beschaffungsmarktpreis sind daher die Anschaf-

---

[80] Bei reinem Geldkurs lag an dem betreffenden Tag nur Nachfrage, beim reinen Briefkurs nur Angebot vor, ohne daß es zu einem Umsatz kam.

fungsnebenkosten (insbes. Zölle, Versicherung, Frachtkosten[81]) hinzuzurechnen, von dem Absatzmarktpreis sind die noch aufzuwendenden Vertriebskosten (insbes. für Werbung, Fracht, Lagerhaltung) abzusetzen.

(2) Über den Maßgeblichkeitsgrundsatz ist von den Buchführungspflichtigen der handelsrechtlich niedrigere Börsen- oder Marktpreis auch für die Zwecke der Besteuerung zu beachten. Das EStG verwendet allerdings nicht diesen Begriff, sondern den des Teilwerts (siehe dort).

(b) Der Wert, der den Gegenständen am Abschlußstichtag beizulegen ist

(1) Der Gesetzgeber erwähnt den „beizulegenden Wert" nach geltendem Recht in §§ 154 AktG (außerplanmäßige Abschreibungen auf Gegenstände des Anlagevermögens) und 155 AktG (Abschreibungen auf Gegenstände des Umlaufvermögens). Mit diesem Begriff, der auch in das neue Recht übernommen wird, ist kein einheitlicher Maßstab gemeint. Vielmehr stellt er einen Sammelbegriff dar, mit dem verschiedene Ansätze abgedeckt werden. Der beizulegende Wert muß gesucht werden, falls

• im Anlagevermögen nicht auf steuerlichen Bewertungsfreiheiten beruhende außerplanmäßige Abschreibungen notwendig oder möglich sind[82] oder

• im Umlaufvermögen nicht auf steuerlichen Bewertungsfreiheiten beruhende Abschreibungen erforderlich werden und ein Börsen- oder Marktpreis nicht gegeben ist.

Im Anlagevermögen ist sowohl an die Bewertung nichtabnutzbarer Wirtschaftsgüter (z.B. Grundstücke, Finanzanlagen) als auch an abnutzbare Gegenstände (Gebäude, Maschinen) zu denken, falls sich bei den letzteren der planmäßige Abschreibungsbetrag als zu gering erweist. Für Güter des Umlaufvermögens, die keinen Börsen- oder Marktpreis haben (z.B. Forderungen, GmbH-Anteile, Rohstoffe und Waren, die als Folge der Lagerung nicht mehr die handelsübliche Qualität aufweisen), kommt als Vergleichswert überhaupt nur der beizulegende Wert infrage.

Beizulegender Wert kann ein Ertragswert sein (z.B. bei der Bewertung von Beteiligungen) oder ein niedrigerer Wiederbeschaffungswert nach Berücksichtigung planmäßiger Abschreibungen (z.B. bei gebrauchten Anlagen) oder der erwartete Zahlungseingang (z.B. bei Forderungen) oder ein Absatzmarktpreis nach Berücksichtigung eines Abschlags für geringe Gängigkeit (bei Waren) oder der erwartete Schrotterlös (bei ausgesonderten Anlagen, Ausschuß oder nicht mehr verwendbaren Materialien).

(2) Steuerrechtlich wird der beizulegende Wert vom Teilwert miterfaßt. Das schließt nicht aus, daß im Einzelfall als beizulegender Wert in der Handelsbilanz ein Wert angesetzt wird, der niedriger ist als der Teilwert (z.B. bei der Bewertung von Waren).

---

[81] Vgl. S. 48.
[82] Vgl. S. 88.

## (c) Der gemeine Wert

Der gemeine Wert, auch Verkehrswert, Zeitwert oder Einzelveräußerungspreis genannt, ist ein Begriff des Steuerrechts. Für die Bewertung in der Bilanz spielt er allerdings nur (noch) eine untergeordnete Rolle. Zentraler Begriff ist der gemeine Wert bei der Bewertung für die Zwecke der Substanzbesteuerung (Vermögensteuer, Gewerbekapitalsteuer, Grundsteuer, Erbschaftsteuer).

Der gemeine Wert wird in § 9 Abs. 2 BewG als derjenige Preis bestimmt, der im gewöhnlichen Geschäftsverkehr nach der Beschaffenheit des Wirtschaftsgutes bei einer Veräußerung eines einzelnen Gegenstandes zu erzielen wäre. Dabei sind ungewöhnliche oder persönliche Verhältnisse, die den Preis beeinflußt haben können, außeracht zu lassen. Handel im gewöhnlichen Verkehr bedeutet keine Beschränkung auf einen möglichst großen Kreis von Beteiligten. Käufe im Konkursverfahren sind allerdings nicht im gewöhnlichen Geschäftsverkehr zustande gekommen. Der gemeine Wert wird entweder aus tatsächlichen Kaufpreisen abgeleitet oder geschätzt.[83] Im Zusammenhang mit der Bilanzierung wird auf den gemeinen Wert insbesondere in fünf Fällen zurückgegriffen:

- Bei unentgeltlichem Erwerb eines einzelnen Wirtschaftsgutes aus betrieblichem Anlaß[84] gilt für den Erwerber der gemeine Wert als Anschaffungskosten (§ 7 Abs. 2 EStDV).
- Beim Tausch von Wirtschaftsgütern[85] gilt als Anschaffungskosten des erworbenen Gutes grundsätzlich der gemeine Wert des hingegebenen Gutes.
- Der gemeine Wert ist Maßstab für die Bewertung der Wirtschaftsgüter bei Aufgabe des Betriebes, sofern die Wirtschaftsgüter nicht veräußert, sondern in das Privatvermögen überführt werden (§ 16 Abs. 3 EStG).
- Wirtschaftsgüter, die bei Auflösung einer Kapitalgesellschaft den Gesellschaftern überlassen werden, sind mit dem gemeinen Wert anzusetzen (§ 17 Abs. 4 EStG).
- Der gemeine Wert spielt schließlich als Hilfswert bei der Bestimmung des Teilwerts (siehe dort) eine Rolle.

## (d) Der Teilwert

Der durch die Rechtsprechung des RFH aus dem gemeinen Wert entwickelte Begriff „Teilwert" ist seit 1934 im EStG enthalten. Er ist der zentrale Vergleichswert des Bilanzsteuerrechts. Wie der (handelsrechtliche) Begriff des beizulegenden Werts ist auch der Teilwert kein bestimmter Wert. Als Teilwert kommen vielmehr verschiedene Ansätze infrage.

---

[83] Z.B. Stuttgarter Verfahren zur Bewertung nicht notierter Anteile an Kapitalgesellschaften (Abschn. 76 ff VStR).
[84] Vgl. S. 51.
[85] Vgl. S. 51.

## II. Die Bewertung der Vermögens- und Kapitalteile

Grundgedanke der Bewertung mit dem Teilwert ist die Überlegung, daß ein Wirtschaftsgut losgelöst vom Betrieb einen anderen – i.d.R. niedrigeren – Wert besitzt, als als Teil des Betriebs. So verwandelt z.b. die erstmalige Ingebrauchnahme den neuen in einen gebrauchten Wagen. Dadurch vermindert sich der Wiederverkaufspreis im Regelfall schlagartig. Geht man davon aus, daß das Fahrzeug dem Betrieb dient und der Betrieb fortgeführt wird, so besteht jedoch kein Anlaß, den Wagen zum Verkaufspreis in die Bilanz einzustellen. Während die Bewertung zum gemeinen Wert auf den Zusammenhang mit den anderen Gütern des Betriebs verzichtet, soll mit dem Ansatz des Teilwerts der Gegenstand als Bestandteil eines Betriebs gewürdigt werden. Für die Zwecke der Bilanzierung[86] korrigiert der Teilwert die Anschaffungs- oder Herstellungskosten (bzw. die fortgeführten Werte) der Aktiva grundsätzlich[87] nur nach unten, die Passiva nur nach oben.

§ 6 Abs. 1 EStG definiert den Teilwert als den „Betrag, den ein Erwerber des ganzen Betriebs im Rahmen des Gesamtkaufpreises für das einzelne Wirtschaftsgut ansetzen würde; dabei ist davon auszugehen, daß der Erwerber den Betrieb fortführt". Diese Definition läßt sich in der Praxis allerdings nicht unmittelbar anwenden, da

- mit ihr unterstellt wird, daß jeder Erwerber des Betriebs zu demselben Gesamtwert kommen würde (objektiver Unternehmenswert);
- vor einer Verteilung des Gesamtwerts auf die einzelnen Gegenstände der Firmenwert abgezogen werden müßte (der selbst aber wiederum nur als Restwert – Ertragswert abzüglich Substanzwert – bestimmt werden kann);
- es kein objektives Verfahren gibt, nach dem der Gesamtwert eines Betriebes – nach Abzug des Firmenwerts – den einzelnen Vermögensgegenständen und Schulden zugerechnet werden kann.

Um den Teilwertgedanken praktikabel zu machen, hat die Rechtsprechung Grenzwerte und Vermutungen aufgestellt.

**Obergrenze** des Teilwertes sind die Wiederbeschaffungskosten, d.h. der Betrag, der für die Anschaffung oder Herstellung des Wirtschaftsgutes am Bilanzstichtag aufzuwenden wäre (ohne Umsatzsteuer, sofern der Betrieb vorsteuerabzugsberechtigt ist). Bei abnutzbaren Gegenständen sind die Anschaffungs- oder Herstellungskosten noch um die planmäßigen Abschreibungen zu verringern. **Untergrenze** des Teilwerts ist der Einzelveräußerungspreis (gemeiner Wert), vermindert um die bis zum Verkauf noch anfallenden Kosten, die Umsatzsteuer und den durchschnittlichen Unternehmergewinn. Der Einzelveräußerungspreis kommt als Teilwert vor allem infrage, wenn ein Wirtschaftsgut für den Betrieb nicht mehr notwendig ist (z.B. eine ausrangierte Maschine). Der Teilwert kann ausnahmsweise unter dem gemeinen Wert liegen, falls die Wiederbeschaffungskosten von Gütern des Umlaufvermögens niedriger sind als die Einzelveräußerungspreise.

---

[86] Für die Bewertung des Betriebsvermögens im Rahmen der Vermögensaufstellung (Vermögensteuer) ist der Teilwert dagegen auch dann anzusetzen, wenn er über den Anschaffungs- oder Herstellungskosten liegt.

[87] Ausnahmen insbes. Bewertung von Entnahmen und Einlagen sowie Bewertung in land- und forstwirtschaftlichen Betrieben (§ 6 Abs. 2 EStG).

Im Zeitpunkt der Beschaffung oder Herstellung wird **vermutet**, daß der Teilwert den Anschaffungs- oder Herstellungskosten entspricht. Für das nichtabnutzbare Anlagevermögen (z.B. Grund und Boden, Beteiligungen) gilt diese Vermutung auch für die Bilanzstichtage, die dem Beschaffungstag folgen. Für das abnutzbare Anlagevermögen gilt die Vermutung, daß der Teilwert gleich den Anschaffungs- oder Herstellungskosten abzüglich der planmäßigen Abschreibungen ist. Bei voll abgeschriebenen Anlagen ist der Teilwert mindestens gleich dem Material- oder Schrottwert. Bei geringwertigen Anlagegütern, die im Jahr der Anschaffung voll abgeschrieben wurden,[88] ist der Teilwert wie bei den übrigen Gegenständen des abnutzbaren Anlagevermögens zu bestimmen. Bei überhöhten Anschaffungskosten wegen einer Zwangslage (z.B. sogen. Schwarzmarktpreise, Winterbaukosten oder Erwerb eines angrenzenden Grundstücks zu überhöhten Preisen) wird vermutet, daß ein Erwerber des Betriebs ebenso gehandelt hätte. Dies gilt allerdings nicht für unwirtschaftliche Aufwendungen, die dem Steuerpflichtigen von einem Erwerber des Betriebes nicht ersetzt werden würden (z.B. Aufwendungen aus mangelnder kaufmännischer Einsicht, Geltungsbedürfnis, Liquiditätsschwierigkeiten[89]).

Bei den Gegenständen des (notwendigen) Umlaufvermögens deckt sich der Teilwert im Regelfall mit dem jeweiligen Wiederbeschaffungspreis am Bilanzstichtag. Besteht für die Ware ein Börsen- oder Marktpreis, so ist dieser maßgebend. Der Ansatz des gesunkenen Börsen- oder Marktpreises als Teilwert ist auch möglich, wenn mit einem entsprechenden Rückgang der eigenen Verkaufspreise nicht gerechnet wird.[90] Sind Gegenstände des Vorratsvermögens durch Lagerung, Witterung oder ähnliche Gründe im Wert gemindert, so ist eine Herabsetzung des Teilwertes zulässig, sofern die voraussichtlich erzielbaren Erlöse die Selbstkosten zuzüglich des durchschnittlichen Gewinns nicht erreichen.[91] Der vom Absatzmarkt abgeleitete Wert tritt hier an die Stelle eines nicht feststellbaren Marktpreises. Dasselbe gilt für Gegenstände des Umlaufvermögens, die nicht mehr zum Verkaufsprogramm des Unternehmens gehören.

Bei Verbindlichkeiten wird als Teilwert der Betrag vermutet, den der gedachte Erwerber des ganzen Betriebes mehr bezahlen würde, wenn er die Schulden nicht zu übernehmen brauchte.[92] Dieser Betrag entspricht regelmäßig dem Rückzahlungswert. Eine Aufzinsung wegen höherer Zinslasten als zum Bilanzstichtag üblich kommt steuerlich ebensowenig infrage wie eine Abzinsung wegen Niedrigverzinslichkeit. Bei Valutaverbindlichkeiten steigt der Teilwert, wenn sich der Kurs der ausländischen Währung zwischen Aufnahme der Verbindlichkeit und dem Bilanzstichtag erhöht. Bei Rentenverpflichtungen ist Teilwert der Barwert der Schuld. Der Teilwert von Pensionsverpflichtungen ist gesetzlich bestimmt (§ 6a EStG).

---

[88] Vgl. S. 112f.
[89] *Herrmann-Heuer-Raupach,* Anm. 590 zu § 6 EStG.
[90] Abschn. 36 EStR.
[91] Abschn. 36 EStR; BFH-Urteil vom 5. 5. 1966 (EStRBl. III 1966, S. 370).
[92] BFH-Urteil vom 13. 12. 1972 (BStBl II 1973, S. 217).

## II. Die Bewertung der Vermögens- und Kapitalteile

Der Ansatz eines Teilwertes, der bei aktiven Wirtschaftsgütern niedriger ist als die vermuteten Beträge, setzt voraus, daß der Steuerpflichtige Unterlagen aus seinem Betrieb vorlegt, die eine sachgemäße Schätzung ermöglichen. Für eine **Widerlegung der Teilwertvermutung** kommen vor allem eine Verminderung der ursprünglichen Anschaffungs- oder Herstellungskosten, die Annahme einer Fehlmaßnahme, die Unrentierlichkeit eines Betriebsteils sowie die unterlassene Instandsetzung in Betracht.

Wird nachgewiesen (z.B. mit Hilfe branchenüblicher Preislisten), daß die ursprünglichen Anschaffungs- oder Herstellungskosten der Güter des Anlagevermögens **gesunken** sind, so kann für den Teilwert von den verminderten Preisen ausgegangen werden. Liegt der Wert dagegen als Folge eines besonderen Ereignisses (z.B. Brand- oder Wasserschaden) unter dem Buchwert, der sich nach Verrechnung der planmäßigen Abschreibung ergeben würde, so berechtigt dies nicht zu einer Teilwertabschreibung (wohl aber zu einer Absetzung wegen außergewöhnlicher technischer oder wirtschaftlicher Abnutzung).[93] Anlaufverluste rechtfertigen bei Beteiligungen nur dann die Annahme eines gesunkenen Teilwerts, wenn die Verluste nachhaltig sind.

Eine **Fehlmaßnahme** (sogen. Kalkulationsirrtum) liegt vor, wenn bei einem Anschaffungsgeschäft ein Irrtum über die den Preis mitbestimmenden Faktoren unterlief und dieser Irrtum ursächlich dafür war, daß mehr aufgewandt wurde als bei richtiger Kenntnis der Sachlage bezahlt worden wäre.[94] Z.B. erwarb jemand ein Gebäude, dessen Keller als Lagerraum genutzt werden sollte. Beim Einzug stellt sich heraus, daß der Keller für diesen Zweck ungeeignet ist. Oder es wird eine Anlage gekauft, die nach Lieferung wegen Betriebseinschränkung nicht mehr eingesetzt werden kann. Eine Fehlmaßnahme kann nur angenommen werden, wenn die wertmindernden Umstände nicht bereits bei Abschluß des Kaufvertrages oder bei der Herstellung bekannt waren. Strittig ist, wieviel Jahre nach der Anschaffung sich die Unternehmung noch (oder erst) auf eine Fehlmaßnahme berufen kann. So kann eine Teilwertabschreibung auf ein Betriebsgebäude nicht ein Jahr nach Fertigstellung mit der Begründung verlangt werden, das Gebäude sei nicht ausgelastet. Bei neuen Gebäuden ist vielmehr davon auszugehen, daß eine Betriebsausweitung in der Zukunft eingeplant war.[95]

**Betriebsverluste** ermöglichen eine Widerlegung der Teilwertvermutung, wenn mit ihnen für längere Zeit zu rechnen ist (etwa als Folge von Strukturveränderungen). Da eine Abschreibung auf das Unternehmen im ganzen oder der Ansatz eines negativen Geschäftswertes nicht infragekommt, erlauben Verluste insbesondere dann eine Widerlegung der Teilwertvermutung, wenn zu dem Betriebsvermögen im wesentlichen nur ein Gegenstand (z.B. ein Hotel- oder Kinogebäude) gehört. Wegen fehlender Rentabilität einzelner Sachanlagen kann eine Herabsetzung des Teilwertes nur ausnahmsweise infrage kommen, z.B. bei auf Dauer überdimensionierten Anlagen.

---

[93] Vgl. S. 91.
[94] Vgl. *Klaus Brezing*, Die Bewertung von Beteiligungen in der Steuerbilanz, StbJb 1972/73, S. 237.
[95] BFH-Urteil vom 17. 1. 1978 (BStBl II 1978, S. 335).

## 4. Die fakultativen Werte

### (a) Der nahe Zukunftswert

(1) Gemäß § 155 Abs. 3 AktG dürfen Gegenstände des Umlaufvermögens auch mit einem Wert angesetzt werden, der verhindern soll, „daß in der nächsten Zukunft, der Wertansatz dieser Gegenstände aufgrund von Wertschwankungen geändert werden muß". Für die Anwendung dieses „nahen Zukunftswerts" (den es auch nach neuem Recht geben wird) müssen drei Voraussetzungen gegeben sein:

- Erwartete Wertschwankungen − auch im Sinne eines ständigen Wertverfalls −, d.h. es muß ernstlich und nachprüfbar mit einer sinkenden Preisentwicklung gerechnet werden.
- Die Wertschwankungen müssen „in der nächsten Zukunft" liegen. Die herrschende Ansicht[96] versteht hierunter − in Anlehnung an ein Urteil des Reichsgerichts[97] − einen Zeitraum von zwei Jahren.
- Die Wertschwankungen müssen die bilanzierten Gegenstände betreffen. Strittig ist, ob nur Wertminderungen berücksichtigt werden dürfen, die bis zur Veräußerung der am Stichtag vorhandenen Gegenstände erwartet werden oder auch Wertminderungen bei den anschließend ersatzweise beschafften Gegenständen. Der ersteren Ansicht ist zu folgen, da anders über das Ziel, nämlich die Verlustantizipation, hinausgeschossen würde.[98]

(2) Für den Ansatz des handelsrechtlichen nahen Zukunftswerts ist **steuerlich** grundsätzlich kein Raum, da hier das Stichtagsprinzip gilt (d.h. es können nur solche den Wert beeinflussenden Umstände berücksichtigt werden, die am Bilanzstichtag bereits gegeben waren).[99] Ausnahmsweise kann (z.B. bei der Bewertung von Modeartikeln) im Rahmen der Teilwertbestimmung auch ein späterer Verkaufspreis eine Rolle spielen.

### (b) Der niedrigere, steuerlich zulässige Wert

Eine Ausnutzung von Bewertungswahlrechten in der Steuerbilanz setzt im Regelfall voraus, daß in der Handelsbilanz entsprechend verfahren wird. Wer also z.B. eine Sonderabschreibung in der Steuerbilanz geltend machen will, muß diese zuvor in der Handelsbilanz berücksichtigt haben. Um auch Unternehmen, denen handelsrechtlich bestimmte Wertansätze vorgeschrieben sind (bisher nur den Aktiengesellschaften, künftig auch den Gesellschaf-

---

[96] *Kropff,* Anm. 55 zu § 155; *Adler-Düring-Schmaltz,* Anm. 199 zu § 155; *Claussen,* Anm. 26 zu § 155; *Mellerowicz,* Anm. 37 zu § 155 AktG.
[97] RG-Urteil vom 11.2.1937 (RGZ 116, 119).
[98] Ähnlich *Kropff* (Anm. 56 zu § 155 AktG), der allerdings Ausnahmen für das Vorratsvermögen bei Lifo- und Festbewertung zulassen will. A.A. *Adler-Düring-Schmaltz,* Anm. 206 zu § 155 und *Mellerowicz,* Anm. 37 zu § 155 AktG.
[99] Vgl. S. 120ff.

## II. Die Bewertung der Vermögens- und Kapitalteile

ten mit beschränkter Haftung) die Ausnutzung steuerlicher Vergünstigungen zu ermöglichen, mußte ein zusätzlicher Wertbegriff geschaffen werden. Das neue Recht wird den entsprechenden Begriff aus §§ 154 Abs. 2 und 155 Abs. 3 AktG übernehmen, mit den Einschränkungen, daß

- es sich um eine nur steuerlich zulässige Abschreibung, Wertminderung oder Rücklage (oder eine nur steuerlich zulässige Beibehaltung eines niedrigeren Wertansatzes) handelt und
- der von den handelsrechtlichen Vorschriften abweichende Wertansatz in der Handelsbilanz zwingend notwendig ist, um die steuerlichen Vergünstigungen zu erhalten oder Nachteile zu vermeiden.

Beispiele für derartige, nur steuerlich zulässige Wertansätze sind z. Zt.:

- Bestimmte außerplanmäßige Abschreibungen auf Wirtschaftsgüter des Anlagevermögens: erhöhte Absetzungen für Wirtschaftsgüter, die dem Umweltschutz dienen (§ 7d EStG), Sonderabschreibungen für Fabrikgebäude, Lagerhäuser und landwirtschaftliche Betriebsgebäude von Vertriebenen und Verfolgten (§ 7e EStG), für abnutzbare Wirtschaftsgüter bestimmter privater Krankenanstalten (§ 7f EStG), für bestimmte Wirtschaftsgüter des Anlagevermögens im Kohle- und Erzbergbau (§ 81 EStDV), für Handelsschiffe, Schiffe der Seefischerei und Luftfahrzeuge (§ 82f EStDV) sowie für bestimmte Wirtschaftsgüter des Anlagevermögens gewerblicher Betriebsstätten in den Grenzgebieten zur DDR (§ 3 ZonenFG) und in Berlin-West (§ 14 Berlin FG);
- Bewertungsabschlag bei bestimmten Wirtschaftsgütern des Umlaufvermögens ausländischer Herkunft, deren Preis auf dem Weltmarkt wesentlichen Schwankungen unterliegt (§ 80 EStDV);
- Übertragung von Gewinnen aus der Veräußerung oder dem Abgang bestimmter Anlagegüter (§ 6b EStG, Abschn. 35 EStR).

Nicht von dem Begriff gedeckt sind Bewertungsfreiheiten oder die Bildung von Rücklagen, bei denen eine korrespondierende Behandlung zwischen Handels- und Steuerbilanz nicht erforderlich ist (z.B. die Preissteigerungsrücklage gem. § 74 EStDV).

Der Unterschied in der Formulierung des neuen Rechts („steuerlich zulässig") und §§ 154 und 155 AktG (der „steuerlich für zulässig gehaltene Wert") dürfte keine materielle Bedeutung haben. Eine steuerliche Anerkennung ist nicht Voraussetzung. Davon könnte vielleicht erst nach der nächsten Steuerprüfung gesprochen werden. Es reicht aus, wenn ernst zu nehmende Gründe für die steuerliche Zulässigkeit des Wertansatzes gegeben sind. Stellt sich später heraus, daß sich die Unternehmung zu Unrecht auf steuerliche Vorschriften berufen hat (die Voraussetzungen tatsächlich also gar nicht vorlagen), so ist die Unterbewertung (durch eine Zuschreibung) rückgängig zu machen.[100]

---

[100] Vgl. S. 123 ff.

(c) Der niedrigere, handelsrechtlich zulässige Wert

Im geltenden Recht ist es strittig, ob die Bewertungsvorschriften des AktG 1965 als GoB anzunehmen sind, oder ob sie nur für Aktiengesellschaften und Kommanditgesellschaften auf Aktien gelten.[101] Ausdrücklich gestattet sind Unterbewertungen bisher den Kreditinstituten (§ 36 EGAktG). Sie dürfen die Forderungen und die Wertpapiere des Umlaufvermögens insoweit mit einem niedrigeren Wert ansetzen, als dies „zur Sicherung gegen die besonderen Risiken des Geschäftszweigs" notwendig ist. Maßgeblich für die Bewertung ist in diesem Fall also nicht nur die Güte der Forderung oder der Marktwert der Wertpapiere und nicht allein die Ausnutzung steuerlicher Bewertungsfreiheiten, sondern auch das Ziel, Verluste der Zukunft verschleiern zu können. Dabei brauchen die Kreditinstitute die Abschreibungen auf Forderungen und Wertpapiere nicht einmal auszuweisen. Vielmehr können sie diese mit Veräußerungsgewinnen saldieren oder bei den Zugängen der Forderungen und Wertpapiere absetzen.[102] Eine Grenze der Unterbewertung sehen *Reischauer-Kleinhans*[103] lediglich darin, daß der Gesetzgeber die Bewertungsreserven nicht wegen der besonderen Risikolage des einzelnen Bankinstituts zugelassen hat, sondern auf die besonderen Risiken **der** Kreditinstitute (Plural) abhebt. Konkret ist damit wohl keine sonderliche Einschränkung verbunden.

Das neue Recht will den Unternehmen, die nicht in der Rechtsform der AG, KGaA oder GmbH betrieben werden, stille Rücklagen gestatten, sofern diese „nach vernünftiger Beurteilung im Interesse des Unternehmens notwendig" sind. Demnach dürfen z.B. Genossenschaften und Personenunternehmen, selbst wenn sie die Größenmerkmale des PublG überschreiten,[104] zusätzliche stille Rücklagen schaffen, während dies z.B. den kleinen Gesellschaften mit beschränkter Haftung verwehrt ist.

Der niedrigere, handelsrechtlich zulässige Wert ist somit ein Ansatz, der (auf der Aktivseite) unter dem beizulegenden Wert liegt. Er darf nur vom Unternehmen bestimmter Rechtsformen oder bestimmter Geschäftszweige angewandt werden.[105]

(2) Zusätzliche Unterbewertungen sind in der Steuerbilanz nicht gestattet, daher kommt der genannte Wert hier nicht vor.

---

[101] Vgl. S. 12.
[102] § 4 VO über Formblätter vom 20. 12. 1967.
[103] *Friedrich Reischauer* und *Joachim Kleinhans*, Kreditwesengesetz, Bd. 1, Loseblattwerk, Berlin, Anm. 8 zu § 26a KWG.
[104] *Klaus von Wysocki*, Neun Thesen zum Regierungsentwurf eines Bilanzrichtlinie-Gesetzes, DB 1982, S. 1476.
[105] Einzelheiten vgl. S. 126 ff.

## b) Bewertungsgrundsätze

### 1. Die allgemeinen Bewertungsgrundsätze

#### (a) Vorbemerkung

Allgemeine Bewertungsgrundsätze sind Regeln der Bewertung, die unabhängig von der Zurechnung der Wirtschaftsgüter zu bestimmten Bilanzposten oder -gruppen handels- und/oder steuerrechtlich zu beachten sind. Das HGB enthält gegenwärtig nur einen allgemeinen Bewertungsgrundsatz, dem wenig praktische Bedeutung zukommt: Die Vermögensgegenstände und Schulden sind mit dem beizulegenden Wert anzusetzen (§ 40). Im übrigen verweist § 38 HGB darauf, daß die Lage des Vermögens nach den GoB ersichtlich zu machen sei. Ähnlich formuliert das geltende AktG (§ 148), daß der Jahresabschluß den GoB zu entsprechen habe. Er müsse „im Rahmen der Bewertungsvorschriften einen möglichst sicheren Einblick in die Vermögens- und Ertragslage der Gesellschaft geben". Daß sich ein möglichst sicherer Einblick im Rahmen der geltenden Bewertungsvorschriften nicht zwingend ergibt, gehört zu den am häufigsten zitierten Widersprüchen des Gesetzes.

Das neue Recht will mehr allgemeine Grundsätze als bisher kodifizieren. Sie werden im folgenden vorgestellt. Ob die Übernahme in das Gesetz die Grundsätze effektiver machen wird, ist gegenwärtig offen.

#### (b) Der Grundsatz der Richtigkeit

(1) Anstelle der Forderung nach einem „möglichst sicheren Einblick in die Vermögens- und Ertragslage der Gesellschaft" will das neue Recht verlangen, daß der Jahresabschluß „unter Beachtung der GoB ein den tatsächlichen Verhältnissen entsprechendes Bild der Vermögens-, Finanz- und Ertragslage des Unternehmens" vermittelt. Trotz der scheinbar präziseren Formulierung dürfte eine wesentliche materielle Änderung gegenüber dem bisherigen Recht damit nicht verbunden sein.[106]

Das ältere Schrifttum zu den Bewertungsgrundsätzen verwandte statt der Richtigkeit den Begriff der „Bilanzwahrheit", worunter zunächst[107] die Forderung nach bestimmten Wertansätzen (im Sinne einer Darstellung der „wirklichen Vermögenslage") verstanden wurde. Später[108] wurde von der „relativen Bilanzwahrheit" als einer Beachtung der gesetzlichen Bestimmungen gesprochen. Heute entspricht es der herrschenden Auffassung,[109] daß der

---

[106] Zum Verhältnis dieses Grundsatzes zu dem im angelsächsischen Schrifttum bekannten Grundsatz des „true and fair view" vgl. *Wolfgang Dieter Budde*, Überlegungen zur Umsetzung des „True and Fair View" in deutsches Recht. In: Wirtschaftsprüfung und Wirtschaftsrecht. Beiträge zum 75jährigen Bestehen der Treuhand-Vereinigung Aktiengesellschaft, Stuttgart 1980, S. 109–135.
[107] Vgl. z.B. H. v. *Simon*, Die Bilanzen der Aktiengesellschaften und der Kommanditgesellschaften auf Aktien, 3. Aufl., Berlin 1899, S. 474.
[108] Vgl. z.B. *Paul Gerstner*, Bilanz-Analyse, 11. Aufl., Berlin 1944, S. 53.
[109] Vgl. z.B. *Leffson*, S. 177.

Begriff der Wahrheit keine Einschränkung verträgt. Im Zusammenhang mit der Rechnungslegung kann es daher nur darum gehen, Aussagen des Jahresabschlusses und Lageberichts unter bestimmten Bedingungen als richtig oder falsch zu beurteilen. Ob es notwendig ist, neben den Grundsatz der Richtigkeit noch einen Grundsatz der Willkürfreiheit (*Leffson*[110]) zu stellen, mag hier offen bleiben.

Der Grundsatz der Richtigkeit der Bewertung verlangt eine (im Sinne der gesetzlichen Vorschriften) zutreffende Ermittlung des Wertansatzes der einzelnen Bilanzposten. Da den meisten Wertansätzen Schätzungen zugrunde liegen (z.B. über die Nutzungsdauer von Anlagen, über den Eintritt von Risiken, über die Verkäuflichkeit von Waren), ist der gefundene Wert i.d.R. nicht „richtig" in dem Sinne, daß jeder Bilanzierende zu demselben Ergebnis kommen würde. Richtig bewerten heißt, nach zulässigen und nachprüfbaren Regeln die Ansätze der Bilanz aus vorhandenen (unverfälschten) Belegen zu entwickeln.

Konkretisiert wird der Grundsatz der Richtigkeit durch die Forderung, daß Abschreibungen, Rückstellungen, Wertaufholungen und Einstellungen in die Kapitalrücklagen unabhängig davon vorzunehmen sind, ob ein Jahresüberschuß oder ein Jahresfehlbetrag erzielt worden ist. Eine Bilanzierung entsprechend dem gewünschten Ergebnis ist mit den GoB nicht vereinbar.[111] Das schließt nicht aus, daß die Lage des Unternehmens die Wertansätze beeinflussen kann.

Der Grundsatz der Richtigkeit erfährt zwei Einschränkungen: **Rechtzeitigkeit** und **Wirtschaftlichkeit** der Rechnungslegung können im Einzelfall wichtiger sein als Genauigkeit. Mit zunehmender Entfernung des Bewertungstages vom Bilanzstichtag nimmt die Genauigkeit von Schätzungen im Regelfall zu. Z.B. steht ein Jahr nach dem Bilanzstichtag meistens fest, welche Forderungen ausgefallen sind und welche der erwarteten Prozeßrisiken eingetreten sind. Mit der Entfernung vom Bilanzstichtag nimmt aber zugleich der Aussagewert der Rechnungslegung ab. Die Bilanz dient nicht der Geschichtsschreibung des Unternehmens.

Ebenso mag es z.B. richtiger sein, auch die Anschaffungskosten geringwertiger Anlagegegenstände nach ihrer voraussichtlichen Nutzungsdauer der Güter zu verteilen; die Kosten der Rechnungslegung würden damit jedoch in unvertretbarem Umfang anwachsen. Im angelsächsischen Schrifttum wird diese Einschränkung des Grundsatzes der Richtigkeit als **Grundsatz der Wesentlichkeit** (materiality) bezeichnet. Tatbestände, die den Aussagewert des Jahresabschlusses nicht wesentlich beeinflussen, können vereinfacht dargestellt werden, auch wenn dies zu Lasten der Richtigkeit geht.

---

[110] *Leffson*, S. 183: „Für Buchführung und Jahresabschluß bedeutet der Grundsatz der Willkürfreiheit, daß der Rechenschaftspflichtige sich bemühen muß, ein nach seiner inneren Überzeugung richtiges ... Bild der Wirklichkeit zu geben".

[111] *Ralf Krüger* (Der Jahresabschluß aus der Sicht des Aufsichtsrats. In: Der Jahresabschluß im Widerstreit der Interessen, Düsseldorf 1983, S. 287) hält das Umgekehrte für den Regelfall: „Der Bewertungsspielraum dient also der Gestaltung des Jahresergebnisses. Das Ergebnis wird final bestimmt und nicht retrograd ermittelt."

## II. Die Bewertung der Vermögens- und Kapitalteile

(2) Der Grundsatz der Richtigkeit ist auch für die **Steuerbilanz** maßgeblich, obwohl es keine Rechtsquelle gibt, der dies unmittelbar zu entnehmen wäre. Gemäß § 150 Abs. 2 AO sind die Angaben in den Steuererklärungen „wahrheitsgemäß nach bestem Wissen und Gewissen" zu machen. § 90 Abs. 1 AO verlangt von den Beteiligten die für die Besteuerung erheblichen Tatsachen vollständig und wahrheitsgemäß offenzulegen und die ihnen bekannten Beweismittel anzugeben. Ohne die Forderung nach Richtigkeit des Abschlusses verlöre die Betriebsprüfung[112] ihren Sinn: Der Außenprüfer hat die tatsächlichen und rechtlichen Verhältnisse, die ... für die Bemessung der Steuer maßgebend sind ... zu prüfen (§ 199 AO). Gegenstand der Außenprüfung ist die Ordnungsmäßigkeit der Buchführung, zu der der Jahresabschluß gehört.

Da die handels- und steuerrechtlichen besonderen Bewertungsgrundsätze nicht übereinstimmen, kann ein Wertansatz, der handelsrechtlich „richtig" ist (z.B. der Ansatz einer bestimmten Nutzungsdauer), steuerrechtlich „falsch" sein.

(c) Der Grundsatz der Bewertungsstetigkeit

(1) Anders als das geltende AktG, das lediglich auf eine Bewertungsstetigkeit „hinwirkt",[113] da über Änderungen der Bewertungsmethoden zu berichten ist (§ 160 AktG 1965), wird das neue Recht ausdrücklich vorschreiben, daß „die auf den vorhergehenden Jahresabschluß angewandten Bewertungsmethoden" beizubehalten sind.

Abschlüsse desselben Unternehmens sind nur vergleichbar, wenn sie nach denselben Grundsätzen aufgestellt wurden. Bewertungsstetigkeit bedeutet Beibehaltung der bisherigen Bewertungsmethoden, ohne Rücksicht auf die jeweilige Ertrags- oder Finanzsituation. Eine Stetigkeit bei der Anwendung von Bewertungsmethoden kann nur dort gefordert werden, wo es Wahlmöglichkeiten gibt. Diese können sich auf die Ermittlung des Wertmaßstabes oder auf die Anwendung bestimmter Maßstäbe beziehen.

Methoden zur **Ermittlung** von Bewertungsmaßstäben sind
- Verfahren zur Feststellung der Basiswerte (Zusammensetzung der Anschaffungs- und Herstellungskosten),
- Verfahren zur Ermittlung der Vergleichswerte (z.B. der Beschaffungs- und Absatzmarktpreise, des Ertragswerts von Beteiligungen).

Methoden zur **Anwendung** von Bewertungsmaßstäben sind
- Verfahren zur Bewertung von aktiven Wirtschaftsgütern (z.B. Forderungen, Vorratsvermögen, abnutzbares Anlagevermögen),
- Verfahren zur Bewertung von passiven Wirtschaftsgütern (z.B. Rückstellungen, Fremdwährungsverbindlichkeiten).

Keine „Bewertungsmethoden" in diesem Sinne sind steuerliche Sonderabschreibungen und erhöhte Absetzungen. Es besteht daher kein Zwang, früher

---

[112] Vgl. S. 237 ff.
[113] *Adler-Düring-Schmaltz*, Anm. 29 zu § 149 AktG.

76    B. Die Bilanz

in Anspruch genommene Bewertungsfreiheiten dieser Art auch bei neu beschafften Wirtschaftsgütern wieder anzuwenden.[114] Ebenso gilt der planmäßige Übergang von der degressiven zur linearen Abschreibung[115] nicht als Wechsel der Bewertungsmethode im Rechtssinn.

(2) Berücksichtigt man die auch handelsrechtlich zulässigen Durchbrechungen des Grundsatzes der Bewertungsstetigkeit,[116] dann gibt es in dieser Frage zwischen Handels- und Steuerrecht keinen Unterschied. Aus dem Grundsatz von Treu und Glauben wird steuerlich abgeleitet, daß ein willkürlicher Wechsel zwischen den Bewertungsmethoden unzulässig sei.[117] Andererseits wird gegen eine wirtschaftlich begründete Änderung in den Bewertungsmethoden nichts eingewandt. So wäre es zwar zu beanstanden, wenn der Steuerpflichtige je nachdem, wie es ihm steuerlich am vorteilhaftesten erscheint, entweder Pauschalabschreibungen oder Einzelabschreibungen auf Forderungen verrechnet oder in einem Jahre alle Verwaltungsgemeinkosten in die Herstellungskosten einbezieht, im nächsten Jahr dagegen den steuerlichen Mindestansatz wählt. Ein Wechsel in der Abschreibungsmethode bei beweglichen Wirtschaftsgütern des Anlagevermögens von der degressiven zur linearen Abschreibung ist andererseits jederzeit möglich (§ 7 Abs. 3 EStG).[118] Auch gegen einen (für längere Zeit vorgesehenen) Wechsel in der Bewertungsmethode von Forderungen wird nichts einzuwenden sein. Schwieriger zu begründen ist bei Wirtschaftsgütern des abnutzbaren Anlagevermögens der Wechsel von der linearen oder degressiven Abschreibung zur Teilwertabschreibung.[119]

(d) Der Grundsatz der Unternehmensfortführung

(1) Bei der Bewertung ist „... die Fortsetzung der Unternehmenstätigkeit zu unterstellen, solange von dieser Unterstellung ausgegangen werden kann" (§ 259 Abs. 1 Ziff. 2 EHGB). Die Fortführung des Unternehmens (going concern) bedeutet Aufrechterhaltung zumindest der wesentlichen Teile des Betriebsprozesses in absehbarer Zukunft. Sie ist das Gegenteil der Beendigung (Zerschlagung) des Unternehmens. Bei der Erläuterung des Teilwertbegriffs[120] ist darauf hingewiesen worden, daß ein Wirtschaftsgut, losgelöst vom Betriebsganzen einen anderen (zumeist niedrigeren) Wert besitzt als als Teil eines Betriebes. Hinzu kommt, daß bei Annahme einer Zerschlagung Verbindlichkeiten zusätzlich auftreten, mit denen ein erfolgreiches Unternehmen nicht zu rechnen braucht (Schadenersatzansprüche, Abfindungen, Abwicklungskosten). Solange davon ausgegangen werden kann, daß das Unternehmen in absehbarer Zeit bestehen bleibt, sind daher

---

[114] A. A. *Jonas,* S. 166. Im Ergebnis wie hier: *Biener,* AG, KG, S. 111.
[115] Vgl. S. 108 ff.
[116] Vgl. S. 85.
[117] BFH-Urteil vom 3. 3. 1961 (BStBl III 1961, S. 191).
[118] Vgl. S. 108.
[119] Vgl. S. 69.
[120] Vgl. S. 67.

## II. Die Bewertung der Vermögens- und Kapitalteile

- die Aktiva auf Basis der Anschaffungs- oder Herstellungskosten zu bewerten,
- unter die Passiva keine (ungewissen) Verbindlichkeiten für Auflösung und Abwicklung einzusetzen.

Die Prüfung, ob eine Unternehmensfortführung unterstellt werden kann, gehört zu den Aufgaben des Bilanzierenden und des Abschlußprüfers.[121] Strittig ist,

- wie zu ermitteln ist, ob an der Unterstellung festgehalten werden darf,
- welche Konsequenzen die Aufgabe dieser Prämisse für die Rechnungslegung hat.

Die erste Frage gehört in den Bereich der Kreditwürdigkeitsprüfung. Festzustellen ist, ob in absehbarer Zukunft finanzielle (drohende Illiquidität oder Überschuldung) oder andere Schwierigkeiten (z. B. Verlust von Absatzmärkten) zu erwarten sind und ob für einen derartigen Fall mit einer Unterstützung Dritter gerechnet werden kann.[122]

Falls eine Unternehmensfortführung nicht mehr unterstellt werden kann, wird eine Fortführung der Buchwerte zumeist abgelehnt. Vielmehr seien auf der Aktivseite die bei einer stichtagsbezogenen Verwertung höchstens erzielbaren Werte (Liquidationswerte) anzusetzen. Auf der Passivseite seien Rückstellungen für zusätzliche Verbindlichkeiten als Folge der Liquidation einzustellen. Anders als im Überschuldungsstatus sollen dabei die Anschaffungs- oder Herstellungskosten nicht überschritten werden dürfen.[123] M. E. läßt sich eine Jahresbilanz bei Aufgabe des Prinzips der Unternehmensfortführung nicht mehr aufstellen. Der Betrieb hört in derartigen Fällen nicht schlagartig auf zu bestehen. Er wird vielleicht in Teilen fortgeführt. Möglicherweise dauert es mehrere Jahre, bis die Abwicklung beendet ist. In dieser Zeit werden die Werte in den Abschlüssen mehrfach geändert. Dies sollte auch in der Bezeichnung des Abschlusses deutlich werden (der zudem nicht mehr auf eine Gewinnermittlung abzielt). Die Begriffe Überschuldungs-, Liquidations- oder Abwicklungsstatus machen deutlich, daß es sich nicht mehr um Jahresbilanzen handelt. Für den Status gilt aber auch das Anschaffungswertprinzip nicht mehr. Nach der hier vertretenen Auffassung gilt somit der Grundsatz der Unternehmensfortführung für alle Jahresabschlüsse. Bei Aufgabe des Prinzips tritt an die Stelle des Jahresabschlusses ein Status.[124] Eine Zwischenlö-

---

[121] Vgl. S. 232. Zu Recht bemerkt *Wolf-Rüdiger Bretzke* (Inhalt und Prüfung des Lageberichts: Anmerkungen zur gegenwärtigen und zukünftigen Praxis der Prognosepublizität, WPg 1979, S. 347): „Es ist nicht einzusehen, welchen Sinn eine mit Akribie und hohem Zeitaufwand durchgeführte Prüfung von Einzelpositionen eines Jahresabschlusses haben soll, wenn dessen Informationswert insgesamt von einer Prämisse abhängt, deren Gültigkeit nur mehr oder weniger pauschal am Ende der Prüfung beurteilt wird".
[122] Einzelheiten vgl. UEC-Empfehlung Nr. 4: Die Beachtung des Grundsatzes der Fortführung des Unternehmens („going concern"-Basis) bei der Abschlußprüfung.
[123] Z. B. *Goerdeler/Müller*, Anm. 91 zu § 42 GmbHG.
[124] Ähnlich: *Adolf Moxter*, Ist bei drohendem Unternehmenszusammenbruch das bilanzrechtliche Prinzip der Unternehmensfortführung aufzugeben?, WPg 1980, S. 345–351.

sung der Art, daß zwar grundsätzlich wie bisher bewertet wird und lediglich im Geschäftsbericht auf die bevorstehende Unternehmensauflösung hingewiesen wird, dürfte mit den GoB nicht zu vereinbaren sein.

(2) Im Steuerrecht ist der Grundsatz der Unternehmensfortführung seit Einführung des Teilwertbegriffs gesetzlich verankert (§ 6 Abs. 1 Nr. 1 und 2 EStG). Für den Fall, daß der Bewertung nicht die Anschaffungs- oder Herstellungskosten zugrundegelegt werden, ist davon auszugehen, daß der gedachte Erwerber den Betrieb fortführt. Ein Ansatz von Liquidationswerten kommt daher auch in der Steuerbilanz nicht in Betracht.

(e) Der Grundsatz der Vorsicht

(1) Vorsichtig bilanzieren bedeutet, bei unsicheren Erwartungen über künftige Ereignisse, die die Wertansätze der Bilanz beeinflussen können, eher von einem ungünstigeren als von einem günstigeren Verlauf auszugehen. Begründen läßt sich das Vorsichtsprinzip damit, daß wirklich „sicher" erst der Gewinn der Totalperiode (von der Gründung bis zur Liquidation der Unternehmung) ist. Den „Periodengewinn ohne Rücksicht auf seinen fiktiven Charakter zu ermitteln, heißt, unsichere Erwartungen über die Zukunft als sichere Erwartungen auszugeben".[125]

Der Vorsichtsgrundsatz ist somit nur in Fällen anwendbar, in denen Unsicherheit über die Werthöhe besteht. Wer seinen Kassenbestand mit 10% niedriger ansetzt als die Zählung ergab, bewertet nicht „vorsichtig", sondern falsch. Nicht weniger falsch wäre es jedoch, bei unsicheren Erwartungen stets von dem denkbar ungünstigsten Fall auszugehen oder – ohne Rücksicht auf die Erwartungen – „zur Sicherheit" oder „um sich eher ärmer darzustellen" einen generellen Bewertungsabschlag vorzunehmen.

Wahrscheinlichkeiten über künftige Ereignisse sind entweder statistisch fundiert oder subjektiver Natur.[126] Die Anwendung der Statistik verlangt im Regelfall eine Vergleichsmasse, aus der auf das Ereignis in der Zukunft geschlossen werden kann. Wenn in den vergangenen 5 Jahren zwischen 3 und 5% der Kundenforderungen ausgefallen sind und sich die Zahlungsmoral und die wirtschaftliche Situation nicht wesentlich geändert haben, dann verlangt eine vorsichtige Bewertung einen Ansatz zwischen 4 und 5%, nicht dagegen mehr als 5%. Bei subjektiven Wahrscheinlichkeiten muß der Schätzende eine Bandbreite bestimmen, zwischen denen seine Erwartungen liegen. In den meisten Fällen werden dabei die Extremwerte in den Augen des Bilanzierenden eine geringere Eintrittswahrscheinlichkeit haben als die Werte in der Mitte. Der Grundsatz der Vorsicht verlangt auch in diesem Fall nicht den Ansatz des extrem ungünstigen Wertes, sondern eine Wahl innerhalb des „unteren Endes des Intervalls" (*Leffson*).

In zwei – praktisch verhältnismäßig unwichtigen – Fällen schreibt der Ge-

---

[125] *Adolf Moxter*, Wirtschaftliche Gewinnermittlung und Bilanzsteuerrecht, StuW 1983, S. 304.
[126] Einzelheiten bei *Leffson*, S. 426 ff sowie derselbe, Bewertungsprinzipien, HWR, Sp. 157.

## II. Die Bewertung der Vermögens- und Kapitalteile

setzgeber die Bewertung unmittelbar vor: Falls für die Ingangsetzung oder Erweiterung des Geschäftsbetriebs oder für einen derivativen Firmenwert ein Betrag angesetzt worden ist, so ist von diesem in jedem folgenden Geschäftsjahr mindestens 20% abzuschreiben (§ 153 Abs. 4 und 5 AktG). Der Gesetzesbefehl ersetzt hier die Schätzung.

Konkretisiert wird der Grundsatz der Vorsicht darüberhinaus durch das Gebot,

- nur realisierte Gewinne auszuweisen (Realisationsprinzip),
- bestimmte unrealisierte Verluste zu berücksichtigen (Imparitätsprinzip).

Das **Realisationsprinzip** verlangt, nur entstandene (verwirklichte) Erträge zu berücksichtigen.[127] Als Zeitpunkt der Realisation kommen theoretisch in Betracht der Tag

- des Vertragsabschlusses (an dem feststeht, daß eine Lieferung möglich sein wird),
- der Fertigstellung (an dem feststeht, welche Kosten entstanden sind),
- der Lieferung (an dem feststeht, daß die Unternehmung den Vertrag erfüllt hat),
- des Geldeingangs (an dem feststeht, welche Einnahmen aus dem Geschäft erzielt worden sind).

Bereits bei Abschluß des Vertrages einen Erfolgsbeitrag schätzen zu wollen, gilt als „unvorsichtig" (obwohl dies im Einzelfall nicht so zu sein braucht). Andererseits wird das Abwarten bis zum Eingang des Geldes als übertrieben vorsichtig angesehen. Beim Verkauf von Sachgütern wird daher der Zeitpunkt, an dem die Lieferung im wesentlichen erbracht ist, bei Diensten, in dem die Leistung vollbracht ist, als Zeitpunkt der Realisation angesehen.[128] Mit der Lieferung entsteht die Forderung, d.h. ein neues, selbständig zu bewertendes Wirtschaftsgut.

Aus dem Realisationsprinzip folgt das **Anschaffungswertprinzip:** So lange ein Gut nicht an Dritte geliefert worden ist, darf es in der Bilanz höchstens zu seinen Anschaffungs- oder Herstellungskosten angesetzt werden. Wertänderungen am ruhenden Vermögen nach oben dürfen nicht berücksichtigt werden, da dieser „Gewinn" (mangels Lieferung) nicht als verwirklicht gilt.

Anders als die erwarteten positiven Erfolgsbeiträge müssen erwartete **negative** Erfolgsbeiträge bereits vor ihrer Realisierung im Jahresabschluß berücksichtigt werden. Diese ungleiche (imparitätische) Behandlung wird als **Imparitätsprinzip** bezeichnet. Sie folgt aus dem Gedanken, daß Wertminderungen (als Aufwand) in dem Zeitabschnitt zu berücksichtigen sind, in dem erstmals mit ihrem Eintritt gerechnet wird. Ausprägungen des Imparitätsprinzips sind die besonderen Bewertungsgrundsätze, nach denen dauerhafte Wertminderungen im Anlagevermögen ohne Rücksicht auf die Realisierung zu berücksichtigen und Rückstellungen für drohende Verluste zu bilden sind.[129]

---

[127] *Leffson,* GoB, S. 227.
[128] Zum Realisationszeitpunkt bei langfristiger Fertigung vgl. S. 25.
[129] Vgl. S. 86, 87 und 98.

(2) Der Grundsatz der Vorsicht und die aus ihm abgeleiteten allgemeinen und besonderen Grundsätze gelten auch für die Steuerbilanz. Unverkennbar ist allerdings das Bemühen des Steuergesetzgebers und der Finanzverwaltung, subjektive Erwartungen des einzelnen durch Rechtsvermutungen oder Anweisungen zu ersetzen. Beispiele sind die Bewertung von Pensionsverpflichtung (§ 5 Abs. 3 EStG) und die AfA-Tabellen.[130] Die Anwendung des Imparitätsprinzips auf die Steuerbilanz ergibt sich nicht aus § 6 EStG, sondern daraus, daß in diesem Prinzip ein Grundsatz ordnungsmäßiger Buchführung gesehen wird, dem das Steuerrecht keine eigene Bewertungsregel gegenübergestellt hat. Im Gegensatz hierzu ist die Abschreibungsanweisung des § 153 Abs. 4 und 5 AktG (Ingangsetzungskosten, Firmenwert) steuerlich nicht ohne weiteres anwendbar, da § 6 EStG eine Wertminderung erst zuläßt, wenn der Teilwert unter den Bilanzansatz gesunken ist.

(f) Der Grundsatz der Periodenabgrenzung

(1) Das neue Recht verlangt, Aufwendungen und Erträge für das Geschäftsjahr, auf das sich der Jahresabschluß bezieht, ohne Rücksicht auf den Zeitpunkt ihrer Ausgabe oder Einnahme zu berücksichtigen.

Obwohl diese Forderung schon aus der Definition des Jahresüberschusses folgt, fand sie sich als selbständiger Bewertungsgrundsatz in der deutschen Literatur bisher verhältnismäßig selten.[131] Der Grundsatz beruht auf einem wesentlichen Merkmal der Buchführung mit Bestandsrechnung: Der Jahresabschluß geht zwar von Einnahmen und Ausgaben aus, zur Ermittlung des Ergebnisses werden aber nicht Einnahmen und Ausgaben, sondern Erträge und Aufwendungen gegenübergestellt. Einnahmen und Ausgaben bezeichnen Geldzu- und -abflüsse, Erträge und Aufwendungen bestimmte Vermehrungen und Verbräuche von Gütern und Diensten.[132] Der Grundsatz ist allerdings insofern unvollständig, als er zwar bestimmt, wie Aufwand und Ertrag nicht zu berücksichtigen sind (nämlich nicht nach dem Zeitpunkt des Geldabflusses) aber nicht vorschreibt, wie sie denn (positiv) zu erfassen sind.

Nach dem Realisationsgrundsatz[133] dürfen nur verwirklichte Erträge berücksichtigt werden. Verwirklicht werden Erträge nicht mit der Einnahme, sondern zu bestimmten Zeitpunkten, die die GoB bestimmen. Als Zeitpunkt der Realisation gilt bei Liefergeschäften der Tag der Lieferung, bei zeitbezogenen Verträgen der abgelaufene Zeitraum (z.B. Mietzeit), im übrigen der Zeitpunkt, in dem die Ansprüche wirtschaftlich als entstanden anzunehmen sind (z.B. Schadenersatzforderungen, Forderungen auf Versicherungsleistungen oder auf Dividenden). Bei der eigenen Herstellung (Erfassung als aktivierte Eigenleistungen, Bestandserhöhung der fertigen und unfertigen Erzeugnisse) verwirklicht sich der Ertrag (in Höhe der Herstellungskosten) zum Stichtag des Jahresabschlusses.

---

[130] Vgl. S. 90f.
[131] *Leffson* (GoB, S. 297ff) spricht von der Abgrenzung der Sache und der Zeit nach.
[132] Vgl. S. 164.
[133] Vgl. S. 79.

## II. Die Bewertung der Vermögens- und Kapitalteile

Soweit dies möglich ist, werden den Erträgen die zugehörigen Aufwendungen gegenübergestellt. Die Aufwandserfassung ist unproblematisch, wenn der Verbrauch in dieselbe Periode wie die Ausgabe fällt (z.b. der überwiegende Teil der Löhne, der Mieten, des Energie- und Materialverbrauchs). Für den Fall, daß Verbrauch und Zahlung auseinanderfallen, gilt der Zeitpunkt des Verbrauchs als maßgeblich für die Aufwandserfassung. Für die Frage, **wie** dieser Verbrauch zu ermitteln ist, sofern die Ausgabe dem Aufwand vorangeht (z.b. Ermittlung der Abschreibungen) oder ihm folgt (z.b. Ermittlung der Rückstellungen) bietet der Grundsatz der Periodenabgrenzung keine oder nur wenig[134] Hilfe an.

Ebenso ist dem Grundsatz nicht zu entnehmen, wie zu verfahren ist, wenn Einnahmen oder Ausgaben vorliegen, die schon früher als Ertrag oder Aufwand hätten verrechnet werden müssen oder wenn Erträge und Aufwendungen ohne Gegenleistung anfallen.[135] Einnahmen und Ausgaben, die frühere Perioden betreffen (z.b. der Eingang abgeschriebener Forderungen, Buchgewinne aus dem Verkauf von Anlagen, Forderungsausfälle, Buchverluste aus Anlageabgängen) sind in der Periode zu berücksichtigen, in der sie bekannt wurden. Erträge und Aufwendungen ohne Gegenleistung (z.b. Währungsgewinne, Schenkungen, Kapitalbeschaffungsaufwand, Ertragsteuern) werden entweder der Periode zugerechnet, in die sie der Sache nach gehören (z.b. die Ertragsteuern dem Jahr, für das der Gewinn ermittelt worden ist) oder in dem sie bekannt wurden (z.b. die Schenkung). Der Vorsichtsgrundsatz (insbesondere das Imparitätsprinzip) setzt sich zuweilen gegenüber dem Grundsatz der Periodenabgrenzung durch. So werden z.b. Währungsgewinne aus Fremdwährungsverbindlichkeiten nicht dem Jahr zugerechnet, in dem sie bekannt wurden, sondern erst dem Jahr, in dem die verminderte Ausgabe anfiel.

Der Grundsatz der Periodenabgrenzung hat auch für die Art der zulässigen Gewinnermittlung Bedeutung. Es ist bereits erwähnt worden,[136] daß das EStG neben der Gewinnermittlung durch Vermögensvergleich für bestimmte Steuerpflichtige auch die Überschußrechnung vorsieht. Da diese Rechnung grundsätzlich keine Periodisierung der Einnahmen und Ausgaben kennt, ist sie für die nach dem Handelsrecht zur Buchführung Verpflichteten nicht anwendbar. Beim Vermögensvergleich kann der Gewinn mit Hilfe der einfachen oder der doppelten Buchführung ermittelt werden. Die einfache Buchführung erfaßt das Betriebsvermögen nur mit Hilfe der Inventur, Erfolgskonten werden nicht geführt. Wenn der Grundsatz der Periodenabgrenzung verlangt, daß Aufwendungen und Erträge ohne Rücksicht auf den Geldfluß zu berücksichtigen sind, so setzt dies voraus, daß sie überhaupt erfaßt werden. Da dies in der einfachen Buchführung nicht geschieht, ist diese in Unternehmen, die handelsrechtlich zur Buchführung verpflichtet sind, nicht (mehr) zugelassen.[137]

---

[134] *Schneider* (Rechtsfindung, S. 159) weist darauf hin, daß das Periodenabgrenzungsprinzip planmäßige Abschreibungen und die periodische Verteilung des Disagio verlange.
[135] Einzelheiten bei *Leffson*, GoB, S. 298 ff.
[136] Vgl. S. 10.
[137] Für das geltende Recht wurde davon ausgegangen, daß die einfache Buchführung

(2) Auf Grund des Maßgeblichkeitsprinzips kann auch für die Zwecke der Besteuerung in buchführungspflichtigen Betrieben, soweit sie Kaufleute sind, die einfache Buchführung nicht mehr angewandt werden. Die Zulässigkeit der Überschußrechnung der Nicht-Kaufleute (in Sonderheit der Freiberufler) wird hiervon nicht berührt.

Der Grundsatz der Periodenabgrenzung gilt im übrigen für die Steuerbilanz gleichermaßen. Die Auffassung von *Jonas*,[138] daß aus diesem Grund Aufwandsrückstellungen in Zukunft stärker zugelassen werden müßten, wird hier nicht geteilt. Der erwähnte Grundsatz regelt nicht die Passivierung (Bilanzierung dem Grunde nach), sondern die Bewertung. Daher erscheint auch die Annahme unbegründet, daß die Grundsätze der dynamischen Bilanzauffassung künftig stärker berücksichtigt werden müßten.[139]

(g) Der Grundsatz der Einzelbewertung

(1) Die im Jahresabschluß ausgewiesenen Wirtschaftsgüter sind einzeln zu bewerten. Dieser Grundsatz war schon vor der Bilanzrechtsreform kodifiziert (§ 39 Abs. 1 HGB). Mit ihm wird eine Bewertung des Unternehmens im ganzen zum Zwecke der Gewinnermittlung ebenso untersagt wie der Wertausgleich zwischen verschiedenen Gütern (z.B. Verzicht auf außerplanmäßige Abschreibung bei Wertpapieren mit dem Hinweis auf stille Rücklagen in den Finanzanlagen) und die Saldierung von Aktiv- und Passivposten.[140] Der Grundsatz läßt auch Pauschalabschreibungen auf das Betriebsvermögen wegen gesunkener Rentabilität nicht zu.

Zur Vereinfachung der Bilanzaufstellung werden allerdings verschiedene Durchbrechungen des Grundsatzes der Einzelbewertung zugelassen. Die wichtigsten sind:

- Bildung von Festwerten beim Anlagevermögen sowie bei Roh-, Hilfs- und Betriebsstoffen,[141]
- Gruppenbewertung bei gleichartigen Wirtschaftsgütern des Anlage- und Umlaufvermögens,[142]
- Sammelbewertung des Vorratsvermögens und der Wertpapiere,[143]
- Sammelbewertung der Forderungen,[144]
- Bewertung der Rückstellungen für Pensionsverpflichtungen und Garantiezusagen.[145]

---

„nur unter besonderen Verhältnissen, vor allem in Kleinbetrieben des Einzelhandels und des Handwerks ... angängig" sei. (Richtlinien zur Organisation der Buchführung vom 11. 11. 1937, abgedruckt bei *Schlegelberger*, Einl. zu § 38 HGB).

[138] *Jonas*, S. 169.
[139] Hiervon geht z.B. *Biener* (Rechnungslegung, S. 112) aus.
[140] Ausnahme, sofern ein Gläubiger des Unternehmens zugleich sein Schuldner ist und eine Aufrechnung möglich ist (§ 387 BGB).
[141] Vgl. S. 119.
[142] Vgl. S. 116.
[143] Vgl. S. 114.
[144] Vgl. S. 114.
[145] Vgl. S. 98.

## II. Die Bewertung der Vermögens- und Kapitalteile

Der sogenannte Identitätsnachweis (= individuelle Zuordnung von Anschaffungs- oder Herstellungskosten zu bestimmten Gegenständen) kann schwierig sein, wenn gleichartige Vermögensgegenstände zu bewerten sind, die zu verschiedenen Zeiten und unterschiedlichen Preisen angeschafft worden sind. Für die Bewertung der Abgänge kommt in diesem Fall entweder ein Verfahren der Sammelbewertung oder ein individueller Wert infrage. Z.B. wurden Aktien zu folgenden Terminen und Preisen erworben:

| | | |
|---|---|---|
| 15 Stück am 5. 2. | zu 115 DM je Stück = | 1.725 DM |
| 20 Stück am 6. 8. | zu 136 DM je Stück = | 2.720 DM |
| 30 Stück am 7. 11. | zu 110 DM je Stück = | 3.300 DM |
| 65 Stück | | = 7.745 DM |

*Adler-Düring-Schmaltz*[146] halten es in diesem Fall für zulässig, Abgänge entweder mit dem Durchschnittswert (7.745 : 65 = 119,15 DM) oder mit einem beliebigen Anschaffungswert (110, 115 oder 136 DM) anzusetzen. Der Ansicht ist zu folgen, sofern die Art der Bewertung mit einer der Methoden der unterstellten Verbrauchsfolgen[147] begründet werden kann (es können also z.B. nicht mehr als 20 Stück zu 136 DM entnommen werden). Steuerrechtlich ist (jedenfalls bei Sammelverwahrung)[148] nur die Durchschnittsrechnung zulässig.

(2) Der Grundsatz der Einzelbewertung (grundsätzlich einschließlich der erwähnten Durchbrechungen) gilt auch für die **Steuerbilanz** (§ 6 Abs. 1 EStG). Im Zusammenhang mit diesem Grundsatz stehen zwei Problembereiche, die an anderen Stellen des Buches angesprochen werden:

- Unter welchen Voraussetzungen entsteht aus mehreren selbständigen Sachen wirtschaftlich ein neues, selbständig zu bewertendes Gut (Sachgesamtheit),[149]
- unter welchen Voraussetzungen lassen sich Bestandteile eines Gutes gesondert bewerten (wesentliche Bestandteile)?[150]

Aus dem Grundsatz der Einzelbewertung in Verbindung mit dem Maßgeblichkeitsprinzip folgt, daß das Betriebsvermögen in Handels- und Steuerbilanz nicht nur insgesamt, sondern auch in allen Teilen übereinstimmen muß, sofern steuerrechtlich nicht eine abweichende Bewertung vorgeschrieben ist.

### (h) Der Grundsatz der Bilanzidentität

Die Wertansätze in der Eröffnungsbilanz des Geschäftsjahres müssen mit den Wertansätzen in der Schlußbilanz des vorangegangenen Geschäftsjahrs übereinstimmen. Mit Eröffnungsbilanz sind hier die Anfangszahlen auf den Bestandskonten gemeint. Eine eigene Eröffnungsbilanz gibt es nur bei der Gründung, Umwandlung oder Fusion. Der Grundsatz der Bilanzidentität soll

---

[146] *Adler-Düring-Schmaltz*, Anm. 93 zu § 149 AktG.
[147] Vgl. S. 116 ff.
[148] BFH-Urteil vom 15. 2. 1966 (BStBl III 1966, S. 274).
[149] Vgl. S. 113.
[150] Vgl. S. 140.

sicherstellen, daß alle Vermögensveränderungen während der Lebensdauer der Unternehmung als Gewinn oder Verlust in den Periodenabschlüssen (und der Abwicklungsbilanz) erscheinen (Erfolgsbeiträge). Man spricht in diesem Zusammenhang auch von der Kongruenz zwischen der Summe der Periodenerfolge und dem Totalerfolg (von der Gründung bis zur Liquidation).[151] Obwohl das neue Bilanzrecht nur vom „Wertansatz" spricht, bezieht sich der Grundsatz auch auf das Mengengerüst. Gefordert wird also Identität der Mengen und Werte aller (einzelnen) aktiven und passiven Wirtschaftsgüter.

Durchbrechungen des Grundsatzes der Bilanzidentität hat es auf Grund gesetzlicher Vorschriften bei der Goldmark-[152] und der DM-Eröffnungsbilanz[153] gegeben.

Um keine Durchbrechung des Prinzips der Bilanzidentität handelt es sich dagegen, falls die im Jahresabschluß künftig angabepflichtigen Vorjahreszahlen[154] an den Ausweis der Periode angepaßt werden. Die Vorjahreszahlen sollen den Vergleich mit dem Vorjahr erleichtern, sie sind selbst aber keine Abschlußzahlen (auch wenn sie mit diesen i. d. R. identisch sind).

(2) **Steuerrechtlich** wird der Grundsatz der Bilanzidentität als Bilanzzusammenhang bezeichnet. Er wird aus § 4 Abs. 1 EStG abgeleitet. Sein Sinn wird vornehmlich im Fehlerausgleich gesehen (auch als „Zweischneidigkeit" der Bilanz bezeichnet). Ist in einem Jahr z.B. eine Forderung zu Unrecht abgeschrieben worden, so wurde zwar der Gewinn des alten Jahres geschmälert, dafür erhöht sich aber – beim Eingang der Forderung – der Gewinn in einem der folgenden Jahre, so lange Bilanzidentität besteht.

Enthält das Betriebsvermögen zum Schluß des vorangegangenen Wirtschaftsjahres falsche Bilanzansätze, so ist eine Berichtigung nur möglich, wenn die vorangegangenen Veranlagungen noch berichtigt werden können.[155]

Der Grundsatz des Bilanzzusammenhangs gilt nicht, falls der Gewinn (mangels Ordnungsmäßigkeit der Buchführung) des vorangegangenen Jahres geschätzt werden mußte. In diesem Fall muß für das neue Jahr eine Anfangsbilanz aufgestellt werden (Ausnahme bei Vorliegen einer Prüferbilanz).

---

[151] *Leffson*, GoB, S. 205.
[152] Gem. § 4 VO über Goldbilanzen vom 28. 12. 1923 waren die Aktiva höchstens zum Wiederbeschaffungswert in Goldmark (Recheneinheit) anzusetzen. Überstieg der in die Eröffnungsbilanz eingestellte Wert die Anschaffungs- oder Herstellungskosten, so war der Unterschied bei jedem Bilanzposten (ohne Waren und Wertpapiere mit einem Börsen- oder Marktpreis) gesondert anzugeben. Einzelheiten bei *Wilhelm Kalveram*, Praxis der Goldmarkbilanzierung, 2. Aufl., Berlin 1924.
[153] Gem. § 5 Abs. 3 DM-BilG vom 21. 8. 1949 galten die in der Eröffnungsbilanz angesetzten Werte als Anschaffungs- oder Herstellungskosten im Sinne der gesetzlichen Vorschriften für Handels- und Steuerbilanz. Bewegliches Anlagevermögen war höchstens zum Wiederbeschaffungswert anzusetzen (§ 18 Abs. 1 DM-BilG). Einzelheiten bei *Schmölder-Geßler-Merkle*, Kommentar zum DMBG, Stuttgart 1950.
[154] Vgl. S. 131.
[155] Strittig ist, ob eine Berichtigung des Bilanzansatzes auch in Fällen möglich ist, in denen eine Veranlagung (z.B. wegen Verjährung) nicht mehr berichtigt werden kann. Einzelheiten bei *Hartmann-Böttcher*, Anm. 142 zu §§ 4/5 EStG.

## II. Die Bewertung der Vermögens- und Kapitalteile

(i) Abweichungen von den allgemeinen Bewertungsgrundsätzen

Das neue Recht wird drei Arten der Abweichungen von den allgemeinen Bewertungsgrundsätzen vorsehen:
- Zwang zur Abweichung aufgrund gesetzlicher Vorschriften,
- Wahlrecht zur Abweichung aufgrund gesetzlicher Vorschriften,
- Abweichung in Ausnahmefällen.

Ein gesetzlicher **Zwang zur Abweichung** ist nur in wenigen Fällen gegeben. Zu denken ist zunächst an die Aufgabe der Unterstellung, daß das Unternehmen fortgeführt wird. Nach der hier vertretenen Auffassung[156] liegt in diesem Fall allerdings keine Jahresbilanz mehr vor. Infrage kommt ferner ein Irrtum über eine für zulässig gehaltene Bewertungsmethode. Wird der Irrtum erkannt, so darf die Methode (unter Durchbrechung des Grundsatzes der Bewertungsstetigkeit) nicht mehr beibehalten werden. Auf gesetzliche Durchbrechungen des Grundsatzes der Bilanzidentität ist bereits hingewiesen worden.[157]

Ein **Wahlrecht** zur Abweichung ist z.B. im Falle der Dotierung von Pensionsrückstellungen gegeben. Da die Bewertung von Pensionsrückstellungen in das Belieben des Bilanzierenden gestellt ist, kann jeder Betrag zwischen dem Barwert der Verpflichtung und 0 DM angesetzt werden. Unterschreitet der Wertansatz den Barwert der Verpflichtung, so wird vom Grundsatz der Vorsicht abgewichen. Wahlrechte zur Durchbrechung des Grundsatzes der Einzelbewertung sind bereits erwähnt worden.[158] Wahlrechte zur Abweichung vom Grundsatz der Richtigkeit sind bestimmten Unternehmen im Zusammenhang mit der Wertaufholung[159] und der Schaffung stiller Rücklagen[160] gestattet. Hinzuweisen ist schließlich auf Wahlrechte im Zusammenhang mit der Inanspruchnahme steuerlicher Bewertungsfreiheiten.

Abweichungen in **Ausnahmefällen** betreffen in erster Linie den Grundsatz der Bewertungsstetigkeit. Durchbrechungen sind hier insoweit vertretbar, als sie notwendig sind, um eine Sanierung zu ermöglichen oder (in bestimmten Fällen) einen Verlustausweis zu vermeiden.

(2) Für die **Steuerbilanz** ergibt sich in der Frage der Abweichung von den allgemeinen Bewertungsgrundsätzen keine andere Beurteilung als für die Handelsbilanz.

## 2. Die besonderen Bewertungsgrundsätze

(a) Die Bewertung des nichtabnutzbaren Anlagevermögens

(1) **Handelsrechtlich** sind die Gegenstände des Anlagevermögens, deren Nutzung zeitlich nicht begrenzt ist, d.h. deren Wert nicht mehr oder minder

---
[156] Vgl. S. 77.
[157] Vgl. S. 84.
[158] Vgl. S. 82.
[159] Vgl. S. 124.
[160] Vgl. S. 127.

regelmäßig sinkt (z.B. Grundstücke, Beteiligungen, langfristige Ausleihungen) anzusetzen

• zu Anschaffungskosten,
• zum niedrigeren beizulegenden Wert, sofern mit einer dauerhaften Wertminderung zu rechnen ist.

Wahlweise kommt der Ansatz des niedrigeren steuerlich zulässigen Werts oder – nach neuem Recht nur bei Finanzanlagen – des beizulegenden Werts bei nicht dauerhafter Wertminderung in Betracht.[161]
Wertminderungen beim nichtabnutzbaren Anlagevermögen können nur durch außerplanmäßige Abschreibungen berücksichtigt werden. Eine außerplanmäßige Abschreibung auf den beizulegenden Wert setzt ein wertminderndes Ereignis voraus, das grundsätzlich (Ausnahme: Finanzanlagen) langfristig wirksam ist. Bei Grundstücken ist z.b. an eine Änderung des Bebauungsplans zu denken, durch die das Grundstück für den vorgesehenen Zweck (z.B. gewerbliche Nutzung) nicht mehr geeignet ist. Beteiligungen verlieren nachhaltig an Wert durch anhaltende Verluste. Der Bilanzierende hat hier insofern einen Spielraum, als für den beizulegenden Wert verschiedene Ansätze infrage kommen (die allerdings stetig anzuwenden sind). Z.B. ist es möglich, den beizulegenden Wert von Beteiligungen und Wertpapieren des Anlagevermögens als Ertragswert (langfristig erwartete kapitalisierte Einnahmen) zu definieren und eine außerplanmäßige Abschreibung bereits beim Sinken dieses Ertragswerts vorzunehmen, auch wenn der Börsenpreis noch unverändert sein sollte. Abschläge auf langfristige Ausleihungen sind erforderlich, wenn der Eingang ernstlich zweifelhaft ist (ferner bei Minderverzinslichkeit).

Die außerplanmäßige Abschreibung zum Ansatz des steuerlich zulässigen Werts setzt ein wertminderndes Ereignis nicht in jedem Fall voraus. Zu denken ist beispielsweise an die Übertragung von Veräußerungsgewinnen gem. § 6b EStG.[162]

Bei Finanzanlagen (langfristige Ausleihungen, Wertpapiere des Anlagevermögens) ist es in das Ermessen des Bilanzierenden gestellt, ob er bei nicht dauerhafter Wertminderung (z.B. Absinken des Kurses börsengängiger Obligationen mit relativ kurzer Restlaufzeit unter den Nominalwert) eine außerplanmäßige Abschreibung vornimmt. Das Wahlrecht kann in jedem Jahr verschieden ausgenutzt werden (allerdings nicht in dem Sinne, daß bei demselben Wert Ab- und Zuschreibungen beliebig vorgenommen werden dürften).

**(2) Steuerrechtlich** ist das nichtabnutzbare Anlagevermögen zu bewerten

• zu Anschaffungskosten,
• zum Teilwert, falls dieser auf Dauer niedriger ist als die Anschaffungskosten.

---

[161] Zulässige Durchbrechungen der besonderen Bewertungsgrundsätze bleiben hier unberücksichtigt. Vgl. zu diesen S. 126 ff.
[162] Vgl. S. 87.

## II. Die Bewertung der Vermögens- und Kapitalteile

Wahlweise kann ein Bewertungsabschlag oder — bei Finanzanlagen — ein Wert infragekommen, der zwischen den Anschaffungskosten und dem niedrigeren Teilwert liegt, sofern die Wertminderung wahrscheinlich nicht auf Dauer ist.

Eine Bewertung von Beteiligungen oder Wertpapieren des Anlagevermögens unter dem Kurswert ist steuerlich nicht möglich. Auch Anlaufverluste gestatten im Regelfall keine Abschreibung. Bei der Beteiligung an Personenunternehmen muß der Bilanzposten „Beteiligungen" mit dem Kapitalkonto des Gesellschafters in der Steuerbilanz übereinstimmen.

Es ist bereits darauf hingewiesen worden,[163] daß die handels- und steuerrechtlichen Bewertungsgrundsätze für den Geschäftswert differieren. Handelsrechtlich gehört der Geschäftswert zu den Gegenständen des Anlagevermögens, deren Nutzung zeitlich begrenzt ist. Auf ihn sind daher planmäßige Abschreibungen zu verrechnen. Steuerlich rechnet der Geschäftswert zum nichtabnutzbaren Anlagevermögen.[164] Eine Teilwertabschreibung ist nur möglich, wenn der Mehrwert des Unternehmens nachweislich gesunken ist (z.B. wegen Unrentierlichkeit) oder bei Annahme einer Fehlmaßnahme beim Erwerb des Unternehmens.

Von Bewertungsabschlägen wird im Steuerrecht bei Wirtschaftsgütern gesprochen, die nicht zum abnutzbaren Anlagevermögen gehören. Das wichtigste Beispiel im hier gegebenen Zusammenhang ist die erwähnte Übertragung von Gewinnen aus der Veräußerung von Grundstücken oder Anteilen an Kapitalgesellschaften auf Grund und Boden (soweit der Gewinn bei der Veräußerung von Grund und Boden entstanden ist) und auf Anteile an Kapitalgesellschaften (sofern der Gewinn dort entstanden ist, der Erwerb volkswirtschaftlich förderungswürdig ist und bestimmte weitere Voraussetzungen gegeben sind).[165]

Der Wertansatz der Güter des nichtabnutzbaren Anlagevermögens kann in der Steuerbilanz höher sein als in der Handelsbilanz, sofern der beizulegende Wert niedriger ist als der Teilwert (z.B. bei Beteiligungen). Der umgekehrte Fall ist dagegen nicht möglich.

(b) Die Bewertung des abnutzbaren Anlagevermögens

(1) **Handelsrechtlich** sind die Gegenstände des Anlagevermögens, deren Nutzung zeitlich begrenzt ist, d.h. deren Wert sich mehr oder minder regelmäßig verringert (z.B. Gebäude, Maschinen, Betriebs- und Geschäftsausstattung, Lizenzen mit fester Laufzeit) anzusetzen

- zu Anschaffungs- oder Herstellungskosten, vermindert um planmäßige Abschreibungen,

- zum niedrigeren beizulegenden Wert, sofern mit einer dauerhaften Wertminderung zu rechnen ist.

---
[163] Vgl. S. 33.
[164] Ausnahme für den Praxiswert der freien Berufe.
[165] Einzelheiten vgl. bei § 6b EStG und die Kommentare hierzu.

Wahlweise kommt der niedrigere, steuerlich zulässige Wert infrage.

Der wesentliche Unterschied zwischen der Bewertung des nichtabnutzbaren und des abnutzbaren Anlagevermögens besteht somit darin, daß nur bei dem letzteren **planmäßige** Abschreibungen möglich und notwendig sind (Ausnahme beim Ansatz von Festwerten[166] und geringwertigen Anlagegütern).[167]

Der Abschreibungsplan muß

- die Anschaffungs- oder Herstellungskosten nach einer den GoB entsprechenden Abschreibungsmethode
- auf die Geschäftsjahre verteilen, in denen das Wirtschaftgut voraussichtlich genutzt werden wird.

Den GoB entspricht eine Abschreibungsmethode, wenn die Anschaffungs- oder Herstellungskosten so verteilt werden, daß die jeweilige Wertminderung (bei Annahme einer Nutzung bis zum völligen wirtschaftlichen Verbrauch) in etwa erfaßt wird. Auf die einzelnen Abschreibungsmethoden wird später eingegangen.[168]

Die schwierigste Aufgabe bei der Bemessung der Abschreibung liegt in der Schätzung der Nutzungsdauer. Auch das neue Handelsrecht wird hier keine Hilfestellung geben. In der Praxis dürften die für steuerliche Zwecke entwickelten AfA-Tabellen regelmäßig auch handelsrechtlich zumindest die Grundlage für die Schätzung der Nutzungsdauer der Anlagen bilden.[169] Die Nutzungsdauer beginnt grundsätzlich mit dem Jahr der Lieferung. Dabei wird zumeist die Abschreibung im Lieferjahr nicht zeitanteilig (pro rata temporis), sondern vereinfacht in der Weise berechnet, daß für Anlagen, die in der ersten Jahreshälfte geliefert wurden, die volle und für Anlagen, die in der zweiten Jahreshälfte geliefert wurden, die halbe Jahresabschreibung angesetzt wird. (Steuerlich gilt diese Vereinfachungsregel nur für das bewegliche Anlagevermögen.) Die Nutzungsdauer endet, sobald der Vermögensgegenstand technisch nicht mehr brauchbar oder wirtschaftlich nicht mehr einsetzbar ist (Überholung durch technischen Fortschritt, Bedarfsänderung).

Entgegen dem Wortlaut des Gesetzes ist zumindest bei Gegenständen mit einem hohen Schrottwert (z.B. Schiffen) nicht bis auf 0, sondern bis auf den erwarteten Schrotterlös (nach Abzug der Abgangskosten, insbesondere Abbruchkosten) abzuschreiben.

Führt der Abschreibungsplan nach einiger Zeit zu einem Restwert, der langfristig (d.h. während eines erheblichen Teils der Restnutzungsdauer) überhöht ist, so sind außerplanmäßige Abschreibungen (auf den beizulegenden Wert) und/oder eine Änderung des Abschreibungsplans zwingend. Der Restwert ist überhöht, wenn

- der angenommene Abschreibungszeitraum sich als zu lang herausstellt,

---

[166] Vgl. S. 119.
[167] Vgl. S. 112.
[168] Vgl. S. 100 ff.
[169] Einzelheiten bei *Dieter Schneider,* Die wirtschaftliche Nutzungsdauer von Anlagegütern als Bestimmungsgrund der Abschreibung, Köln-Opladen 1961.

## II. Die Bewertung der Vermögens- und Kapitalteile

- besondere Geschehnisse eingetreten sind, die zu einer Wertminderung geführt haben (Absinken des Marktpreises, technische – z.B. Unfall – oder wirtschaftliche Ereignisse – z.B. fehlende Auslastung auf Dauer).

Stellt sich die angenommene Nutzungsdauer als zu hoch heraus, dann ist die neue Abschreibung auf Grundlage der neuen Nutzungsdauer (gerechnet vom Jahr der Lieferung an) zu ermitteln. Die Differenz des neuen Werts zum Buchwert ist als außerplanmäßige Abschreibung zu verrechnen.

Beispiel: Die Anschaffungskosten einer Anlage betragen 100 000 DM, die Nutzungsdauer wird auf 12 Jahre geschätzt. Bei gleichmäßiger Abschreibung[170] werden somit jährlich 8333 DM abgesetzt. Der Restwert zu Beginn des 5. Jahres beträgt 66 668 (100 000 ./. 4 × 8333). Stellt sich am Ende des 5. Jahres heraus, daß als Nutzungsdauer insgesamt nur 9 Jahre hätten angesetzt werden dürfen, so muß der Restwert am Ende des 5. Jahres zunächst auf 55 556 DM (100 000 ./. 4 × 11 111) abgeschrieben werden. Als außerplanmäßige Abschreibung sind demnach am Ende des 5. Jahres 11 112 (66 668 ./. 55 556) anzusetzen. Dazu kommt für das 5. Jahr (und die folgenden 4 Jahre) die neue planmäßige Abschreibung von 11 111 DM (100 000 : 9). Die Gesamtabschreibung am Ende des 5. Jahres beträgt somit 22 223 DM.

*Adler-Düring-Schmaltz*[171] halten diese Art der Berücksichtigung einer verringerten Nutzungsdauer nur für erlaubt, falls der beizulegende Wert dem gewählten (neuen) Wertansatz entspricht. Im übrigen verlangen sie eine Verteilung des (alten) Restwertes auf die neue Zahl an (Rest-)Nutzungsjahren (Abschreibung im Beispiel am Ende des 5. Jahres 66 668 : 5 = 13 333). Dieses Verfahren hat den Nachteil, daß die Abschreibungsbeträge bis zur Korrektur der Nutzungsdauer zu niedrig waren (8333 statt 11 111 DM) und danach zu hoch (13 333 DM statt 11 111 DM). Im übrigen ist nicht einsichtig, warum nicht auch in dem Fall von einer „voraussichtlich dauernden Wertminderung" gesprochen werden kann, wenn sich die angenommene Nutzungsdauer als zu lang herausstellt.

Erweist sich die angenommene Nutzungsdauer später als zu niedrig, so wird eine Zuschreibung[172] im allgemeinen nicht vorgenommen. Vielmehr wird der Restwert auf die (restliche) neue Nutzungsdauer verteilt. Eine Zuschreibung wird im Schrifttum[173] nur in den Fällen für zulässig angesehen, in denen eine „Bilanzbereinigung" angebracht erscheint (Sanierung, Umwandlung, Fusion, Angleichung der Handels- an die Steuerbilanz). Begründet wird diese Auffassung mit dem Grundsatz der Stetigkeit. M.E. wird dieser nicht durchbrochen, wenn auf die Zuschreibung (z.B. im Anhang) hingewiesen wird. Der Grundsatz der Richtigkeit gebietet eine Zuschreibung zumindest bei einem wesentlichen Fehler in der Schätzung der Nutzungsdauer.

---

[170] *Adler-Düring-Schmaltz,* Anm. 54 zu § 154 AktG.
[171] *Adler-Düring-Schmaltz,* Anm. 54 zu § 154 AktG.
[172] Vgl. S. 123.
[173] *Adler-Düring-Schmaltz,* Anm. 73 zu § 149; *Fritz Brehmer,* zur Frage der Zuschreibung bei abnutzbaren Anlagegegenständen, WPg 1969, S. 284–286.

(2) **Steuerrechtlich** ist das abnutzbare Anlagevermögen anzusetzen entweder
- zu Anschaffungs- oder Herstellungskosten, vermindert um die Absetzung für Abnutzung bzw. die Abnutzung für Substanzverringerung oder
- zum Teilwert, sofern eine dauerhafte Wertminderung vorliegt.

Wahlweise kommt der Wert infrage, der sich nach Vornahme von Sonderabschreibungen oder erhöhten Absetzungen ergibt. Daneben ist die Bewertungsfreiheit für geringwertige Anlagegüter[174] zu erwähnen.

Die handelsrechtlichen „planmäßigen Abschreibungen" heißen steuerlich „Absetzung für Abnutzung" (AfA) bzw. „Absetzung für Substanzverringerung" (AfS), § 7 EStG. Der Betrag der handels- und steuerrechtlich planmäßigen Abschreibung muß aber nicht gleich hoch sein. Die AfA kann niedriger sein als die planmäßige Abschreibung (z. B. falls in der Steuerbilanz von einer längeren Nutzungsdauer ausgegangen werden muß oder die für die Handelsbilanz angewandte Abschreibungsmethode steuerlich unzulässig ist). Die AfA kann in einer bestimmten Periode auch höher sein als die planmäßige Abschreibung (z. B. wenn der Vermögensgegenstand in der Handelsbilanz nicht aktiviert oder bereits abgeschrieben war). Der Grundsatz der Maßgeblichkeit gestattet dagegen grundsätzlich[175] nicht, in der Steuerbilanz eine kürzere Nutzungsdauer anzusetzen als in der Handelsbilanz (sofern die Nutzungsdauerschätzung in der Handelsbilanz mit den GoB vereinbar ist). In der Steuerbilanz kann auch keine andere (zulässige) Abschreibungsmethode als in der Handelsbilanz gewählt werden, falls sich dadurch für die Steuerbilanz höhere Abschreibungsbeträge ergeben würden.

Bei Bergbauunternehmen, Steinbrüchen und anderen Betrieben, die Substanz abbauen, errechnet sich die regelmäßige Abschreibung aus dem Verhältnis der Menge der geförderten Substanz zur ursprünglich vorhandenen Substanz (AfS).

Die steuerlich zulässige Nutzungsdauer beträgt für Gebäude, die nach dem 31. Dezember 1924 fertiggestellt wurden, regelmäßig 50 Jahre (AfA 2%) und für die vor diesem Zeitpunkt errichteten Gebäude 40 Jahre (AfA 2,5%). Anstelle dieser Sätze können die der tatsächlichen Nutzungsdauer entsprechenden Hundertteile beansprucht werden, sofern diese höher sind. Für das bewegliche abnutzbare Anlagevermögen hat der Bundesminister der Finanzen im Auftrag der Finanzverwaltung der Länder Abschreibungstabellen herausgegeben. Derartige Tabelle gibt es für typische Anlagen in einer Vielzahl von Wirtschaftszweigen sowie für Anlagen allgemeiner Art, deren Nutzungsdauer von der Verwendung in einem bestimmten Wirtschaftszweig unabhängig ist (Beispiel vgl. *Tab. 2*). Die betriebsgewöhnliche Nutzungsdauer ist in den Tabellen als Durchschnitt berücksichtigt, Abweichungen bedürfen der Begründung.

Der betriebsgewöhnlichen Nutzungsdauer liegen „normale" Verhältnisse zugrunde. Technische (Verschleiß), wirtschaftliche (technischer Fortschritt)

---

[174] Vgl. S. 112.
[175] Ausnahme für Gebäude, da hier die Nutzungsdauer steuerlich limitiert ist.

## II. Die Bewertung der Vermögens- und Kapitalteile

Tab. 2: *Auszug aus der AfA-Tabelle für allgemein verwendbare Anlagegüter*

| Anlagegüter | Nutzungs-dauer in Jahren | Linearer AfA-Satz v. H. |
|---|---|---|
| a) Einrichtungen an Grundstücken | | |
| z. B. Rohrleitungen für Abwässer | 20 | 5 |
| b) Betriebsanlagen allgemeiner Art | | |
| 1. Krafterzeugungsanlagen | | |
| z. B. Großanlagen der Stromerzeugung | 20 | 5 |
| 2. Verteilungsanlagen | | |
| z. B. für Strom: Frei- und Kabelleitungen | 20 | 5 |
| 3. Antriebsanlagen | | |
| z. B. Benzinmotoren | 5 | 20 |
| 4. Transportanlagen | | |
| z. B. Bahnkörper und Gleisanlagen nach Bundesbahnvorschrift | 25 | 4 |
| 5. Fahrzeuge | | |
| z. B. Personenkraftwagen | 4 | 25 |
| 6. Sonstige Betriebsanlagen | | |
| z. B. Schornsteine für Ölfeuerungsanlagen | 33 | 3 |
| c) Maschinen der Stoffver- und bearbeitung | | |
| z. B. Bohrmaschinen | 10 | 10 |
| d) Betriebs- und Geschäftsausstattung | | |
| 1. Werkstätten-, Laborausstattungen und Lagereinrichtungen | | |
| z. B. Hochregallager | 15 | 7 |
| 2. Ausstattung für Belegschaftbetreuung | 8 | 12 |
| 3. Ausstattung für Werksicherheit | 8 | 12 |
| 4. Geräte des Nachrichtenwesens | 8 | 12 |
| 5. Büromaschinen und Organisationmittel | | |
| z. B. Elektronenrechner | 5 | 20 |
| 6. Büroeinrichtungen | | |
| z. B. Büromöbel | 10 | 10 |

Quelle: Becksche Textausgaben, Steuertabellen, Loseblattwerk, 29. Ergänzungslieferung, München 1983.

und rechtliche (Fristablauf) Ursachen der Wertminderung werden dabei berücksichtigt. Tritt ein Ereignis ein, das eine vergleichsweise erhebliche Verkürzung der Nutzungsdauer zur Folge hat (z. b. Brand, Hochwasser, neue Erfindungen, Verlust eines Absatzgebiets), so kann diese Verkürzung entweder durch höhere Absetzungen in den verbleibenden Jahren oder durch eine besondere Absetzung wegen außergewöhnlicher technischer oder wirtschaftlicher Abnutzung (AfaA) berücksichtigt werden. Bei der AfaA werden die am Schluß des Abschreibungsplans vorgesehenen Abschreibungsbeträge in einen früheren Zeitraum vorgezogen. Kein „Ereignis" in diesem Sinne wäre ein Irrtum bei der Schätzung der Nutzungsdauer. Er ließe nur eine Verteilung des Restwerts auf die Restnutzungsdauer zu. Die AfaA ist nur bei Wirtschaftsgütern anwendbar, auf die gleichmäßig oder nach der Leistung[176] abgeschrieben wird.[177] Allerdings ist ein Wechsel in der Methode unter bestimmten Voraussetzungen möglich.[178] Die AfaA kann nur im Jahr des Eintritts des wertmindernden Ereignisses berücksichtigt werden. Dies unterscheidet sie u. a. von der Teilwertabschreibung.

Ist der Teilwert des abnutzbaren Wirtschaftsgutes niedriger als der Buchwert, der sich nach Vornahme der AfA ergibt (z. B. weil der Marktpreis der Anlage gesunken ist oder eine Fehlmaßnahme vorliegt), dann **muß** bei dauerhafter Wertminderung auf den niedrigeren Teilwert übergegangen werden. Mit der Teilwertabschreibung wird der ursprüngliche Abschreibungsplan aufgegeben. Nach ihrer Vornahme ist der Restwert daher auf die Restnutzungsdauer zu verteilen. Die AfaA kann zu einem niedrigeren Wertansatz führen als die Teilwertabschreibung (z. B. wenn sich die Verkürzung der Nutzungsdauer als Folge einer technischen Neuerung stärker auswirkt als die Preissenkung). AfaA und Teilwertabschreibung setzen eine außerplanmäßige Abschreibung in mindestens gleicher Höhe in der Handelsbilanz voraus.

Keine Rücksicht auf Wertentwicklung oder Nutzungsdauer wird bei der Verrechnung erhöhter Absetzungen und Sonderabschreibungen genommen. Von **erhöhten Absetzungen** wird gesprochen, wenn anstelle der AfA (aufgrund gesetzlicher Ermächtigung) höhere Abschreibungen geltend gemacht werden. Gegenwärtig können z. B. gemäß § 14 BerlinFG auf bewegliche Wirtschaftsgüter des Anlagevermögens die mindestens drei Jahre[179] nach ihrer Anschaffung oder Herstellung in einer in Berlin (West) gelegenen Betriebsstätte verbleiben, im Jahr der Anschaffung (Herstellung) und in den 4 folgenden Jahren anstelle der AfA erhöhte Absetzungen bis zur Höhe von 75% der Anschaffungs- oder Herstellungskosten vorgenommen werden. Die erhöhten Absetzungen sind bereits für Anzahlungen auf Anschaffungskosten und für Teilherstellungskosten zulässig (§ 14 Abs. 5 BerlinFG). Sobald erhöhte Absetzungen nicht mehr in Frage kommen, ist der verbleibende Restwert gleichmäßig über die restliche Nutzungsdauer zu verteilen (z. B. die verbliebenen 25% auf 9 Jahre).

**Sonderabschreibungen** können unter bestimmten Voraussetzungen neben der AfA (die dann stets gleichmäßig ist) geltend gemacht werden. Sie sind gegenwärtig z. B. zugelassen auf Anschaffungs- oder Herstellungskosten von Anlagen, die unmittelbar und ausschließlich dazu dienen, die Verunreinigung der Luft zu verhindern, zu beseitigen oder zu verringern und sofern die Anschaffung dieser Anlagen im öffentlichen Interesse ist. In diesem Fall können im Jahr der Anschaffung und den vier folgenden Jahren neben der AfA bis zu 50% der Anschaffungs- oder Herstellungskosten abgeschrieben werden (§ 82 EStDV). Für die Verteilung des Restwerts gilt das zur Sonderabschreibung Ausgeführte. Wird die Sonderabschreibung auf die ersten 5 Jahre

---

[176] Vgl. S. 107.
[177] Die Finanzverwaltung läßt AfaA auch bei Gebäuden zu, die nach § 7 Abs. 4 degressiv abgeschrieben werden (Abschn. 42a Abs. 7 EStR).
[178] Vgl. S. 108.
[179] Bei Schiffen beträgt der Zeitraum z. Zt. 8 Jahre.

## II. Die Bewertung der Vermögens- und Kapitalteile

verteilt und daneben die normale Afa verrechnet, dann bleibt bei Anlagen mit zehnjähriger Nutzungsdauer nach 5 Jahren jedoch kein Restwert mehr übrig.[180]

Erhöhte Absetzungen und Sonderabschreibungen sind freiwillig. Allerdings setzt ihr Ansatz in der Steuerbilanz im Regelfall voraus, daß sie auch in der Handelsbilanz (als außerplanmäßige Abschreibung) verrechnet worden sind.[181]

(c) Die Bewertung des Umlaufvermögens

(1) **Handelsrechtlich** sind die Gegenstände des Umlaufvermögens (z.B. Vorräte, Wertpapiere, Forderungen) anzusetzen

- zu Anschaffungs- oder Herstellungskosten,
- zum Börsen- oder Marktpreis, falls dieser niedriger ist als die Anschaffungs- oder Herstellungskosten,
- zum beizulegenden Wert, falls ein Börsen- oder Marktpreis nicht feststellbar ist und der beizulegende Wert niedriger ist als die Anschaffungs- oder Herstellungskosten.

Wahlweise kann der nahe Zukunftswert oder der niedrigere, steuerlich zulässige Wert angesetzt werden.

Der wesentliche Unterschied in den Bewertungsgrundsätzen für das Anlage- und das Umlaufvermögen besteht somit darin, daß eine Wertminderung im Anlagevermögen nur berücksichtigt werden muß, wenn sie voraussichtlich auf Dauer ist, während im Umlaufvermögen auch bei Annahme einer nur vorübergehenden (allerdings nicht zufälligen) Wertminderung eine Abschreibung zwingend ist (**Niederstwertprinzip**).

Sinn des Niederstwertprinzips ist es, die bei den Gegenständen des Umlaufvermögens erwarteten Verluste bereits vor ihrer Realisierung zu berücksichtigen (verlustfreie Bewertung). Eine Abwertung der Halb- und Fertigfabrikate sowie der Waren ist bei gesunkenem Verkaufspreis daher zwingend, sofern der erwartete Erlös abzüglich der noch anfallenden Kosten niedriger ist als die Anschaffungs- oder Herstellungskosten.

Der Börsen- oder Marktpreis bzw. der beizulegende Wert wird vom Beschaffungsmarkt abgeleitet (= Ansatz der niedrigeren Wiederbeschaffungskosten), sofern Roh-, Hilfs- und Betriebsstoffe sowie unfertige und fertige Waren zu bewerten sind, die auch von Dritten bezogen werden können. Für nur

---

[180] Werden in diesem Fall dagegen im ersten Jahr 10% Normal- und 50% Sonderabschreibungen verrechnet, dann sind die verbleibenden 40% der Anschaffungskosten auf die 9 Jahre der Restnutzungsdauer zu verteilen.

[181] Da die Handelsbilanz ohne erhöhte Absetzung und Sonderabschreibungen weder gegen die GoB noch gegen steuerliche Bewertungsregeln verstößt, wäre sie für die Steuerbilanz maßgeblich. Eine Übernahme in die Steuerbilanz kommt daher nur in Frage, wenn die erhöhten Absetzungen und Sonderabschreibungen auch in der Handelsbilanz angesetzt worden sind oder falls das Gesetz, das Rechtsgrundlage der erhöhten Absetzungen oder Sonderabschreibung ist, auf die Anwendung des Maßgeblichkeitsgrundsatzes ausdrücklich verzichtet.

im eigenen Unternehmen herstellbare unfertige und fertige Produkte und Überbestände an Roh-, Hilfs- und Betriebsstoffen wird die Bewertung dagegen vom Absatzmarkt her vorgenommen (erwarteter Erlös abzüglich noch anfallender Kosten).

Neben dem Ansatz der Herstellungskosten bei der fertigen und unfertigen Produktion[182] werfen im Umlaufvermögen vor allem die Forderungen Bewertungsprobleme auf. Obergrenze der Bewertung bildet der Nennbetrag der Forderungen, der ebenso wie bei den käuflich erworbenen Forderungen an die Stelle des Anschaffungswerts tritt. Nennbetrag ist der Betrag, den die Unternehmung mindestens verlangen kann. Preisnachlässe sind zu berücksichtigen. Zweifelhafte Forderungen werden mit dem mutmaßlichen Eingangswert angesetzt, uneinbringliche Forderungen abgeschrieben. Bei der Bewertung der Forderungen sind vorhandene Sicherheiten zu beachten. Uneinbringlich ist eine Forderung, wenn auf sie verzichtet wurde oder wenn sich der Verlust aus einer gerichtlichen Feststellung (z.B. fruchtlose Zwangsvollstreckung) ergibt. Verjährte Forderungen gelten als uneinbringlich, wenn anzunehmen ist, daß der Schuldner den Einwand der Verjährung erheben wird.[183] Unverzinsliche oder unter dem Üblichen verzinsliche Forderungen sind grundsätzlich mit ihrem Barwert anzusetzen. Aus Vereinfachungsgründen kann bei kurzfristigen Forderungen (Restlaufzeit bis 3 Monate) auf die Abzinsung verzichtet werden.[184] Die Abzinsung muß unterbleiben, wenn der minderverzinslichen Ausleihung oder Forderung eine entsprechend befristete und entsprechend niedrig verzinsliche Verbindlichkeit gegenübersteht.[185] Von der Abzinsung wird auch dann abzusehen sein, wenn mit der Forderung anderweitige Vorteile für den Gläubiger verbunden sind. Dieser Vorteil muß aber einigermaßen greifbar sein (z.B. Abschluß eines langfristigen Liefervertrags mit dem Schuldner; der Vorteil „Bindung an den Betrieb" bei unverzinslichen Darlehn an Betriebsangehörige reicht nicht).[186] Forderungen in fremder Währung werden zum Kurswert der Anschaffung oder zum Kurswert des Bilanzstichtags angesetzt, falls dieser niedriger ist.

Während das Niederstwertprinzip auf die Verhältnisse am Bilanzstichtag abstellt, werden mit dem (wahlweise ansetzbaren) nahen Zukunftswert die (etwa in den kommenden 2 Jahren) erwarteten Wertminderungen vorweggenommen.

Als niedrigerer steuerlich zulässiger Wert kommt im Umlaufvermögen gegenwärtig der Bewertungsabschlag gemäß § 80 EStDV infrage. Hiernach kön-

---

[182] Vgl. S. 54 ff.
[183] *Hildebrandt* in *Schlegelberger*, Anm. 50 zu § 40 HGB.
[184] *Adler-Düring-Schmaltz*, Anm. 223 zu § 155 AktG.
[185] *Kropff*, Anm. 52 zu § 155 AktG.
[186] Steuerlich wird bei unverzinslichen Arbeitnehmerdarlehen bei der Ermittlung des Barwerts ein Rechnungszinsfuß von 5,5% zugrundegelegt. Bei einer Verzinsung von weniger als 5,5% ist Rechnungszinsfuß der Hundertsatz, der sich als Differenz zwischen 5,5% und dem tatsächlich vereinbarten niedrigeren Hundertsatz ergibt. Der Differenzbetrag zwischen Barwert und Auszahlungsbetrag ist Aufwand des Wirtschaftsjahrs, in dem das Darlehn gewährt wird (Erlaß des FM NW vom 28. 3. 1980, WPg 1980, S. 329).

## II. Die Bewertung der Vermögens- und Kapitalteile 95

nen bei bestimmten Importwaren,[187] soweit diese nach der Anschaffung noch nicht be- oder verarbeitet sind, pauschal 20% der Anschaffungskosten oder des niedrigeren Börsen- oder Marktpreises abgesetzt werden. Der Abschlag kann in der ersten auf die Anschaffung folgenden Bilanz oder später, ganz oder teilweise, vorgenommen werden.

(2) **Steuerrechtlich** ist das Umlaufvermögen zu bewerten entweder
- zu Anschaffungs- oder Herstellungskosten oder
- zum Teilwert, falls dieser niedriger ist als die Anschaffungs- oder Herstellungskosten.

Wahlweise kommt der Ansatz eines zulässigen Bewertungsabschlags (§ 80 EStDV) infrage.

Das Wahlrecht, das § 6 EStG zwischen den Anschaffungs- oder Herstellungskosten und dem niedrigeren Teilwert gewährt, hat für den Kaufmann keine praktische Bedeutung, da er an das Niederstwertprinzip des Handelsrechts gebunden ist (Maßgeblichkeit).

Der Teilwert entspricht bei den Gütern des Umlaufvermögens im Regelfall dem niedrigeren Börsen- oder Marktpreis am Bilanzstichtag. Eine Abschreibung auf den niedrigeren Teilwert ist auch dann zulässig (und für Kaufleute zwingend), wenn mit einem entsprechenden Rückgang der Verkaufspreise nicht gerechnet wird. Allerdings setzt die Abschreibung voraus, daß der Teilwert nachhaltig gesunken ist und die Ursache im Rückgang des allgemeinen Preisniveaus dieser Ware liegt.[188]

Bei Waren mit fallender Preistendenz, deren Ursache, bereits in den Verhältnissen am Bilanzstichtag begründet ist, kann auch die Preisentwicklung in den 4-6 Wochen nach dem Bilanzstichtag berücksichtigt werden.[189] Innerhalb dieses Rahmens hat der nahe Zukunftswert des Handelsrechts auch für die Steuerbilanz eine gewisse Bedeutung.[190]

(d) Die Bewertung der Verbindlichkeiten

(1) **Handelsrechtlich** sind Verbindlichkeiten mit ihrem Rückzahlungsbetrag (Anschaffungskosten) anzusetzen. Dies gilt auch, wenn die Schuld unverzinslich oder nur gering verzinslich ist. Bei nachhaltig höherer Verzinsung als sie am Bilanzstichtag üblich ist, wird eine Rückstellung (für drohende Verluste aus schwebenden Geschäften) notwendig. Rückzahlungsbetrag ist die geschuldete Leistung im Sinne des § 362 BGB (bei Verbindlichkeiten aus Liefe-

---

[187] So auch: WP-Handbuch 1981, S. 715.
Die Waren, für die Bewertungsfreiheit in Anspruch genommen werden kann, nennt die Anlage zur EStDV (z.B. Rohkaffee, Rohtabak, Kautschuk, Wolle, Silber, Eisen- und Stahlschrott).
[188] *Blümich-Falk*, § 6, S. 97.
[189] BFH-Urteil vom 17. 7. 1956, BStBl. III, 1956, S. 379.
[190] Einzelheiten bei *Gruß*, Zur Minderbewertung des Umlaufvermögens in der Handelsbilanz und Steuerbilanz, besonders der AG, StuW 1966, Sp. 401.

rungen und Leistungen liegt streng genommen keine **Rückzahlung** vor). Erläßt der Gläubiger dem Unternehmen ganz oder teilweise die Schuld (z.B. im Zusammenhang mit einem Vergleichsverfahren), so ist der Betrag der Verbindlichkeiten entsprechend herabzusetzen. In der Gewinn- und Verlustrechnung des Schuldners entsteht ein Ertrag.

Schulden in fremder Währung werden grundsätzlich mit dem Briefkurs[191] bilanziert, der bei Entstehung der Verbindlichkeit maßgeblich war. Steigt der Kurs der fremden Währung bis zum Bilanzstichtag, so ist der höhere Wert anzusetzen. Bei Kurssenkungen darf der Gewinn als realisiert gelten, wenn mit Sicherheit anzunehmen ist, daß der eingetretene Kursgewinn bis zum Zahlungstag erhalten bleibt.[192]

Bei Verbindlichkeiten aus Lieferungen kann ein vereinbarter Skonto abgesetzt werden, wenn am Abschlußstichtag zu erwarten ist, daß ein Skonto geltend gemacht werden wird.[193]

Rentenverpflichtungen[194] (z.B. der Erwerb eines Grundstücks gegen eine Leibrente) sind zum Barwert der künftigen Ausgaben anzusetzen). Der Barwert ist nach versicherungsmathematischen Grundsätzen zu ermitteln. Der anzuwendende Zinssatz richtet sich nach den Zinssätzen für langfristiges Kapital.

(2) **Steuerrechtlich** gibt es hinsichtlich Bewertung der Verbindlichkeiten nur wenige Besonderheiten. Eine Minderung des Anschaffungswerts um einen erhaltenen Skonto ist nicht gestattet. Der Rentenbarwert von Leibrentenverpflichtungen ist grundsätzlich unter Verwendung eines Rechenzinsfußes von 5,5% zu ermitteln.[195] Für langfristige Valutaverbindlichkeiten wird dem Schuldner bei voraussichtlich nur vorübergehendem Anstieg des Befreiungsbetrags ein Wahlrecht eingeräumt, die Verbindlichkeit zum höheren Teilwert anzusetzen oder nicht.[196]

Falls ein Leasinggegenstand beim Leasingnehmer aktiviert worden ist,[197] müssen die fiktiven Anschaffungskosten als Kaufpreisschuld passiviert werden. Die Leasingraten sind in einen sofort als Betriebsausgaben abzugsfähigen Zins- und Kostenanteil sowie einen erfolgsneutralen Tilgungsanteil aufzuteilen (daneben wird die AfA verrechnet). Bei der Aufteilung ist zu berücksichtigen, daß sich infolge der laufenden Tilgung der Zinsanteil verringert und der Tilgungsanteil entsprechend erhöht. Der Zinsanteil kann entweder nach der Staffel- oder der Barwertvergleichsmethode ermittelt werden.[198]

---

[191] DM-Betrag, der zum Ankauf der zur Rückzahlung erforderlichen Valuta hätte aufgewandt werden müssen.
[192] *Kropff*, Anm. 13 zu § 156 AktG.
[193] Üblich ist dagegen die Passivierung des Rechnungsbetrags (vgl. *Hüttemann*, S. 106).
[194] Renten sind für eine bestimmte oder unbestimmte Dauer periodisch wiederkehrende Leistungen aufgrund eines einheitlichen Stammrechts.
[195] Abschn. 139 Abs. 10 EStR 1981.
[196] *Ludwig Schmidt*, Anm. 49b zu § 6 EStG.
[197] Vgl. S. 23 f.
[198] Erlaß des FM NW vom 13. 12. 1973 (WPg 1974, S. 152).

## II. Die Bewertung der Vermögens- und Kapitalteile

Die Staffelmethode errechnet den jeweiligen Zinsanteil mit Hilfe der Summenformel der arithmetischen Reihe.[199] Bei Anwendung der Barwertvergleichsmethode wird jeweils die Differenz zwischen den Barwerten der zu passivierenden Verbindlichkeit gegenüber dem Leasinggeber am Anfang und am Ende des Jahres unter Zuhilfenahme von Zinstabellen ermittelt (= Tilgungsanteil). Der Zinsanteil ergibt sich aus der Differenz zwischen der Rate und dem Tilgungsanteil.

Beispiel für die Zinsstaffelmethode: Anschaffungskosten 5000 DM, Grundmietzeit 5 Jahre, jährliche (nachträglich zahlbare) Leasingrate 1400 DM. Gesamtzahlung somit 7000 DM. Zieht man hiervon die Anschaffungskosten (5000 DM) ab, so verbleibt für alle Zins- und Kostenanteile zusammen ein Betrag von 2000 DM. Nach der Zinsstaffelmethode beträgt die Degression $\frac{2000}{\frac{1}{2} \cdot (5+1)} = 133{,}33$. Der erste Zins- und Kostenanteil ist dann $5 \cdot 133{,}33$ (= 667 DM), der zweite $4 \cdot 133{,}33$ usw. Leasingrate abzüglich Zins- und Kostenanteil ergibt den Tilgungsanteil *(Tab. 3)*.

*Tab. 3: Tilgungs- und Zinsanteil nach der Staffelmethode beim Leasing von Anlagegegenständen. Anschaffungskosten 5000 DM, Rate 1400 DM, Grundmietzeit 5 Jahre*

| Jahr | Rate | Zins- und Kostenanteil | Tilgungsanteil | Verbindlichkeit am Ende des Jahres |
|---|---|---|---|---|
| 1 | 1.400 | 133,33 · 5 = 667 | 733 | 4.267 |
| 2 | 1.400 | 133,33 · 4 = 533 | 867 | 3.400 |
| 3 | 1.400 | 133,33 · 3 = 400 | 1.000 | 2.400 |
| 4 | 1.400 | 133,33 · 2 = 267 | 1.133 | 1.267 |
| 5 | 1.400 | 133,33 · 1 = 133 | 1.267 | 0 |

(e) Die Bewertung der Rückstellungen

(1) **Handelsrechtlich** sind Rückstellungen in Höhe des Betrags anzusetzen, der nach „vernünftiger kaufmännischer Beurteilung" notwendig ist. Als „vernünftig" gilt der Geldbetrag, der nach den objektiven Umständen mit großer Wahrscheinlichkeit erforderlich sein wird, um sich von der Belastung zu befreien (Erfüllungsbetrag). Soweit die Annahmen des Bilanzierenden über den Eintritt bestimmter Risiken nicht durch gesetzliche oder verwaltungsmäßige Normen ersetzt werden (z.B. die Verwendung von Sterbetafeln bei der Ermittlung von Pensionsrückstellungen), ist davon auszugehen, daß nicht jeder Bilanzierende bei gleichen Umständen zu demselben Bilanzansatz kommen wird.

Aus dem Grundsatz der Einzelbewertung[200] folgt, daß die mit Hilfe der Rückstellungen erfaßten Risiken regelmäßig **einzeln** zu ermitteln sind. Es ist

---

[199] Vgl. S. 103.
[200] Vgl. S. 82f.

also z.B. bei jedem (anhängigen) Passivprozeß zu prüfen, welche Ansprüche des Klägers bestehen und mit welchen Gerichtskosten zu rechnen ist. Bei Verpflichtungen aus Miet- oder Pachtverträgen (z.b. auf Wiederherstellung des ursprünglichen Zustands bei Beendigung des Mietvertrags) ist zu ermitteln, inwieweit Baulichkeiten zu verändern sind. Bei Sozialplanverpflichtungen ist die erwartete Höhe der Zahlung zu schätzen, sobald der Beschluß zur Betriebsänderung gefaßt ist. Beim Wechselobligo ist die Bonität des einzelnen (weitergegebenen) Wechsels zu beurteilen. Bei drohenden Verlusten aus schwebenden Geschäften ist im Falle des Einkaufsgeschäfts die Differenz zwischen den (niedrigeren) Wiederbeschaffungskosten und der Kaufpreisschuld, im Falle des Verkaufsgeschäfts die Differenz zwischen den (höheren) Selbstkosten und dem vereinbarten Kaufpreis, im Falle des Dauerschuldverhältnisses (z.B. Mietvertrag) die Differenz zwischen der (höheren) eigenen Leistung während der künftigen Laufzeit des Vertrags und der marktüblichen Leistung (Marktmiete) zu schätzen.

Eine **Pauschalbewertung** kommt infrage, wenn eine größere Anzahl gleichartiger Risiken zu bewerten ist, mit denen in der Vergangenheit schon gerechnet wurde und deren Eintritt auch in der Zukunft für wahrscheinlich gehalten wird. Beispiele hierfür sind Rückstellungen für Kulanzleistungen, Garantie- und Gewährleistungen sowie Instandhaltung. Dabei sind gegebenenfalls Risikoklassen zu bilden. Z.B. werden bei Garantierückstellungen die Garantieleistungen und Umsätze der Vergangenheit nach Erzeugnissen, Kunden oder/und regionalen Märkten differenziert.[201] Die Anwendung pauschaler Bewertungsverfahren setzt zumeist voraus, daß Aufzeichnungen über vergleichbare Risiken in der Vergangenheit geführt worden sind. U.U. kann aber auch durch die spätere Ausgabe der Nachweis geführt werden, daß die Rückstellung berechtigt gewesen war (z.B. bei der Rückstellung für unterlassene Instandsetzung[202]).

Eine Pauschalbewertung besonderer Art wird bei der Bewertung von Pensionsrückstellungen angewandt. Bei bereits laufenden Renten ist der nach versicherungsmathematischen Grundsätzen ermittelte Barwert der noch zu erbringenden Leistungen Höchstbetrag der Rückstellung. Der anzuwendende Zinssatz ist handelsrechtlich nicht normiert. Gemäß WP-Handbuch[203] sollte er 3% nicht unterschreiten. Die Praxis dürfte im Regelfall von dem steuerlich zulässigen Satz[204] ausgehen. Für Anwartschaften, d.h. noch nicht laufende Renten, kann der Barwert (sofern der Zeitpunkt der Pensionierung nahe ist), der Gegenwartswert oder der Teilwert zugrunde gelegt werden. Beim Gegenwartswert wird die Rückstellung gleichmäßig über die Zeit von der Entstehung der Verpflichtung bis zum vertraglichen Eintritt des Versorgungsfalls angesammelt. Wird vom Teilwert ausgegangen, so beginnt die versicherungsmathematische Gleichverteilung nicht erst mit dem Zeitpunkt der Pensions-

---

[201] Einzelheiten bei *Peter Kupsch*, Bilanzierung von Rückstellungen und ihre Berichterstattung, Herne-Berlin 1975, S. 55.
[202] Einzelheiten bei *Rolf Mittelbach*, Handbuch der Rückstellungen und Rücklagen im Steuerrecht, Köln 1977, insbes. S. 94ff.
[203] WP-Handbuch 1971, S. 760.
[204] Vgl. S. 99.

## II. Die Bewertung der Vermögens- und Kapitalteile

zusage, sondern bereits mit dem Eintritt des Beschäftigten in das Unternehmen. Im Zeitpunkt der Zusage wird für die Zeit seit Beginn des Arbeitsverhältnisses eine sogenannte Einmalrückstellung vorgenommen. Dadurch ist in diesem Zeitpunkt die Zuführung zur Rückstellung beim Teilwertverfahren höher als beim Gegenwartswertverfahren. In den darauffolgenden Jahren werden beim Gegenwartswertverfahren höhere Beträge zugeführt, so daß sich am Bilanzstichtag vor Eintritt des Versorgungsfalls die unterschiedlichen Zuführungen ausgleichen.[205]

Von einem **gemischten Bewertungsverfahren** wird gesprochen, wenn ein Teil der Risiken einzeln, ein anderer pauschal erfaßt wird. Z.B. werden bei Rückstellungen für Ausbesserungsarbeiten im Baubetrieb die bereits bekannten Mängel einzeln bewertet, während die Kosten für noch unbekannte Mängel pauschal erfaßt werden.

(2) **Steuerrechtlich** gelten für die Bewertung der Rückstellungen weitgehend dieselben Grundsätze wie handelsrechtlich.

Pauschalbewertungen können auch mit Hilfe von Erfahrungssätzen anderer Unternehmen vorgenommen werden. In der Steuerbilanz trifft dies vor allem für die Garantierückstellung zu. In der Literatur[206] werden nichtamtliche (unverbindliche) Richtsätze für bestimmte Branchen genannt, denen im Streitfall eine gewisse Bedeutung zukommt (vgl. *Tab. 4*).

Eine engere Regelung als in der Handelsbilanz haben die Pensionsrückstellungen in der Steuerbilanz gefunden (§ 6a EStG): Vor Beendigung des Dienstverhältnisses des Pensionsberechtigten (Anwartschaft) gilt als Teilwert der Pensionsverpflichtung der Barwert der künftigen Pensionsleistungen abzüglich des sich auf denselben Zeitpunkt ergebenden Barwerts der gleichbleibenden Jahresbeträge der Zuführungen. Bei der Berechnung des Teilwerts ist z.Zt. ein Rechenzinsfuß von 6% (in Berlin 4%, § 13a BerlinFG) anzuwenden. Nach Beendigung des Dienstverhältnisses unter Aufrechterhaltung der Pensionsanwartschaft oder nach Eintritt des Versorgungsfalls (laufende Rente) gilt als Teilwert der Rückstellung der Barwert der künftigen Pensionsleistungen. Da unterlassene Rückstellungen für Anwartschaften steuerlich nicht nachgeholt werden dürfen, ist vor Beginn der Pensionszahlungen die Pensionsrückstellung in einem Jahr höchstens um den Unterschied zwischen dem Teilwert der Pensionsverpflichtung am Schluß des Wirtschaftsjahres und am Schluß des vorangegangenen Wirtschaftsjahrs zu erhöhen. In dem Jahr, in dem der Versorgungsfall eintritt (oder der Beschäftigte aus dem Betrieb ausscheidet) kann die Pensionsrückstellung bis zur Höhe des Teilwerts aufgestockt werden. Die zulässige Erhöhung kann auch auf dieses Jahr und die beiden folgenden Jahre gleichmäßig verteilt werden.

---

[205] Vgl. das Beispiel bei *Wöhe*, Bilanzierung S. 486 ff.
[206] Z.B. *Rux*, Garantierückstellung, HdbBil, 38. Erg. Lfg., 1983, S. 7; *Artur Zöller*, 55 Möglichkeiten der Bildung von Rückstellungen und Rücklagen zur Gewinnbeeinflussung, Kissing 1979, S. 74.

*Tab. 4: Erfahrungssätze für Garantieverpflichtungen (Auswahl)*

| Branche | Bemessungsgrundlage |
|---|---|
| Hochbau | 0,5% bei überwiegend Maurerarbeiten, 0,75% bei überwiegend Stahlbetonbauten vom Sollumsatz¹ zweier Jahre; bis 5% bei Großaufträgen. |
| Tiefbau | bis 2% des Sollumsatzes eines Jahres. |
| Dachdecker | 1% vom Sollumsatz zweier Jahre. |
| Fahrradeinzelhandel | 0,5% des Sollumsatzes eines Jahres. |
| Malergewerbe | 2% des Sollumsatzes eines Jahres. |
| Rundfunkgroßhandel | 0,5% des Sollumsatzes eines Jahres. |
| Zentralheizungsbau | 1–1,5% des Sollumsatzes zweier Jahre. |
| Ziegeleibetrieb | 1,5–2% des Dachziegelumsatzes<br>0,3–0,5% des Mauerziegelumsatzes<br>0,5–1,0% des Spezialmauersteinumsatzes. |

[1] Sollumsatz berechnet nach vereinbarten (nicht vereinnahmten) Entgelten, abzüglich der im Sollumsatz enthaltenen Lieferungen und Leistungen, für die keine Gewährleistungsverpflichtungen bestehen.
Quelle: *Rux*, Garantierückstellung, HdbBil., S. 7–8 a.

## c) Einzelfragen der Bewertung

### 1. Methoden der Abschreibung

(a) Übersicht

Abschreibungsmethode ist das rechnerische Verfahren, nach dem die Anschaffungs- oder Herstellungskosten der Vermögensgegenstände, deren Nutzung zeitlich begrenzt ist, planmäßig auf die Jahre der Nutzung verteilt werden. Nach den Regeln des Handels- und Steuerrechts ist es nicht zulässig, bei der Aufstellung des Plans von anderen Werten als den Anschaffungs- oder Herstellungskosten (z.B. Wiederbeschaffungskosten) oder Faktoren auszugehen, die mit der Verteilung der Ausgaben unmittelbar nichts zu tun haben (z.B. der Entwicklung des künftigen Reparaturaufwands[207]).

---

[207] Die h.M. (vgl. z.B. *Edmund Heinen,* Handelsbilanzen, 9. Aufl., Wiesbaden 1980, S. 196; *Wöhe,* Bilanzierung, S. 394; *Mellerowicz,* Anm. 18 zu § 154 AktG) ist hier anderer Ansicht. Sie begründet die Anwendung der degressiven Abschreibung u.a. damit, daß diese Methode zu einer gleichmäßigeren Aufwandsbelastung führe, da in späteren Jahren die Abschreibungsbeträge sänken und die Reparaturkosten anstiegen. Der Wortlaut des AktG (§ 154 Abs. 1) trägt diese Auslegung nicht. Im übrigen gleichen sich Schwankungen in den Reparaturkosten der einzelnen Anlage schon dadurch aus, daß sich der Anlagepark eines Unternehmens aus Anlagen zusammensetzt, die zu verschiedenen Zeitpunkten beschafft worden sind.

## II. Die Bewertung der Vermögens- und Kapitalteile

Die Abschreibungsmethoden unterscheiden sich danach, ob die einzelnen Beträge in jedem Jahr der Nutzung gleichbleiben (lineare Abschreibung), ob sie im Laufe der Nutzung geringer werden (degressive Abschreibung) oder ob sie von einer Nutzungsmenge abhängig gemacht werden (leistungsmäßige Abschreibung). Rechnerisch könnten die Beträge im Laufe der Nutzungsdauer auch ansteigen (progressive Abschreibung). Dabei wären die nach den degressiven Methoden ermittelten Quoten in zeitlich umgekehrter Reihenfolge anzusetzen. Die Anwendung der progressiven Abschreibung ist mit den GoB aber nur vereinbar, wenn die altersbedingte Wertminderung ausreichend berücksichtigt wird und die nutzungsabhängige Wertminderung in den späteren Jahren erheblich höher ist als in den Anfangsjahren. Die progressive Abschreibung spielt in der Praxis keine Rolle.[208] Steuerlich kann eine Rechnung mit ansteigenden Abschreibungsbeträgen entweder in Form der leistungsmäßigen Abschreibung oder (in den Anfangsjahren) gegebenenfalls beim Ansatz von Sonderabschreibungen oder erhöhten Absetzungen in Betracht kommen. Die Abschreibungsmethoden können auch kombiniert, unter bestimmten Voraussetzungen auch gewechselt werden.

(b) Die Abschreibung mit gleichen Quoten (lineare Abschreibung)

Bei der Abschreibung mit gleichen Quoten wird ein gleichbleibender Abschreibungsprozentsatz auf die ursprünglichen Anschaffungs- oder Herstellungskosten angewandt. Man kann auch sagen: Die Ausgaben für die Anlage werden durch die Anzahl der Jahre der erwarteten Nutzung dividiert und dieser Quotient wird in jedem Jahr der Nutzung angesetzt. Das Verfahren unterstellt, daß die Wertminderung (aus der Sicht eines gedachten Erwerbers der Unternehmung) im Laufe der Zeit in etwa gleichmäßig verläuft. Die verhältnismäßig größere Wertminderung zu Beginn der Nutzung (Wechsel vom neuen zum gebrauchten Gut) bleibt unberücksichtigt.

Soll eine Anlage mit fünfjähriger Nutzungsdauer gleichmäßig abgeschrieben werden, so beträgt der Prozentsatz der Abschreibung 100 : 5 = 20. Den Abschreibungsverlauf zeigt *Tab. 5*.

*Tab. 5: Abschreibung mit gleichen Quoten über 5 Jahre, Anschaffungskosten 5000 DM*

| Ende des Zeitabschnitts | Abschreibungsbeträge | Restwert |
|---|---|---|
| $t_1$ | 20% von 5.000 = 1.000 | 4.000 |
| $t_2$ | 20% von 5.000 = 1.000 | 3.000 |
| $t_3$ | 20% von 5.000 = 1.000 | 2.000 |
| $t_4$ | 20% von 5.000 = 1.000 | 1.000 |
| $t_5$ | 20% von 5.000 = 1.000 | 0 |

[208] *Horst Albach* (Rechnungslegung im neuen Aktienrecht, NB 1966, S. 184) nennt als Beispiel Erdgasleitungen, die erst in späteren Jahren mit dem vollen Durchsatz gefahren werden.

(c) Die Abschreibung mit fallenden Quoten (degressive Abschreibung)

(1) Die Methoden werden hier zunächst danach eingeteilt, ob der Abfall der Quoten mathematisch regelmäßig oder unregelmäßig ist. Bei regelmäßigem Verlauf können die Abschreibungsbeträge entweder eine geometrische oder eine arithmetische Reihe ergeben.

(2) Eine Reihe nennt man **geometrisch,** wenn der Quotient aus jedem Glied der Reihe und dem unmittelbar vorhergehenden denselben Betrag ergibt (z.B. 16, 8, 4, 2). Bei der geometrisch-degressiven Abschreibung wird mit einem gleichbleibenden Abschreibungsprozentsatz vom jeweiligen Restwert abgeschrieben. Man nennt sie daher auch Buchwertabschreibung. Soll die degressive Abchreibung zu einem Restwert (über 0) führen, der demjenigen bei gleichmäßiger Abschreibung entspricht, dann muß der Abschreibungsprozentsatz höher sein als bei gleichbleibender Abschreibung.

Er errechnet sich aus der Formel

$$p = 100 \left(1 - \sqrt[n]{\frac{R_n}{AK}}\right)$$

Hierbei sind $R_n$ der Restwert nach n-Jahren und AK die Anschaffungs- oder Herstellungskosten. Die Degression kann gemildert werden, wenn der Wert abschreibungsbedürftiger Anlagegüter mit dem Wert von Gegenständen zusammengefaßt wird, die keiner regelmäßigen Wertminderung unterliegen (z.B. die Anschaffungskosten des Gebäudes mit denen des Grundstücks). Der nichtabschreibungsbedürftige Teil verbleibt dann als Restwert.

Soll in dem vorgenannten Beispiel die Anlage auf einen Restwert von 1 DM abgeschrieben werden, so ergibt sich der Abschreibungsprozentsatz aus

$$p = 100 \left(1 - \sqrt[5]{\frac{1}{5.000}}\right)$$

$$p = 81,8$$

Tab. 6: *Abschreibung mit geometrisch-degressiv fallenden Beträgen über 5 Jahre, Anschaffungskosten 5.000 DM, Restwert 1 DM*

| Ende des Zeitabschnitts | Abschreibungsbeträge | Restwert |
|---|---|---|
| $t_1$ | 81,8% von 5.000 = 4.090 | 910 |
| $t_2$ | 81,8% von    910 =    744 | 166 |
| $t_3$ | 81,8% von    166 =    136 | 30 |
| $t_4$ | 81,8% von      30 =      25 | 5 |
| $t_5$ | 81,8% von        5 =        4 | 1 |

## II. Die Bewertung der Vermögens- und Kapitalteile

Ein derart „radikaler" Abschreibungsverlauf entspricht mit Sicherheit nicht den GoB. Erhöhen wir in unserem Beispiel den Restwert auf 500 DM, so ergäbe sich der in Tab. 7 dargestellte Abschreibungsplan:

$$p = 100 \left(1 - \sqrt[5]{\frac{500}{5.000}}\right)$$

$$p = 36{,}9$$

*Tab. 7: Abschreibung mit geometrisch-degressiv fallenden Beträgen über 5 Jahre, Anschaffungskosten 5.000 DM, Restwert 500 DM*

| Ende des Zeitabschnitts | Abschreibungsbeträge | Restwert |
|---|---|---|
| $t_1$ | 36,9% von 5.000 = 1.845 | 3.155 |
| $t_2$ | 36,9% von 3.155 = 1.164 | 1.991 |
| $t_3$ | 36,9% von 1.991 = 735 | 1.256 |
| $t_4$ | 36,9% von 1.256 = 463 | 793 |
| $t_5$ | 36,9% von 793 = 293 | 500 |

In der Praxis wird die Tatsache, daß die degressive Abschreibung (bei gleicher Nutzungsdauer wie bei der linearen und vertretbaren Hundertsätzen) zu höheren Restwerten führt entweder dadurch berücksichtigt, daß der Restwert im letzten Jahr der Nutzung ausgebucht wird (dieser kann allerdings noch relativ groß sein) oder man geht zur linearen Abschreibung über, sobald diese höhere Quoten zuläßt als die degressive Abschreibung.[209]

Steuerlich ist die degressive Abschreibung nur bei beweglichen Wirtschaftsgütern des Anlagevermögens zulässig. Bei der Abschreibung mit geometrisch-degressiv fallenden Raten darf der anzuwendende Prozentsatz z.Zt. höchstens das Dreifache des bei der AfA in gleichen Jahresbeträgen in Betracht kommenden Satzes betragen und 30% nicht übersteigen (§ 7 Abs. 2 EStG). Bei Anlagen mit einer Nutzungsdauer bis zu 10 Jahren beträgt der Höchstsatz der degressiven Abschreibung demnach 30%, bei Anlagen mit längerer Nutzungsdauer bildet das Dreifache des linearen Satzes die Obergrenze (vgl. Tab. 8). Bei einer Nutzungsdauer von 3 und weniger Jahren führt die zulässige degressive Abschreibung nicht zu höheren AfA-Beträgen als die lineare. Daher kommt sie hier praktisch nicht vor.

(3) Eine Reihe nennt man **arithmetisch,** wenn die Differenz zwischen zwei beliebigen aufeinander folgenden Gliedern gleich ist (z.B. 8, 6, 4, 2). Zur Berechnung der Abschreibung benötigt man die Summenformel der arithmetischen Reihe:

$$S_n = \frac{n}{2}(2 g_1 + (n-1)d).$$

---

[209] Vgl. S. 108.

Tab. 8: Steuerlich zulässige Prozentsätze der Abschreibungen bei Anlagen mit einer Nutzungsdauer von 2–12 Jahren

| Nutzungsdauer (Jahre) | zulässiger AfA-Prozentsatz[1] | |
|---|---|---|
| | linear (100 : n) | degressiv (30 bzw. 3 x linear) |
| 2 | 50 | 30 |
| 3 | 33,3 | 30 |
| 4 | 25 | 30 |
| 5 | 20 | 30 |
| 6 | 16,66 | 30 |
| 7 | 14,28 | 30 |
| 8 | 12,5 | 30 |
| 9 | 11,11 | 30 |
| 10 | 10 | 30 |
| 11 | 9,09 | 27,27 |
| 12 | 8,33 | 24,99 |

[1] Auf- bzw. Abrundung der Stellen nach dem Komma ist üblich.

Da die Abschreibungsbeträge von Jahr zu Jahr kleiner werden sollen, wird der Ausdruck $(n - 1)d$ in der Klammer als negativer Wert eingesetzt. Aufgelöst nach d (Differenz zweier Glieder) ergibt sich dann

$$d = \frac{2(ng_1 - S_n)}{n(n - 1)}$$

Soll ein Restwert verbleiben, so muß dieser von $S_n$ abgezogen werden:

$$d = \frac{2(ng_1 - (S_n - R_n))}{n(n - 1)}$$

Als $S_n$ werden die Anschaffungs- oder Herstellungskosten und als $g_1$ der erste Abschreibungsbetrag eingesetzt. $g_1$ muß so gewählt werden, daß er höher als der einfache und niedriger als der doppelte Abschreibungsbetrag bei gleichmäßiger Abschreibung ist.

Gehen wir in unserem Beispiel von einem ersten Abschreibungsbetrag von 1500 DM und keinem Restwert aus, dann ergibt sich der Degressionsbetrag aus

$$d = \frac{2(5 \cdot 1.500 - 5.000)}{5(5 - 1)} = 250 \text{ (vgl. } Tab.\ 9\text{)}$$

Eine Sonderform der arithmetisch-degressiven Abschreibung ist die **digitale Abschreibung**. Bei ihr wird als erster Abschreibungsbetrag ($g_1$) $n \cdot d$ eingesetzt. Wird die Formel wieder nach d aufgelöst, dann ergibt dies

$$d = \frac{S_n}{\frac{n(n + 1)}{2}}$$

II. Die Bewertung der Vermögens- und Kapitalteile

Tab. 9: *Abschreibung mit arithmetisch fallenden Beträgen über 5 Jahre, Anschaffungskosten 5000 DM, erster Abschreibungsbetrag 1500 DM*

| Ende des Zeitabschnitts | Abschreibungsbetrag | Restwert |
|---|---|---|
| $t_1$ | 1.500 | 3.500 |
| $t_2$ | 1.500 − 250 = 1.250 | 2.250 |
| $t_3$ | 1.250 − 250 = 1.000 | 1.250 |
| $t_4$ | 1.000 − 250 = 750 | 500 |
| $t_5$ | 750 − 250 = 500 | 0 |

Im Beispiel $d = \dfrac{5.000}{\dfrac{5(5+1)}{2}} = 333{,}33$ [210]

Der erste Abschreibungsbetrag ist dann $n \cdot d$, der zweite $(n-1)\,d$ usw. (vgl. Tab. 10).

Tab. 10: *Digitale Abschreibung über 5 Jahre, Anschaffungskosten 5000 DM*

| Ende des Zeitabschnitts | Abschreibungsbetrag | Restwert |
|---|---|---|
| $t_1$ | 5 · 333,3 = 1.667 | 3.333 |
| $t_2$ | 4 · 333,3 = 1.333 | 2.000 |
| $t_3$ | 3 · 333,3 = 1.000 | 1.000 |
| $t_4$ | 2 · 333,3 = 667 | 333 |
| $t_5$ | 1 · 333,3 = 333 | 0 |

Degressive Abschreibungsmethoden, die nicht der geometrisch-degressiven Form (Buchwertabschreibung) angehören, sind steuerlich nur zulässig, sofern bei diesen Methoden der erste Abschreibungsbetrag und die Summe aus den Abschreibungsbeträgen der ersten drei Jahre nicht höher sind als bei der Buchwertabschreibung und die Anwendung durch Rechtsverordnung zugelassen worden ist. § 11a EStDV gestattet andere Verfahren, sofern sie der kaufmännischen Übung entsprechen. Die digitale Abschreibung erfüllt die rechnerischen Voraussetzungen gegenwärtig erst für Anlagen mit einer Nutzungsdauer von mindestens 7 Jahren.[211] Die Rechnung zeigt *Tab. 11*.

---

[210] Man kommt zum gleichen Ergebnis, wenn die Anschaffungskosten durch die summierte Zahl der Jahre der Nutzungsdauer dividiert werden:
$$d = \frac{5.000}{1+2+3+4+5} = 333{,}33$$
[211] Mathematische Ableitung bei *Theodor Siegel*, Zulässigkeit und ökonomische Relevanz der digitalen Abschreibung in der Steuerbilanz, StuW 1979, S. 314–320.

*Tab. 11: Vergleich der Buchwert- und der digitalen Abschreibung bei einer Nutzungsdauer von 6 bzw. 7 Jahren (erster Abschreibungsbetrag und Summe aus den ersten drei Abschreibungsbeträgen)*

| Ende des Zeit-abschnitts | Buchwertabschreibung | digitale Abschreibung | |
|---|---|---|---|
| | | Nutzungsdauer 6 Jahre | Nutzungsdauer 7 Jahre |
| $t_1$ | 30% v. 5.000 = 1.500 | 238,09 × 6 = 1.429 | 178,57 × 7 = 1.250 |
| $t_2$ | 30% v. 3.500 = 1.050 | 238,09 × 5 = 1.190 | 178,57 × 6 = 1.071 |
| $t_3$ | 30% v. 2.450 = 735 | 238,09 × 4 = 952 | 178,57 × 5 = 893 |
| | 3.285 | 3.571 | 3.214 |

(4) Abschreibungsmethoden, die nicht zu einer mathematischen Reihe führen, sind die Abschreibungen mit **fallenden Staffelsätzen** und die Sonderabschreibungen. Im erstgenannten Fall wird die Nutzungsdauer in zeitliche Abschnitte (Staffeln, Stufen, meistens 3) unterteilt. Innerhalb eines Abschnitts bleiben die Abschreibungsprozentsätze gleich, von Abschnitt zu Abschnitt werden sie kleiner.[212] Z.B. wird die Nutzungsdauer in 3 Staffeln geteilt. Der Prozentsatz der Abschreibung ist in der ersten Staffel 50% höher, in der zweiten gleich dem linearen Satz und in der dritten 50% kleiner als der lineare Satz (vgl. *Tab. 12*). Die Zahl der Jahre mit höherem bzw. niedrigerem Prozentsatz muß gleich sein. Bei Beachtung der steuerlichen Restriktionen wäre die Methode für Anlagen ab einer Nutzungsdauer von 7 Jahren zuläs-

*Tab. 12: Abschreibung mit fallenden Staffelsätzen über 8 Jahre, Anschaffungskosten 5000 DM*

| Ende des Zeit-abschnitts | Abschreibungsprozentsatz[1] | Abschreibungsbetrag | Restwert |
|---|---|---|---|
| $t_1$ | 12,5 erhöht um 50% = 18,75 | 937,50 | 4.062,50 |
| $t_2$ | 12,5 erhöht um 50% = 18,75 | 937,50 | 3.125,00 |
| $t_3$ | 12,5 erhöht um 50% = 18,75 | 937,50 | 2.187,50 |
| $t_4$ | 12,5 | 625,00 | 1.562,50 |
| $t_5$ | 12,5 | 625,00 | 937,50 |
| $t_6$ | 12,5 vermindert um 50% = 6,25 | 312,50 | 625,00 |
| $t_7$ | 12,5 vermindert um 50% = 6,25 | 312,50 | 312,50 |
| $t_8$ | 12,5 vermindert um 50% = 6,25 | 312,50 | 0,0 |

[1] Der endgültige Abschreibungsprozentsatz wird jeweils auf die Anschaffungskosten (5000 DM) angewandt.

---

[212] Vgl. *Cord Grefe*, Anwendung weiterer degressiver Abschreibungsverfahren nach der Änderung des § 7 Abs. 2 EStG durch das Gesetz zur Steueränderung und Investitionsförderung, BB 1978, S. 448–449.

## II. Die Bewertung der Vermögens- und Kapitalteile

sig. In unserem Beispiel (*Tab. 12*) ist der erste Abschreibungsbetrag bei der Buchwertabschreibung 1500 DM gegenüber 937,50 DM bei der Staffelabschreibung. Die Summe aus den ersten 3 Abschreibungen beträgt bei der Buchwertabschreibung 3285 DM (vgl. Tab. 11) gegenüber 2812,50 DM bei der Staffel.

Der Steuergesetzgeber sieht bei Gebäuden eine Staffelabschreibung (auch Stufenwertabschreibung genannt) vor. Gemäß § 7 Abs. 5 EStG kann der Bauherr bei Gebäuden und Eigentumswohnungen, bei denen der Antrag auf Baugenehmigung nach dem 29. 7. 1981 gestellt worden ist, die folgenden Abschreibungssätze anwenden: in den ersten 8 Jahren 5%, in den folgenden 6 Jahren 2,5% und in den restlichen 36 Jahren 1,25%.

Bei **Sonderabschreibungen**[213] kann ein verhältnismäßig willkürlicher Abschreibungsverlauf entstehen. Wenn der Steuerpflichtige z.B. 50% der Gesamtabschreibungen beliebig auf die ersten 5 Jahre der Nutzungsdauer verteilen kann, so können progressive oder degressive Abschreibungsverläufe entstehen (vgl. *Tab. 13*).

*Tab. 13: Lineare Abschreibung und 5 Jahre Sonderabschreibung, bei 16 Jahren Nutzungsdauer und 5000 DM Anschaffungskosten*

| Ende des Zeitabschnitts | gleichmäßige Abschreibung | | Sonderabschreibung | | Gesamtabschreibung | Restwert |
|---|---|---|---|---|---|---|
| | % | Betrag | % | Betrag | | |
| $t_1$ | 6,25 | 312,50 | 10 | 500 | 812,50 | 4.187,50 |
| $t_2$ | 6,25 | 312,50 | 20 | 1.000 | 1.312,50 | 2.875,00 |
| $t_3$ | 6,25 | 312,50 | 5 | 250 | 562,50 | 2.312,50 |
| $t_4$ | 6,25 | 312,50 | 10 | 500 | 812,50 | 1.500,00 |
| $t_5$ | 6,25 | 312,50 | 5 | 250 | 562,50 | 937,50 |
| $t_{6-16}$ | je 1,70 | je 85,23 | – | – | 937,50 | 0,0 |

(d) Die Abschreibung nach der Beanspruchung oder Leistung

Bei leistungsmäßiger Abschreibung wird jeweils prozentual so viel vom Anschaffungswert abgesetzt, wie von der Gesamtleistungsmenge (Summe der mit dieser Anlage insgesamt zu erbringenden Leistungen oder Laufstunden) erbracht sind. Z.B. wird die Gesamtausbringungsmenge unserer Anlage mit 200 000 ME angenommen. Auf die einzelnen Jahre sollen die in der *Tab. 14* aufgeführten Mengen entfallen.

Die leistungsmäßige Abschreibung wird steuerlich bei beweglichen Wirtschaftsgütern des Anlagevermögens anerkannt, sofern ihre Anwendung wirtschaftlich begründet ist und der auf das einzelne Jahr entfallende Umfang der Leistung nachgewiesen werden kann (§ 7 Abs. 1 EStG).

---

[213] Vgl. S. 92.

Tab. 14: *Leistungsmäßige Abschreibung über 5 Jahre, Anschaffungskosten 5000 DM, bei bestimmter angenommener Leistungsmenge*

| Ende des Zeitabschnitts | Leistung ME | % | Abschreibungsbetrag | Restwert |
|---|---|---|---|---|
| $t_1$ | 70.000 | 35 | 35% von 5.000 = 1.750 | 3.250 |
| $t_2$ | 20.000 | 10 | 10% von 5.000 = 500 | 2.750 |
| $t_3$ | 60.000 | 30 | 30% von 5.000 = 1.500 | 1.250 |
| $t_4$ | 10.000 | 5 | 5% von 5.000 = 250 | 1.000 |
| $t_5$ | 40.000 | 20 | 20% von 5.000 = 1.000 | 0 |
| | 200.000 | 100 | 5.000 | |

(e) Kombinierte Abschreibungsmethoden

Wird als Faktor der Abschreibungshöhe nicht nur die Leistungsmenge, sondern auch der Zeitablauf berücksichtigt, so liegt eine kombinierte Abschreibungsmethode vor. Zur Ermittlung des zeitabhängigen Verschleißes wird geschätzt, wie lange die Anlage überhaupt eingesetzt werden könnte, wenn sie keinem Gebrauchsverschleiß unterläge. Leistungsabhängig wird dann nur der Rest verteilt. Geht man im Beispiel davon aus, daß zeitabhängig (ohne Nutzung) die Anlage in 8 Jahren abgeschrieben werden müßte, dann beträgt die zeitabhängige Abschreibung 5.000 : 8 = 625 DM jährlich. Bei einer tatsächlichen Nutzungsdauer von 5 Jahren werden somit zeitabhängig 5 · 625 = 3.125 und leistungsabhängig der Rest (5.000 − 3.125 = 1.875) abgeschrieben. Dabei muß allerdings zu Beginn der Nutzung auch bekannt sein, für welchen Zeitraum die Anlage (mit Nutzung) eingesetzt werden kann. Den Abschreibungsverlauf zeigt *Tab. 15.*

(f) Wechsel der Abschreibungsmethode

Die Abschreibungsmethode wird i.d.R. gewechselt, wenn die andere (zulässige) Methode zu höheren Abschreibungsbeträgen führt als die bisher angewandte. Wenn dieser Wechsel von vornherein beabsichtigt ist, spricht ein Teil der Literatur[214] nicht von einem Methodenwechsel (der berichtspflichtig wäre),[215] sondern von einer kombinierten Abschreibung. Praktische Bedeutung hat vor allem der Wechsel von der degressiven zur linearen Abschreibung, da dieser auch steuerlich anerkannt wird.[216] Legen wir in unserem Beispiel eine Nutzungsdauer von 8 Jahren zugrunde, dann wäre bei Anwendung der Buchwertabschreibung mit 30% vom Restwert der sechste

---

[214] Vgl. z.B. *Reinhard Goerdeler,* Geschäftsbericht, Konzerngeschäftsbericht und Abhängigkeitsbericht aus der Sicht des Wirtschaftsprüfers, WPg 1966, S. 133–126.
[215] Vgl. S. 195.
[216] Ausnahme: Von der Staffelabschreibung für Gebäude gemäß § 7 Abs. 5 EStG kann nicht zur gleichmäßigen Abschreibung gewechselt werden.

## II. Die Bewertung der Vermögens- und Kapitalteile

Tab. 15: Leistungsmäßige Abschreibung über 5 Jahre, mit zeitabhängiger Wertminderung auf 0 in 8 Jahren, Anschaffungskosten 5000 DM, bei bestimmter angenommener Leistungsmenge

| Ende des Zeitabschnitts | zeitabhängige Abschreibung | Leistung ME | Leistung % | leistungsmäßige Abschreibung | Gesamt-abschreibung | Restwert |
|---|---|---|---|---|---|---|
| $t_1$ | 625 | 70.000 | 35 | 35% v. 1.875 = 656 | 1.281 | 3.719 |
| $t_2$ | 625 | 20.000 | 10 | 10% v. 1.875 = 187 | 812 | 2.907 |
| $t_3$ | 625 | 60.000 | 30 | 30% v. 1.875 = 563 | 1.188 | 1.719 |
| $t_4$ | 625 | 10.000 | 5 | 5% v. 1.875 = 94 | 719 | 1.000 |
| $t_5$ | 625 | 40.000 | 20 | 20% v. 1.875 = 375 | 1.000 | 0 |
|  | 3.125 | 200.000 | 100 | 1.875 | 5.000 |  |

Abschreibungsbetrag bei degressiver Abschreibung kleiner als bei gleichmäßiger Abschreibung (die sich beim Wechsel als Quotient aus Restwert und Restnutzungsdauer ergibt). Den Abschreibungsplan zeigt Tab. 16.

*Tab. 16: Abschreibungen mit geometrisch-degressiv fallenden Beträgen und Wechsel zur linearen Methode, sobald diese höhere Absetzungen gestattet. Anschaffungskosten 5000 DM, Nutzungsdauer 8 Jahre, kein Restwert am Ende der Nutzungsdauer.*

| Ende des Zeitabschnitts | degressive Abschreibungsbeträge | gleichbleibende Abschreibungsbeträge | Restwert |
|---|---|---|---|
| $t_1$ | 30% von 5.000 = 1.500 | | 3.500 |
| $t_2$ | 30% von 3.500 = 1.050 | | 2.450 |
| $t_3$ | 30% von 2.450 = 735 | | 1.715 |
| $t_4$ | 30% von 1.715 = 515 | | 1.200 |
| $t_5$ | 30% von 1.200 = 360 | | 840 |
| $t_6$ | | 840 : 3 = 280 | 560 |
| $t_7$ | | 280 | 280 |
| $t_8$ | | 280 | 0 |

Allgemein führt die lineare Abschreibung zu höheren Beträgen als die degressive, sobald die Restnutzungsdauer kleiner ist als der reziproke Wert des degressiven Satzes.[217]

## 2. Die Abschreibung vom Wiederbeschaffungswert

Seit Jahrzehnten wird die Frage diskutiert,[218] ob bei sinkendem Geldwert die Bewertung der Abschreibungen vom (höheren) Wiederbeschaffungswert als zulässig angesehen werden kann. Die Befürworter der Substanzerhaltungsidee gehen von der (zutreffenden) Ansicht aus, daß es in Zeiten steigender Preise nicht möglich ist, aus den auf Basis der Anschaffungswerte errechneten und im Preis vergüteten Aufwendungen die Substanz des Unternehmens (also

---

[217] Es gilt:
$$\frac{\text{Restbuchwert} \cdot \text{Abschreibungssatz degressiv}}{100} < \frac{\text{Restbuchwert}}{\text{Restnutzungsdauer}}$$

d. h. $\text{Restnutzungsdauer} < \dfrac{100}{\text{Abschreibungssatz}}$

[218] Vgl. aus dem älteren Schrifttum *Fritz Schmidt,* Die organische Tageswertbilanz, Leipzig 1921 (Neudruck Wiesbaden 1951). Aus jüngerer Zeit insbesondere *Karl Hax,* Die Substanzerhaltung der Betriebe, Köln-Opladen 1957; *Günther Sieben,* Geldwertänderung und Bilanz. In: Bericht über die Fachtagung 1971 des Instituts der Wirtschaftsprüfer in Deutschland e. V., Düsseldorf 1971, S. 57–68; *Hans Martin Lauffer,* Die Bewertungskonzeption der organischen Bilanzlehre in den Entwürfen für die Rechnungslegung in Europa, ZfbF 1975, S. 723–751; *Thomas Schildbach,* Geldentwertung und Bilanz, Habil.-Schrift Köln 1978.

## II. Die Bewertung der Vermögens- und Kapitalteile

seine Anlage, seine Vorräte u. dgl.) zu erhalten. Es werde somit ein Gewinn ausgewiesen (und besteuert), der aus dieser Sicht teilweise „Scheingewinn" sei. Die Ausschüttung von Scheingewinn müsse zu einer Aushöhlung der Unternehmenssubstanz oder einem kontinuierlichen Anstieg des Fremdkapitals führen. Es wird daher vorgeschlagen, die „Scheingewinne" im Jahresabschluß gar nicht erst in Erscheinung treten zu lassen.

Hierfür werden insbesondere zwei Methoden vertreten:

- Die Vermögensgegenstände werden mit den Wiederbeschaffungskosten (abzüglich der aufgelaufenen Abschreibungen) aktiviert. Die Differenz zu den fortgeführten Anschaffungswerten wird erfolgneutral einer Neubewertungsrücklage zugeführt. Die Abschreibungen werden vom Wiederbeschaffungswert berechnet (vgl. *Tab. 17*).
- Die Vermögensgegenstände werden mit den Anschaffungskosten bewertet. Die Abschreibungen werden vom Wiederbeschaffungswert berechnet; die Differenz zu dem Betrag der Abschreibungen zu Anschaffungswerten wird einer Neubewertungsrücklage zugeführt.

*Tab. 17: Abschreibung vom Wiederbeschaffungswert (mit Nachholung) über 5 Jahre, Anschaffungskosten 5000 DM*

| Ende des Zeitabschnitts | Wiederbeschaffungswert[1] | Zuschreibung[2] | AfA-Wiederbeschaffungswert[3] | AfA-Nachholung | AfA insgesamt | Restwert[6] | Rücklage[7] |
|---|---|---|---|---|---|---|---|
| $t_1$ | 5.250 | 250 | 1.050 | – | 1.050 | 4.200 | 250 |
| $t_2$ | 5.513 | 263 | 1.103 | 53[4] | 1.156 | 3.307 | 513 |
| $t_3$ | 5.789 | 276 | 1.158 | 110[5] | 1.268 | 2.315 | 789 |
| $t_4$ | 6.078 | 289 | 1.216 | 174 | 1.390 | 1.214 | 1.078 |
| $t_5$ | 6.382 | 304 | 1.276 | 240 | 1.518[8] | 0 | 1.382 |

$\phantom{xxxxxxxxxxxxxxxxxxxxxxxxxxxxxxxxxxx}$ 6.382
./. Anschaffungskosten 5.000
Mehrabschreibung 1.382

[1] = jeweils 5% mehr als am Anfang der Periode
[2] Differenz zum vorangegangenen Wiederbeschaffungswert
[3] Wiederbeschaffungswert : 5
[4] 1.103 − 1.050 = 53 DM
[5] 1.158 − 1.103 = 55 × 2 = 110 (usw.)
[6] Vorangegangener Restwert + Zuschreibung − jeweilige Abschreibung insgesamt
[7] Kumulierte Zuschreibung
[8] Aufrundung um 2 DM

Eine Bewertung zu Wiederbeschaffungspreisen erhöht die Möglichkeiten des Bilanzierenden, den ausgewiesenen Gewinn zu beeinflussen, erheblich. Die geldwertbedingte Preissteigerung von Anlagegütern ist mit vertretbarem Aufwand im übrigen nicht so zu ermitteln, daß sie nachprüfbar ist.[219] Schon aus diesem Grund verstoßen beide Methoden gegen die GoB. Daher ist es zu begrüßen, daß der deutsche Gesetzgeber von dem entsprechenden nationalen Wahlrecht der 4. EG-Richtlinie keinen Gebrauch machen wird. Hinzu kommt die Überlegung, daß die Bilanz keine Substanz- sondern eine Geldrechnung ist. Als Vermögen wird der Stand des investierten Geldes, nicht der Wert einer Substanz ausgewiesen. Wird der Aufwand nicht mehr auf der Basis von Ausgaben ermittelt, dann ergibt dies eine andere Rechnung als sie Handels- und Steuerrecht verlangen. Wer die Notwendigkeit des Gewinneinbehalts mit Preissteigerungen der Aufwandsgüter begründen will, der sollte dies in einer Nebenrechnung zum Jahresabschluß (z.B. im Anhang[220]) tun (sofern die Scheingewinne durch Sonderabschreibungen, erhöhte Absetzungen und Bewertungsabschläge nicht bereits kompensiert worden sind).[221] Natürlich ist damit keine Antwort auf die (rechtspolitische) Frage gegeben, ob das Steuerrecht die Tatsache der Geldentwertung in irgendeiner Form berücksichtigen sollte.

### 3. Die Sofortabschreibung geringwertiger Wirtschaftsgüter

Der Begriff „geringwertige Wirtschaftsgüter (Anlagegüter)" ist vom Steuerrecht entwickelt worden. Er wird heute in gleichem Sinne für die Handelsbilanz verwandt. Handelsrechtlich bedeutet die Sofortabschreibung geringwertiger Wirtschaftsgüter eine außerplanmäßige Abschreibung (= Ansatz des steuerlich zulässigen Werts), sofern es sich nicht um geringfügige Beträge handelt. Diese werden nicht als Zugang zum Anlagevermögen, sondern unmittelbar als Materialverbrauch in der Gewinn- und Verlustrechnung erfaßt.[222] Der Bilanzierende hat ein Wahlrecht, ob er von der Sofortabschreibung geringwertiger Wirtschaftsgüter Gebrauch machen will oder nicht. Das Wahlrecht kann in jedem Jahr verschieden und für jeden Gegenstand unterschiedlich ausgeübt werden. Es besteht allerdings nur im Jahr der Anschaffung. Der Wert nicht sofort abgeschriebener Gegenstände ist auf die Nutzungsdauer zu verteilen. Der Sinn der steuerrechtlichen Vorschriften (§ 6 Abs. 2 EStG) ist vor allem in der Arbeitserleichterung für den Steuerpflichtigen und das Finanzamt zu sehen. Für die Handelsbilanz gelten keine wesent-

---

[219] Dies hat zuletzt *Manfred Schlappig* (Die Überprüfbarkeit von Wiederbeschaffungswerten im Jahresabschluß, Düsseldorf 1974) überzeugend nachgewiesen. Vgl. auch *Ulrich Leffson,* Bilanzanalyse, 2. Aufl. Stuttgart 1977, S. 27.

[220] Vgl. S. 189 ff.

[221] Nachdem die Siemens AG viele Jahre mitgeteilt hatte, daß es zu einem Ausweis von Scheingewinnen „aufgrund der Ausnutzung gesetzlicher Bewertungswahlrechte" nicht gekommen sei, findet sich in dem Bericht für 1981/82 der Hinweis, daß der Jahresüberschuß im Gegensatz zum Vorjahr 67 Mio DM Scheingewinne enthalte, die nicht kompensiert werden konnten. Siemens schüttet derartige Gewinne nicht aus (in 1981/82 wurden aus dem Jahresüberschuß 205 Mio DM einbehalten).

[222] Nach den steuerlichen Grundsätzen brauchen Anlagegüter nicht in ein besonderes Verzeichnis aufgenommen oder auf besonderen Konten erfaßt zu werden, wenn ihre Anschaffungs- oder Herstellungskosten (vermindert um einen darin enthaltenen Vorsteuerbetrag) für das einzelne Gut z.Zt. 100 DM nicht übersteigen (Abschn. 40 Abs. 4 EStR).

## II. Die Bewertung der Vermögens- und Kapitalteile

lich anderen Verfahrungsgrundsätze. Voraussetzungen für die Sofortabschreibung sind:

- Es muß sich um abnutzbare, bewegliche Wirtschaftsgüter des Anlagevermögens handeln, die einer selbständigen Nutzung fähig sind.
- Die Anschaffungs- oder Herstellungskosten, vermindert um einen darin enthaltenen Vorsteuerbetrag, dürfen für das einzelne Wirtschaftsgut z. Zt. 800 DM[223] nicht übersteigen.

Gemäß § 6 Abs. 2 EStG ist ein Wirtschaftsgut einer selbständigen Nutzung nicht fähig, wenn es nach seiner **betrieblichen** Zweckbestimmung nur zusammen mit anderen Wirtschaftsgütern des Anlagevermögens genutzt werden kann und die Wirtschaftsgüter technisch aufeinander abgestimmt sind. Der BFH hat sich in einer Reihe von Entscheidungen mit dem Nutzungszusammenhang und der technischen Abstimmung beschäftigt.[224] So hat er z. b. die Voraussetzungen der Sofortabschreibung anerkannt bei Flachpaletten zur Lagerung von Waren, bei Möbeln, Textilien und Geschirr als Erstausstattung eines Hotels, bei Fässern im Mineralölhandel sowie Flaschen und Flaschenkästen einer Brauerei. Abgelehnt hat er sie für Gerüst- und Schalungsteile in der Bauwirtschaft, Leuchtstoffröhren, die in Lichtbändern für die Beleuchtung einer Fabrik zusammengefaßt sind, und für Werkzeuge (z. B. Stanzwerkzeuge), die mit Maschinen verbunden werden.

Als Anschaffungskosten im Sinne des § 6 Abs. 2 EStG gilt auch der Betrag, um den der Anschaffungspreis nach Übertragung von Veräußerungsgewinnen gem. § 6 b EStG oder Übertragung einer Rücklage für Ersatzbeschaffung gem. Abschn. 35 EStR oder Abzug eines erfolgsneutral behandelten Zuschusses aus öffentlichen oder privaten Mitteln im Sinne von Abschn. 34 Abs. 1 EStR gemindert worden ist.[225]

Strittig ist, ob die Sofortabschreibung auch in Anspruch genommen werden kann, wenn ein Anlagegegenstand aus dem Privat- in das Betriebsvermögen überführt worden ist. Aus dem Wortlaut oder Sinn des § 6 Abs. 2 EStG läßt sich eine Ablehnung nicht herleiten.[226]

Sofern eine gesonderte Handelsbilanz aufgestellt wird, kann die Sofortabschreibung nur vorgenommen werden, wenn in der Handelsbilanz das Wahlrecht entsprechend ausgenutzt worden ist (umgekehrte Maßgeblichkeit).[227]

---

[223] Die Betragsgrenze gilt seit 1965. Als Folge der Geldentwertung sinkt die Bedeutung des § 6 Abs. 2 EStG ständig. Einer Erhöhung des Betrags stehen ausschließlich haushaltspolitische Erwägungen entgegen.
[224] Vgl. Abschn. 40 Abs. 2 EStR. Einzelheiten bei *Bordewin*, in *Hartmann-Böttcher-Nissen-Bordewin*, Anm. 185 zu § 6 EStG.
[225] Gem. Abschn. 34 EStR liegt insbesondere dann kein Zuschuß vor, wenn in unmittelbarer wirtschaftlicher Zusammenhang mit einer Leistung des Zuschußempfängers feststellbar ist. Wenn sich z. B. ein Mieter an den Herstellungskosten des Gebäudes beteiligt, handelt es sich nicht um einen Zuschuß, sondern um ein zusätzliches Nutzungsentgelt.
[226] So auch *Schmidt*, Anm. 35e zu § 6 EStG. A.A. BFH-Urteil vom 8. 12. 1967 (BStBl. II, 1968, S. 149), das von der Finanzverwaltung angewandt wird.
[227] Vgl. S. 11.

## 4. Methoden der Sammelbewertung

### (a) Übersicht

Grundsätzlich sind die Vermögensgegenstände und Schulden einzeln zu bewerten.[228] Aus Vereinfachungsgründen sind aber unter bestimmten Voraussetzungen auch pauschale Bewertungsverfahren zulässig. Zur Verfügung stehen hier die Methoden der Durchschnittsrechnung, die Gruppenbewertung, die Ermittlungsverfahren mit unterstellter Verbrauchsfolge und die Festwertrechnung. Auch die Pauschalbewertung von Forderungen gehört hierher.[229] Die Methoden der Sammelbewertung vereinfachen das Bewertungsgeschehen, indem sie die individuellen Zu- und Abgänge außerachtlassen. Die Folge kann auch eine Beeinflussung des Gewinns sein.

### (b) Die Durchschnittsbewertung

Die Durchschnittsbewertung ist sowohl bei gleichen Gegenständen als auch – im Rahmen der Gruppenbewertung – bei verschiedenen Gegenständen des Anlage- und Umlaufvermögens möglich. Sie wird angewandt bei Gegenständen, die zu verschiedenen Terminen mit unterschiedlichen, allerdings nicht zu weit auseinanderliegenden Anschaffungskosten erworben wurden und die in dieser Periode zum Teil auch verbraucht oder verkauft wurden. Im Anlagevermögen kommen für diese Art der Bewertung nur Gegenstände mit einem verhältnismäßig geringen Anschaffungswert in Frage, für die sich eine Einzelinventarisierung nicht lohnt (z.B. Werkzeuge). Im Vorratsvermögen und bei Wertpapieren ist die Durchschnittsrechnung das im Regelfall angewandte Bewertungsverfahren.

Die Durchschnittsbewertung kann nach der Methode der gewogenen Durchschnitte entweder einmal am Bewertungsstichtag oder nach jeder Bestandsveränderung (gleitende Durchschnitte) angewandt werden. Bei der einmaligen gewogenen Durchschnittsrechnung wird aus dem Anfangsbestand und den Zugängen ein Durchschnittspreis ermittelt, mit dem dann die Abgänge und der Endbestand bewertet werden.

Wurden im Beispiel *(Tab. 18)* 6000 ME verbraucht (= 26 143 DM), so verbleibt ein Inventurbestand von 8000 ME im Wert von 34 857 DM (Durchschnittspreis: 61.000 : 14.000 = 4,351 DM).
Sollte der Preis des letzten Einkaufs als neuer Marktpreis anzusehen sein, so wäre dieser Wertansatz zu hoch. Das Niederstwertprinzip[230] würde in diesem Fall eine Abwertung auf 24 000 DM erfordern.

---

[228] Vgl. S. 82.

[229] Im Gegensatz zur Einzelwertberichtigung geht die Pauschalwertberichtigung zu Forderungen nicht von der einzelnen Forderung sondern vom Gesamtbestand oder bestimmten Mengen von Forderungen aus (Erfahrungswerte der Vergangenheit). Üblich ist eine Kombination von Einzel- und Pauschalbewertung.

[230] Vgl. S. 93.

## II. Die Bewertung der Vermögens- und Kapitalteile 115

*Tab. 18: Bewertung bei einmaliger Durchschnittsrechnung*

| Datum | Vorgang | ME | Preis je ME | Gesamtwert DM |
|---|---|---|---|---|
| 1. 1. | Anfangsbestand | 3.000 | 4 DM | 12.000 |
| 10. 6. | Zugang | 2.000 | 5 DM | 10.000 |
| 12.10. | Zugang | 4.000 | 6 DM | 24.000 |
| 11.11. | Zugang | 5.000 | 3 DM | 15.000 |
| | | 14.000 | | 61.000 |

Nach der Methode der **gleitenden Durchschnitte** wird nach jedem Zugang ein neuer Durchschnitt errechnet. Die Abgänge und neuen Bestände werden jeweils mit diesem Preis bewertet *(Tab. 19)*.

*Tab. 19: Bewertung mit gleitenden Durchschnitten*

| Datum | Vorgang | ME | Preis je ME | Gesamtwert DM |
|---|---|---|---|---|
| 1. 1. | Anfangsbestand | 3.000 | 4 DM | 12.000 |
| 14. 4. | Abgang | 1.000 | 4 DM | 4.000 |
| | Bestand | 2.000 | 4 DM | 8.000 |
| 10. 6. | Zugang | 2.000 | 5 DM | 10.000 |
| | Bestand | 4.000 | 4,50 DM | 18.000 |
| 20. 8. | Abgang | 3.000 | 4,50 DM | 13.500 |
| | Bestand | 1.000 | 4,50 DM | 4.500 |
| 12.10. | Zugang | 4.000 | 6 DM | 24.000 |
| | Bestand | 5.000 | 5,70 DM | 28.500 |
| 11.11. | Zugang | 5.000 | 3 DM | 15.000 |
| | Bestand | 10.000 | 4,35 DM | 43.500 |
| 20.12. | Abgang | 2.000 | 4,35 DM | 8.700 |
| 31.12. | Endbestand | 8.000 | 4,35 DM | 34.800 |

Hinsichtlich Anwendung des Niederstwertprinzips gilt das zur einmaligen Durchschnittsrechnung Ausgeführte.

(c) Die Gruppenbewertung

Gleichartige Wirtschaftsgüter des Vorratsvermögens sowie andere gleichartige oder annähernd gleichwertige bewegliche Wirtschaftsgüter können jeweils zu einer Gruppe zusammengefaßt und mit dem gewogenen Durchschnitt bewertet werden.

Annähernde Gleichwertigkeit der Vermögensgegenstände liegt vor, wenn ihre Einkaufs- oder Verkaufspreise (je nach Art der Bewertung)[231] nur geringfügig[232] voneinander abweichen. Für die Annahme der Gleichartigkeit müssen gemeinsame Merkmale vorhanden sein (z.b. Sortimentszugehörigkeit, Erzeugnisse verschiedener Dimensionen). Für besonders wertvolle Wirtschaftsgüter (z.B. Brillanten) kommt eine Gruppenbewertung nicht infrage.

(d) Die Ermittlungsverfahren mit unterstellter Verbrauchsfolge

(1) Gemäß § 155 AktG kann für den Wertansatz gleichartiger Gegenstände des Vorratsvermögens (also z.b. nicht der Wertpapiere)[233] unterstellt werden, daß die zuerst oder daß die zuletzt angeschafften oder hergestellten Gegenstände zuerst oder in einer sonstigen bestimmten Folge verbraucht oder veräußert worden sind. Damit sind handelsrechtlich die sogenannte Lifo- und die Fifo-Methode zugelassen, sofern die angenommene Verbrauchsfolge technisch überhaupt möglich ist[234] und diese Bestände zwischen den Stichtagen nicht regelmäßig geräumt werden[235] (andernfalls wären diese Methoden mit den GoB nicht vereinbar). Ob darüber hinaus auch Verbrauchsfolgen unterstellt werden dürfen, die nicht zeitlich determiniert sind (Hifo, Lofo, Kifo und Kilo) ist strittig.

(2) Bei der **Lifo-Methode** (lifo = last in, first out) wird unterstellt, daß die zuletzt beschafften Güter zuerst veräußert oder verbraucht wurden. Dabei kann – ebenso wie bei der Durchschnittsmethode – der Bestand entweder nur am Bilanzstichtag (sog. Perioden-Lifo) oder im Zeitpunkt jeden Abgangs (sog. permanentes Lifo) neu bewertet werden.

Beim Perioden-Lifo wird der Endbestand mit dem Anfangsbestand verglichen. Ist der Endbestand gleich oder kleiner als der Anfangsbestand, so wird er mit den Werten des Anfangsbestands bewertet. Ist er größer als der Anfangsbestand, so sind die Anschaffungskosten in der Reihenfolge des Er-

---

[231] Vgl. S. 93.
[232] *Adler-Düring-Schmaltz* (Anm. 140 zu § 155 AktG) nennen einen Spielraum von 20% zwischen dem höchsten und dem niedrigsten Einzelwert.
[233] *Kropff* (Anm. 30 zu § 155 AktG) hält entgegen dem Gesetzeswortlaut das Lifo- und Fifo-Verfahren auch bei der Bewertung von Wertpapieren in Girosammelverwahrung für zulässig.
[234] *Döllerer* (Rechnungslegung, S. 1412) will die Anwendung der erwähnten Bewertungsmethoden bereits ausschließen, wenn feststehe, daß tatsächlich entgegengesetzt verfahren wird als es der angenommenen Verbrauchsfolge entsprechen würde.
[235] WP-Jahrbuch 1981, S. 720.

II. Die Bewertung der Vermögens- und Kapitalteile 117

werbs anzusetzen.[236] In unserem Beispiel (vgl. S. 115) wäre der Endbestand von 8000 ME demnach wie folgt zu bewerten.

| | | | |
|---|---|---|---|
| Anfangsbestand | 3.000 ME zu 4 DM | = | 12.000 DM |
| 1. Zugang | 2.000 ME zu 5 DM | = | 10.000 DM |
| 2. Zugang | 3.000 ME zu 6 DM | = | 18.000 DM |
| | | | 40.000 DM |

Beim permanenten Lifo werden die Abgänge während des ganzen Jahres nach Lifo bewertet *(Tab. 20)*.

*Tab. 20: Bewertung nach der permanenten Lifo-Methode*

| Datum | Vorgang | ME | Preis je ME | Gesamtwert DM |
|---|---|---|---|---|
| 1. 1. | Anfangsbestand | 3.000 | 4 DM | 12.000 |
| 14. 4. | Abgang | 1.000 | 4 DM | 4.000 |
| | Bestand | 2.000 | 4 DM | 8.000 |
| 10. 6. | Zugang | 2.000 | 5 DM | 10.000 |
| | Bestand | 4.000 | | 18.000 |
| 20. 8. | Abgang | 2.000 | 5 DM | 10.000 |
| | | 1.000 | 4 DM | 4.000 |
| | Bestand | 1.000 | | 4.000 |
| 12. 10. | Zugang | 4.000 | 6 DM | 24.000 |
| | Bestand | 5.000 | | 28.000 |
| 11. 11. | Zugang | 5.000 | 3 DM | 15.000 |
| | Bestand | 10.000 | | 43.000 |
| 20. 12. | Abgang | 2.000 | 3 DM | 6.000 |
| | Bestand | 8.000 | | 37.000 |

Bei Anwendung der Lifo-Methode bleiben bei steigenden Preisen die billigen Waren in den Büchern, während die teuren als verbraucht gelten. Der ausgewiesene Gewinn ist daher bei steigenden Preisen niedriger als bei der Durchschnittsbewertung. Bei sinkenden Preisen muß der Inventurbestand mit dem niedrigeren Marktpreis angesetzt werden.

Steuerlich ist die Lifo-Methode nur unter der Voraussetzung zulässig, daß die tatsächliche Verbrauchsfolge der angenommenen entspricht.[237] Dies kann

---

[236] *Adler-Düring-Schmaltz* (Anm. 113 zu § 155 AktG) erwähnen auch andere Möglichkeiten.
[237] Abschn. 36 Abs. 2 EStR.

sich insbesondere durch die Art der Lagerung ergeben (z.B. eine Kohlenhalde, bei der die angelieferten Kohlen vorn angeschüttet und die zum Verkauf bestimmten Kohlen auch vorn wieder abgenommen werden).

(3) Bei der **Fifo-Methode** (fifo = first in, first out), wird unterstellt, daß die zuerst angeschafften oder hergestellten Gegenstände auch zuerst verbraucht oder veräußert wurden. Die am Bilanzstichtag vorhandene Menge stammt demnach aus den letzten Einkäufen.[238]

Im Beispiel wäre der Endbestand wie folgt zu bewerten:

| | | | |
|---|---|---|---|
| Letzter Zugang | 5.000 ME zu 3 DM | = | 15.000 DM |
| Vorletzter Zugang | 3.000 ME zu 6 DM | = | 18.000 DM |
| | | | 33.000 DM |

Nach der Fifo-Methode wird bei sinkenden Preisen der Endbestand niedriger ausgewiesen als bei der Durchschnittsmethode. Dies entspricht somit eher dem Niederstwertprinzip (gegebenenfalls ist trotzdem noch eine Abschreibung erforderlich). Bei steigenden Preisen werden die verbrauchten Mengen dagegen mit niedrigeren Werten angesetzt als nach der Durchschnittsmethode. Dies führt zu höheren Gewinnen. Da die Fifo-Methode steuerlich nicht anerkannt wird, ist ihre praktische Bedeutung gering.

(4) Die **Hifo-Methode** (hifo = highest in, first out) unterstellt, daß die Güter mit den höchsten Preisen zuerst verbraucht worden sind. Der Endbestand wird also mit den niedrigsten Preisen der Periode bewertet.[239] Im Beispiel:

| | | |
|---|---|---|
| 5.000 ME zu 3 DM | = | 15.000 DM |
| 3.000 ME zu 4 DM | = | 12.000 DM |
| | | 27.000 DM |

Die Hifo-Methode führt nur bei schwankenden Preisen zu einem anderen Ergebnis als Lifo oder Fifo. Die handelsrechtliche Zulässigkeit der Hifo-Methode ist umstritten. *Adler-Düring-Schmaltz*[240] sehen in Hifo die Anwendung guter kaufmännischer Prinzipien. *Kropff*[241] und *Claussen*[242] halten dagegen Methoden, die nicht von einer zeitlichen Verbrauchsfolge ausgehen, für nicht mit dem Gesetz vereinbar. M.E. ist die Hifo-Methode eine Übertreibung des Niederstwertgedankens. Große praktische Bedeutung hat die Frage nicht, da auch Hifo steuerlich nicht anerkannt wird.

(5) Wer einen möglichst hohen Bestandswert (und entsprechend höheren Gewinnausweis) anstrebt, könnte das Gegenteil von Hifo, nämlich die **Lofo-Methode** (lofo = lowest in, first out) wählen wollen. Sie unterstellt, daß zuerst die billigsten Gegenstände verkauft wurden und sich der Endbestand

---

[238] Möglich wäre auch die Anwendung als permanentes Fifo.
[239] Die Bewertung wäre auch in der permanenten Form möglich.
[240] *Adler-Düring-Schmaltz*, Anm. 129 zu § 155 AktG; ähnlich *Mellerowicz*, Anm. 52 zu § 155 AktG; *Wöhe*, Bilanzierung, S. 367; *Heinen*, Handelsbilanzen S. 230.
[241] *Kropff*, Anm. 32 zu § 155 AktG.
[242] *Claussen*, Anm. 17 zu § 155 AktG.

## II. Die Bewertung der Vermögens- und Kapitalteile

daher aus den Gütern mit den höchsten Anschaffungspreisen zusammensetzt. Im Beispiel wäre der Endbestand zu bewerten:

| | | |
|---|---|---|
| 4.000 ME zu 6 DM | = | 24.000 DM |
| 2.000 ME zu 5 DM | = | 10.000 DM |
| 2.000 ME zu 4 DM | = | 8.000 DM |
| | | 42.000 DM |

Das Lofo-Verfahren dürfte schon wegen des Niederstwertprinzips unzulässig sein, von einer kaufmännischen Übung kann keine Rede sein.

(6) Bei Lieferungen zwischen Konzernunternehmen ist in bestimmten Fällen eine Neubewertung erforderlich, um Zwischengewinne auszuschalten. Bezieht eine Unternehmung Güter der gleichen Art sowohl von Unternehmen, die in den Konzernabschluß einbezogen werden, als auch von nichtkonsolidierten Unternehmen, so kann eine Verbrauchsfiktion in der Weise zweckmäßig sein, daß die konzerninternen Lieferungen als zuerst verbraucht gelten. Enthielt der Endbestand bei dieser Annahme nur noch Waren aus nichtkonsolidierten Lieferungen, so würde die Zwischengewinneliminierung entfallen. Das Verfahren wird als **Kifo-Methode** (Kifo = Konzern in, first out) bezeichnet.[243] Es gilt handelsrechtlich als zulässig.[244] Es soll nicht ausgeschlossen werden, daß auch das umgekehrte Verfahren, nämlich die **Kilo-Methode** (Kilo = Konzern in, last out) im Einzelfall seine Berechtigung haben mag. Vom Wortlaut des Gesetzes werden beide nicht gedeckt.

(e) Die Festwertrechnung

Bei der Festwertrechnung wird für einen bestimmten Bestand (die Festmenge) ein bestimmter Wert (der Festpreis) angesetzt, der grundsätzlich auch an den nächsten Bilanzstichtagen nicht verändert wird. Man unterstellt dabei, daß sich Neuzugänge und Abgänge in etwa entsprechen. Neuanschaffungen werden daher im Jahr der Anschaffung als Aufwand verbucht; dafür entfallen Abschreibungen auf den Bestand. In Zeiten von Preissteigerungen führt die Festwertrechnung (ebenso wie die Lifo-Methode) dazu, daß stille Rücklagen entstehen und der Gewinn entsprechend gemindert wird.

Der Ansatz eines Festwerts ist nur beim Sachanlagevermögen sowie den Roh-, Hilfs- und Betriebsstoffen des Umlaufvermögens (also nicht bei der unfertigen und fertigen Produktion, den Waren oder Wertpapieren) zulässig. Eine weitere Restriktion liegt darin, daß der Bestand, der für einen Festwert in Frage kommt, regelmäßig ersetzt werden muß und sein Gesamtwert für das Unternehmen nur von nachrangiger Bedeutung sein darf. Die Festwertrechnung ist keine Methode zur Ausschaltung von Scheingewinnen, sondern dient ausschließlich der Vereinfachung. Eine körperliche Bestandsaufnahme

---

[243] Einzelheiten bei *Walter Busse* von *Colbe* und *Dieter Ordelheide*, Vorratsbewertung und Ermittlung konzerninterner Erfolge mit Hilfe des Kifo-Verfahrens, ZfB 1969, S. 221 ff.

[244] *Adler-Düring-Schmaltz*, Bd. 3, Anm. 190 zu § 331 AktG, mit weiteren Nachweisen.

ist in der Regel mindestens alle drei Jahre durchzuführen. Bei offenbarer Unrichtigkeit des Festwerts wird eine frühere Bestandsaufnahme notwendig. Für eine Festbewertung im Anlagevermögen kommen vor allem Massengüter infrage, bei denen die Einzelbewertung zu Schwierigkeiten führt (z.B. Gleis- und Förderanlagen, Stromleitungen bei Stromversorgungsbetrieben, Gerüst- und Schalungsteile[245] in der Bauwirtschaft).

Bei der Bildung des Festwerts werden zunächst die Anschaffungs- oder Herstellungskosten der vorhandenen und gebrauchsfähigen Gegenstände ermittelt. Auf diesen Wert wird ein pauschaler Abschlag von 50% vorgenommen, um das unterschiedliche Alter der Gegenstände zu berücksichtigen.[246] Statt des pauschalen Abschlags kann auch ein individueller Satz angewandt werden. Dies setzt allerdings eine Analyse der den Durchschnittswert im einzelnen beeinflussenden Faktoren voraus.[247] Nach steuerlichen Grundsätzen ist mindestens an jedem dem Hauptfeststellungszeitpunkt für die Vermögensteuer vorangehenden Bilanzstichtag, spätestens aber an jedem 5. Bilanzstichtag[248] eine körperliche Bestandsaufnahme vorzunehmen. Übersteigt der für diesen Bilanzstichtag ermittelte Wert den bisherigen Festwert um mehr als 10%, so ist der ermittelte Wert als neuer Festwert maßgebend.[249] Der bisherige Festwert ist in diesem Fall solange um die vollen Anschaffungs- oder Herstellungskosten der im Festwert erfaßten und nach dem Bilanzstichtag des vorangegangenen Wirtschaftsjahres angeschafften Gegenstände aufzustocken, bis der neue Festwert erreicht ist. Der gegenteilige Fall macht eine Abschreibung notwendig.

## 5. Die Berücksichtigung wertaufhellender Umstände nach dem Bilanzstichtag

Handels- und steuerrechtlich ist der Jahresabschluß für den Schluß eines jeden Geschäftsjahrs aufzustellen. Das ist in den meisten Fällen der 31. 12. (vgl. Tab. 21). Unter dem Stichwort „Wertaufhellung" wird die Frage diskutiert, ob und inwieweit Erkenntnisse, die der Bilanzierende zwischen dem Bilanzstichtag und dem Tag der Aufstellung (bzw. Feststellung)[250] der Bilanz gewinnt, noch berücksichtigt werden können (oder müssen).[251] Den meisten

---

[245] Hierzu Erlaß des FM NW vom 12. 1. 1961 (BStBl. II, S. 194).
[246] Der erwähnte Erlaß betreffend Gerüst- und Schalungsteilen setzt den Durchschnittswert mit 40% der Anschaffungs- oder Herstellungskosten an.
[247] Vgl. *Bertold Breidenbach*, Bewertungsproblematik des Festwertverfahrens im Zusammenhang mit Werkzeugen, WPg 1975, S. 109–112. Nach Meinung von *Breidenbach* erscheint ein Ansatz von 10 bis 30% realistischer als ein solcher von 40–50%.
[248] Bei Roh-, Hilfs- und Betriebsstoffen i.d.R. an jedem 3. Bilanzstichtag (Abschn. 36 Abs. 4 EStR).
[249] Abschn. 31 Abs. 5 EStR.
[250] Zu den Begriffen Aufstellung und Feststellung vgl. S. 229 bzw. 241.
[251] Einzelheiten bei *Bordewin* Anm. 23–24 zu § 6; *Hermann-Heuer*, Anm. 179–193 zu § 6 EStG; *Schmidt*, Anm. 6c zu § 6 EStG; *Eifler*, S. 49; *Sauer, Otto*, Neue Aspekte zur Wertaufhellungstheorie, FR 1974, S. 232–235; *Schneider, Hans*, Rückstellung für Wechselobligo und Wertaufhellungstheorie, StBp 1974, S. 124–126.

## II. Die Bewertung der Vermögens- und Kapitalteile

Wertansätzen liegen Schätzungen zugrunde. Zwar liegt es nahe, bei der Schätzung jedes vorhandene Wissen auszunutzen, andererseits soll die Bilanz zu einem bestimmten Tag aufgestellt werden. In diesem Zusammenhang sind vier Fragen zu beantworten:

- Welche Erkenntnisse sind zu verwenden?
- Bis zu welchem Stadium im Prozeß der Rechnungslegung sind spätere Erkenntnisse zu berücksichtigen?
- Wie lange sind spätere Erkenntnisse zu verwenden?
- Besteht ein Wahlrecht oder eine Verpflichtung zur Berücksichtigung späterer Erkenntnisse?

Nach der Art des Erkenntnisses kann es sich handeln um

- Umstände, die bereits am Bilanzstichtag gegeben, nur noch nicht bekannt waren und Umstände, die erst später eingetreten sind,
- Umstände, deren Berücksichtigung zu einer Minderung und solche, die zu einer Erhöhung des Wertansatzes führen würden.

*Tab. 21: Bilanzstichtage in 3114 Einzelabschlüssen für 1977*[252]

| Stichtag | Zahl der Abschlüsse | Stichtag | Zahl der Abschlüsse | Stichtag | Zahl der Abschlüsse |
|---|---|---|---|---|---|
| 1.1. | 1 | 30.4. | 6 | 30.10. | 7 |
| 14.1. | 1 | 31.5. | 5 | 31.10. | 21 |
| 31.1. | 8 | 26.6. | 1 | 20.11. | 1 |
| 28.2. | 10 | 30.6. | 115 | 30.11. | 8 |
| 20.3. | 2 | 31.7. | 7 | 20.12. | 1 |
| 26.3. | 1 | 16.8. | 1 | 31.12. | 2.618 |
| 31.3. | 94 | 31.8. | 6 | | |
| 15.4. | 1 | 30.9. | 199 | | |

Es ist unstrittig, daß objektiv gegebene, lediglich am Bilanzstichtag **noch nicht bekannte Umstände** zu berücksichtigen sind, während Umstände, die erst nach dem Bilanzstichtag eintreten (sogen. wertbeeinflussende Tatsachen) auszuscheiden sind. „Vorhersehbare Risiken und Verluste, die in dem Geschäftsjahr oder einem früheren Geschäftsjahr entstanden sind (sind) zu berücksichtigen, selbst wenn diese Umstände erst zwischen dem Abschlußstichtag und dem Tag der Aufstellung des Jahresabschlusses bekanntgeworden sind" (§ 259 Abs. 1 Nr. 3b EHGB). Allerdings ist die Unterscheidung in wertaufhellende und wertbeeinflussende Tatsachen zuweilen schwierig, und sie wird immer schwieriger, je später der Tag der Bilanzaufstellung liegt. Stellt sich z.B. nach dem Bilanzstichtag heraus, daß der Dachstuhl des Gebäudes von Schädlingen befallen ist, so muß dieses Ereignis berücksichtigt werden (da davon auszugehen ist, daß es bereits am Bilanzstichtag eingetreten, nur noch nicht bekannt war). Kommt dagegen ein unsicherer Debitor nach dem Bilanzstichtag durch Erbschaft zu Geld, so beeinflußt dieses Ereig-

---
[252] Vgl. S. 4.

nis den Wert der Forderung am Bilanzstichtag nicht. Kann man aber z.b. in jedem Fall davon ausgehen, daß ein Risiko für die Erfüllung von Wechselforderungen objektiv nicht bestanden hat, wenn die Wechsel bis zum Tag der Bilanzaufstellung eingelöst worden sind?[253] Die Bonität des Schuldners könnte sich auch zwischen Bilanzstichtag und Bilanzaufstellung verbessert haben (wertbeeinflussender Umstand).[254] Eine Forderung (z.b. gegen eine Versicherung wegen Schadenersatzes), die am Bilanzstichtag noch bestritten wird und erst nach dem Bilanzstichtag (durch Vergleich) entsteht, gehört jedenfalls nicht in die alte Bilanz.[255] Sofern es sich um regelmäßig wiederkehrende Ereignisse handelt (z.B. die Entwertung von Modeartikeln nach Ablauf einer bestimmten Zeit) brauchen neue Erkenntnisse nicht berücksichtigt zu werden, wenn (ausnahmsweise) ein anderer Verlauf eintritt als er normalerweise zu erwarten gewesen wäre.

Die Frage, ob nur gewinnmindernde oder auch gewinnerhöhende nachträgliche Erkenntnisse zu berücksichtigen sind, wird von der Litaratur unterschiedlich beantwortet.[256] Zwar spricht der zitierte Gesetzentwurf nur von Risiken und Verlusten, für die aufgeworfene Frage bedeutet dies jedoch nichts. Der Entwurf des Bilanzrichtlinie-Gesetz erwähnt die Wertaufhellung im Zusammenhang mit dem Vorsichtsprinzip. Die Wertaufhellung folgt aber ebenso aus dem Grundsatz der Richtigkeit. Ein Grund dafür, nur gewinnmindernde Ereignisse zu erfassen, ist daher nicht ersichtlich.

Als **längster Zeitraum** für die Berücksichtigung nachträglicher wertaufhellender Erkenntnisse kommt die Zeit bis zur Aufstellung des Jahresabschlusses infrage. Im Einzelfall (insbesondere in großen Unternehmen) kann es allerdings notwendig sein, nicht von dem Zeitpunkt der Fertigstellung des Jahresabschlusses,[257] sondern von dem Zeitpunkt auszugehen, an dem die jeweiligen Konten abgeschlossen werden (andernfalls müßten gegebenenfalls Abschlußbuchungen bei neuen Erkenntnissen mehrfach vorgenommen werden). Umstände, die nach der Aufstellung bekannt werden, dürfen nicht mehr berücksichtigt werden, selbst wenn z.B. die steuerliche Veranlagung noch berichtigt werden könnte. Für den Fristablauf ist die Aufstellung der **Handelsbilanz** maßgeblich, da das Gebot der Wertaufhellung aus den GoB, nicht dagegen aus steuerlichen Bewertungsgrundsätzen abgeleitet wird.[258] Erkenntnisse, die zwischen der Aufstellung der Handelsbilanz und der Einreichung der Steuerbilanz beim Finanzamt gewonnen werden, sind daher ohne Bedeutung.

Strittig ist, ob neue Erkenntnisse auch dann noch zu berücksichtigen sind, wenn die Bilanz **verspätet aufgestellt** worden ist.[259] Nach der Auffassung von

---

[253] BFH-Urteil vom 19. 12. 1972 (BStBl. II 1973, S. 218). *Eifler*, S. 51.
[254] *Schmidt*, Anm. 6c zu § 6 EStG.
[255] BFH-Urteil vom 11. 10. 1973 (BStBl. II 1974, S. 90).
[256] *Adler-Düring-Schmaltz* (Anm. 86 zu § 149 AktG) erwähnen nur die Notwendigkeit niedrigerer Bewertung. A.A.: von der *Heyden-Körner*, Bilanzsteuerrecht in der Praxis, 6. Aufl., Herne-Berlin 1981, S. 185.
[257] Vgl. S. 229.
[258] *Bordewin*, Anm. 24f zu § 6 EStG.
[259] Zum Termin der Bilanzaufstellung vgl. S. 229f.

## II. Die Bewertung der Vermögens- und Kapitalteile

*Hermann-Heuer*[260] beseitigt die Verspätung zwar die Ordnungsmäßigkeit der Buchführung, die Verspätung berechtige aber nicht, bewußt falsch zu bilanzieren. Das Ergebnis befriedigt nicht, da es einen Anreiz gibt, verspätet zu bilanzieren, insbesondere in Fällen, in denen hohe Risiken (z.B. aus Bauleistungen) abgeschätzt werden müssen. M.E. ist daher auch bei verspäteter Bilanzierung auf die Verhältnisse abzustellen, die „normalerweise" am Bilanzstichtag erwartet werden konnten. Allerdings wird ein Prüfer bei beträchtlicher Verspätung zumeist nicht feststellen können, wann der Bilanzierende die einzelnen Kenntnisse erlangt hat.

Die Berücksichtigung wertaufhellender Erkenntnisse folgt aus dem Grundsatz „richtiger" Bilanzierung und Bewertung.[261] Es steht daher nicht im Belieben des Bilanzierenden, ob er von den neuen Erkenntnissen Gebrauch macht oder nicht. Bei Unternehmen, die einen Lagebericht aufstellen,[262] entschärft sich das Problem dadurch, daß in dem Bericht auf Vorgänge von besonderer Bedeutung, die nach Schluß des Geschäftsjahres eingetreten sind, eingegangen werden muß.

### 6. Die Wertaufholung (Zuschreibung)

Mit der „Wertaufholung" oder „Zuschreibung" werden frühere Abschreibungen rückgängig gemacht (Werterhöhung ohne Mengenänderung). Obergrenze der Zuschreibung sind stets die Anschaffungs- oder Herstellungskosten bzw. der niedrigere beizulegende Wert. Häufig werden auch Nachaktivierungen (= erstmalige Aktivierung von Vermögensgegenständen, die im Jahr des Zugangs als Aufwand verrechnet worden sind, z.B. als Folge einer steuerlichen Betriebsprüfung) als Zuschreibung bezeichnet.[263] Dies sollte vermieden werden, da bei einem derartigen Ausweis[264] der Gesamtbetrag der Zugänge unrichtig wiedergegeben wird.[265] Nachaktivierungen sind zweckmäßigerweise als Zugang (mit entsprechendem Hinweis in einer Fußnote) aufzuführen. Die Bilanzierungspraxis weist als Zuschreibung bei den langfristigen Ausleihungen vor allem Aufzinsungen aus.[266] Sie sind im folgenden nicht gemeint.

Es war nie strittig, daß **außerplanmäßige** Abschreibungen auf nicht abnutzbares Anlagevermögen und Abschreibungen auf Umlaufvermögen in der Handelsbilanz rückgängig gemacht werden können, sofern der Grund der Abschreibung weggefallen ist. (Im Anlagevermögen z.B. wegen Überwindung einer anhaltenden Verlustsituation bei Beteiligungsunternehmen, im Umlaufvermögen z.B. wegen der wiedergewonnenen Bonität eines Schuldners.) Die Meinungen gehen hier lediglich in der Frage auseinander, ob derar-

---
[260] *Hermann-Heuer*, Anm. 186 zu § 6 EStG.
[261] Vgl. S. 73.
[262] Vgl. S. 215 ff.
[263] Vgl. z.B. *Adler-Düring-Schmaltz*, Anm. 25 zu § 152 AktG.
[264] Zum Anlagenspiegel vgl. S. 197 ff.
[265] So auch *Kropff*, Anm. 11 zu § 152 AktG.
[266] Vgl. S. 94.

tige Zuschreibungen nur aus besonderem Anlaß[267] (insbesondere Sanierung, Umwandlung, Verschmelzung, Angleichung der Handels- an die Steuerbilanz) oder jederzeit[268] zulässig sein sollen. Völlig uneinig ist die Literatur dagegen in der Frage, ob Zuschreibungen handelsrechtlich auch bei abnutzbaren Gegenständen des Anlagevermögens gestattet sein können (also Rückgängigmachung planmäßiger Abschreibungen). Die Meinungen schwanken in dieser Frage zwischen völliger Ablehnung,[269] über Bejahung nur in den genannten Ausnahmefällen[270] bis zur uneingeschränkten Zustimmung.[271] Die ablehnende Ansicht wird i.d.R. auf den Grundsatz der Stetigkeit, die zustimmende auf den Grundsatz der Richtigkeit gestützt. M.E. sollte der Richtigkeit der Vorzug gegeben werden, zumal auf die Durchbrechung des Grundsatzes der Stetigkeit im Anhang hinzuweisen ist.[272]

Das neue Recht wird (ebenso wie das AktG 1965) Zuschreibungen zur Korrektur planmäßiger Abschreibungen nicht erwähnen. Insofern bleibt es bei der bisherigen (umstrittenen) Rechtslage.

Hinsichtlich der Korrektur außerplanmäßiger Abschreibungen und Abschreibungen auf Umlaufvermögen stellt der Bilanzrichtlinie-Gesetzentwurf zunächst den Grundsatz auf, daß derartige Wertminderungen beibehalten werden können, auch wenn die Gründe der Abwertung weggefallen sind. Für Aktiengesellschaften, Kommanditgesellschaften auf Aktien und Gesellschaften mit beschränkter Haftung soll jedoch ein **Wertaufholungsgebot** eingeführt werden. Dieses wird allerdings dadurch stark relativiert, daß ein Wertansatz, der steuerlich zulässig ist, auch für die Zwecke der Handelsbilanz gewählt werden kann.[273] In der Steuerbilanz ist eine Zuschreibung beim abnutzbaren Anlagevermögen nicht gestattet (uneingeschränkter Wertzusammenhang, § 6 Abs. 1 Ziff. 1 EStG), beim nichtabnutzbaren Anlagevermögen und dem Umlaufvermögen ist sie fakultativ. Die Nichtzuschreibung führt somit in jedem Fall zu einem steuerlich zulässigen Wertansatz, der dann auch handelsrechtlich gewählt werden kann.[274] Das Wertaufholungsgebot dürfte daher vergleichsweise wenig praktische Bedeutung erlangen.

Falls eine Zuschreibung vorgenommen wird, **kann** auf der Passivseite der Bilanz eine Wertaufholungsrücklage in Höhe des Eigenkapitalanteils gebildet werden. Der Eigenkapitalanteil ist 100%, falls die Wertaufholung nur in der Handelsbilanz vorgenommen wird (insbesondere weil die vorangegangene Abschreibung steuerlich nicht anerkannt worden war, z.B. bei der Abschreibung auf Beteiligungen). Die Zuschreibung führt in diesem Fall in der Steuer-

---

[267] So z.B. Fachgutachten 2/1937.
[268] So z.B. *Adler-Düring-Schmaltz*, Anm. 74 zu § 149 AktG.
[269] Vgl. z.B. *Coenenberg*, S. 114; etwas einschränkend *Federmann*, S. 213.
[270] Z.B. *Adler-Düring-Schmaltz*, Anm. 73 zu § 149 AktG.
[271] Z.B. *Wöhe*, Bilanzierung, S. 381; *Kropff*, Anm. 44 zu § 154; *Fritz Brehmer*, Zur Frage der Zuschreibung bei abnutzbaren Anlagegegenständen, WPg 1969, S. 285–286.
[272] Jedenfalls dort, wo er vorgeschrieben ist, vgl. S. 195.
[273] Vgl. S. 70.
[274] Auf den Betrag der unterlassenen Zuschreibung ist im Anhang hinzuweisen. Vgl. S. 195.

## II. Die Bewertung der Vermögens- und Kapitalteile

bilanz nicht zu einem Ertrag. Die Wertaufholungsrücklage vermindert sich um den Betrag der zusätzlichen Ertragsteuern,[275] falls die Zuschreibung auch in der Steuerbilanz möglich ist oder eine Rückstellung für latente Steuern notwendig wird. Das letztere ist vor allem bei der Zuschreibung auf abnutzbares Anlagevermögen zwingend, da nach der Zuschreibung die handelsrechtlichen Abschreibungen höher sein werden als die steuerlichen (damit ist der Gewinn der Steuerbilanz in Zukunft höher als der der Handelsbilanz). Die Wertaufholungsrücklage und die Rückstellung für latente Steuern sind während der Restnutzungsdauer der Anlage (spätestens beim Abgang des Anlagegegenstandes) wieder aufzulösen. Im Ergebnis wird der Effekt aus der Zuschreibung (= höhere handelsrechtliche Abschreibungen während der Restnutzungsdauer) durch entsprechende Erträge (Auflösung der Wertaufholungsrücklage und der Rückstellungen für latente Steuern) neutralisiert (vgl. das Beispiel in *Tab. 22*).

*Tab. 22: Lineare Abschreibung über 8 Jahre, Anschaffungskosten 5000 DM, Außerplanmäßige Abschreibung (bzw. AfaA) am Ende des 3. Jahres 1250 DM, Wertaufholung in der Handelsbilanz am Ende des 6. Jahres*

| Ende des Zeitabschnitts | Handelsbilanz | | Steuerbilanz | |
|---|---|---|---|---|
| | Abschreibungsbetrag | Restwert | Abschreibungsbetrag | Restwert |
| $t_1$ | 12,5% v. 5.000 = 625 | 4.375 | 12,5% v. 5.000 = 625 | 4.375 |
| $t_2$ | 12,5% v. 5.000 = 625 | 3.750 | 12,5% v. 5.000 = 625 | 3.750 |
| $t_3$ | 12,5% v. 5.000 = 625 außerplanmäßige Abschreibung 1.250 | 1.875 | 12,5% v. 5.000 = 625 AfaA 1.250 | 1.875 |
| $t_4$ | 1.875 : 5 = 375 | 1.500 | 1.875 : 5 = 375 | 1.500 |
| $t_5$ | 375 | 1.125 | 375 | 1.125 |
| $t_6^1$ | Zuschreibung 500[2] | 1.250 | 375 | 750 |
| $t_7^3$ | 1.250 : 2 = 625 | 625 | 375 | 375 |
| $t_8^3$ | 625 | 0 | 375 | 0 |

[1] Ende des 6. Jahres zusätzlich: Rückstellung für latente Steuern 60% von 500 = 300; Wertaufholungsrücklage 500 − 300 = 200
[2] Zuschreibung = Außerplanm. Abschreibung 1.250 − [Differenz zwischen den ursprünglichen (625 × 3 = 1.875) und verminderten planmäßigen Abschreibungen (375 × 3 = 1.125) = 750] = 500
[3] Jeweils Ende des 7. und 8. Jahres zusätzlich: Sonstige betriebliche Erträge (Aufl. Wertaufholungsrücklage) 100 dto (Auflösung Rückstellung latente Steuern) 150

---

[275] *Busse von Colbe* (Arbeitsbericht Nr. 26, S. 61) schlägt hierfür einen Durchschnittssatz vor, da man nicht wissen könne, ob durch die Aufholung die Ausschüttung oder die Rücklage gestiegen sei. *Heuser* (S. 128) rechnet mit 50% für Körperschaftsteuer und Gewerbesteuer. Vgl. auch *Jens E. Harms* und *Karlheinz Küting*, Das

## 7. Stille Rücklagen

Stille Rücklagen sind Eigenkapitalteile, die aus der Bilanz nicht ersichtlich sind (daher „still"). Sie entstehen durch Unterbewertung aktiver Wirtschaftsgüter oder Überbewertung von Rückstellungen. Die Unterbewertung ergibt sich auf der Aktivseite als (positive) Differenz zwischen dem Verkehrswert des Vermögensgegenstandes und seinem Buchwert. Stille Rücklagen werden gebildet

- zwangsläufig als Folge der Anwendung bestimmter Bewertungsgrundsätze (stille **Zwangsrücklagen**), insbesondere des Anschaffungswertprinzips[276] bei Preissteigerungen der Anlagegüter (z.B. der Grundstücke);
- ungewollt als Folge des Schätzungscharakters zahlreicher Wertansätze (stille **Ermessensrücklagen**), insbesondere bei der Wahl der Nutzungsdauer von Anlagen und der Bildung von Rückstellungen;
- gewollt als Folge bewußter Unterbewertungen auf der Aktivseite und des Ansatzes überhöhter Rückstellungen (stille **Willkürrücklagen**), insbesondere wegen der Inanspruchnahme steuerlicher Bewertungsfreiheiten,[277] aber auch zum Zwecke einer steuerlich nicht anerkannten Gewinnverschleierung.

Von diesen drei Arten der stillen Rücklagen sind nur die Willkürrücklagen zum Zwecke der Gewinnverschleierung umstritten. Die Auseinandersetzung gilt nur den stillen Rücklagen in der Handelsbilanz und sie ist fast ebenso alt wie das Bilanzrecht. Die Rechtswissenschaft hat in dieser Diskussion überwiegend Verständnis für den stillen Gewinneinbehalt gehabt, während sich die Mehrzahl der betriebswirtschaftlichen Fachvertreter schon früh gegen stille Rücklagen wandte.[278] Für die Willkürrücklagen wird zumeist geltend gemacht, daß unvermeidliche Konjunkturschwankungen mit ihnen unauffällig ausgeglichen werden könnten, wodurch das Unternehmen vor Erschütterungen bewahrt werden könne.[279] Gegen Willkürrücklagen wird vor allem eingewandt, daß sie ein Verlustverschleierungspotential bildeten, das zur Täuschung der Kapitalgeber und der Öffentlichkeit eingeetzt werden könnte.[280] Im übrigen gehöre es zum Wesen der stillen Rücklagen, daß die Unternehmung sie in guten Zeiten nicht benötige, während sie sich in schlechten

---

Konzept der Wertaufholung nach dem RegE des Bilanzrichtlinie-Gesetzes, BB 1982, S. 1459–1468; *H. Reinhard*, Die Wertaufholung nach dem Bilanzrichtlinie-Gesetz und ihre praktische Anwendung, DB 1983, S. 1557–1562. *Marian Ellerich*, Offene Fragen zur Wertaufholungskonzeption im Regierungsentwurf des Bilanzrichtlinie-Gesetzes, BB 1983, S. 1763–1768.

[276] Vgl. S. 79.
[277] Vgl. S. 70 f.
[278] Z.B. *Eugen Schmalenbach*, Dynamische Bilanz, 11. Aufl., Köln-Opladen 1953, S. 152.
[279] Denkschrift zu dem Entwurf eines HGB und eines EG in der Fassung der vom Reichstag gemachten Vorlage, Berlin 1897, S. 46. Vgl. auch *Brüggemann*, in Großkomm. HGB (*Staub*), Anm. 3 und 4 zu § 40 HGB.
[280] Z.B. *Leffson*, GoB, S. 78 mit weiteren Nachweisen.

## II. Die Bewertung der Vermögens- und Kapitalteile

ungewollt auflösen (z.B. wegen Notverkäufen bei Liquiditätsschwierigkeiten).

Ein wichtiges Datum in der Debatte um die stillen Rücklagen war das Inkrafttreten des AktG 1965. Seit dieser Zeit ist Aktiengesellschaften und Kommanditgesellschaften auf Aktien (wegen der Einführung von Mindestwertansätzen) die Bildung derartiger Rücklagen weitgehend untersagt[281] (wobei allerdings zu beachten ist, daß der Übergang vom kaufmännischen Ermessen zur Willkür fließend sein kann). Das neue Bilanzrecht wird das Verbot der stillen Willkürrücklagen auf die GmbH ausdehnen.

Unternehmen, die nicht in der Rechtsform der AG, KGaA oder GmbH geführt werden, sollen dagegen von den handelsrechtlichen Bewertungsvorschriften für Vermögensgegenstände und Rückstellungen abweichen dürfen, soweit die Bildung stiller Rücklagen „nach vernünftiger kaufmännischer Beurteilung im Interesse des Unternehmens notwendig ist" (§ 269 EHGB).[282] Die Debatte um die stillen Rücklagen würde mit Rechtskraft dieser Vorschrift in ein neues Stadium treten. Die neue Situation ließe sich wie folgt zusammenfassen:

(a) Die Bildung stiller Willkürrücklagen wäre nur durch einen niedrigeren Wertansatz auf der Aktivseite oder einen höheren Wertansatz bei den Rückstellungen zulässig, soweit damit nicht gegen die GoB verstoßen würde. Insbesondere würden keine neuen Aktivierungs- oder Passivierungswahlrechte geschaffen. Unzulässig[283] blieben demnach

- Weglassen von Aktiva,
- Verbuchung von Anlagezugängen als Aufwand,
- falsche Verbuchung des Abgangs (zu Verkaufspreisen statt zum Buchwert),
- falsche Periodenabgrenzung bei schwebenden Geschäften,
- Einsetzen fiktiver Kreditoren,
- Einsetzen fiktiver Rückstellungen.

Stille Rücklagen könnten dagegen z.b. gelegt werden durch

- Weglassen von Anschaffungsnebenkosten aus den Anschaffungskosten,
- Wahl einer kürzeren Nutzungsdauer als üblich bei den Anlagen,
- Wahl einer Abschreibungsmethode, die in den ersten Jahren der Nutzung zu höheren Abschreibungsbeträgen führt als üblich,
- Wahl eines Wertansatzes bei Beteiligungen und Wertpapieren, der unter dem Anschaffungskosten bzw. dem niedrigeren beizulegenden Wert liegt,
- Wahl einer höheren Pauschalwertberichtigung zu Forderungen als üblich,
- Ansatz höherer Rückstellungen als sie den Risiken entsprechen.

---

[281] Ausnahme für Kreditinstitute, vgl. S. 72.
[282] Die Vorschrift soll auf VVaG nicht anzuwenden sein (§ 55 EVAG).
[283] *Adler-Düring-Schmaltz*, Anm. 104 zu § 149.

(b) Der Umfang der stillen Willkürrücklagen muß im Interesse des Unternehmens notwendig sein. Dies bedeutet z.B., daß

- Verluste im gegebenen Fall nicht eben so gut durch offene Rücklagen „ausgeglichen" werden könnten (z.b. weil die Gesellschafter ohne die stillen Rücklagen „unvernünftig viel" Gewinn entnehmen würden);
- die Höhe der stillen Willkürrücklagen in einem angemessenen Verhältnis zur Höhe der in absehbarer Zeit erwarteten (für möglich gehaltenen) Verluste stehen muß.

Die künftige Bedeutung derartiger Willkürrücklagen ist schwer abschätzbar. Wahrscheinlich wird sich – abgesehen von der GmbH – nicht viel ändern. Die Mehrzahl der Personenunternehmen stellt ohnehin keine gesonderte Handelsbilanz auf. Die publizitätspflichtigen Personenunternehmen bewerten überwiegend nach aktienrechtlichen Vorschriften, insbesondere wenn sie ihre Bewertungsmethoden im Anhang angeben müssen.[284] Dies dürfte auch für die Mehrzahl der öffentlichen Unternehmen gelten, soweit sie als Kreditinstitute nicht ohnehin spezielle Möglichkeiten der Bildung stiller Rücklagen haben. Damit bleiben im wesentlichen die Genossenschaften (ohne Kreditinstitute) übrig, soweit diese gesonderte Handelsbilanzen aufstellen. Bei ihnen dürfte die Ertragskraft in den meisten Fällen eine übermäßige Rücklagenbildung verhindern.

## 8. Der Ausweis von Pfennigbeträgen

Aus der Tatsache, daß das Rechnungswesen auch Pfennigbeträge festhält, scheint die Mehrzahl der Bilanzaufsteller zu schließen, daß auch die Bilanz „pfenniggenau" sein müssen *(vgl. Tab. 23)*. Tatsächlich verführt die Angabe von Pfennigbeträgen zu der Annahme, daß hier eine Rechnung vorgelegt wird, die „auf den Pfennig" stimmt. Da den meisten Wertansätzen Schätzungen zugrunde liegen und daneben Bilanzierungs- und Bewertungswahlrechte gegeben sind, kann hiervon jedoch allenfalls formal die Rede sein. Es mutet grotesk an, Beträge, die zulässigerweise vielleicht 6 Stellen vor dem Komma höher oder niedriger ausgewiesen werden könnten, mit 2 Stellen hinter dem Komma anzugeben. Die „pfenniggenaue" Rechnung dient objektiv mehr der Verschleierung als der Information. Sie sollte daher schleunigst aufgegeben werden.

*Tab. 23: Die Angabe von Pfennigbeträgen in 3114 Einzelabschlüssen für 1977*

| Inhalt | Zahl der Abschlüsse |
|---|---|
| Pfennigbeträge angegeben | 2.923 |
| Abrundung auf volle DM | 186 |
| Abrundung auf volle 1.000 DM | 5 |

[284] Vgl. S. 186 und 196.

Im Grunde läßt sich bei Großunternehmen auch eine Abrundung auf volle tausend DM rechtfertigen.[285] Allerdings würde dies zu einem Wegfall der sogenannten Merkposten führen. Merkposten (1 DM-Beträge) folgen aus den Aktivierungsregeln: Da alle aktivierungspflichtigen Vermögensgegenstände in die Bilanz aufgenommen werden müssen, sind sie mindestens mit 1 DM auszuweisen, falls ihnen nicht ein höherer Wert beizulegen ist. Für mehrere Vermögensgegenstände, die unter denselben Bilanzposten fallen und für die jeweils ein Merkposten anzusetzen wäre, kann aber auch insgesamt nur ein Merkposten verwandt werden. Der Erkenntniswert dieser Posten ist daher ohnehin sehr gering.

## III. Die Gliederung der Bilanz

### a) Allgemeine Grundsätze der Gliederung

#### 1. Übersicht

Mit der Gliederung wird entschieden über

- die Auswahl der gesondert auszuweisenden Posten,
- die Bezeichnung der Posten,
- die Reihenfolge und Anordnung der Posten.

Der Bilanzrichtlinie-Gesetzentwurf stellt neun allgemeine Grundsätze der Gliederung auf, enthält drei Schemata der Bilanzgliederung und führt in Einzelvorschriften Sonderposten auf, die gegebenenfalls in das Schema einzufügen sind. Die allgemeinen Grundsätze gelten für Handels- und Steuerbilanz gleichermaßen.

#### 2. Kontoform

Publizitätspflichtige Unternehmen haben die Bilanz in Kontoform aufzustellen. Die Kontoform stellt die Aktiva und Passiva gesondert nebeneinander[1] (Aktivseite und Passivseite). Sie ist nicht nur in Europa die vorherrschende Grundform der Gliederung. Ihr Vorteil ist die größere Übersichtlichkeit hin-

---

[285] *Adler-Düring-Schmaltz* (Anm. 24 zu § 149 AktG) halten das Weglassen von Pfennigbeträgen für zulässig, haben allerdings Bedenken bei der Abrundung auf volle tausend DM. *Baetge* weist darauf hin, daß es die Regulation S–X (Regel 3–01) der Securities and Exchange Commission in den USA gestatte, die Positionen des Jahresabschlusses auf 1000 Dollar auf- oder abzurunden. (*Jörg Baetge*, Einschränkung des Pfennigrechnens im Rechnungswesen, ZfbF 1967, S. 193).

[1] Aktiva und Passiva können (wie häufig in Amerika) auch im Block untereinander abgeordnet werden. So lange dabei die Posten nicht vermischt werden, liegt eine Kontoform vor.

sichtlich Herkunft und Verwendung des investierten Geldes. Die Bilanzsumme ist (wenn man von stillen Rücklagen absieht) ein wichtiges Indiz für die Größe und (im Zeitvergleich) das Wachstum der Unternehmung.

Das Gegenteil der Kontoform bildet die **Staffelform,** die die 4. EG-Richtlinie wahlweise vorsieht. Die Staffelform ordnet die aktiven und passiven Wirtschaftsgüter so untereinander an, daß bestimmte Zwischenergebnisse abgelesen werden können. Als Beispiel möge hier das zusammengefaßte Schema der 4. EG-Richtlinie (Art. 10) dienen:

|  |  | Mio.DM |
|---|---:|---:|
| Anlagevermögen |  | 1.081 |
| Umlaufvermögen | 416 |  |
| ./. Verbindlichkeiten mit einer Restlaufzeit bis zu einem Jahr | 295 |  |
| Umlaufvermögen höher als Verbindlichkeiten bis zu einem Jahr |  | 121 |
| Gesamtbetrag des Vermögens nach Abzug der Verbindlichkeiten mit einer Restlaufzeit bis zu einem Jahr |  | 1.202 |
| ./. Verbindlichkeiten mit einer Restlaufzeit von mehr als einem Jahr |  | 265 |
| ./. Rückstellungen |  | 312 |
| ./. Grund- oder Stammkapital |  | 315 |
| ./. Rücklagen |  | 268 |
| Bilanzgewinn (nach Dotierung der Rücklagen) |  | 42 |

Die Staffelform der Bilanz ist unübersichtlicher als die Kontoform. Zugunsten des Ausweises eines bestimmten Liquiditätsmerkmals (Umlaufvermögen abzüglich kurzfristige Verbindlichkeiten, in den USA „working capital" genannt) verzichtet sie auf die Angabe der Bilanzsumme (die sich natürlich errechnen läßt). Soweit kein gesetzliches Schema zu beachten ist, verstößt die Anwendung der Staffelform jedoch nicht gegen die GoB. Sie wird allerdings auch bei den nichtpublizitätspflichtigen Unternehmen – jedenfalls in der Bundesrepublik Deutschland – praktisch nie angewandt.

### 3. Gliederungsstetigkeit

Die Form der Darstellung, insbesondere die Gliederung der aufeinanderfolgenden Bilanzen, ist beizubehalten, soweit nicht ausnahmsweise Abweichungen erforderlich sind. Der Grundsatz der Stetigkeit der Gliederung (in Verbindung mit der Stetigkeit der Bewertung)[2] soll die Jahresabschlüsse vergleichbar machen. Er galt bisher nicht als GoB[3] und wird auch künftig nur für die Abschlüsse der publizitätspflichtigen Unternehmen gefordert.

---

[2] Vgl. S. 75.
[3] So auch *Jonas,* S. 61. Eine andere Ansicht findet sich in der Regierungsbegründung zum BilRG (S. 77).

Mit „Gliederung" sind die Bezeichnungen der auszuweisenden Posten und deren Reihenfolge gemeint. Die „Form der Darstellung" bezieht sich darüberhinaus auf Ausweiswahlrechte (z. B. Darstellung der erhaltenen Anzahlungen in einer Vorspalte auf der Aktivseite oder in einer Hauptspalte auf der Passivseite).

Abweichungen werden z. b. notwendig, wenn durch Fusionen oder die Aufnahme neuer Fertigungen Spezialanlagen hinzugekommen sind, die es bisher nicht gab.

## 4. Angabe der Vorjahrszahlen

In der veröffentlichten Bilanz soll künftig zu jedem Posten auch der entsprechende Betrag des vorangegangenen Geschäftsjahrs angegeben werden. Dabei bleibt es dem Bilanzierenden überlassen, ob er die nicht vergleichbaren Bilanzposten angleicht oder nicht.[4]

Vorjahrszahlen wurden bei Veröffentlichungen im Bundesanzeiger schon bisher relativ häufig, wenn auch nicht überwiegend, mitgeteilt (vgl. *Tab. 24*).

*Tab. 24: Die Angabe der Vorjahrszahlen in 3.114 Einzelabschlüssen für 1977*

| Inhalt | Zahl der Fälle | |
| --- | --- | --- |
| | absolut | % |
| Vorjahrszahlen werden genannt | 1.199 | 38,5 |
| Vorjahrszahlen werden nicht genannt | 1.915 | 61,5 |

Da der Verzicht auf Pfennigbeträge und bei Großunternehmen die Abrundung auf volle tausend DM nach der hier vertretenen Ansicht für zulässig gehalten wird,[5] spricht nichts dagegen, eine entsprechende Verkürzung der Stellenzahl auch in der Vorjahrsspalte zu gestatten. Dies ist schon gegenwärtig die Regel (vor allem aus Platzgründen).

Vorjahrszahlen sind z. B. nicht mehr vergleichbar nach Fusionen oder dem Verkauf von großen Teilen des Anlagevermögens mit anschließender Rückmiete. Der Inhalt bestimmter Bilanzposten kann sich hierbei in einer Art verändern, die mit der „normalen" Entwicklung des Unternehmens nichts zu tun hat. Allerdings kann eine Angleichung der Bilanzzahlen mehr verwischen als durch die Vergleichbarkeit gewonnen wird. Es gehört nun einmal zum Wesen des besonderen Ereignisses, daß es die Vergleichsgrundlage stört. Dies sollte auch in der Bilanz zum Ausdruck kommen.

---

[4] Werden die Zahlen nicht angeglichen, so ist ein Hinweis im Anhang erforderlich (vgl. S. 196).
[5] Vgl. S. 128.

## 5. Mitzugehörigkeit zu einem anderen Posten

Fällt ein Wirtschaftsgut unter mehrere Bilanzposten, so ist die Mitzugehörigkeit zu den anderen Posten zu vermerken,[6] sofern dies zur Aufstellung eines klaren und übersichtlichen (publizitätspflichtigen) Jahresabschlusses erforderlich ist.

Eine Überschneidung von Bilanzposten ist unvermeidlich, da die gesetzlichen Gliederungsschemata der Bilanz verschiedenen Einteilungsmerkmalen folgen. Z.B. ist eine Forderung aus Lieferung und Leistung als solche auszuweisen. Ist jedoch an ein verbundenes Unternehmen geliefert worden, so liegt gleichzeitig eine Forderung gegen ein verbundenes Unternehmen vor.

Im Fall der Mitzugehörigkeit wird das Gesetz wahrscheinlich 3 Lösungen vorsehen:

(a) Ein bestimmter Ausweis wird zwingend vorgeschrieben (sogen. **uneingeschränkte Vorrangigkeit**[7]). Insbesondere sind eigene Anteile, Anteile an herrschenden oder mit Mehrheit beteiligten Unternehmen sowie Anteile an einer Unternehmung, die persönlich haftender Gesellschafter des bilanzierenden Unternehmens ist, unabhängig von ihrer Zweckbestimmung gesondert im Umlaufvermögen auszuweisen. Eigene Aktien sind also niemals Wertpapiere des Anlagevermögens, auch wenn sie langfristig erworben wurden. Ebenso gelten Wechsel nur als Wertpapiere, wenn dem Unternehmen nicht die der Ausstellung zugrundeliegende Forderung zusteht. Bei uneingeschränkter Vorrangigkeit bedarf es keines Vermerks der Mitzugehörigkeit.

(b) Ein bestimmter Ausweis gilt als Regelfall (**eingeschränkte Vorrangigkeit**). Dies betrifft die Ausleihungen, Forderungen und Verbindlichkeiten gegenüber verbundenen und Beteiligungsunternehmen. Werden diese ausnahmsweise unter anderen Posten ausgewiesen, so ist die Mitzugehörigkeit zu vermerken.

(c) Die Bedeutung der Bilanzposten, unter denen ein Gegenstand ausgewiesen werden könnte, wird als **gleichrangig** angesehen. Z.B. kann ein Zielkauf von Gold bei einer Bank sowohl als Verbindlichkeiten gegen Kreditinstitute als auch als Verbindlichkeiten aus Lieferungen und Leistungen bilanziert werden. In diesem Fall ist die Zuordnung in das Ermessen des Bilanzierenden gestellt. Die Mitzugehörigkeit ist zu vermerken, falls dies zur Aufstellung eines klaren Jahresabschlusses notwendig ist. Auf den Vermerk wird vor allem bei relativ unbedeutenden Beträgen verzichtet werden können.

Ein Vermerk ist nicht erforderlich, wenn eine Aufteilung der Wirtschaftsgüter auf verschiedene Posten vorgenommen werden kann. Kauft z.B. eine Automobilfabrik Batterien für die eigene Produktion, so sind diese als „Roh-, Hilfs- und Betriebsstoffe" auszuweisen. Liefert sie die gleichen Batterien im Ersatzteilgeschäft, so handelt es sich um „Fertigerzeugnisse, Waren" (Aufteilung nach dem Anteil der üblicherweise eingebauten bzw. unverarbeitet weitergelieferten Batterien).

---

[6] Statt des Vermerks kann auch die Mitteilung im Anhang gewählt werden (vgl. S. 197).

[7] *Adler-Düring-Schmaltz*, Anm. 260 zu § 151 AktG.

## 6. Überschneidung verschiedener Formblätter

Hat ein Unternehmen mehrere Geschäftszweige und fällt es aus diesem Grunde unter verschiedene (branchenabhängige) Gliederungsvorschriften, so ist die für den Betrieb vorrangige Branche für die Gliederung maßgebend. Die gewählte Gliederung ist um die für den anderen Geschäftszweig vorgeschriebenen Posten zu ergänzen. Zu denken ist z.B. an Kreditgenossenschaften mit Warenverkehr. Diese gliedern nach dem für Kreditinstitute geltenden Formblatt und ergänzen die banktypischen Posten durch die Warenforderungen, den Warenbestand und die Verpflichtungen aus Warengeschäften und aufgenommenen Warenkrediten.

## 7. Freiwillige Untergliederung und Einfügung neuer Posten

Eine stärkere Aufteilung der Posten als das Gesetz sie vorsieht ist zulässig, wobei jedoch die vorgeschriebene Gliederung zu beachten ist. Durch die stärkere Aufgliederung müssen die vorgeschriebenen Posten ersichtlich bleiben. Z.B. müssen Großunternehmen bei einem zusätzlichen Ausweis der geringwertigen Wirtschaftsgüter die Aufgliederung in technische Anlagen und Maschinen einerseits sowie andere Anlagen, Betriebs- und Geschäftsausstattung andererseits beibehalten. Zweifelhaft erscheint, ob eine Aufgliederung sinnvoll ist, die keinen eigenen Erkenntniswert hat (z.B. die Aufgliederung des Grundkapitals in Lit. A, B und C ohne nähere Erklärung der Aktiengattungen).

Zusätzliche Posten dürfen hinzugefügt werden, wenn ihr Inhalt nicht von einem Posten des gesetzlichen Schemas gedeckt wird. Hiervon wird in den Bilanzen der Industrieunternehmen relativ häufig Gebrauch gemacht. Beispiele: „Steuerzeichen" (Tabakverarbeitung), „Mooraufschließung" (Torfgewinnung), „Heimfallverpflichtung"[8] (Elektrizitätswerk), „Rohstoffvorkommen" (Keramikherstellung und Steinbrüche), „Bohrungen" (Rohölförderung), „Kernbrennelemente" (Kraftwerke), „Pfand-Rückzahlungsverpflichtung" (Brauereien), „Kokillen" (Gießereien), „Rebanlagen" (Sektherstellung), „Tierbestand" (Tierpark), „Helgen, Pier, Slipanlagen" (Werften), „Schächte" (Bergwerke), „Kautionen und Einlagen der Wirtekundschaft" (Brauereien).

## 8. Anpassung der Gliederung und Bezeichnung der Posten an die Besonderheiten des Unternehmens

Gliederung und Bezeichnung der mit arabischen Zahlen[9] versehenen Posten **sind** zu ändern, wenn dies wegen der Besonderheiten des Unternehmens erforderlich ist. Dies gilt vor allem für branchenmäßige Besonderheiten. Im

---

[8] Von einer „Heimfallverpflichtung" wird gesprochen, wenn das Unternehmen oder bestimmte Unternehmensteile nach Ablauf einer bestimmten Zeit (Konzessionszeit) ohne Gegenwert an den Konzessionsgeber fällt.
[9] Vgl. S. 136.

Gegensatz zur stärkeren Aufgliederung von Posten kommt ein Ersatz der vorgeschriebenen Bezeichnungen durch individuelle Begriffe vergleichsweise selten vor. Zu denken ist in erster Linie an den Ersatz des Begriffs „Maschinen" durch treffendere Bezeichnungen (z. B. Schiffe, Stromerzeugungsanlagen, Hafenbetriebsanlagen, Flugzeuge).

Sofern der tatsächliche Inhalt eines Postens nicht vollständig der gesetzlichen Bezeichnung entspricht, ist der gesetzliche Begriff entsprechend abzuändern. Dies betrifft Posten, unter denen mehrere Tatbestände subsumiert werden können, z. B.

- geleistete Anzahlungen (und Anlagen im Bau),
- Wertpapiere des Anlagevermögens (und sonstige Ausleihungen),
- fertige Erzeugnisse (und Waren),
- Verbindlichkeiten aus der Annahme gezogener Wechsel (und der Ausstellung eigener Wechsel).

Handelsunternehmen weisen statt „fertige Erzeugnisse, Waren" nur „Waren" aus. Ebenso ist neben dem Kassenbestand ein Bundesbankguthaben nur zu erwähnen, wenn dieses tatsächlich vorhanden ist.

## 9. Zusammenfassung unbedeutender oder die Klarheit vermindernder Posten

Die mit arabischen Zahlen versehenen Posten der gesetzlichen Schemata können zusammengefaßt werden, wenn sie entweder

- betragsmäßig nicht erheblich sind oder
- durch die Zusammenfassung die Klarheit der Darstellung vergrößert wird.

Im zweiten Fall ist eine Aufgliederung im Anhang notwendig. Wichtiger ist daher der erste Fall. Die Formulierung des Gesetzentwurfs wird nach Rechtskraft zu Auslegungsschwierigkeiten führen, da keine Einigkeit darüber erzielt werden wird, wie klein ein Betrag sein muß, um für die Vermittlung eines den tatsächlichen Verhältnissen entsprechenden Bildes nicht mehr erheblich zu sein. Hiermit wird der bereits bei der Bewertung[10] erwähnte Grundsatz der Wesentlichkeit (materality)[11] angesprochen. International gilt dieser zwar als GoB, Einigkeit über seinen Inhalt gibt es aber weder im In- noch im Ausland. *Niehus*[12] gibt in diesem Zusammenhang die folgende Empfehlung des australischen Instituts der Wirtschaftsprüfer wieder:

- Ein Betrag, der gleich oder größer als 10% des Grundbetrages ist, sollte als wesentlich angesehen werden, es sei denn, es gibt einen Beweis für das Gegenteil.
- Ein Betrag, der gleich oder weniger als 5% des Grundbetrags ist, sollte als unwesentlich angesehen werden, es sei denn, es gibt den Beweis des Gegenteils.

---

[10] Vgl. S. 74.
[11] Einzelheiten bei *R. J. Niehus*, „Materiality" („Wesentlichkeit") – Ein Grundsatz der Rechnungslegung auch im deutschen Handelsrecht?, WPg 1981, S. 1–14.
[12] Ebenda, S. 13.

III. Die Gliederung der Bilanz    135

- Bei einem Betrag, der zwischen 5 und 10% des Grundbetrages liegt, hängt die Entscheidung von den Umständen ab.

Erläuterungen zum Inhalt des Begriffes „Grundbetrag" werden nicht gegeben. Im Zusammenhang mit der Bilanzgliederung kann es sich hier wohl nur um den nächsthöheren Begriff im Schema handeln. In der Bilanz der Arbed Saarstahl GmbH, Völklingen, zum 31. 12. 1982 betrug die Summe der Verbindlichkeiten 2.776 Mio DM und die der Wechselverbindlichkeiten 84 Mio DM (= 3%). Ist dieser Betrag „nicht erheblich"? In diesem Zusammenhang stellt sich auch die Frage, unter welchem Posten die „unwesentlichen" Beträge aufgeführt werden sollen, falls es keinen Posten „sonstige" gibt. Wegen der Unsicherheiten in der Auslegung dürfte die Zusammenfassung nicht erheblicher Posten in absehbarer Zeit wenig praktische Bedeutung erlangen.

## 10. Verzicht auf Leerposten

Falls zu einem Bilanzposten kein Betrag gehört (weil z.B. Grundstücke nicht vorhanden sind) braucht er nicht aufgeführt zu werden. Ein Leerposten ist nur erforderlich, wenn im vorhergehenden Geschäftsjahr unter diesem Posten ein Betrag ausgewiesen wurde.

Zum bisherigen Recht (§ 151 AktG) bestand eine gewisse Unklarheit darüber, ob und gegebenenfalls inwieweit sich das Weglassen der Leerposten auch auf die Vermerke zu einzelnen Posten bezieht. Zu § 151 Abs. 2 AktG vertraten *Adler-Düring-Schmaltz*[13] und *Kropff* die Auffassung, daß eine Fehlanzeige bei Vermerken lediglich bei den ausstehenden Einlagen auf das Grundkapital („... davon eingefordert) und den Wechseln („... davon bundesbankfähig") erforderlich sei. Sie begründeten dies damit, daß die Fehlanzeige in diesen Fällen eine für den Außenstehenden wichtige Information enthielte und man nicht davon ausgehen könne, daß dem Bilanzleser alle Einzelheiten des Gliederungsschemas geläufig seien. Beide Posten sind in den Formblättern des Regierungsentwurfs nicht mehr enthalten. Für die neu geschaffenen Vermerke bei den sonstigen Verbindlichkeiten trifft m.E. die bisher für die Fehlanzeige vorgetragene Begründung nicht zu. Der Verzicht auf Leerposten gilt daher künftig auch für Vermerke zu Bilanzposten.

## b) Die Bilanzgliederung im einzelnen

### 1. Übersicht

(a) Der Regierungsentwurf eines Bilanzrichtlinie-Gesetzes enthält für publizitätspflichtige Unternehmen drei Bilanzschemata, die sich durch die Zahl der jeweils auszuweisenden Posten unterscheiden:

---

[13] *Adler-Düring-Schmaltz,* Anm. 21a zu § 151 AktG; *Kropff,* Vorbem. § 151 AktG Anm. 16.

- Das erste Schema ist für Unternehmen vorgesehen, die zwar veröffentlichungs- aber nicht prüfungspflichtig sind (die kleinen[14] Gesellschaften mit beschränkter Haftung). Wir wollen es das Schema I nennen.
- Das zweite Schema soll für Unternehmen gelten, die veröffentlichungs- und prüfungspflichtig sind, jedoch nicht die Merkmale der Großunternehmen erreichen (die mittelgroßen Gesellschaften mit beschränkter Haftung, Aktiengesellschaften und Genossenschaften). Wir wollen es das Schema II nennen.
- Das dritte Schema sollen die großen und sehr großen Unternehmen anwenden (Schema III).

Die gesetzlichen Schemata werden erweitert bzw. korrigiert durch

- Posten, die aufgrund von Bestimmungen des HGB zusätzlich aufgenommen werden können oder müssen;
- Posten, die aufgrund von Vorschriften der handelsrechtlichen Sondergesetze (z.B. AktG, GmbHG, GenG) aufzunehmen oder abzuändern sind;[15]
- Posten, die aufgrund von Anweisungen der Formblattverordnungen (z.B. für Kreditinstitute) aufzunehmen oder abzuändern sind.[16]

Die besonderen Posten der handelsrechtlichen Sondergesetze und der Formblattverordnungen werden im folgenden nicht behandelt.

Die Bilanz wird üblicherweise gegliedert in

- **Postengruppen:** Bezeichnung mit großen Buchstaben (z.B. „A. Anlagevermögen");
- **Hauptposten:** Bezeichnung mit römischen Zahlen (z.B. „I. Immaterielle Wirtschaftsgüter");
- **Posten:** Bezeichnung mit arabischen Zahlen (z.B. „1. Konzessionen, gewerbliche Schutzrechte ...");
- **Vermerke zu Posten:** Ausweis in Vorspalten (z.B. im Schema III bei den sonstigen Verbindlichkeiten „davon aus Steuern").

Wird ein Hauptposten in einem bestimmten Schema nicht aufgegliedert (z.B. die immateriellen Wirtschaftsgüter im Schema I) oder fallen Hauptposten weg, dann stimmen insoweit die Begriffe „Hauptposten" und „Posten" überein. Der Posten behält in diesem Fall die römische Zahl als Ordnungsnummer, falls eine Zusammenfassung nicht infragekommen soll (z.B. III. Gewinnrücklagen),[17] andernfalls erhält er eine arabische Zahl (z.B. 1. Verbindlichkeiten gegenüber Kreditinstituten).

Den nicht veröffentlichungspflichtigen Unternehmen wird handelsrechtlich ein bestimmtes Bilanzschema nicht vorgeschrieben. Nach Auffassung des

---

[14] Größenmerkmale vgl. S. 8.
[15] Z.B. haben Genossenschaften den Betrag der Geschäftsguthaben der ausgeschiedenen Genossen gesondert anzugeben (§ 33a GenG).
[16] Z.B. sehen die Formblätter für die Bilanzen der Kreditinstitute einen völlig anderen Aufbau und zahlreiche andere Posten vor als das Handelsrecht. Die Formblätter sind abgedruckt u.a. bei *Reischauer-Kleinhans*, KWG, Loseblattwerk.
[17] Vgl. S. 134.

## III. Die Gliederung der Bilanz

RG[18] waren die Gliederungsvorschriften des AktG 1937 zu GoB geworden. Ein Teil der Literatur[19] war dieser Meinung auch hinsichtlich der Gliederungsvorschriften des AktG 1965 gefolgt, ein anderer[20] verlangte lediglich eine klare und übersichtliche Gliederung. Nach der Bilanzrechtsform dürfte zumindest das Schema I Richtschnur auch der Bilanzen der nichtpublizitätspflichtigen Unternehmen sein, auch wenn es für sie nicht verbindlich ist. Die handelsrechtlichen Bezeichnungen der Postengruppen, Hauptposten und Posten können dagegen als verbindlich im Sinne der GoB angesehen werden, d. h. sie dürfen in den Bilanzen der nichtpublizitätspflichtigen Unternehmen nicht in einem von den handelsrechtlichen Schemata abweichenden Sinn verwandt werden.[21]

(b) Das **Steuerrecht** kennt kein eigenes Bilanzschema. §§ 5 und 6 EStG erwähnen zwar einige Postengruppen (z.B. Anlage- und Umlaufvermögen), einige Hauptposten (z.B. Verbindlichkeiten) und bestimmte Posten (z.B. Rechnungsabgrenzungsposten), sie fügen diese aber nicht zu einer vollständigen Gliederung zusammen. Soweit Gliederungsbestandteile als GoB anzusehen sind, gelten sie auch für die Steuerbilanz.

## 2. Die Gliederung der Aktivseite

(a) Die Gliederung des Anlagevermögens

*(1) Begriff und Hauptposten*

Zur Postengruppe „Anlagevermögen" gehören die Wirtschaftsgüter, die dauernd dem Betrieb dienen sollen. Die Zuordnung ergibt sich in seltenen Fällen aus der Sache selbst (z.B. sind Beteiligungen immer Anlagevermögen, da die dauerhafte Verbindung zum Begriff der Beteiligung gehört). Im Regelfall bestimmt erst der Zweck des Erwerbs, ob der Vermögensgegenstand zum Anlage- oder Umlaufvermögen gehört. So ist ein Grundstück, das ein Bauunternehmer erworben hat, um hierauf zum Verkauf bestimmte Häuser zu errichten, nicht Teil des Anlagevermögens. Hierzu gehört aber der Vorführwagen eines Kraftfahrzeughändlers. Im Industriebetrieb rechnen Maschinen, die nächstes Jahr ersetzt werden sollen, so lange zum Anlagevermögen, wie nicht bestimmte Maßnahmen erkennen lassen, daß eine andere Widmung der Gegenstände bevorsteht (z.B. die Übergabe an einen Händler). Zum Verkauf stehende, stillgelegte Betriebsteile und bisher betrieblich genutzte Grundstücke, die veräußert werden sollen, gehören dagegen zum Umlaufvermögen. Nicht wesentlich ist, ob die Wirtschaftsgüter innerhalb des eigenen Betriebs

---

[18] RG-Urteil vom 14. 3. 1939 (RGZ 46, 304).
[19] Z.B. *Karl Eder,* Gelten die neuen aktienrechtlichen Bewertungsvorschriften auch für die Jahresabschlüsse der GmbH,? GmbHR 1965, S. 192–194.
[20] *Adler-Düring-Schmaltz,* Anm. 3 der Vorbem. zu § 148 AktG.
[21] So für die Posten des AktG 1965 schon *Kropff,* Anm. 18 der Vorbem. zu § 148 AktG.

genutzt werden oder in anderen Betrieben der Ertragserzielung dienen (z. B. verpachtete oder vermietete Gegenstände).

Grundsätzlich wird auf die Zweckbestimmung am Bilanzstichtag abgestellt. Im Einzelfall kann aber auch die Zweckbestimmung beim Zugang ausschlaggebend sein. Z. B. gehört ein Stanzwerkzeug, das bis zum Ende des Geschäftsjahrs bereits wieder unbrauchbar geworden ist, in die Zugänge zum Anlagevermögen. Das Beispiel zeigt auch, daß „dauernd dienen" nicht unbedingt voraussetzt, daß der Gegenstand für mehrere Jahre genutzt wird (auch wenn das der Regelfall sein wird). Begriffserheblich ist, daß das Gut „genutzt" werden soll, d. h. nicht zum Zwecke der Verarbeitung oder des Verkaufs beschafft wurde.

Hauptposten des Anlagevermögens sind die immateriellen Wirtschaftsgüter, die Sachanlagen und die Finanzanlagen.

*(2) Die immateriellen Wirtschaftsgüter*

Immaterielle Wirtschaftsgüter sind nicht-körperliche Gegenstände (Rechte und sonstige wirtschaftliche Werte), soweit sie nicht zu den Finanzanlagen gehören.

Das Schema I weist die immateriellen Wirtschaftsgüter in einem Posten aus.

Das Schema II gliedert diesen Hauptposten auf in

- Konzessionen, gewerbliche Schutzrechte und ähnliche Rechte und Werte sowie Lizenzen an solchen Rechten und Werten, geleistete Anzahlungen,
- Geschäfts- oder Firmenwert.

Das Schema III weist auch die

- geleisteten Anzahlungen

als eigenen Posten aus.

**Konzessionen** sind Befugnisse, kraft deren ein Unternehmen berechtigt ist, Tätigkeiten auszuüben, für die die öffentliche Verwaltung ein Verleihungsrecht besitzt[22] (z. B. Güterverkehrskonzession, wasserrechtliche Bewilligungen, Eisenbahn-Betriebsrechte). **Gewerbliche Schutzrechte** sind das Patent-, Warenzeichen-, Gebrauchsmuster- und Geschmacksmusterrecht. Die **ähnlichen Rechte und Werte** lassen sich nicht abschließend definieren. Ihre Aktivierbarkeit kann im Einzelfall strittig sein.[23] Bei den ähnlichen Rechten handelt es sich stets um Ansprüche gegen Dritte (z. B. Verlagsrechte, Hotelbelegungsrecht, Brennrecht, Fischereirecht). Zu den ähnlichen Werten gehören Rezepte, eine Kundenkartei, ungeschützte Erfindungen, soweit sie als solche gegen Entgelt erworben worden sind. Unter **Lizenzen** versteht man Nutzungsrechte an gewerblichen Schutzrechten (z. B. die Erlaubnis zur Verwendung eines Warenzeichens, das einem anderen gehört). Aktivierbar sind nur Ausgaben, mit denen eine über die Abrechnungsperiode hinausreichende Nutzungsmöglichkeit erworben wurde (andernfalls wäre die Lizenzgebühr als Aufwand zu behandeln).

---

[22] *Kropff*, Anm. 29 zu § 151 AktG.
[23] Vgl. S. 17 f.

Der Begriff **Geschäfts oder Firmenwert** ist bereits definiert worden.[24] Voraussetzungen der Aktivierung sind

- der Erwerb eines Unternehmens,
- zu einem Kaufpreis, der die Verkehrswerte der einzelnen Vermögensgegenstände übersteigt,
- wobei das erworbene Unternehmen seine rechtliche Selbständigkeit verliert.

Das erworbene Unternehmen braucht keine eigene Firma besessen zu haben (daher **Geschäfts**wert neben dem **Firmen**wert), es reicht z.B. der Kauf eines einzelnen Werkes von einem Großunternehmen, sofern dieses Werk am Wirtschaftsleben selbständig teilnehmen könnte.[25] Nicht zum Geschäftswert gehören gegebenenfalls immaterielle Anlagegegenstände, die das erworbene Unternehmen selbst nicht hätte aktivieren dürfen (z.B. selbst entwickelte Patente), sofern diese einen Wert für den Erwerber haben. Derartige Güter sind unter den entsprechenden Posten gesondert auszuweisen. Kein Firmenwert im bilanziellen Sinne entsteht, falls alle Anteile einer Gesellschaft erworben werden und das übernommene Unternehmen **rechtlich** selbständig weitergeführt wird (in diesem Fall Bilanzierung innerhalb des Anschaffungswerts der Beteiligung). In veröffentlichten Bilanzen kommt der Ausweis eines Firmenwertes verhältnismäßig selten vor. Dies kann damit zusammenhängen, daß die Aktivierung bisher fakultativ war. Wahrscheinlicher ist allerdings, daß die Wertansätze der übernommenen, abnutzbaren Wirtschaftsgüter so großzügig erhöht werden, daß kein Firmenwert mehr übrig bleibt. Dadurch wird das steuerliche Abschreibungsverbot umgangen.

Der gesonderte Ausweis der **geleisteten Anzahlungen** auf immaterielle Wirtschaftsgüter war im bisherigen Recht nicht vorgesehen. Anzahlungen sind Vorleistungen des Vertragspartners für ein Geschäft, bei dem die Lieferung (z.B. die Übertragung des Patentrechts) noch aussteht. Auch wenn der gesamte vereinbarte Kaufpreis bereits im voraus bezahlt worden ist, liegt eine Anzahlung im bilanziellen Sinne vor.[26] Dem Bilanzleser soll gezeigt werden, daß insoweit Zahlungen geleistet wurden, die zu einem Wirtschaftsgut des Anlagevermögens führen werden (nicht dagegen zu einer Nutzungsmöglichkeit wie bei den aktiven Rechnungsabgrenzungsposten).

*(3) Die Sachanlagen*

Sachanlagen sind die körperlichen Gegenstände, die dem Anlagevermögen zugeordnet worden sind.

Das Schema I gliedert den Hauptposten Sachanlagen auf in

- Grundstücke und Bauten,
- Maschinen, technische und andere Anlagen, Betriebs- und Geschäftsausstattung,
- geleistete Anzahlungen und Anlagen im Bau.

---
[24] Vgl. S. 32.
[25] *Adler-Düring-Schmaltz*, Anm. 133 zu § 153 AktG.
[26] A.A.: *Adler-Düring-Schmaltz*, Anm. 135 zu § 151 AktG. Vgl. auch S. 28 und 144.

Das Schema II teilt den Posten „Grundstücke und Bauten" weiter auf in
- Grundstücke und grundstücksgleiche Rechte mit Bauten,
- Grundstücke und grundstücksgleiche Rechte ohne Bauten und Bauten auf fremden Grundstücken.

Der Posten Maschinen wird hier zerlegt in
- technische Anlagen und Maschinen,
- andere Anlagen, Betriebs- und Geschäftsausstattung.

Das Schema III sieht bei den Grundstücken vor:
- Grundstücke und grundstücksgleiche Rechte mit Geschäfts-, Fabrik- und anderen Bauten,
- Grundstücke und grundstücksgleiche Rechte mit Wohnbauten,
- Grundstücke und grundstücksgleiche Rechte ohne Bauten,
- Bauten auf fremden Grundstücken, die nicht zu den beiden erstgenannten gehören.

Der Posten Maschinen wird im Schema III aufgegliedert in
- technische Anlagen und Maschinen,
- andere Anlagen und Geschäftsausstattung.

**Geschäftsbauten** sind die Verwaltungsgebäude (einschl. Sozialgebäude, z.B. Kantine). **Fabrikbauten** dienen der Fertigung. Bauten sind auch Einrichtungen, die der Benutzung des Gebäudes dienen (z.B. Heizungs- und Beleuchtungsanlagen, Rolltreppen). Die Abgrenzung dieser Gebäudeteile zu den Maschinen sowie der Betriebs- und Geschäftsausstattung ist zuweilen schwierig. Steuerlich gehören andere Grundstücksbestandteile als die Gebäude zum beweglichen Anlagevermögen, wenn sie als Betriebsvorrichtungen gelten (z.B. Kühleinrichtungen, Transportbänder, Feuerlöschanlagen).[27] Auch die **anderen Bauten** dienen unmittelbar dem Betrieb, ohne daß es sich um Gebäude handeln muß (z.B. Kühltürme, Hafenanlagen, Straßen und Parkplätze).

Als **Grundstücke mit Wohnbauten** werden z.B. Werkswohnungen, Wohnheime und Erholungsheime ausgewiesen. Besteht das Sachziel des Unternehmens dagegen in der Vermietung von Wohnungen, dann gehören diese Baulichkeiten zu den Geschäftsbauten.

**Grundstücke ohne Bauten** sind nicht alle unbebauten Teile bebauter Grundstücksflächen, sondern nur diejenigen Grundstücke, die selbständig verwertet werden könnten.

---

[27] Für die Abgrenzung des Grundvermögens von den Betriebsvorrichtungen besteht für die Zwecke der Besteuerung der übereinstimmende Ländererlaß vom 31.3.1967 (BStBl. II, S. 127). Anlagen im Gebäude sind danach Betriebsvorrichtungen, sofern sie nicht zum Gebäude selbst rechnen. Gebäude ist ein Bauwerk, das Menschen oder Sachen durch räumliche Umschließung gegen äußere Einflüsse Schutz gewährt, den Aufenthalt von Menschen gestattet, fest mit dem Grund und Boden verbunden, von einiger Beständigkeit und standfest ist. Es ist im Einzelfall zu prüfen, ob ein wesentlicher Bestandteil des Gebäudes vorliegt oder nicht.

## III. Die Gliederung der Bilanz

Zu den **Bauten auf fremden Grundstücken** gehören selbständige bauliche Einrichtungen auf gepachteten (ohne Erbpacht) Grundstücken (Gebäude, Parkplätze), gleichgültig, ob sie im Rechtssinn wesentlicher Bestandteil des Grundstücks geworden sind oder nicht. Hierher gehören auch Mietereinbauten.

**Grundstücksgleiche Rechte** sind Rechte, die bürgerlich-rechtlich wie Grundstücke behandelt werden (d.h. sie erhalten ein eigenes Grundbuchblatt und sie können belastet werden). Beispiele sind das Bergwerkseigentum,[28] das Erbbaurecht[29] und das Wohnungseigentum.[30]

**Technische Anlagen und Maschinen** sind sowohl Anlagen, die mit dem Grund fest verbunden sind (z.B. Hochöfen, Raffinerieanlagen) als auch bewegliche Anlagen (z.B. Werkzeugmaschinen, Transportanlagen), soweit sie unmittelbar der Fertigung dienen.

Zu den **anderen Anlagen** und der **Betriebs- und Geschäftsausstattung** gehören alle übrigen Anlagen, soweit sie für den Betrieb bestimmt sind (z.B. Werkstätten-, Büro-, Lagereinrichtungen, Fuhrpark, Fernsprech- und Rohrpostanlagen).

Als **geleistete Anzahlungen und Anlagen im Bau** werden Investitionen aktiviert, die noch nicht zu fertigen Gegenständen des Sachanlagevermögens geführt haben. Als Zugänge[31] sind nur die zusätzlich am Bilanzstichtag unfertigen Anlagen auszuweisen. Umgebucht[32] auf die anderen Anlageposten können demnach auch nur solche Beträge werden, die schon in einem früheren Jahresabschluß ausgewiesen worden waren.

*(4) Die Finanzanlagen*

Finanzanlagen sind Anteile an anderen Unternehmen, Wertpapiere (einschl. Anzahlungen hierauf) und Darlehn, soweit sie zum Anlagevermögen gehören.

Das Schema I gliedert die Finanzanlagen in

- Beteiligungen und
- Wertpapiere, Ausleihungen und sonstige Finanzanlagen.

Die durch Grundpfandrechte[33] gesicherten Ausleihungen sind zu vermerken.

---

[28] Das auf die wirtschaftliche Ausbeutung eines bestimmten Feldes gerichtete Bergwerkseigentum steht neben dem Grundstückseigentum des Bodeneigentümers. Das Bundesberggesetz vom 1.1.1982 unterscheidet zwischen altem (zeitlich unbegrenzt, ohne Förderabgabe) und neuem Recht (in der Regel auf 50 Jahre verliehen und mit einer Förderabgabe belastet).
[29] Das aufgrund eines Erbbaurechts errichtete Bauwerk gilt als wesentlicher Bestandteil des Erbbaurechts und ist Eigentum des Erbbauberechtigten (§ 12 Abs. 1 ErbbauVO).
[30] Durch Sondereigentum an der Wohnung beschränktes Miteigentum an einem Grundstück (Wohnungseigentumsgesetz vom 15.3.1951).
[31] Vgl. S. 198.
[32] Vgl. S. 198.
[33] Grundpfandrechte sind dingliche Rechte, die zur Sicherung einer Forderung auf einem Grundstück ruhen (= Hypothek, Grundschuld, Rentenschuld). Auszuweisen

Das Schema II spaltet die Finanzanlagen auf in
- Anteile an verbundenen Unternehmen,
- Ausleihungen an verbundene Unternehmen,
- Beteiligungen,
- Ausleihungen an Unternehmen, mit denen ein Beteiligungsverhältnis besteht,
- Wertpapiere des Anlagevermögens und sonstige Ausleihungen.

Das Schema III gliedert den zuletzt genannten Posten zusätzlich auf in
- Wertpapiere des Anlagevermögens und
- sonstige Ausleihungen.

**Anteile** an anderen Unternehmen beruhen auf gesellschaftsrechtlichen Grundlagen. Sie geben ihrem Inhaber die Stellung eines Gesellschafters. Aus der Sicht der anteilsausgebenden Unternehmung sind sie Eigenkapital. Sie können in Wertpapieren verbrieft sein (z.B. Aktien, Kuxe) oder nicht (GmbH-, Kommandit-, Genossenschaftsanteile). Bei den **verbundenen Unternehmen** handelt es sich um rechtlich selbständige Unternehmen, die im Verhältnis zueinander

- in Mehrheitsbesitz stehende und mit Mehrheit beteiligte Unternehmen,[34]
- abhängige[35] und herrschende Unternehmen,
- Konzernunternehmen,[36]
- wechselseitig beteiligte Unternehmen,[37]
- Vertragsteile eines Unternehmensvertrags[38]

sind.

Der Auffassung von *Oelmeier*,[39] daß es sich bei verbundenen Unternehmen nur um Verbindungen mit einer AG oder KG handeln dürfe, wird hier nicht gefolgt, da dies dem Sinn der neuen gesetzlichen Regelungen widerspricht (die 4. EG-Richtlinie differenziert nicht zwischen AG und GmbH).

---

ist nicht der Betrag des Pfandrechts, sondern der Betrag der durch das Pfandrecht gesicherten Ausleihung, soweit er in der Hauptspalte aktiviert ist.

[34] D.h. einem Unternehmen gehört die Mehrheit des Nennkapitals oder der Stimmrechte eines anderen Unternehmens (§ 16 AktG).

[35] D.h. Unternehmen, auf die ein anderes Unternehmen unmittelbar oder mittelbar einen beherrschenden Einfluß ausüben kann (§ 17 AktG).

[36] D.h. Unternehmen, die unter einheitlicher Leitung eines anderen Unternehmens stehen (§ 18 AktG).

[37] D.h. Unternehmen in der Rechtsform einer Kapitalgesellschaft, die dadurch verbunden sind, daß jedem Unternehmen mehr als ein Viertel der Anteile des anderen Unternehmens gehören (§ 19 AktG).

[38] D.h. Unternehmen zwischen denen Beherrschungs- und Gewinnabführungsverträge (§ 291 AktG), oder Teilgewinnabführungs-, Gewinngemeinschafts-, Betriebspacht- oder Betriebsüberlassungsverträge (§ 292 AktG) abgeschlossen worden sind.

[39] *Max Oelmeier*, Neue Rechnungslegungs-, Prüfungs- und Publizitätspflichten für die GmbH nach dem Bilanzrichtlinie-Gesetz, Losesblattwerk, Kissing, Teil 3, Kap. 4.2.7.

## III. Die Gliederung der Bilanz

**Ausleihungen** sind Kapitalforderungen. Sie geben ihrem Inhaber die Stellung eines Gläubigers. Aus der Sicht der kapitalaufnehmenden Unternehmung handelt es sich um Fremdkapital. Ausleihungen können in Wertpapieren verbrieft sein (z. B. Obligationen) oder nicht (z. B. Schuldscheindarlehen, Hypothekenforderungen). Die z. Zt. noch geltende Voraussetzung, daß Ausleihungen eine vertragliche Laufzeit von mindestens 4 Jahren haben müssen, wird das neue Recht nicht übernehmen. Immerhin muß die Ausleihung „dauernd" dem Betrieb dienen und das kann sie wohl nur, wenn sie vertragsgemäß für einen längeren Zeitraum (Bankpraxis mehr als 4 Jahre) hingegeben worden ist.

Nach dem Gesetzentwurf handelt es sich bei den **Beteiligungen** um „Anteile an anderen Unternehmen, die bestimmt sind, dem eigenen Geschäftsbetrieb durch Herstellung einer dauernden Verbindung zu jenem Unternehmen zu dienen". Im Zweifel wird bei Anteilen an Kapitalgesellschaften die Beteiligungsabsicht unterstellt, wenn der Nennbetrag der erworbenen Anteile 20% (nach geltendem Recht 25%) des Nennkapitals dieser Gesellschaften übersteigt. Ohne Rücksicht auf die Beteiligungshöhe und die Dauer der Verbindung sollen Anteile an Personengesellschaften (z. B. Kommanditanteile) oder Genossenschaften stets als Beteiligung gelten. Eine dauerhafte Verbindung setzt mehr voraus als das Ziel der Dividendenerzielung, aber weniger als den Einfluß auf die Geschäftsführung oder gar die einheitliche Leitung. Mit der Verbindung wird eine dauerhafte Zusammenarbeit angestrebt (zur Sicherung des Absatzes, der Beschaffung, gemeinsamer Entwicklung, aber auch des Risikoausgleichs). Widerlegt werden kann sowohl die Beteiligungsabsicht (falls lediglich eine langfristige, zinsgünstige Kapitalanlage angestrebt wird, z. B. zur Sicherung von Pensionsansprüchen der Belegschaft) als auch die Dauerhaftigkeit (falls das Paket nur erworben wurde, um es anderweitig unterzubringen).

Die Entwicklung der einzelnen Posten des Anlagevermögens (und der Bilanzierungshilfe)[40] ist in der Bilanz oder im Anhang darzustellen. Da dieser sogenannte Anlagenspiegel nach neuem Recht noch umfangreicher werden wird als bisher, dürfte es sich empfehlen, ihn künftig im Anhang darzustellen. In diesem Zusammenhang wird er auch in diesem Buch behandelt.[41]

(b) Die Gliederung des Umlaufvermögens

*(1) Begriff und Hauptposten*

Der Postengruppe Umlaufvermögen sind alle diejenigen Wirtschaftsgüter zuzuweisen, die kein Anlagevermögen sind. Es handelt sich demnach um Gegenstände, die nicht bestimmt sind, dauernd dem Geschäftsbetrieb zu dienen. Hinzukommen die eigenen Anteile und die Anteile an Obergesellschaften, unabhängig von ihrer Zweckbestimmung.

Hauptposten des Umlaufvermögens sind die Vorräte, die Forderungen und sonstigen Wirtschaftsgüter, die Wertpapiere und die flüssigen Mittel.

---

[40] Vgl. S. 29.
[41] Vgl. S. 197 ff.

## (2) Die Vorräte

Vorräte sind die für die Produktion bestimmten, in ihr stehenden und aus ihr hervorgegangenen Güter[42] sowie die auf das Vorratsvermögen geleisteten Anzahlungen. Bei Handelsbetrieben verringert sich der Begriffsinhalt auf die Handelswaren und die geleisteten Anzahlungen.

Die Aufgliederung der Vorräte stimmt in allen drei Schemata überein. Soweit vorhanden, sind vier Posten auszuweisen:

- Roh-, Hilfs- und Betriebsstoffe,
- unfertige Erzeugnisse,
- fertige Erzeugnisse und Waren,
- geleistete Anzahlungen.

Zu den **Rohstoffen** zählen die Grundstoffe, die bei der Fertigung eingesetzt werden (z.B. Erz, Rohöl, Baumwolle), ferner die von Dritten bezogenen Zwischenprodukte (z.B. Stahl, Tuche) und schließlich die Einbauteile (z.B. Batterien, Reifen, Radios in der Bilanz des Fahrzeugherstellers). **Hilfsstoffe** sind untergeordnete Bestandteile des späteren Produkts (z.B. Nägel, Schrauben, Lack, Verpackungsmaterial). **Betriebsstoffe** gehen nicht in das Produkt ein, sondern werden bei der Fertigung verbraucht (z.B. Brennstoffe, Reinigungs- und Schmiermittel).

Zu den **unfertigen Erzeugnissen** gehören die Produkte, die bis zum Verkauf noch einer weiteren Bearbeitung bedürfen. Diese „Bearbeitung" kann auch in einer notwendigen Lagerung bestehen (z.B. Holz, Wein, Whisky). Bauunternehmen bilanzieren hier die „nicht abgerechneten Bauten". Die „in Arbeit befindlichen Aufträge" der Dienstleistungsbetriebe gehören dagegen zu den Forderungen.

**Fertigerzeugnisse** sind selbst hergestellte, versandbereite oder im Lager befindliche Gegenstände, die zum Verkauf bestimmt sind (Endprodukte des jeweiligen Herstellers).

**Waren** sind diejenigen Gegenstände, die mit dem Ziel der Weiterveräußerung erworben wurden. Hat der Kunde ein Wahlrecht bei der Rückgabe höherwertiger Leihemballagen (z.B. Fässer, Kisten), so können diese entweder zu den Waren oder zur Betriebs- und Geschäftsausstattung gerechnet werden.[43] „Betriebsfremde" Vorräte (z.B. in der Zwangsversteigerung erworbene Grundstücke, die weiterveräußert werden sollen) gehören nicht zu den Waren, sondern zu den sonstigen Wirtschaftsgütern.

**Anzahlungen** auf Vorratsvermögen sind Vorleistungen aufgrund von Lieferungs- oder Leistungsverträgen. Unwesentlich ist beim Umlaufvermögen, ob die zu erbringende Lieferung oder Leistung später aktivierbar ist[44] (z.B. Anzahlungen auf abgeschlossene Reparaturverträge) und ob die Anzahlung den gesamten vereinbarten Kaufpreis oder nur einen Teil umfaßt.

---

[42] *Kropff,* Anm. 43 zu § 151 AktG.
[43] *Adler-Düring-Schmaltz,* Anm. 129 zu § 151 AktG.
[44] WP-Jahrbuch 1981, S. 728.

## III. Die Gliederung der Bilanz

**Erhaltene Anzahlungen** auf Bestellungen dürfen von dem Hauptposten „Vorräte" offen abgesetzt werden. Dies hat allerdings den Nachteil, daß die Bilanzsumme nicht mehr mit dem in der Unternehmung eingesetzten Kapital übereinstimmt.

*(3) Die Forderungen und sonstigen Wirtschaftsgüter*

Forderungen sind Ansprüche auf Geld aus gegenseitigen Verträgen mit Kunden, verbundenen Unternehmen und Unternehmen, mit denen ein Beteiligungsverhältnis besteht. Sonstige Wirtschaftsgüter sind alle nicht gesondert auszuweisenden Gegenstände des Umlaufvermögens.

Die Aufgliederung der Forderungen und sonstigen Wirtschaftsgüter ist im Grundsatz in allen drei Schemata gleich. Allerdings können die kleinen publizitätspflichtigen Unternehmen die Forderungen gegen verbundene Unternehmen und gegen Beteiligungsunternehmen auch in einer Vorspalte zu den sonstigen Forderungen ausweisen. Gesondert zu zeigen sind:

- Forderungen aus Lieferungen und Leistungen,
- Forderungen gegen verbundene Unternehmen,
- Forderungen gegen Unternehmen, mit denen ein Beteiligungsverhältnis besteht,
- sonstige Wirtschaftsgüter.

Gegebenenfalls kommt darüberhinaus noch der Ausweis der eingeforderten, noch nicht eingezahlten Beträge der ausstehenden Einlagen in Betracht.[45]

**Forderungen aus Lieferungen und Leistungen** sind die Ansprüche des Unternehmens aus erfüllten Umsatzgeschäften (einschl. Vermietung und Verpachtung), ohne Rücksicht auf die Fälligkeit. Der Umsatzbegriff wird hier weiter ausgelegt als in der Erfolgsrechnung. So würde eine Unternehmung, die nicht mit Maschinen handelt, den Gegenwert aus dem Verkauf einer Maschine in der Gewinn- und Verlustrechnung nicht als Umsatzerlöse (sondern in Höhe des Buchgewinns als Ertrag aus dem Abgang von Gegenständen des Anlagevermögens) ausweisen. Die entsprechende Forderung zählt aber zu den Forderungen aus Lieferungen und Leistungen, da davon auszugehen ist, daß ausrangierte Maschinen regelmäßig verkauft werden. Dagegen rechnen Kaufpreisforderungen aus Grundstücken (sofern es sich bei dem bilanzierenden Unternehmen nicht um einen Immobilienhändler handelt), nicht zu den Forderungen aus Lieferungen und Leistungen, sondern zu den sonstigen Wirtschaftsgütern. Eine Saldierung von Forderungen mit Verbindlichkeiten gegenüber demselben Vertragsgegner kommt nur in Frage, wenn die Rechtsnatur beider Verträge gleich ist (z.B. bei Kompensationsgeschäften) und die Aufrechnung erklärt wurde.[46]

Nicht abgerechnete Leistungen (z.B. einer Bauunternehmung, die Bauten auf fremdem Grund und Boden errichtet) sind gesondert auszuweisen.

---

[45] Vgl. S. 31.
[46] *Heinen,* Handelsbilanzen, S. 237.

Nicht mehr zu den Lieferforderungen gehören diejenigen Außenstände, die im Wege des Factorings[47] verkauft worden sind. Ist der Factor ein Kreditinstitut, so kommt ein Ausweis als Guthaben bei Kreditinstituten in Frage (auf einen gegebenenfalls gesperrten Betrag ist hinzuweisen), andernfalls bleibt nur der Ausweis unter den „sonstigen Wirtschaftsgütern".

Als **Forderungen gegen verbundene Unternehmen** und **Beteiligungsunternehmen** werden Außenstände unterschiedlicher Rechtsgrundlagen (z.B. aus Lieferungen, Anteilen, Pachtverträgen, Ausleihungen) nach der Art des Schuldners (verbundenes Unternehmen bzw. Beteiligungsunternehmen) zusammengefaßt. Die besondere Hervorhebung erscheint sinnvoll, da die Höhe dieser Forderungen durch Absprache zwischen den Unternehmen beeinflußt werden kann (an die Stelle des Marktpreises tritt eine Art Verrechnungspreis) und ihre Güte von der wirtschaftlichen Situation des bilanzierenden Unternehmens abhängen kann (z.B. bei Ergebnisabführungsverträgen). Nicht zu den Forderungen in diesem Sinne rechnen erworbene börsengängige Wertpapiere (z.B. von verbundenen Unternehmen begebene Obligationen).

Soweit Forderungen eine Restlaufzeit von mehr als einem Jahr besitzen, ist dies bei jedem gesondert ausgewiesenen Forderungsposten zu vermerken. Ebenso ist bei den Forderungen des Umlaufvermögens die Innehabung von Wechseln zu vermerken (die Angabe der bundesbankfähigen Wechsel soll künftig entfallen).

Pauschalwertberichtigungen wegen des allgemeinen Kreditrisikos,[48] die vom Bruttobestand der Forderungen abgesetzt worden sind, müssen entweder bei dem entsprechenden Bilanzposten vermerkt oder im Anhang angegeben werden.

Der Posten **sonstige Wirtschaftsgüter** ist ein Sammelposten für alle nicht gesondert im Umlaufvermögen auszuweisenden Gegenstände. Infrage kommen z.B. Ansprüche gegen

- Belegschaft (Vorschüsse, kurzfristige Darlehen),
- Käufer aus nicht betriebsüblichen Verkäufen (z.B. aus Immobilienverkäufen),
- Kunden (z.B. kurzfristige Darlehn, Forderungen aus Bürgschaftsübernahmen),
- Lieferanten (z.B. aus Warenrücksendungen, Frachtauslagen, Leergut, Werkzeugkostenzuschüsse, Boni),
- Beteiligungsunternehmen (z.B. kurzfristige Darlehn, Ansprüche aus Ergebnisabführungsverträgen),
- Staat (z.B. aus Investitionszuwendungen und -zulagen, Lagerkostenvergütung, Kurzarbeitergeld, Steuerforderungen),

---

[47] Factoring ist ein Verkauf von Forderungen an Spezialinstitute (Factors) durch Abtretung im Sinne der §§ 433 und 398 BGB. Der Factor übernimmt wahlweise die Finanzierung, das Risiko des Ausfalls und Dienstleistungsaufgaben (z.B. die Debitorenbuchhaltung, Mahnung, Einzug). Einzelheiten bei *Dieter Löhr*, Factoring und Bilanzierung, WPg 1975 S. 457–460.

[48] Vgl. S. 43.

## III. Die Gliederung der Bilanz

- Kapitalschuldner (Zinsansprüche, kurzfristige Schuldscheindarlehn),
- Versicherungen (z. B. Entschädigungen, Rückdeckung von Versorgungszusagen),
- Kreditinstitute (z. B. aus Glattstellung von Devisentermingeschäften; Guthaben bei Bausparkassen),
- andere (z. B. aus Schadenersatz).

In diesen Posten gehören auch nicht an anderer Stelle ausweispflichtige Vermögensgegenstände, die aus dem Anlagevermögen umgegliedert worden sind, weil sich ihre Zweckwidmung geändert hat (z. B. Beteiligungen und Grundstücke, die verkauft werden sollen, Gegenstände stillgelegter Betriebsteile).

### (4) Die Wertpapiere

Rechtlich sind Wertpapiere Urkunden, die ein Privatrecht in der Weise verbriefen, daß es ohne die Urkunde nicht geltend gemacht werden kann.[49] Zum Posten Wertpapiere zählen derartige Urkunden jedoch nur, falls sie nicht unter einem anderen Posten auszuweisen sind. Keine Wertpapiere im Sinne der Bilanzgliederung sind z. B. Schecks, Wechsel aus dem Lieferungsgeschäft, Finanzwechsel von verbundenen Unternehmen oder Aktien, die eine Beteiligung verkörpern. Wechsel sind als Wertpapiere auszuweisen, wenn dem Unternehmen nicht die der Ausstellung zugrundeliegende Forderung zusteht (z. B. erworbene Privatdiskonte[50] und Schatzwechsel[51] des Bundes, der Länder und der Bundesbahn). Andererseits sind bei den Wertpapieren auch nicht verbriefte Anteile an Unternehmen auszuweisen, soweit sie nicht Anlagevermögen sind (vor allem GmbH- und Genossenschaftsanteile, soweit es sich nicht um Beteiligungen handelt). Derartige Anteile sind rechtlich keine Wertpapiere.

Das Schema I enthält nur einen Posten „Wertpapiere". Da jedoch eigene Anteile, Anteile an herrschenden oder mit Mehrheit beteiligten Unternehmen und Anteile an dem persönlich haftenden Gesellschafter stets gesondert auszuweisen sind (§ 239 Abs. 4 Nr. 5 EHGB), ist der Unterschied in den Aufgliederungen der drei Schemata gering.

Das Schema II verlangt den Ausweis der

- Anteile an verbundenen Unternehmen,
- eigenen Anteile,
- sonstigen Wertpapiere.

---

[49] Vgl. z. B. *Reischauer-Kleinhans*, Anm. 28 zu § 1 KWG.
[50] Privatdiskonte sind DM-Akzepte von bestimmten Banken, die der Einfuhr- und Transitfinanzierung dienen und über mindestens 100.000 DM, maximal 1 Mio DM, ausgestellt sind.
[51] Schatzwechsel dienen der Mobilisierung öffentlicher Schulden in Wechselform (3–6 Monate Laufzeit, Abzug des Zwischenzinses bis zur Fälligkeit durch den Ankäufer).

Das Schema III gliedert die Anteile an verbundenen Unternehmen auf in

- Anteile an einer herrschenden oder an dem Unternehmen mit Mehrheit beteiligten Kapitalgesellschaft unter Angabe ihres Nennbetrags,
- andere Anteile an verbundenen Unternehmen.

Bei den **Anteilen an herrschenden** oder mit **Mehrheit beteiligten Unternehmen** kommt es auf die Zweckbestimmung nicht an. Dagegen gehören Anteile an verbundenen Unternehmen nur hierher, sofern sie nicht Finanzanlagen darstellen.

**Eigene Anteile** sind von der bilanzierenden Unternehmung selbst ausgegebene und aus bestimmten Gründen[52] zurückerworbene Anteile am Grundkapital der AG (Aktien), Stammkapital der GmbH (Geschäftsanteile) oder Kapital der Gewerkschaft (Kuxe).

Als **sonstige Wertpapiere** kommen insbesondere kurzfristige Liquiditätsreserven in Form von Aktien, Obligationen, Investmentzertifikaten und Schatzwechseln infrage.

*(5) Die flüssigen Mittel*

Flüssige Mittel sind die Bestände an Geld in der Kasse oder auf der Bank (einschl. Schecks) in eigener oder fremder Währung.

Das Schema I sieht nur einen Posten „Flüssige Mittel" vor. Das Schema II gliedert in 2 Posten auf:

- Schecks, Kassenbestand, Bundesbank- und Postscheckguthaben,
- Guthaben bei Kreditinstituten.

Das Schema III weist auch die Schecks gesondert aus.

**Schecks** sind in erster Linie die hereingenommenen und den Kunden gutgeschriebenen Zahlungspapiere, die der Bank noch nicht zum Einzug eingereicht worden sind oder von dieser im abgelaufenen Jahr noch nicht gutgeschrieben wurden (andernfalls gehört der Gegenwert zu den Bankguthaben). Der Posten kann aber auch andere Ursachen haben. Um einen Ausweis unter dem entsprechenden Forderungsposten zu vermeiden, könnte z.B. ein Vorstandsmitglied oder ein verbundenes Unternehmen am Bilanzstichtag seine Schuld durch Scheckhingabe „zurückbezahlt" haben. Der Kredit wird dann am ersten Tag des neuen Jahres wieder in Anspruch genommen.

Zum **Kassenbestand** gehören das inländische Bargeld, ausländische Sorten sowie gültige Briefmarken und ähnliche Marken (z.B. Wechselsteuermarken). Zusammen mit dem Kassenbestand werden Bundesbank- und Postscheckguthaben ausgewiesen. Ein Grund für die Trennung der Postscheckguthaben von den übrigen Guthaben bei Kreditinstituten ist nicht ersichtlich. Der Aspekt der Bonität reicht zur Erklärung jedenfalls nicht.

**Guthaben bei Kreditinstituten** sind grundsätzlich alle Bank- und Sparkassenguthaben, ohne Rücksicht auf Festlegungsfristen und die Art der Währung

---

[52] Z.B., um sie der Belegschaft zum Bezug anbieten zu können (Belegschaftsaktien).

III. Die Gliederung der Bilanz

(Ausnahme für gesperrte Konten im Ausland). Auf empfangene Anzahlungen über die erst verfügt werden kann, wenn die Unternehmung geliefert hat, sollte hingewiesen werden. Nicht in diesen Posten (sondern zu den „sonstigen Vermögensgegenständen") gehören Guthaben bei Bausparkassen.

(c) Die Rechnungsabgrenzungsposten der Aktivseite

Der Inhalt dieses Postens ist bereits erläutert worden.[53]

(d) Zusätzliche Posten

Zusätzlich zum Anlage- und Umlaufvermögen sowie zu den aktiven Rechnungsabgrenzungsposten ist auf der Aktivseite der Bilanz gegebenenfalls der Betrag der buchmäßigen **Überschuldung** anzugeben. Wahlweise kommen ferner infrage

- die Bilanzierungshilfe (Aufwendungen für die Ingangsetzung des Geschäftsbetriebs und dessen Erweiterung),[54]
- die ausstehenden Einlagen.

Von einer buchmäßigen **Überschuldung** wird gesprochen, wenn der Verlust (gegebenenfalls auch die Entnahmen) das Eigenkapital aufgezehrt hat und noch ein Verlust übrigbleibt (= Überschuß der Verbindlichkeiten über das Vermögen). Der Betrag der Überschuldung wird am Schluß der Aktivseite als „Nicht durch Eigenkapital gedeckter Fehlbetrag" ausgewiesen.

**Ausstehende Einlagen** umfassen den Betrag des Gesellschaftskapitals, der noch nicht einbezahlt worden ist (insbesondere bei Aktien, GmbH-Anteilen, Genossenschaftsanteilen, aber auch Kommanditanteilen). Für die Bilanzierung gibt das neue Recht zwei Möglichkeiten:

- Auf der Passivseite wird der volle Betrag des gezeichneten Kapitals (= Kapital, auf das die Haftung der Gesellschafter oder Mitglieder für die Verbindlichkeiten des Unternehmens beschränkt ist) ausgewiesen. Ihm wird auf der Aktivseite der Betrag der ausstehenden Einlagen gegenübergestellt. Dabei sind die bereits eingeforderten Beträge zu vermerken.
- Auf der Passivseite wird nur der Betrag des eingeforderten Kapitals ausgewiesen. Die nicht eingeforderten ausstehenden Einlagen werden in der Vorspalte vermerkt. Außerdem ist der eingeforderte, aber noch nicht eingezahlte Betrag unter den Forderungen gesondert auszuweisen.

Die erstgenannte Methode war bisher bei Aktiengesellschaften allein zulässig. Genossenschaften wiesen dagegen schon immer lediglich den Betrag des eingezahlten Kapitals (unter Berücksichtigung von Gewinnzuschreibungen und Verlustabbuchungen) aus.

---

[53] Vgl. S. 27.
[54] Vgl. S. 29.

## 3. Die Gliederung der Passivseite

### (a) Die Gliederung des Eigenkapitals

*(1) Begriff und Hauptposten*

Der Begriff „Eigenkapital" ist bereits definiert worden.[55] Hauptposten des Eigenkapitals sind das gezeichnete Kapital, die Kapitalrücklage, die Gewinnrücklage, der Gewinn-/-verlustvortrag und der Jahresüberschuß/-fehlbetrag.

*(2) Das gezeichnete Kapital*

**Gezeichnetes Kapital** ist das (im Handelsregister eingetragene) Kapital, auf das die Haftung der Gesellschafter oder Mitglieder für die Verbindlichkeiten des Unternehmens beschränkt ist (Nennbetrag der Aktien, Summe der Geschäftsanteile oder Stammeinlagen, Kommandit- oder Gewerkenkapital). Wird das gezeichnete Kapital mit den Einlagen oder Kapitalanteilen von persönlich haftenden Gesellschaftern (oHG, KG) oder Einzelkaufleuten zusammengefaßt, so ist es als „Einlage und gezeichnetes Kapital" auszuweisen (§ 248 Abs. 1 EHGB). Der Betrag der Hafteinlagen ist gegebenenfalls zu vermerken.

Nicht eingeforderte ausstehende Einlagen dürfen von dem Posten „gezeichnetes Kapital" offen abgesetzt werden. In diesem Fall wird der verbleibende Betrag als „Eingefordertes Kapital" in der Hauptspalte ausgewiesen.

*(3) Kapitalrücklage*

**Kapitalrücklagen** sind Einlagen von Gesellschaftern, soweit sie nicht gezeichnetes Kapital oder Einlagen und Kapitalanteile persönlich haftender Gesellschafter sind. Im einzelnen handelt es sich um den Betrag,

- der bei der Ausgabe von Anteilen über den Nennbetrag hinaus erzielt wird (Agio bei der Kapitalerhöhung),
- der bei der Ausgabe von Wandelschuldverschreibungen über ihren Rückzahlungsbetrag hinaus vereinnahmt wird (Ausgabeagio bei Wandelschuldverschreibungen),
- der bei der Umwandlung von Wandelschuldverschreibungen über den Nominalbetrag der ausgegebenen Aktien erreicht wird (Umwandlungsagio),
- von Zuzahlungen, die Gesellschafter gegen Gewährung eines Vorzugs für ihre Anteile leisten.

Ein **Aufgeld** (Agio) bei der Kapitalerhöhung kommt bei der Ausgabe von Aktien häufig, bei GmbH- und Kommanditanteilen seltener, bei Geschäftsanteilen der Genossenschaft überhaupt nicht vor. Das Aufgeld entsteht

- bei Bareinlagen als der Teil des Erlöses, der die Nennwerte der ausgegebenen Aktien/GmbH-/KG-Anteile übersteigt,

---

[55] Vgl. S. 40.

### III. Die Gliederung der Bilanz 151

- bei Sacheinlagen als Differenz zwischen dem Verkehrswert[56] des eingebrachten Reinvermögens und dem Nennwert der dafür ausgegebenen Aktien, GmbH-/KG-Anteile,

- bei Verschmelzungen als Differenz zwischen dem Buchwert des übernommenen Reinvermögens und dem Nennwert der ausgegebenen Aktien/GmbH-Anteile.

**Wandelschuldverschreibungen**[57] kommen nur bei der AG und KGaA vor. Sofern der Verkaufspreis der Schuldverschreibung höher ist als der spätere Rückzahlungspreis (unter der Voraussetzung, daß die Gläubiger von ihrem Wandlungsrecht keinen Gebrauch machen), ist die Differenz in die Kapitalrücklage einzustellen. Dasselbe gilt für eine Differenz beim Umtausch (falls z.B. zwei Wandelschuldverschreibungen im Nominalwert von 200 DM gegen zwei Aktien im Nominalwert von 100 DM hinzugeben sind).

Zu (grundsätzlich freiwilligen) **Zuzahlungen** kommt es bei der AG (seltener der GmbH), falls (z.b. im Zusammenhang mit einer Sanierung) Vorzugsanteile (= höheres Stimmrecht, höherer Gewinnanteil, höherer Anteil am Liquidationserlös) geschaffen werden.

In der Bilanz oder im Anhang[58] müssen künftig gesondert angegeben werden

- der Betrag, der während des Geschäftsjahrs in die Kapitalrücklage eingestellt wurde,

- der Betrag, der für das Geschäftsjahr entnommen wurde.

Übersteigen die Kapitalrücklage und die gesetzliche Rücklage zusammen nicht den zehnten (oder den in der Satzung bestimmten höheren) Teil des Grundkapitals, so dürfen Kapital- und gesetzliche Rücklage nur zum Ausgleich eines Jahresfehlbetrags oder eines Verlustvortrags aufgelöst werden.

*(4) Gewinnrücklagen*

In die Gewinnrücklagen werden Beträge eingestellt, die im Geschäftsjahr oder früher verdient, aber nicht ausgeschüttet worden sind (= offene Selbstfinanzierung). Die Schemata II und III gliedern die Gewinnrücklagen in

- gesetzliche Rücklage,

- Rücklage für eigene Aktien,

- satzungsmäßige Rücklage,

- andere Rücklagen.

Eine **gesetzliche Rücklage** gibt es bei der AG und der KGaA. Unternehmen dieser Rechtsformen haben dieser Rücklage so lange 5% des Jahresüberschusses zuzuweisen, bis die gesetzliche und die Kapitalrücklage zusammen

---

[56] Wird ein Unternehmen oder Teile eines Unternehmens eingebracht, so kommt auch eine Fortführung der bisherigen Buchwerte infrage.
[57] Wandelschuldverschreibungen sind Obligationen, die auf Wunsch des Gläubigers zu einem späteren Zeitpunkt in Aktien umgetauscht werden können oder die ein Bezugsrecht auf Aktien (Optionsanleihe) enthalten (§ 221 Abs. 1 AktG).
[58] Vgl. S. 201.

10% des Grundkapitals erreichen. Sieht die Satzung einen höheren Betrag vor, so gehört dieser nach neuem Recht nicht mehr in die gesetzliche, sondern in die satzungsmäßige Rücklage.

Der **Rücklage für eigene Anteile** (bei AG, KGaA und GmbH) ist ein Betrag zuzuführen, der dem auf der Aktivseite der Bilanz für die eigenen Anteile[59] eingesetzten Betrag entspricht (§§ 151 Abs. 1 AktG, 42 Abs. 4 EGmbHG). Den eigenen Anteilen werden die Anteile eines herrschenden oder mit Mehrheit beteiligten Unternehmens gleichgestellt. Da der Erwerb eigener Anteile die Haftungssubstanz des Unternehmens verringert (im Konkurs sind eigene Anteile zumeist wertlos), soll mit Hilfe der Rücklage ein gleichhoher Betrag an das Unternehmen gebunden werden (sogen. Ausschüttungssperre). Die Rücklage kann auch durch Umwandlung anderer Gewinnrücklagen oder eines Gewinnvortrags gebildet werden. Aufgelöst wird die Rücklage bei der Wiederveräußerung oder dem Einzug der Anteile sowie bei einer Abschreibung auf den aktivierten Betrag.[60]

**Satzungsmäßige Rücklagen** sind gemäß Statut der Gesellschaft aus dem Jahresüberschuß zu bilden. Einige Unternehmen weisen diese mit einer sogenannten Zweckbindung aus (z.B. Substanzerhaltungsrücklage, Rücklage für Rationalisierung), die allerdings wenig aussagt, da den Rücklagen im Regelfall nicht bestimmte Vermögensgegenstände zugeordnet werden können (Ausnahme z.B. für die in schweizerischen Bilanzen anzutreffende „Arbeitsbeschaffungsreserve"[61]). Bei der AG können satzungsmäßige Rücklagen nur für den Fall vorgesehen werden, daß die Hauptversammlung den Jahresabschluß feststellt (§ 58 Abs. 1 AktG). Bei den Genossenschaften tritt die satzungsmäßige Rücklage (hier „Ergebnisrücklage" genannt) an die Stelle der gesetzlichen Rücklage (§ 7 EGenG).

**Andere Rücklagen** werden von dem den Jahresabschluß feststellenden Organ[62] im Rahmen des Feststellungsbeschlusses oder von der Hauptversammlung im Gewinnverwendungsbeschluß gebildet. Bei der AG können Aufsichtsrat und Vorstand höchstens die Hälfte des Jahresüberschusses in die andere Rücklage einstellen – aufgrund einer Satzungsermächtigung auch mehr (bis 100%[63]). Die anderen Rücklagen werden aufgelöst zur Gewinn-

---

[59] Der Erwerb eigener Aktien ist grundsätzlich verboten. Ausnahmen sieht § 71 Abs. 1 AktG vor (z.B. zur Ausgabe von Belegschaftsaktien oder zur Abwendung eines schweren, unmittelbar bevorstehenden Schadens – bis 10% des Grundkapitals). Die GmbH darf voll eingezahlte eigene Anteile unbeschränkt erwerben, sofern die Rücklage für eigene Anteile ohne Minderung des Stammkapitals oder einer satzungsmäßigen Rücklage gebildet werden kann (§ 33 Abs. 2 EGmbHG).

[60] Einzelheiten bei *Zilias-Laufermann*, Die Neuregelung des Erwerbs und Haltens eigener Aktien, WPg 1980 S. 89.

[61] Mindestens 60% der Arbeitsbeschaffungsreserve sind in auf den Namen lautenden Schuldscheinen des Bundes anzulegen. Die Schuldscheine werden unabhängig von ihrer Laufzeit bei Beginn der Arbeitsbeschaffungsaktion zur Rückzahlung fällig (Art. 4 des Schweizerischen Bundesgesetzes über die Bildung von Arbeitsbeschaffungsreserven der privaten Wirtschaft vom 3. 10. 1951).

[62] Vgl. S. 241 ff.

[63] *Marcus Lutter*, in Kölner Kommentar zum Aktiengesetz, Anm. 24 zu § 58 AktG.

III. Die Gliederung der Bilanz

ausschüttung und zum buchmäßigen Verlustausgleich. Bei der Kapitalerhöhung aus Gesellschaftsmitteln werden sie in Nominalkapital umgewandelt.

Für den Fall, daß das Steuerrecht die Bildung einer steuerfreien Rücklage nicht von einer entsprechenden Passivierung in der Handelsbilanz abhängig macht (dies trifft z. Zt. nur für die Preissteigerungsrücklage[64] gem. § 74 EStDV zu), ist der Gewinn der Steuerbilanz im Jahr der Bildung niedriger als in der Handelsbilanz. Dem entspricht eine Gewinnerhöhung bei Auflösung der Rücklage. In Höhe der erwarteten Steuerbelastung ist daher in der Handelsbilanz eine Rückstellung (für latente Steuern) zu bilden. Der Rest kann in die anderen Rücklagen eingestellt werden (§ 248 Abs. 4 EHGB).

*(5) Gewinnvortrag/Verlustvortrag*

Gewinnvortrag ist der Rest des im vorangegangenen Jahr nicht verteilten Bilanzgewinns. Er entsteht zumeist dadurch, daß der Bilanzgewinn nicht vollständig verteilt werden kann, weil die Dividende auf einen „runden" Betrag lautet (z. B. 10 DM für eine Aktie im Nennwert von 50 DM), während der Bilanzgewinn (z. B. durch Gewinneinbehalt) nicht entsprechend abgerundet wurde. Es finden sich aber auch Bilanzen, in denen der Gewinnvortrag in der Vergangenheit die Funktion der Gewinnrücklagen übernommen hatte. Nach einer Trennung der Kapitalrücklage von den Gewinnrücklagen besteht hierzu in der Zukunft keine Veranlassung mehr.

Verlustvortrag ist die Summe der Jahresfehlbeträge der Vergangenheit, soweit diese nicht durch Auflösung von Rücklagen gedeckt wurden.

*(6) Jahresüberschuß/Jahresfehlbetrag*

Jahresüberschuß ist die positive, Jahresfehlbetrag die negative Differenz zwischen Ertrag und Aufwand der Rechnungsperiode.[65] Es ist bisher nicht üblich gewesen, den Gewinnvortrag und den Jahresüberschuß/-fehlbetrag in der Bilanz zu zeigen. Auch künftig darf die Bilanz nach vollständiger oder teilweiser Verwendung des Jahresergebnisses aufgestellt werden, soweit nicht gesetzliche Vorschriften entgegenstehen. Wird der Jahresüberschuß um die einbehaltenen Rücklagenzuweisungen gekürzt, so heißt die Differenz **Bilanzgewinn**. Ein Gewinn- oder Verlustvortrag ist in diesen Posten einzubeziehen und zu vermerken.

*(7) Zusätzlicher Posten*

Soweit von dem Wahlrecht zur Bildung einer **Wertaufholungsrücklage** (in Höhe des Eigenkapitalanteils einer Zuschreibung) Gebrauch gemacht wird,[66] gehört diese in einen Eigenkapitalposten nach der Kapitalrücklage.

---

[64] Bildung für Vorratsvermögen in Höhe des Prozentsatzes der Preissteigerung abzüglich 10%. Auflösung innerhalb von 6 Jahren.
[65] Vgl. S. 164.
[66] Vgl. S. 124.

### (b) Die Gliederung der Sonderposten mit Rücklageanteil

Sonderposten mit Rücklageanteil sind zusätzliche Posten, d.h. sie sind in den Bilanzschemata nicht vorgesehen. Ihr Inhalt ist bereits behandelt worden.[67] Gegebenenfalls sind gesondert auszuweisen

- Rücklagen, die erst bei ihrer Auflösung zu versteuern sind,
- steuerliche Sonderabschreibungen und erhöhte Absetzungen, die über die handelsrechtlich gebotenen Wertansätze hinausgehen.

Die steuerlichen Vorschriften, nach denen die Sonderposten gebildet wurden, sind anzugeben, allerdings nicht im einzelnen zu beziffern. Z. Zt. kommen als Rücklagen, die erst bei ihrer Auflösung zu versteuern sind, vor allem in Betracht die

- Zonenrandförderungsrücklage (§ 3 ZonFG),
- Rücklage für Verluste ausländischer Tochtergesellschaften (§§ 1, 2 AuslInvG),
- Preissteigerungsrücklage (§ 74 EStDV),
- Ersatzbeschaffungsrücklage (Abschn. 35 EStR),
- Veräußerungsgewinnrücklage (§ 6b EStG),
- Rücklage für Zuschüsse aus privaten oder öffentlichen Mitteln zur Beschaffung von Anlagegütern (Abschn. 34 Abs. 3 EStR).[68]

Rücklagen, die erst bei ihrer Auflösung zu versteuern sind, werden entsprechend den jeweiligen gesetzlichen Vorschriften aufgelöst (z.B. die Rücklage für Verluste ausländischer Tochtergesellschaften spätestens am Ende des fünften auf ihre Bildung folgenden Wirtschaftsjahrs).

Soweit die Sonderposten mit Rücklageanteil für Sonderabschreibungen und erhöhte Absetzungen gebildet wurden, werden sie in der Zeit aufgelöst, in der in der Zukunft planmäßige Abschreibungen vorgenommen werden.[69]

### (c) Die Gliederung der Rückstellungen

*(1) Die Posten der Bilanzschemata*

Der Begriff Rückstellung wurde bereits definiert.[70] Das Schema I sieht für die Rückstellungen nur einen Posten vor. Das Grundschema II gliedert auf in

- Rückstellungen für Pensionen und ähnliche Verpflichtungen,
- sonstige Rückstellungen.

Das Schema III weist noch zusätzlich aus die

- Steuerrückstellungen.

---

[67] Vgl. S. 40.
[68] Einzelheiten bei *Enno Biergans*, Einkommensteuer und Steuerbilanz, 2. Aufl. München 1983, S. 336–362.
[69] Vgl. das Beispiel bei *Jens E. Harms* und *Karlheinz Küting*, Ermittlung und Ausweis des Eigenkapitals nach dem Bilanzrichtlinie-Gesetz, DB 1983, S. 1453.
[70] Vgl. S. 36.

## III. Die Gliederung der Bilanz

Die Rückstellung für **Pensionen** enthält (höchstens) den Gegenwartswert der Pensionsanwartschaften (= Verpflichtungen gegenüber Personen, bei denen der Versorgungsfall noch nicht eingetreten ist) und der laufenden Pensionen. Pensionen sind Ruhegelder für die Zeit nach dem Ausscheiden des Beschäftigten aus dem aktiven Dienst. Der Anspruch ist aufschiebend bedingt durch den Eintritt des Ruhestands oder der Dienstunfähigkeit.[71] Als **ähnliche Verpflichtungen** können einmalige Leistungen für den Versorgungsfall (z. B. Sterbegelder oder Beihilfen der Pensionsempfänger im Krankheitsfall) angesehen werden. Pensionsrückstellungen werden grundsätzlich in Höhe der Differenz zwischen dem Teilwert der Pensionsverpflichtung am Schluß des vorangegangenen Wirtschaftsjahrs und dem Teilwert der Pensionsverpflichtung am Schluß des laufenden Jahres aufgelöst. Auch wenn eine Pflicht zur Passivierung von Pensionsrückstellungen nicht besteht,[72] kommt ein Wahlrecht für die Auflösung (z. B. um in einer Verlustsituation Erträge zu erzielen) nicht in Betracht.[73]

**Steuerrückstellungen** sind zu bilden für Steuern, die noch nicht rechtskräftig veranlagt sind.[74] Eine Rückstellung für das Risiko, das aus Betriebsprüfungen resultiert, ist dagegen ohne Begründung im jeweiligen Einzelfall nicht möglich,[75] da hier (noch) keine ungewisse Verbindlichkeit vorliegt.

Sehr große Personenunternehmen[76] sollen künftig für die Zwecke der Veröffentlichung auch Rückstellungen für Steuern vom Einkommen und vom Vermögen bilden dürfen, die von Unternehmern oder Mitunternehmern auf den ihnen steuerlich zugerechneten Gewinn des Unternehmens zu zahlen sind. Statt der individuellen Steuerbelastung soll in die Rückstellung auch der Betrag eingestellt werden dürfen, den ein der Körperschaftsteuer unterliegendes Unternehmen im Falle der Vollausschüttung des Jahresüberschusses als Körperschaftsteuer zu zahlen hätte (§ 250 Abs. 4 EHGB). Zugunsten der Vergleichbarkeit zwischen den Bilanzen der Personen- und Kapitalgesellschaft würde mit einer derartigen Vorschrift der Grundsatz der Richtigkeit durchbrochen: Persönliche Steuerschulden der Gesellschafter von Personengesellschaften (oHG, KG) gehören nicht in die Bilanz, da es sich hier nicht um Gesamthandverbindlichkeiten handelt (möglich wäre dagegen ein gesonderter Ausweis unter den Eigenkapitalanteilen, für die ein Entnahmerecht besteht[77]). Ebenso sind Steuerschulden des Einzelkaufmanns Privatschulden,

---

[71] Kropff, Anm. 64a zu § 152 AktG.
[72] Vgl. S. 44.
[73] Weniger streng *Kropff* (Anm. 68 zu § 152 AktG), der eine Auflösung von Pensionsrückstellungen für zulässig hält, falls eine Kürzung oder Streichung des Ruhegelds wegen der wirtschaftlichen Situation des Unternehmens möglich wäre (auch wenn von dieser Maßnahme kein Gebrauch gemacht wurde).
[74] Einzelheiten zu den Steuerrückstellungen vgl. unter den Steuerverbindlichkeiten, S. 160.
[75] A.A. *Rudolf J. Niehus*, Rechnungslegung und Prüfung der GmbH nach neuem Recht, Berlin-New York 1982, Anm. 324 zu § 42 GmbHG.
[76] Größenmerkmale vgl. S. 8.
[77] Stellungnahme HFA 1/1976.

da (auch negatives) Vermögen des Kaufmanns nur das dem Betrieb gewidmete Vermögen ist.[78]

Die **sonstigen Rückstellungen** bilden den Sammelposten für alle nicht gesondert ausweispflichtigen ungewissen Verbindlichkeiten. Beispielhaft seien erwähnt Rückstellungen für

- Ansprüche der Belegschaft (tarifliche und freiwillige Abschlußvergütungen, Berufsgenossenschaftsbeiträge, Resturlaub, Sozialplanverpflichtungen, Jubiläumszahlungen, vorzeitige Pensionierung, Ausbildungsverträge),
- Prozeßkosten,
- drohende Verluste aus schwebenden Geschäften,
- Boni, Preisnachlässe, Leergutrücknahmeverpflichtung,
- Patentverletzung,
- Stillegung,
- Wiederherstellung von Fremdgrundstücken (Abbruchverpflichtungen), Entleerung von Schlammteichen, Erdarbeiten in Deponiegeländen, Baustellenräumung,
- Rücknahmeverpflichtungen (z.B. für in Vertreterdepots gelieferte Waren),
- noch nicht abgerechnete Lieferantenleistungen (z.B. für Baukosten, Werbekosten),
- Vertreterkosten und -provisionen,
- Jahresabschlußkosten,
- Währungsrisiken aus lang- und kurzfristigen Verbindlichkeiten,
- Bußgelder (z.B. der EG-Kommission),
- Wechselobligo,
- Bergschäden,
- Ausgleichsansprüche der Handelsvertreter,[79]
- Rückzahlung von Zuschüssen aus öffentlichen Mitteln,
- für Gewährleistungen (einschl. Produzentenhaftung).

*(2) Zusätzliche Posten*

Das neue Recht erwähnt vier Arten von Rückstellungen, die von publizitätspflichtigen Unternehmen gegebenenfalls zusätzlich in die Bilanzgliederung aufgenommen werden müssen:

- Instandhaltungsrückstellung,[80]
- Kulanzrückstellung,
- Rückstellung für latente Steuern,
- Rückstellung für Großreparaturen.

---

[78] Vgl. S. 18.
[79] Vgl. S. 38.
[80] Vgl. S. 37.

## III. Die Gliederung der Bilanz

**Instandhaltungskosten** sind Aufwendungen zur Erhaltung der Betriebsanlagen in einsatzfähigem Zustand. Für den Fall, daß an sich notwendige Reparaturen im alten Jahr (aus Mangel an Geld oder Zeit) nicht mehr durchgeführt werden konnten, und die Instandhaltung im folgenden Geschäftsjahr innerhalb von drei Monaten nachgeholt wird, verlangt das neue Bilanzrecht eine Instandhaltungsrückstellung. Für Instandhaltungen, die nach Ablauf dieser Frist, bis zum Ende des folgenden Geschäftsjahrs nachgeholt werden, ist die Rückstellung fakultativ.

Gewährleistung bedeutet ein Einstehen für Mängel gelieferter Sachen oder erbrachter Leistungen. Sofern die Unternehmung hierzu verpflichtet ist und der Betrag feststeht, gehören die erwarteten Ausgaben in die sonstigen Verbindlichkeiten. Für Gewährleistungen, die ohne rechtliche Verpflichtung erbracht werden (**Kulanz**) ist eine Rückstellung zwingend, wenn davon auszugehen ist, daß das Unternehmen entsprechende Leistungen aus wirtschaftlichen Gründen erbringen wird.

Ist der Steueraufwand des Geschäftsjahrs im Verhältnis zum Ergebnis der Handelsbilanz zu niedrig, weil der Gewinn der Steuerbilanz niedriger ist als der der Handelsbilanz und gleicht sich diese Differenz in späteren Geschäftsjahren wahrscheinlich aus, so ist in Höhe der späteren Steuerbelastung eine Rückstellung für **latente Steuern** zu bilden und gesondert auszuweisen (§ 251 EHGB). Als Folge des Maßgeblichkeitsprinzips[81] kommen derartige (zeitliche) Differenzen in deutschen Jahresabschlüssen verhältnismäßig selten vor. Wichtigste Beispiele sind z. Zt.

- die Aufwendungen für die Ingangsetzung und Erweiterung des Geschäftsbetriebs (soweit sie in der Handelsbilanz als Bilanzierungshilfe aktiviert, in der Steuerbilanz dagegen als Betriebsausgaben verrechnet wurden),
- die Rücklage für Preissteigerung.

**Rückstellungen für Großreparaturen** sieht das neue Recht (fakultativ) unter den Voraussetzungen vor, daß

- es sich um ihrer Eigenart nach genau umschriebene Aufwendungen handelt,
- die Aufwendungen dem Geschäftsjahr oder einem früheren Geschäftsjahr zugeordnet werden können,
- die Ausgaben in einem späteren Jahr mit Sicherheit zu erwarten sind,
- die Aufwendungen erforderlich sind, um die Betriebsfähigkeit vorhandener Wirtschaftsgüter des Anlagevermögens zu erhalten und
- die Höhe dieser künftigen Ausgaben eine unverhältnismäßige Belastung des Ergebnisses des betreffenden Geschäftsjahrs bedeuten würde, die nur durch Verteilung auf mehrere Jahre vermieden werden kann (§ 250 Abs. 2 EHGB).

Beispiele sind die regelmäßige Überholung von Schiffen, Flugzeugen und Großanlagen in größeren Abständen.

---

[81] Vgl. S. 11.

(d) Die Gliederung der Verbindlichkeiten

*(1) Die Posten der Bilanzschemata*

Der Inhalt des Begriffs Verbindlichkeiten ist bereits erläutert worden.[82] Das Schema I weist innerhalb der Postengruppe Verbindlichkeiten 4 Posten aus:

- Verbindlichkeiten gegenüber Kreditinstituten,
- Verbindlichkeiten aus Lieferungen und Leistungen,
- Verbindlichkeiten aus der Annahme gezogener und der Ausstellung eigener Wechsel,
- andere Verbindlichkeiten.

Das Schema II fügt weitere 3 Posten hinzu:

- Anleihen,
- Verbindlichkeiten gegenüber verbundenen Unternehmen,[83]
- Verbindlichkeiten gegenüber Unternehmen, mit denen ein Beteiligungsverhältnis besteht.

An die Stelle der „anderen Verbindlichkeiten" treten in den Schemata der prüfungspflichtigen Unternehmen die „sonstigen Verbindlichkeiten". Die großen prüfungspflichtigen Unternehmen (Schema III) haben bei diesem Posten zusätzlich die Steuerverbindlichkeiten und die Verbindlichkeiten im Rahmen der sozialen Sicherheit zu vermerken. Diese Unternehmen müssen darüberhinaus zu jedem Posten der Verbindlichkeit den Betrag der Restlaufzeit von mehr als 5 Jahren und den Betrag angeben, der durch Pfandrechte oder ähnliche Rechte gesichert ist (die Angabe ist auch im Anhang[84] möglich).

Bei allen Verbindlichkeiten ist der Betrag der Schulden mit einer Restlaufzeit bis zu einem Jahr zu vermerken.

**Verbindlichkeiten gegenüber Kreditinstituten** sind alle Schulden bei in- und ausländischen Banken und Sparkassen, gleichgültig, ob es sich um langfristige Investitions- oder kurzfristige Kontokorrentkredite handelt. § 1 KWG definiert Kreditinstitute als Unternehmen, die Bankgeschäfte betreiben, wenn der Umfang dieser Geschäfte einen in kaufmännischer Weise eingerichteten Geschäftsbetrieb erfordert.

Zu den **Verbindlichkeiten aus Lieferungen und Leistungen** gehören alle noch nicht erfüllten Zahlungsverpflichtungen aus Warenlieferungen, Werk- und Dienstleistungen, sofern der Lieferant seine Leistung erbracht hat.

**Wechselverbindlichkeiten** entstehen entweder aus der Annahme eines auf das bilanzierende Unternehmen gezogenen Wechsels (Tratte) oder aus der Ausstellung eines eigenen Wechsels (Solawechsel).

---

[82] Vgl. S. 36.
[83] Vgl. S. 142.
[84] Vgl. S. 203.

## III. Die Gliederung der Bilanz

Im Gegensatz zum AktG 1965, das den Begriff der **anderen Verbindlichkeiten** als Oberbegriff für die nichtlangfristigen Verbindlichkeiten verwandte, versteht das neue Recht hierunter in der Bilanz der kleinen GmbH (Schema I) einen Sammelposten. In ihn gehen ein

- Anleihen (die wegen der geringen Größe der nicht prüfungspflichtigen Unternehmen praktisch nicht vorkommen),
- sonstige Verbindlichkeiten (siehe dort).

Die **erhaltenen Anzahlungen** (soweit diese nicht von dem Posten Vorräte offen abgesetzt worden sind) und die Verbindlichkeiten gegenüber verbundenen Unternehmen und Unternehmen, mit denen ein Beteiligungsverhältnis besteht, sind zwar im Bilanzschema I nicht vorgesehen, sie müssen aber als Zusatzposten von den veröffentlichungspflichtigen Unternehmen ausgewiesen werden. Daher gehören sie bei diesen nicht zu den anderen Verbindlichkeiten. Erhaltene Anzahlungen sind Vorleistungen von Kunden, für die die Lieferung oder Leistung seitens des bilanzierenden Unternehmens noch nicht erbracht ist. Es kann sich auch um eine Vorleistung des gesamten Kaufpreises handeln.[85]

Durch **Anleihen** wird Fremdkapital am organisierten Kapitalmarkt aufgenommen (Teilschuldverschreibungen, Wandelschuldverschreibungen, Optionsanleihen, Gewinnschuldverschreibungen). Schuldscheindarlehen gehören dagegen nicht zu den Anleihen.

Die **sonstigen Verbindlichkeiten** sind ein Sammelposten in den Schemata II und III, in den alle lang- und kurzfristigen Schulden aufzunehmen sind, die nicht gesondert ausweispflichtig sind. Als **langfristige** Verbindlichkeiten gehören hierher:

- Darlehn rechtlich selbständiger Pensions- oder Unterstützungskassen, sofern diese weder verbundene noch Beteiligungsunternehmen sind;
- Gesellschafterdarlehn, sofern die Gesellschafter weder verbundene noch Beteiligungsunternehmen sind und die bilanzierende Unternehmung keine GmbH ist (in diesem Fall ist ein gesonderter Ausweis oder Vermerk gem. § 42 Abs. 5 EGmbHG erforderlich);
- Kapitaleinlagen stiller Gesellschafter, sofern diese die Rechtsstellung eines Gläubigers besitzen (insbesondere bei fehlender Verlustbeteiligung) und sie weder verbundene noch Beteiligungsunternehmen sind);
- Schuldscheindarlehn, sofern nicht von Banken, verbundenen oder Beteiligungsunternehmen gewährt;
- Gewinnschuldverschreibungen, sofern nicht am organisierten Kapitalmarkt aufgenommen und weder von Banken noch von verbundenen oder Beteiligungsunternehmen gewährt (insbesondere Namensgewinnschuldverschreibungen für die Beschäftigten des Unternehmens);

---

[85] Vgl. S. 139. So auch *Dieter Rückle,* Anzahlungen von Kunden, Handbuch der Bilanz- und Abschlußprüfung (hrsg. von *Karl Vodratzka*), Wien 1983, S. 534.

- Verbindlichkeiten aus Kaufverträgen außerhalb des laufenden Geschäftsverkehrs, soweit diese nicht gesondert ausweispflichtig sind (z. B. Restkaufpreis aus dem Erwerb von Grundstücken);
- Lieferantendarlehn, soweit nicht aus dem Warenbezug entstanden und nicht gesondert ausweispflichtig (z. B. Wirtedarlehn in den Bilanzen der Brauereien);
- Darlehn anderer Gläubiger, sofern nicht unter einem anderen Posten auszuweisen (z. B. Kredite der öffentlichen Hand).

Als Gläubiger **kurzfristiger** sonstiger Verbindlichkeiten kommen z. B. infrage:
- Finanzamt (vgl. unter Steuerverbindlichkeiten);
- Träger der Sozialversicherung (vgl. unter Verbindlichkeiten im Rahmen der sozialen Sicherheit);
- Gesellschafter, sofern es sich nicht um verbundene oder Beteiligungsunternehmen handelt und die bilanzierende Unternehmung keine GmbH ist;
- Vermieter und Verpächter;
- Aufsichtsrat (Tantieme);
- andere, sofern die Verbindlichkeit nicht gesondert ausweispflichtig ist (z. B. Zinsen, Vereins- und Verbandsbeiträge, zugesagte Spenden).

Bei den **Steuerverbindlichkeiten,** die die großen prüfungspflichtigen Unternehmen gesondert zu vermerken haben, handelt es sich um Schulden des bilanzierenden Unternehmens als Steuerpflichtigen. Steuerpflichtig kann das Unternehmen als Steuerschuldner, Steuerhaftender oder Steuerentrichtungspflichtiger sein.[86] Der Steuerschuldner hat die Steuer für eigene Rechnung selbst zu entrichten (z. B. Verpflichtung aus Körperschaft-, Gewerbe-, Vermögen-, Umsatzsteuer, Zöllen und Verbrauchsteuern). Der Steuerhaftende hat für die Steuerschuld eines anderen mit seinem Vermögen einzustehen. Ein Ausweis als Verbindlichkeit ist erforderlich, sobald feststeht, daß Zahlungen zu leisten sind (z. B. Haftung des Akzeptanten für die Wechselsteuer gem. § 9 Abs. 2 WStG). Der Steuerentrichtungspflichtige muß Steuern für Rechnung eines Steuerschuldners abführen (z. B. die Lohnsteuer gem. § 38 Abs. 3 EStG; die Kirchensteuergesetze der Länder bestimmen den Arbeitgeber auch zum Entrichtungspflichtigen für die Kirchenlohnsteuer).

**Verbindlichkeiten im Rahmen der sozialen Sicherheit** sind Verpflichtungen aufgrund gesetzlicher Vorschriften oder privatrechtlicher Verträge, die im Zusammenhang mit der Krankenfürsorge oder der Zukunftsicherung der tätigen oder ausgeschiedenen Beschäftigten des bilanzierenden Unternehmens stehen. Es können 4 Gruppen von Verpflichtungen unterschieden werden:
- Noch nicht abgeführte Arbeitgeber- und Arbeitnehmerbeiträge zur Krankenversicherung, Unfallversicherung (Arbeitgeberbeitrag), Rentenversi-

---

[86] Vgl. *Klaus Tipke* und *Heinrich Wilhelm Kruse*, Abgabenordnung, Loseblattwerk, Köln, Anm. 2 zu § 35 AO.

III. Die Gliederung der Bilanz 161

cherung der Arbeiter, Rentenversicherung der Angestellten, Knappschaftliche Rentenversicherung, Arbeitslosenversicherung.[87]

- Ausstehende Beiträge zum Pensionssicherungsverein, zur Pensionskasse, zur Direktversicherung, zur Rückdeckungsversicherung für betriebliche Ruhegelder sowie noch nicht erfüllte Zusagen an betriebliche Unterstützungskassen und Stiftungen.

- Erhaltene Darlehn von rechtlich selbständigen Pensions- und Unterstützungskassen, betrieblichen Stiftungen sowie von Versicherungsunternehmen, die den Arbeitnehmern bzw. deren Hinterbliebenen ein Bezugsrecht auf Versicherungsleistungen eingeräumt haben.

- Verpflichtungen aus übernommenen Arzt-, Kur- oder Krankenhauskosten sowie sonstigen Beihilfen für die Beschäftigten des Unternehmens.

*(2) Zusätzliche Posten*

Veröffentlichungspflichtige Unternehmen haben zusätzlich zu den gemäß Schema I und II ausweispflichtigen Posten die **erhaltenen Anzahlungen** in die Gliederung aufzunehmen. Der Inhalt des Postens ist bereits erläutert worden.[88] Unter derselben Voraussetzung müssen die kleinen Unternehmen (Schema I) die Verbindlichkeiten gegenüber verbundenen Unternehmen und Beteiligungsunternehmen entweder gesondert zeigen oder vermerken (z.B. bei den anderen Verbindlichkeiten).

(e) Die Rechnungsabgrenzungsposten der Passivseite

Der Posten ist bereits erläutert worden.[89]

---

[87] Einzelheiten bei *Horst Jäger,* Sozialversicherungsrecht, 9. Aufl., Berlin 1981.
[88] Vgl. S. 159.
[89] Vgl. S. 41.

# C. Der zweite Teil der Rechnungslegung: Die Gewinn- und Verlustrechnung

## I. Der Inhalt der Gewinn- und Verlustrechnung

### a) Übersicht

1. Auch die Bilanz kann den Jahresüberschuß[1] ausweisen, sie muß es aber nicht. Der Jahresüberschuß kann in der Handelsbilanz auch nur teilweise (nach Zuweisung an die Rücklagen) oder überhaupt nicht (nach Verrechnung mit dem Eigenkapital bei den veröffentlichungspflichtigen Personenunternehmen) gezeigt werden. Zweck der Gewinn- und Verlustrechnung[2] (auch Erfolgsrechnung oder Aufwands- und Ertragsrechnung genannt) ist dagegen die Ermittlung und Darstellung des Jahresüberschusses/Jahresfehlbetrages aus seinen Komponenten, den Aufwendungen und Erträgen (Erfolgsquellen). Darüberhinaus kann in ihr auch die Verwendung des Jahresergebnisses (Überleitung zum Bilanzgewinn) dargestellt werden.

Mit Aufstellung der Bilanz ist zugleich über die Höhe der Aufwendungen und Erträge entschieden. Daher gibt es in der Gewinn- und Verlustrechnung kein eigenes Bewertungsproblem. Auch die Frage, ob Ausgaben zu Wirtschaftsgütern geführt haben oder sofort als Aufwand zu verrechnen sind, ist bereits im Zusammenhang mit der Bilanz beantwortet worden. Es bleibt noch die Abgrenzung zwischen Ausgaben, die zu Aufwand werden und Privatausgaben bzw. Gewinnbestandteilen. Zentrales Problem der Gewinn- und Verlustrechnung ist schließlich die Gliederung.

Die großen publizitätspflichtigen Personenunternehmen dürfen anstelle einer Gewinn- und Verlustrechnung eine Anlage zur Bilanz offenlegen. Die Anlage ist keine Gewinn- und Verlustrechnung. Da sie diese aber in gewissem Maße ersetzt, soll sie am Schluß des Kapitels vorgestellt werden.

2. Für die Zwecke der Einkommenbesteuerung ist die Gewinn- und Verlustrechnung im Grunde entbehrlich, da es steuerlich nur auf das Resultat der Rechnung ankommt, das (bei entsprechender Gestaltung) auch der Bilanz entnommen werden kann. Gemäß § 4 Abs. 1 bzw. § 5 EStG ergibt sich der Gewinn aus:

Reinvermögen am Ende des Jahres
(= Vermögen am Ende ./. Schulden am Ende)

---

[1] Entsprechendes gilt jeweils für den Jahresfehlbetrag.
[2] Der Begriff Gewinn- **und** Verlustrechnung ist im Grunde falsch, da Ergebnis der Rechnung allenfalls Gewinn **oder** Verlust sein kann.

./. Reinvermögen am Anfang des Jahres
(Vermögen am Anfang ./. Schulden am Anfang)
= Ergebnis des Vermögensvergleichs
./. Einlagen
+ Entnahmen
= Gewinn
+ Nicht abzugsfähige Betriebsausgaben
./. Steuerfreie Einnahmen
= Steuerpflichtiger Gewinn

Das EStG nennt zwar einige Aufwendungen (z.B. die Absetzung für Abnutzung, Zuwendungen an Unterstützungskassen, Zölle und Verbrauchsteuern), eigene Vorschriften über die Gewinn- und Verlustrechnung enthält es jedoch nicht. § 60 EStDV bestimmt bei Anwendung der doppelten Buchführung, daß der dem Finanzamt einzureichenden Bilanz auch eine „Verlust- und Gewinnrechnung" beizufügen ist. Sie dient steuerlich in erster Linie der Kontrolle, ob bei der Gewinnermittlung Aufwendungen berücksichtigt worden sind, die nicht abgezogen werden durften.

### b) Die Abgrenzung zwischen Aufwand (Ertrag) und Betriebsausgaben (Betriebseinnahmen)

1. Aufwand im handelsrechtlichen Sinn ist der als solcher ausgewiesene[3] bewertete Verbrauch von Gütern und Diensten einer Rechnungsperiode. Der Aufwand beruht im Regelfall[4] auf Ausgaben (= Abgang von Zahlungsmitteln). Die Aufwendungen können mit den entsprechenden Ausgaben der Periode zusammenfallen (z.B. der größte Teil der Löhne, Mieten, Zinsen), ihnen nachfolgen (z.B. der größte Teil der Abschreibungen) oder ihnen vorangehen (z.B. der zwecks Bildung oder Erhöhung einer Rückstellung verbuchte Aufwand).

2. Das EStG definiert Betriebsausgaben zwar als „Aufwendungen, die durch den Betrieb veranlaßt sind", der Begriff „Aufwendungen" wird hierbei jedoch nicht im handelsrechtlichen Sinn verstanden.[5] Betriebsausgaben sind zunächst einmal kein Aufwand, sondern Ausgaben. Im weiteren Sinne sind Betriebsausgaben Abgänge von Geld oder Geldeswert, die durch den Betrieb veranlaßt sind. Der Zeitpunkt, in dem die Betriebsausgaben den Gewinn beeinflussen, hängt von der Art der Gewinnermittlung ab: Bei der Überschußrechnung werden die Betriebsausgaben grundsätzlich[6] im Augenblick des Geldabflusses erfolgswirksam; beim Vermögensvergleich erst (und be-

---

[3] Der Aufwand ist nicht mit dem bewerteten Verbrauch selbst identisch, da auch Beträge als Aufwand verrechnet werden können, denen noch gar kein Verbrauch entspricht (z.B. beim Ansatz von Sonderabschreibungen).
[4] Ausnahme: Verbrauch geschenkter Wirtschaftsgüter.
[5] Den Begriff Aufwendungen benutzt der Steuergesetzgeber im Sinne von „aufgewendeten Beträgen" (*Herrmann-Heuer*, Anm. 46c zu § 4 EStG).
[6] Ausnahmen vgl. S. 10.

## I. Der Inhalt der Gewinn- und Verlustrechnung

reits) in dem Jahr, dem sie als Aufwand zuzurechnen sind. Daher wird beim Vermögensvergleich auch dann schon von Betriebsausgaben gesprochen, wenn die Zahlung noch gar nicht geleistet wurde (z.b. Verbrauch von Material, das noch nicht bezahlt worden ist). Beim Vermögensvergleich gibt es somit sofort abzugsfähige Betriebsausgaben (= laufender Aufwand) und Betriebsausgaben, die als Anschaffungs- oder Herstellungskosten oder Rechnungsabgrenzungsposten zunächst aktiviert und später (z.b. im Wege der Abschreibung) zu Aufwand werden.

In einer bestimmten Periode können

- abzugsfähige Betriebsausgaben und Aufwand der Handelsbilanz übereinstimmen (z.b. periodengerechte Zahlung von Löhnen und Miete),
- abzugsfähige Betriebsausgaben größer sein als der Aufwand in der Handelsbilanz (z.b. höhere Abschreibungen in der Steuerbilanz, da die Anlagen handelsrechtlich in früheren Perioden stärker abgeschrieben wurden);
- abzugsfähige Betriebsausgaben kleiner sein als der Aufwand in der Handelsbilanz (z.b. mindern die Körperschaft- und Vermögensteuer den steuerlichen Gewinn nicht, während sie handelsrechtlich als Aufwand behandelt werden).

Weder Betriebsausgaben noch Aufwand sind Zahlungen, die lediglich zu einer Umschichtung des Vermögens oder des Kapitals führen (z.B. die Rückzahlung von Bankkrediten oder die Gewährung von Darlehn).

Keine Betriebsausgaben sind schließlich Ausgaben, die steuerlich Gewinnverwendungen sind. Bei Personengesellschaften ist hier an Ausgaben der Mitunternehmer (§ 15 Nr. 2 EStG) für Leistungen zu denken, die durch das Gesellschaftsverhältnis (in weitem Sinn)[7] veranlaßt sind (z.b. Tätigkeitsvergütungen, Zinsen, Mieten Pachten, Lizenzgebühren an Gesellschafter).[8] Bei Kapitalgesellschaften wären derartige Zahlungen Betriebsausgaben, sofern es sich nicht um Zuwendungen handelt, die ein ordentlicher Geschäftsleiter an einen Dritten (Nichtgesellschafter) nicht geleistet hätte (z.b. unangemessen hohe Gehälter für Gesellschafter-Geschäftsführer, zinslose Darlehn und Bürgschaften sowie generell Leistungen, die im Vergleich zur Gegenleistung des Gesellschafters ungewöhnlich hoch sind, sofern keine wirtschaftlich verständlichen Gründe für die Unausgewogenheit geltend gemacht werden könnten). Das Steuerrecht spricht hier von „verdeckter Gewinnausschüttung".[9]

3. **Ertrag** ist die als solche ausgewiesene bewertete Vermehrung[10] von Gütern und Diensten, die auf Leistung oder dem Marktgeschehen beruht. Erträge

---

[7] *Tiedtke*, S. 43.
[8] Die Auffassung des BFH (Urteil v. 18. 9. 1969, BStBl. 1970, S. 43), nach der gewerbliche Einkünfte auch dann vorliegen, wenn ein Gesellschafter für die Gesellschaft im Rahmen seines freien Berufes tätig wird, kann als überholt angesehen werden.
[9] Einzelheiten bei *Knobbe-Keuk*, S. 388–428.
[10] Der Begriff „Vermehrung" ist nicht nur mengen-, sondern auch wertmäßig aufzufassen. Eine „Vermehrung" liegt also auch dann vor, wenn sich nur der Wert, nicht aber die Substanz der Vermögensgegenstände erhöht hat (z.b. bei Zuschreibungen).

stehen im Regelfall[11] mit Einnahmen (= Zufluß von Zahlungsmitteln) im Zusammenhang. Sie können mit den Einnahmen der Periode zusammenfallen (z. B. der größte Teil der Umsatz-, Miet- und Zinserträge), ihnen nachfolgen (z. B. bei erhaltenen Anzahlungen) oder ihnen vorangehen (z. B. bei den entstandenen Forderungen aus Lieferungen und Leistungen).

4. **Betriebseinnahmen** im steuerlichen Sinn sind alle Zugänge in Geld oder Geldeswert, die durch den Betrieb veranlaßt sind und zu einer Vermögensmehrung führen. Im übrigen gelten für den Zeitpunkt der Gewinnbeeinflussung und die Abgrenzung zwischen Betriebseinnahmen und Ertrag sinngemäß die Ausführungen zu den Betriebsausgaben.

Keine Betriebseinnahmen sind die sogenannten steuerfreien Einnahmen. Hierzu gehören z. B. die Sanierungsgewinne (insbesondere durch Gläubigerverzicht,[12] § 3 Nr. 66 EStG) und die Investitionszulagen (z. B. gem. § 4 InvZulG).

### c) Die Abgrenzung zwischen Betriebsausgaben(-einnahmen) und Privatausgaben(-einnahmen)

1. Eine Abgrenzung zwischen Betriebs- und Privatausgaben(-einnahmen) wird in Personenunternehmen notwendig. Soweit Betriebs- oder Privatausgaben(-einnahmen) mit dem Einsatz von Vermögen in Verbindung stehen, ist auch die Abgrenzung zwischen Betriebs- und Privatvermögen zu beachten.[13]

Keine Betriebsausgaben sind die Aufwendungen der **Lebensführung** und die Aufwendungen für Liebhaberei. Zu den erstgenannten gehören die Ausgabe für den Haushalt des Einzelunternehmers oder Gesellschafters einer Personengesellschaft (für Ernährung, Kleidung, Wohnung, Krankheits- und Altersvorsorge). Sind die Ausgaben teils betrieblich und teils privat veranlaßt und läßt sich der jeweilige Anteil nicht leicht und einwandfrei trennen, so gehören die Ausgaben gänzlich zu den Privatausgaben (§ 12 Ziff. 1 EStG). Andernfalls ist der jeweilige Anteil zu schätzen (z. B. bei privat und betrieblich genutzten Fernsprechanlagen, Reisen aus beruflichen und privaten Gründen), sofern der betriebliche Nutzungsanteil nicht von untergeordneter Bedeutung ist.

Eine **Liebhaberei** liegt vor, wenn es an einem fortdauernden Einkommensstreben und einer Bewirtschaftung nach betriebswirtschaftlichen Kriterien fehlt. Hierfür sprechen insbesondere jahrelange Verluste in Bereichen, die

---

Andererseits bedeutet Vermehrung stets Mengen- oder Werterhöhung, die auf Leistung oder dem Marktgeschehen beruht, nicht dagegen Mehrung als Folge von Käufen (= Bestandsveränderung, die die Erfolgsrechnung zunächst unberührt läßt).

[11] Ausnahme: Zuschreibung.

[12] Hierbei verzichtet der Gläubiger eines notleidenden Unternehmens auf seine Forderungen ganz oder teilweise. Voraussetzungen der Steuerbefreiung sind, daß auf die Forderung endgültig verzichtet wird, die Absicht der Sanierung besteht und der Schuldner sanierungsbedürftig ist. Einzelheiten bei *G. Geist*, Insolvenzen und Steuer, 3. Aufl. Herne-Berlin 1980.

[13] Vgl. S. 18 ff.

nicht zur Haupttätigkeit des Steuerpflichtigen gehören. Beispiele sind Dauerverlustbetriebe der Landwirtschaft (Resthöfe), Jagd, Fischerei, Pferdezucht.[14]

2. Der steuerlichen Abgrenzung zwischen Betriebs- und Privatausgaben folgt grundsätzlich auch das Handelsrecht.

### d) Die Abgrenzung zwischen abzugsfähigen und nichtabzugsfähigen (laufenden) Betriebsausgaben

1. Der Steuergesetzgeber hat bestimmte Betriebsausgaben aus unterschiedlichen Gründen – vom Abzug ausgeschlossen, d. h. sie dürfen den steuerlichen Gewinn nicht mindern. Im einzelnen handelt es sich um

- Aufwendungen für bestimmte Geschenke, Einrichtungen der Bewirtung oder Beherbergung, die Ausübung einer Jagd oder Fischerei und die Haltung von Segel- oder Motorjachten (§ 4 Abs. 5 EStG);
- Aufwendungen, die mit steuerfreien Einnahmen in unmittelbarem wirtschaftlichen Zusammenhang stehen, § 3c EStG (z.B. Zahlungen auf erlassene Schulden nach einer Sanierung, Ausgaben für den steuerfreien Teil eines Betriebs, etwa eines Sportvereins, der einen wirtschaftlichen Geschäftsbetrieb unterhält);
- Aufwendungen, bei denen der Steuerpflichtige trotz Verlangens des Finanzamtes den Empfänger nicht benennt, § 160 AO (z.B. Schmiergelder[15]);
- Aufwendungen, deren Abzug mit außersteuerlichen Vorschriften oder deren Zwecken nicht vereinbar ist (z.B. Geldstrafen[16]).

2. Die nichtabzugsfähigen Betriebsausgaben werden (soweit sie laufende Aufwendungen sind) handelsrechtlich zumindest überwiegend als Aufwand angesehen.

## II. Die Gliederung der Gewinn- und Verlustrechnung

### a) Allgemeine Grundsätze der Gliederung

#### 1. Übersicht

Der EBilRG nennt vier allgemeine Grundsätze, die nur für die Gliederung der Erfolgsrechnung gelten:

---

[14] Einzelheiten bei *H. W. Bayer* und *T. Birtel,* Die Liebhaberei im Steuerrecht, Tübingen 1981.
[15] Ausnahme: Das Finanzamt kann auf den Empfängernachweis verzichten, wenn feststeht, daß die Zahlung im Rahmen eines üblichen Handelsgeschäfts erfolgte, der Geldbetrag ins Ausland abgeflossen ist und der Empfänger nicht der deutschen Steuerpflicht unterliegt. Vgl. *Tipke-Kruse,* Anm. 2 zu § 160 AO.
[16] Einzelheiten bei *Herrmann-Heuer,* Anm. 49 zu § 4 EStG.

- die Staffelform,
- die Bruttorechnung,
- das Gesamtkostenverfahren,
- der Ausweis der ursprünglichen Aufwendungen.

Darüber hinaus sind – bis auf die Kontoform – alle allgemeinen Grundsätze der Bilanzgliederung[1] auch auf die Gliederung der Gewinn- und Verlustrechnung anzuwenden.

## 2. Staffelform

Publizitätspflichtige Unternehmen haben die Gewinn- und Verlustrechnung in Staffelform[2] aufzustellen. Diese Art der Darstellung gilt als aussagefähiger als die Kontoform, da bestimmte Zwischenergebnisse unmittelbar abgelesen werden können. Wenn allerdings – wie im gesetzlichen Schema – der Erkenntniswert der Zwischensummen nicht besonders hoch ist, dann ist es sehr fraglich, ob der Ausweis dieser Zwischensummen den Nachteil der Staffelrechnung (Verzicht auf den Gesamtbetrag der Aufwendungen und Erträge) wettmacht.

Nichtpublizitätspflichtige Unternehmen (und bestimmte Unternehmen, für die Formblattvorschriften gelten) können nach wie vor die Kontoform anwenden.

## 3. Bruttorechnung

Die Gewinn- und Verlustrechnung der prüfungspflichtigen Unternehmen ist grundsätzlich als Bruttorechnung aufzustellen. Eine Bruttorechnung liegt vor, wenn die einzelnen Erfolgsposten vollständig, d. h. ohne Verrechnung zwischen Aufwands- und Ertragsposten, dargestellt werden.[3] Bei der reinen Nettorechnung würde auf der einen Seite nur noch der Jahresüberschuß oder Jahresfehlbetrag und auf der anderen Seite ein Sammelposten (z. B. Erträge, soweit sie die Aufwendungen übersteigen) gezeigt. Eine derartige Rechnung kommt praktisch nicht vor. In der Vergangenheit sind aber (von Unternehmen, für die es keine Formvorschriften gab) Rechnungen veröffentlicht worden, in denen nicht wenige wichtige Aufwands- und Ertragsposten gegeneinander aufgerechnet worden waren.

Kleinen und mittelgroßen publizitätspflichtigen Unternehmen[4] wird für die Zwecke der Veröffentlichung eine bestimmte Ausnahme vom Grundsatz der

---

[1] Vgl. S. 129 ff.
[2] Zu diesem Begriff vgl. S. 130.
[3] Unberührt hiervon ist die Möglichkeit, im Vorfeld der Rechnung Saldierungen vornehmen zu können oder zu müssen (z.B. Saldierung der Preisnachlässe mit den Umsatzerlösen).
[4] Den nichtveröffentlichungspflichtigen Unternehmen wird ein Schema der Gewinn- und Verlustrechnung nicht vorgeschrieben. Sinngemäß gilt hier das zur Bilanzgliederung Ausgeführte (vgl. S. 137).

## II. Die Gliederung der Gewinn- und Verlustrechnung

Bruttorechnung gestattet: Sie dürfen die ersten 5 Posten, d.h. die betrieblichen Erträge und den Materialaufwand saldieren. Die Rechnung beginnt dann mit dem Posten „Rohergebnis", der sich wie folgt errechnet:

Umsatzerlöse
± Erhöhung oder Verminderung des
    Bestands an fertigen und unfertigen Erzeugnissen
+ andere aktivierte Eigenleistungen
= sonstige betriebliche Erträge
− <u>Materialverbrauch</u>
= Rohergebnis

Das Verrechnungsverbot für Aufwendungen und Erträge gilt im übrigen auch für nichtpublizitätspflichtige Unternehmen.

### 4. Gesamtkostenverfahren

Publizitätspflichtige Unternehmen haben die Gewinn- und Verlustrechnung nach dem Gesamtkostenverfahren aufzustellen. Eine Unterscheidung nach dem Umfang der zu berücksichtigenden Aufwendungen wird in Produktionsbetrieben notwendig, bei denen Produktions- und Absatzmengen der Periode nicht übereinstimmen. In diesem Fall müssen entweder die Erträge an das Mengengerüst der Aufwendungen (Gesamtkostenverfahren) oder die Aufwendungen an das Mengengerüst der Umsätze (Umsatzkostenverfahren) angepaßt werden.[5]

Das Gesamtkostenverfahren (besser: Gesamtaufwandsverfahren, da auch Herstellungskosten nicht auf Kosten, sondern auf Aufwendungen beruhen) erhöht die Verkaufserlöse um die Bestandserhöhungen (bzw. vermindert sie um die Bestandsminderungen) und die aktivierten Eigenleistungen (z.B. die Herstellungskosten einer selbst gebauten Anlage, die im Betrieb verwandt werden soll). Diesen Beträgen werden die gesamten betrieblichen Aufwendungen der Periode gegenübergestellt. Beim Umsatzkostenverfahren werden dagegen als Ertrag nur die Umsatzerlöse (Wert der verkaufen Produktion) ausgewiesen. Ihnen werden diejenigen Aufwendungen gegenübergestellt, die von den Umsätzen „verursacht" wurden. Der Saldo ist in beiden Rechnungen derselbe, da im zweiten Fall bei den Erträgen derselbe Betrag wegfällt wie bei den Aufwendungen.

Aus der Sicht des Bilanzempfängers spricht für das Gesamtkostenverfahren, daß es auch die Aufwendungen und Erträge aus noch nicht abgerechneten Beständen zeigt. Dies erscheint insbesondere bei langfristiger Fertigung (Schiffbau, Anlagenbau) wünschenswert. Aus der Sicht des Bilanzaufstellers ist es einfacher,[6] da die Zugänge an fertigen und unfertigen Erzeugnissen

---

[5] Coenenberg, S. 213.
[6] Der einfacheren Bewertung der Bestände am Ende der Periode steht allerdings der Zwang zur körperlichen Aufnahme der Endbestände gegenüber, auf die die Umsatz-

nicht laufend ermittelt und bewertet (Nachkalkulation) werden müssen. Festgestellt werden die Bestände lediglich zum Ende des Geschäftsjahrs.

Nachteilig aus der Sicht des Bilanzempfängers ist, daß beim Gesamtkostenverfahren die Posten nach unterschiedlichen Bewertungsgrundsätzen ermittelt werden, je nachdem ob es sich um verkaufte Produkte (Ansatz der Verkaufspreise) oder nicht verkaufte Produkte (Ansatz der Herstellungskosten) handelt.

## 5. Ausweis der ursprünglichen Aufwendungen

Publizitätspflichtige Unternehmen haben die Aufwendungen in der Gewinn- und Verlustrechnung nach ursprünglichen Arten (z.B. Löhne, Materialaufwand) auszuweisen. Das Gegenteil wäre die funktionale Gliederung, die die Aufwendungen entsprechend den Betriebsbereichen zusammenfaßt (z.B. Produktions-, Verwaltungs-, Vertriebsaufwand).

Die funktionale Gliederung erlaubt einen Einblick in die Kalkulation. Einen besonderen Wert hätte dies für den Leser insbesondere bei Einproduktunternehmen (die praktisch kaum vorkommen). Nachteil der Bereichsgliederung ist, daß bestimmte Aufwandssummen (z.B. die Gesamtsumme der Löhne oder der Abschreibungen) bei ihr nicht ersichtlich sind.

Die 4. EG-Richtlinie hatte die Bereichsgliederung neben der Gliederung nach ursprünglichen Aufwandsarten als gleichwertig zugelassen. Der deutsche Gesetzgeber wird von diesem Wahlrecht keinen Gebrauch machen. Die Bereichsgliederung kann daher nur von nichtpublizitätspflichtigen Unternehmen angewandt werden.

Ein Beispiel für eine Gewinn- und Verlustrechnung, die allen bisher behandelten Grundsätzen der Gliederung **widerspricht** (und dennoch mit dem GoB vereinbar wäre) zeigt *Tab. 25*.

## 6. Anwendung der allgemeinen Gliederungsgrundsätze der Bilanz auch auf die Gewinn- und Verlustrechnung

Wie bereits erwähnt gelten – bis auf die Kontoform – alle allgemeinen Gliederungsansätze der Bilanz auch für die Gewinn- und Verlustrechnung. Hieraus folgt, daß

- die Gliederung in aufeinanderfolgenden Rechnungen grundsätzlich beizubehalten ist (Abweichungen kommen in Gewinn- und Verlustrechnungen selten vor);
- die Vorjahrszahlen anzugeben sind;
- die Mitzugehörigkeit zu einem anderen Posten grundsätzlich zu vermerken ist (kommt selten vor);

---

rechnung verzichten kann. Sofern eine Nachkalkulation je Produkt laufend durchgeführt wird, liefert die Umsatzrechnung schnellere Ergebnisse als das Gesamtkostenverfahren. Sie ist daher bei der kurzfristigen Betriebsergebnisrechnung die Regel.

II. Die Gliederung der Gewinn- und Verlustrechnung

Tab. 25: *Die Gewinn- und Verlustrechnung als Nettorechnung mit funktionaler Aufwandsgliederung in Kontoform*

| Aufwendungen | Mio DM | Erträge | Mio DM |
|---|---|---|---|
| Herstellungskosten der zur Erzielung der Umsatzerlöse erbrachten Leistungen (nach Abzug der Materialaufwendungen) | 1.904 | Rohertrag | 2.607 |
| | | Sonstige betriebliche Erträge | 73 |
| | | Finanzerträge | 46 |
| Vertriebsaufwendungen | 220 | Außerordentliche Erträge | 8 |
| Allgemeine Verwaltungsaufwendungen | 315 | | |
| Finanzaufwendungen | 30 | | |
| Außerordentliche Aufwendungen | 12 | | |
| Steuern | 160 | | |
| Jahresüberschuß | 93 | | |
| insgesamt | 2.734 | insgesamt | 2.734 |

- die Vorjahrszahlen anzugeben sind;
- die Gliederung zu ergänzen ist, falls für das Unternehmen verschiedene Formblattvorschriften gelten;[7]
- zusätzliche Posten hinzugefügt werden dürfen, wenn ihr Inhalt nicht von einem Posten des gesetzlichen Schemas gedeckt ist;[8]
- die Gliederung und Bezeichnung der Posten branchenmäßigen Besonderheiten anzupassen ist;[9]
- unbedeutende oder die Klarheit verminderte Posten zusammengefaßt werden dürfen;
- Leerposten weggelassen werden können.

---

[7] Z.B. weisen die Genossenschaftsbanken mit Warenverkehr den Sachaufwand getrennt nach dem Bank- und bankfremden Geschäft aus. Entsprechend werden die Erträge getrennt.
[8] Beispiele: Ausgleichsabgabe nach dem 3. VerstromungsG (Elektrizitätswerke), Zuckersteuer (Zuckerfabrik), Beiträge an die Europäische Gemeinschaft für Kohle und Stahl (Stahlwerke), Erhöhung der Holzbestände (Forstbetriebe), Aufwendungen für Kulturen, Bestandspflege, Wegebau (Forst), vom Organträger belastete Steuern, Aufwendungen für Bergschäden sowie Bestandsveränderungen des Vorabraumes (Bergwerke).
[9] Beispiele: Aufwendungen für Roh-, Hilfs-, Betriebsstoffe (einschl. Verbrauch von Kernbrennelementen), Umsatzerlöse (darin enthaltene Mineralölsteuer und Zölle), andere aktivierte Eigenleistungen (einschl. Mietmaschinen), Erträge aus Kostenerstattungen (statt: Umsatzerlöse), Reedereibetriebsaufwendungen (statt Materialaufwand).

## b) Die Gliederung der Gewinn- und Verlustrechnung im einzelnen

### 1. Übersicht

Der EBilRG sieht für alle publizitätspflichtigen Unternehmen grundsätzlich dasselbe Gliederungsschema für die Erfolgsrechnung vor.

Das gesetzliche Schema wird erweitert oder korrigiert durch

- Posten, die auf Grund von Bestimmungen des HGB zusätzlich aufzunehmen sind (z.b. die Aufwendungen und Erträge aus Unternehmensverträgen);
- Posten, die auf Grund von Bestimmungen der handelsrechtlichen Sondergesetze aufzunehmen oder abzuändern sind (z.b. haben Aktiengesellschaften von dem Ertrag aus einem Gewinnabführungs- oder Teilgewinnabführungsvertrag einen vertraglich zu leistenden Ausgleich für außenstehende Gesellschafter abzusetzen, § 153 EAktG);
- Posten, die auf Grund von Bestimmungen der Formblattverordnungen zusätzlich aufzunehmen oder abzuändern sind (z.b. weist das Formblatt für die Erfolgsrechnung der Wohnungsunternehmen zahlreiche zusätzliche Posten auf).

Die besonderen Posten der handelsrechtlichen Sondergesetze und der Formblattverordnungen werden im folgenden nicht berücksichtigt.

Eine Untergliederung der Gewinn- und Verlustrechnung in Postengruppen und Hauptposten sieht das Gesetz nicht vor. Ausgewiesen werden somit Posten und Vermerke zu Posten. Allerdings gibt es in der Erfolgsrechnung auch „Unterposten" (Bezeichnung mit kleinen Buchstaben, z.B. Untergliederung zu 6. Personalaufwand: a) Löhne und Gehälter; b) soziale Abgaben).

Die Ergebnisverwendung (Überleitung des Saldos der Gewinn- und Verlustrechnung zum Bilanzgewinn/Bilanzverlust) ist in der Bilanz, in der Gewinn- und Verlustrechnung, im Anhang oder gesondert zu zeigen. Der bisherigen Praxis folgend, wird die Ergebnisverwendung in diesem Buch im Anschluß an die Gewinn- und Verlustrechnung dargestellt.

### 2. Die Gliederung bis zur ersten Zwischensumme

(a) Umsatzerlöse

Als Umsatzerlöse sind die Erlöse aus dem Verkauf (einschließlich Vermietung oder Verpachtung) von für die gewöhnliche Geschäftstätigkeit des Unternehmens typischen Erzeugnissen, Waren und Dienstleistungen anzusetzen. Erlösschmälerungen[10] und Umsatzsteuer sind abzuziehen. Erlöse aus Vermietung und Verpachtung sind Umsatzerlöse, wenn diese Leistungen zur gewöhnlichen Geschäftstätigkeit des Unternehmens zählen (z.B. bei Woh-

---

[10] Vgl. S. 49 und 184.

*II. Die Gliederung der Gewinn- und Verlustrechnung* 173

nungsunternehmen oder Leasinggesellschaften). Die „gewöhnliche Geschäftstätigkeit" ergibt sich aus der Unternehmenswirklichkeit, nicht etwa aus der Satzung. Erträge aus der Vergabe von Lizenzen sind Umsatzerlöse, wenn die Lizenzen für Produkte gewährt wurden, die die Unternehmung auch selbst herstellen könnte. Falls sie berechnet wurden, gehören auch die Versand- und Verpackungskosten zu den Umsatzerlösen.

(b) Erhöhung oder Verminderung des Bestands an fertigen und unfertigen Erzeugnissen

Der zweite Posten des Gliederungsschemas berichtigt in Produktionsunternehmen die Umsatzerlöse um die noch nicht abgesetzten Leistungen bzw. die verkauften Leistungen, die bereits in der Vorperiode hergestellt worden sind. Dabei sind sowohl Änderungen der Menge als auch des Werts zu berücksichtigen. Das Letztere gilt allerdings nur, soweit die Wertminderung nicht die übliche Abschreibung überschreitet. Mengenänderungen ergeben sich, falls die Produktion größer war als der Verkauf oder umgekehrt. Sie können aber auch aus Inventurdifferenzen folgen. Wertänderungen resultieren aus einer Veränderung der Herstellungskosten, aber auch aus Abschreibungen, die wegen Beachtung des Niederstwertprinzips[11] notwendig wurden. Wertminderungen zum Ansatz des niedrigeren Zukunftswerts[12] oder zur Schaffung stiller Rücklagen gehören dagegen nicht in diesen Posten.

(c) Andere aktivierte Eigenleistungen

Aktivierte Eigenleistungen sind Ergebnisse der Produktion, die in erster Linie in das Anlagevermögen eingegangen sind (z.B. selbst hergestellte Maschinen, Werkzeuge, Modelle, Umbauten, Großreparaturen). Zu den Herstellungskosten aktivierter Eigenleistungen gehören auch die Ausgaben für das verbrauchte Material und bezogene Leistungen (z.B. für den Einsatz fremder Handwerker in vergleichsweise bescheidenem Maße). Die Möglichkeit der Sofortabschreibung (z.B. als geringwertiges Wirtschaftsgut) steht dem Ausweis als aktivierte Eigenleistung nicht entgegen.

Neben den aktivierten Eigenleistungen für das Anlagevermögen kann es auch Eigenleistungen geben, die in das Vorratsvermögen eingegangen sind, soweit es sich bei ihnen nicht um unfertige oder fertige Erzeugnisse handelt. Dies ist bei selbsterzeugten Roh-, Hilfs- und Betriebsstoffen der Fall, die nicht zum Verkauf, sondern zum Verbrauch im eigenen Unternehmen bestimmt sind (z.B. Herstellung von Dachziegeln, mit denen ein eigenes Fertigungsgebäude repariert werden soll).

(d) Sonstige betriebliche Erträge

Der Posten umfaßt alle Erträge aus der gewöhnlichen Geschäftstätigkeit, die nicht gesondert auszuweisen sind. Hierher gehören auch:

---

[11] So auch *Niehus*, Rechnungslegung, Anm. 483 zu § 42 GmbHG.
[12] Vgl. S. 70.

- Erträge aus der Auflösung von Rücklagen, die für den Eigenkapitalanteil einer nur bei der steuerlichen Gewinnermittlung gebildeten Rücklage eingestellt worden sind;[13]
- Erträge aus der Auflösung der Wertaufholungsrücklage.[14]

Große prüfungspflichtige Unternehmen haben **gesondert** die folgenden Unterposten auszuweisen, soweit diese 10% des Gesamtbetrags ausmachen:

- Erträge aus dem Abgang von Wirtschaftsgütern des Anlagevermögens (Verkaufserlös höher als Buchwert) und aus der Zuschreibung[15] zu Wirtschaftsgütern des Anlagevermögens,
- Erträge aus der Zuschreibung von Forderungen wegen der Herabsetzung der Pauschalwertberichtigung zu Forderungen,[16]
- Erträge aus der Auflösung von Rückstellungen.

Alle prüfungspflichtigen Unternehmen müssen hier ferner zeigen die

- Erträge aus der Auflösung der Sonderposten mit Rücklageanteil.[17]

Der Rest setzt sich z.B. zusammen aus Zahlungseingängen auf ausgebuchte Forderungen, Buchgewinne aus dem Verkauf von Wertpapieren des Umlaufvermögens, Kursgewinne aus Währungsgeschäften, Verwaltungskostenumlagen im Konzern und Erträgen aus nicht betriebstypischen Geschäften (z.B. Mieteinnahmen, Kantinenumsätze).

**Erträge aus der Auflösung von Rückstellungen** entstehen, wenn Rückstellungen nicht mehr benötigt werden (z.B. weil der Prozeß, für dessen Aufwendungen die Rückstellung gebildet worden war, gewonnen wurde). Eine Übertragung auf neue Risiken (ein neuer Prozeß ist anhängig) ist grundsätzlich[18] nicht möglich. Keine Auflösung ist der bestimmungsgemäße Verbrauch (Inanspruchnahme, z.B. falls Prozeßaufwendungen zu zahlen sind). Der Verbrauch ist in diesem Fall aus der Gewinn- und Verlustrechnung nicht ersichtlich.

(e) Materialaufwand

Das vorgesehene Schema unterteilt den Materialaufwand in

- Aufwendungen für Roh-, Hilfs- und Betriebsstoffe,
- Aufwendungen für bezogene Leistungen.

Zum alten Recht war strittig, ob hierunter alle Materialaufwendungen oder nur die entsprechenden Aufwendungen des Fertigungsbereichs zu verstehen

---

[13] Vgl. S. 153.
[14] Vgl. S. 124.
[15] Vgl. S. 123.
[16] Vgl. S. 114.
[17] Vgl. S. 41.
[18] Ausnahmen, falls die Rückstellung eigentlich schon in einem früheren Jahr hätte gebildet werden müssen und der gleiche Aufwandsposten betroffen ist (WP-Jahrbuch 1981, S. 796) und bei Pauschalrückstellungen (z.B. Garantierückstellungen, die keine Einzelobjekte betreffen).

## II. Die Gliederung der Gewinn- und Verlustrechnung

waren. Da die Posten Nr. 1 bis 5 im Klein- und Mittelbetrieb zu einem Posten „Rohergebnis" zusammengefaßt werden können, sollte daran festgehalten werden, als Materialverbrauch nur den des Fertigungsbereichs (bzw. den Einstandswert der verkauften Handelsware) auszuweisen.[19] Eine Erweiterung des bisherigen Postens ist allerdings insoweit notwendig, als auch der Materialaufwand, der auf die sonstigen betrieblichen Erträge entfällt, hier zu zeigen ist (z.B. den Materialverbrauch der Kantine). Soweit es sich um geringfügige Beträge handelt, wird – wie bisher – auch der Materialaufwand des Verwaltungs- und Vertriebsbereichs als „Materialaufwand" ausgewiesen werden können.

Aufwendungen für bezogene Leistungen fallen an für von Fremden durchgeführte Lohnbe- oder verarbeitung der Stoffe und Erzeugnisse (z.B. die Lakkierung eigener Erzeugnisse), aber auch für Strom- und Energiebezüge sowie für Fremdreparaturen.

(f) Personalaufwand

Das vorgesehene Schema unterteilt den Posten Personalaufwand in

- Löhne und Gehälter,
- soziale Abgaben und Aufwendungen für Altersversorgung und Unterstützung.

Bei dem zweiten Unterposten sind die Aufwendungen für Altersversorgung gesondert zu vermerken.

**Löhne und Gehälter** sind alle Bruttoentgelte (also einschließlich Lohnsteuer und Arbeitnehmeranteile zur Sozialversicherung) und Sachleistungen für die eigenen Arbeitnehmer und Vorstandsmitglieder. Hierher gehören auch Gratifikationen, Weihnachts- und Urlaubsgelder, Ausbildungsbeihilfen, Gewinnbeteiligung, Zahlungen nach dem Vermögensbildungsgesetz, Abfindungen an ausscheidende Arbeitnehmer sowie Aufwandsentschädigungen.

**Soziale Abgaben** sind die gesetzlichen Abgaben zur Renten-, Kranken- und Arbeitslosenversicherung sowie Berufsgenossenschaft und die Beiträge zur Insolvenzversicherung (für betriebliche Versorgungszusagen).

**Aufwendungen für Altersversorgung** sind Pensionszahlungen (soweit sie nicht zu Lasten der Rückstellung verbucht worden sind), Zahlungen an Pensions-[20] und Unterstützungskassen[21] sowie Versicherungsunternehmen zur künftigen Altersversorgung und Zuweisungen an Pensionsrückstellungen.

**Aufwendungen für Unterstützung** sind freiwillige Zahlungen an tätige oder im Ruhestand lebende Arbeitnehmer (z.B. Zuschüsse zu Kur- und Kranken-

---

[19] A.A.: *Jonas*, S. 132; *Niehus*, Anm. 470 zu § 42 GmbHG.
[20] Pensionskassen sind rechtlich selbständige (Tochter-)Unternehmen, die ihren Mitgliedern einen Rechtsanspruch auf Versorgungsleistungen gewähren. Sie betreiben Versicherungsgeschäfte im Sinne des VAG und unterliegen der Versicherungsaufsicht.
[21] Unterstützungskassen gewähren grundsätzlich keinen Rechtsanspruch auf Leistungen. Sie betreiben kein Versicherungsgeschäft.

hausaufwendungen, Heirats- und Geburtsbeihilfen, Deputate) sowie für Werkskindergärten und Werksverpflegung.

(g) Abschreibungen

Das vorgesehene Schema unterteilt die Abschreibungen in

- Abschreibungen auf immaterielle Wirtschaftsgüter und Sachanlagen sowie auf aktivierte Aufwendungen für die Ingangsetzung und Erweiterung des Geschäftsbetriebs (die Bilanzierungshilfe),[22]
- Abschreibungen auf Wirtschaftsgüter des Umlaufvermögens, soweit diese die in dem Unternehmen üblichen Abschreibungen überschreiten.[23]

Außerplanmäßige Abschreibungen und die Abschreibung auf die Bilanzierungshilfe sind von den publizitätspflichtigen Unternehmen gesondert auszuweisen oder im Anhang darzustellen. Aufgegliedert nach dem Posten des Anlagevermögens werden die Abschreibungen im Anlagenspiegel.[24]

Gegenüber dem bisherigen Posten „Abschreibungen auf Sachanlagen" wird materiell insofern eine Änderung eintreten, als in diesem Posten keine Abschreibungen mehr ausgewiesen werden dürfen, die ausschließlich auf steuerlichen Vorschriften beruhen. Diese sind bei dem Posten „sonstiger betrieblicher Aufwand" gesondert zu zeigen.

(h) Sonstige betriebliche Aufwendungen

Der Posten umfaßt alle Aufwendungen für die gewöhnliche Geschäftstätigkeit, die nicht an anderer Stelle auszuweisen sind sowie (gesondert ausweispflichtig) die Einstellungen in den Sonderposten mit Rücklageanteil. Große prüfungspflichtige Unternehmen haben ferner die folgenden Unterposten auszuweisen, sofern diese mehr als 10% des Gesamtbetrags ausmachen:

- Verluste aus dem Abgang von Wirtschaftsgütern des Anlagevermögens (= Verkaufserlös niedriger als der Buchwert), z.B. beim Verkauf von Beteiligungen.
- Verluste aus dem Abgang von Wirtschaftsgütern des Umlaufvermögens (z.B. beim Verkauf von Wertpapieren des Umlaufvermögens).

In den Sammelposten sonstige betriebliche Aufwendungen gehen z.B. ein die Aufwendungen für Werbung, Mieten und Pachten, Lizenzgebühren, Postkosten, Versicherungen, Spenden, Aufwendungen des Aufsichtsrats (einschl. Tantiemen), und der Hauptversammlung, Bürgschaftsentgelte, Verluste aus Arbeitsgemeinschaften. Bei der KGaA kann auch der auf den persönlich haftenden Gesellschafter entfallende Gewinnanteil als sonstige Aufwendung ausgewiesen werden (§ 286 Abs. 3 AktG).

---

[22] Vgl. S. 30.
[23] Vgl. S. 127.
[24] Vgl. S. 200.

## II. Die Gliederung der Gewinn- und Verlustrechnung

(i) Die erste Zwischensumme

Die erste Zwischensumme wird keine nähere Bezeichnung erhalten. Man hätte vielleicht an den Begriff „Betriebsergebnis" (= betriebliche Erträge abzüglich betrieblicher Aufwendungen) denken können. Dieser Begriff wäre jedoch nicht korrekt gewesen, da in diesem Saldo weder die Zinsen noch die Steuern enthalten sind. Andererseits können die verrechneten Löhne und Abschreibungen auch zum außerordentlichen Ergebnis beigetragen haben. Schließlich haben die in den sonstigen betrieblichen Erträgen sowie sonstigen Aufwendungen ausgewiesenen Veränderungen der Sonderposten mit Rücklageanteil mit dem Betriebsergebnis nichts zu tun. Die Zwischensumme hat daher betriebswirtschaftlich nur einen sehr beschränkten Aussagewert.

### 3. Die folgende Gliederung bis zum Ergebnis der gewöhnlichen Geschäftstätigkeit

(a) Erträge aus Beteiligungen

Der Begriff der Beteiligungen ist bereits erläutert worden.[25] Bei den Erträgen aus diesen Vermögensteilen handelt es sich um die laufenden Einnahmen in Form von Dividenden und ähnlichen Ausschüttungen einschließlich der anrechnungsfähigen Körperschaftsteuer und der einbehaltenen Kapitalertragsteuer. Die Erträge aus verbundenen Unternehmen sind gesondert zu vermerken.

Nicht zu den Erträgen aus Beteiligungen (sondern zu den sonstigen betrieblichen Erträgen) gehören Buchgewinne aus der Veräußerung der Beteiligung oder von Bezugsrechten und Zuschreibungen zu Beteiligungen. Empfangene Gratisanteile[26] sind keine Erträge. Schließlich zählen Dividenden auf Beteiligungen nicht zu diesem Posten, wenn sie auf Grund einer Gewinngemeinschaft, eines Gewinnabführungs- oder eines Teilgewinnabführungsvertrags bezogen worden sind.[27]

(b) Erträge aus Gewinngemeinschaften, Gewinnabführungs- und Teilgewinnabführungsverträgen

Dieser Posten ist gegebenenfalls zusätzlich in das Schema aufzunehmen, wobei es der bilanzierenden Unternehmung überlassen bleibt, an welcher Stelle des Schemas der Posten eingeordnet wird. Für einen Ausweis an dieser Stelle spricht, daß der Posten mit den zuvor aufgeführten Beteiligungserträgen eng verwandt ist.

Bei der **Gewinngemeinschaft** verpflichtet sich die beteiligte Unternehmung, ihren Gewinn ganz oder zum Teil mit dem Ergebnis anderer Unternehmen

---

[25] Vgl. S. 143.
[26] D.h. Aktien oder Stammanteile, die aus einer Kapitalerhöhung aus Gesellschaftsmitteln (Umwandlung von Rücklagen in Nominalkapital) entstanden sind.
[27] Vgl. den folgenden Abschnitt.

zusammenzulegen und anschließend nach bestimmten Kriterien wieder aufzuteilen (§ 292 Abs. 1 Nr. 1 AktG). Erträge aus Arbeitsgemeinschaften im Baugewerbe gehören nicht hierher. Beim **Gewinnabführungsvertrag** (Teilgewinnabführungsvertrag) verpflichtet sich eine Unternehmung – gleich welcher Rechtsform – ihren ganzen Gewinn (bzw. Teile ihres Gewinns) an ein anderes Unternehmen abzuführen (§ 291 Abs. 1 und § 292 Abs. 1 Nr. 2 AktG). Liegt zwar ein Beherrschungs-, aber kein Gewinnabführungsvertrag vor, so sind die vereinnahmten Erträge den Beteiligungserträgen zuzurechnen.[28] Praktisch am bedeutsamsten sind die Gewinnabführungsverträge, da diese Voraussetzung einer steuerlichen Organschaft[29] sind. Der Aussagewert dieses Postens ist im übrigen nicht besonders groß, da

- es die Konzernleitung in bestimmtem Umfang in der Hand hat, ob die Gewinne in der Tochterunternehmung oder gleich bei der Mutter entstehen (Problematik der Verrechnungspreise und Konzernumlagen);
- der Posten insoweit überhöht erscheint, als auf ihn – bei Anerkennung einer Organschaft – noch keine Körperschaft- und Gewerbesteuer bezahlt worden ist. (Möglich ist allerdings die Umlage der anteiligen Steuern auf die Tochterunternehmung und entsprechende Kürzung der abgeführten Gewinne.)

(c) Erträge aus Wertpapieren, Ausleihungen und sonstigen Finanzlagen

Hierunter sind vereinnahmte Zinsen und Dividenden aus Kapitalanlagen des Anlagevermögens zu verstehen, soweit es sich nicht um Beteiligungen handelt und keine Gewinnabführungsverträge vorliegen. Zu diesem Posten gehören auch Aufzinsungen (Zuschreibungen[30]), für die zum Zeitpunkt der Hingabe abgezinsten Darlehn. Soweit die Erträge aus verbundenen Unternehmen stammen, sind sie gesondert zu vermerken.

(d) Sonstige Zinsen und ähnliche Erträge

Der Posten zeigt den Rest der Finanzerträge, der nicht an anderer Stelle auszuweisen ist. Es handelt sich um Zinsen auf Forderungen, Darlehn, Bankguthaben und festverzinsliche Wertpapiere, soweit diese Vermögensgegenstände zum Umlaufvermögen gehören.

Zu den ähnlichen Erträgen rechnen solche aus einem Disagio[31] oder Damnum, ferner Dividenden aus Wertpapieren des Umlaufvermögens.

---

[28] WP-Handbuch, S. 670.
[29] Unter bestimmten Voraussetzungen wird der Gewinn einer Kapitalgesellschaft, die wirtschaftlich und organisatorisch in ein anderes Unternehmen eingegliedert ist und den Gewinn an diese abführt, nicht bei der abführenden, sondern ausschließlich bei der empfangenden Unternehmung besteuert (vgl. § 7a KStG).
[30] Vgl. S. 94.
[31] Gesehen aus der Sicht des Gläubigers. Der Gläubiger hat z.B. ein Darlehn zu 95% des Nennwerts ausbezahlt, erhält jedoch am Ende der Laufzeit 100% zurück. Die Differenz ist ein Zinsertrag, der über die Laufzeit verteilt zu vereinnahmen ist. Bei der Hingabe wurde gebucht: Forderungen 100 an Bank 95 und Passive Rechnungs-

## II. Die Gliederung der Gewinn- und Verlustrechnung

Gesondert zu vermerken sind die Zins- und ähnlichen Erträge, die aus verbundenen Unternehmen zugeflossen sind.

(e) Abschreibungen auf Finanzanlagen und auf Wertpapiere des Umlaufvermögens

Hierunter werden grundsätzlich alle (außerplanmäßigen) Abschreibungen auf das Finanzvermögen (Beteiligungen, Ausleihungen, Wertpapiere) erfaßt. Soweit die Abschreibung auf einem nur steuerlich zulässigen Wertansatz beruht,[32] ist sie nicht hier, sondern gesondert bei dem Posten sonstiger betrieblicher Aufwand auszuweisen.

(f) Aufwendungen aus Verlustübernahmen

Der Posten ist gegebenenfalls zusätzlich in das Schema aufzunehmen. Für einen Ausweis an dieser Stelle spricht die Nähe zu den Abschreibungen auf Finanzanlagen. Im einzelnen handelt es sich um Ausgaben zur Deckung von Verlusten anderer Unternehmen, zu der der Bilanzierende gesetzlich oder vertraglich verpflichtet ist.[33] Auch Zahlungen an außenstehende Aktionäre abhängiger Gesellschaften gehören – soweit sie den abgeführten Gewinn übersteigen – in diesen Posten.

(g) Zinsen und ähnliche Aufwendungen

Der Posten umfaßt vier (nicht gesondert auszuweisende) Gruppen von Aufwendungen:

- Zinsen (z.B. für Bankkredite, Obligationen, Schuldscheindarlehn, Hypotheken);
- Diskontbeträge auf Wechsel und Schecks;
- Kreditprovisionen, Bereitstellungsgebühren, Überziehungsprovisionen, Bürgschafts- und Avalprovisionen, Frachtenstundungsgebühren (Nebenkosten der Kreditaufnahme);
- Abschreibungen auf ein aktiviertes Disagio[34] oder Damnum sowie die sofortige Ausbuchung des Agios oder Damnums.[35]

---

abgrenzung 5. Am jeweiligen Jahresende ist der Rechnungsabgrenzungsposten über das Konto Zinserträge mit dem anteiligen Betrag aufzulösen.

[32] Z.B. die Übertragung von Veräußerungsgewinnen gemäß § 6b EStG (vgl. S. 71).

[33] Z.B. aufgrund von Beherrschungs- oder Gewinnabführungsverträgen, Betriebspacht- und -überlassungsverträgen mit abhängigen Gesellschaften (§ 302 AktG), bei eingegliederten Gesellschaften (§ 324 Abs. 3 AktG) oder auch entsprechenden Verträgen mit Nichtaktiengesellschaften.

[34] Gesehen aus der Sicht des Schuldners. Der Schuldner hat z.B. für das Darlehn 95% bekommen, muß aber 100% zurückzahlen. Die Differenz ist ein Zinsaufwand, der grundsätzlich auf die Laufzeit des Darlehns zu verteilen ist. Bei der Aufnahme wird gebucht: Bank 95 und Aktive Rechnungsabgrenzung 5 an Darlehnsverbindlichkeit 100. Am jeweiligen Jahresende wird der aktive Rechnungsabgrenzungsposten mit Hilfe des Zinsaufwandskontos „abgeschrieben".

[35] So auch *Claussen,* Anm. 65 und *Kropff,* Anm. 29 zu § 257; a.A. *Adler-Düring-Schmaltz* (Anm. 166 zu § 157 AktG), die den Ausweis unter sonstigen Aufwendungen vorziehen.

(h) Ergebnis der gewöhnlichen Geschäftstätigkeit

Verständlich ist diese Bezeichnung der zweiten Zwischensumme allenfalls als Gegenposten zu dem außerordentlichen Ergebnis und den Steuern. Es fällt aber schwer, steuerliche Sonderabschreibungen und alle mit den Finanzanlagen in Beziehung stehenden Aufwendungen und Erträge bei einem Industrie- oder Handelsunternehmen als im Rahmen der „gewöhnlichen Geschäftstätigkeit" geleistet anzusehen. Wird darüberhinaus berücksichtigt, daß ein Wahlrecht für die Einordnung der Aufwendungen und Erträge aus Verlustübernahmen und Gewinnabführungsverträgen besteht, dann wird deutlich, daß der betriebswirtschaftliche Erkenntniswert auch dieser Zwischensumme gering ist.

## 4. Die folgende Gliederung bis zum Jahresüberschuß/Jahresfehlbetrag

(a) Außerordentliche Erträge

Im bisherigen Recht wurden unter den außerordentlichen Erträgen (analog den außerordentlichen Aufwendungen) zwei Fälle zusammengefaßt:

- Der Ertrag hätte eigentlich bereits in einem früheren Jahr verrechnet werden müssen (z.B. Steuerrückzahlungen, Eingänge aus abgeschriebenen Forderungen, Zuschreibungen). Die Bilanzlehre nennt diese Erträge „periodenfremd".
- Die Erträge fallen nur einmalig oder selten an (z.B. erhaltene Abfindungen für die Überlassung einer bestimmten betrieblichen Tätigkeit, Nachlässe auf Verbindlichkeiten im Rahmen eines Vergleichs, Zahlungen der Betriebsunterbrechungsversicherung, öffentliche Subventionen). Die Bilanzlehre bezeichnet diese Erträge als „außergewöhnlich".

Der EBilRG (folgend Art. 29 der 4. EG-Richtlinie) definiert die außerordentlichen Erträge dagegen als Erträge, die „außerhalb der gewöhnlichen Geschäftstätigkeit des Unternehmens anfallen". Damit gehören die periodenfremden Erträge nicht mehr zu den außerordentlichen Erträgen. Diese sind vielmehr – ohne besondere Kennzeichnung – unter den ordentlichen Erträgen auszuweisen (i.d.R. als sonstige Erträge).

Die außerordentlichen Erträge werden damit stark eingeschränkt. Es besteht jedoch kein Anlaß, außer den periodenfremden noch weitere Erträge aus dem Posten herauszunehmen. So wollen *Niehus*[36] und *Jonas*[37] als a.o. Erträge nur noch diejenigen ausweisen, die

- betragsmäßig wesentlich sind[38] und
- deren Ursache eine wesentliche Änderung des wirtschaftlichen Inhalts der Unternehmung ist.

---

[36] *Niehus*, Rechnungslegung, Anm. 499 zu § 42 GmbHG.
[37] *Jonas*, S. 156.
[38] So auch *Biener*, Rechnungslegung, S. 107.

## II. Die Gliederung der Gewinn- und Verlustrechnung

Wenn es dem Gesetzgeber nur um wesentliche Beträge gehen würde, so müßte er dies – wie mehrfach in anderem Zusammenhang beabsichtigt – ausdrücken. Im übrigen paßt die Auslegung der zitierten Autoren nicht zu der Forderung, daß a. o. Erträge im Anhang zu erläutern seien, „soweit diese für die Beurteilung der Ertragslage nicht von untergeordneter Bedeutung sind" (§ 256 Abs. 2 EHGB). Ebenso ist von einer „Änderung im Inhalt des Unternehmens" (was immer dies sein mag) im Gesetz nicht die Rede. Als außerordentliche Erträge sind daher künftig die bisher als außergewöhnlich bezeichneten Erträge auszuweisen.

(b) Außerordentliche Aufwendungen

Für diesen Posten gelten entsprechend die Ausführungen zu den a. o. Erträgen. Die periodenfremden Aufwendungen (z. B. Abschreibungen auf Forderungen, Verluste aus Anlageabgängen) gehören nicht hierher. Übrig bleiben die außergewöhnlichen Aufwendungen (z. B. Gründungsaufwand, Verluste aus Schadensfällen, gezahlte Abfindungen für ein Konkurrenzverbot). Ein speziellerer Posten geht vor. So rechnen Zahlungen für einen Sozialplan zu den Löhnen, nicht zu den a. o. Aufwendungen.

(c) Außerordentliches Ergebnis

Das außerordentliche Ergebnis ist ein Unterergebnis, das den Saldo aus den a. o. Aufwendungen und Erträgen zeigt. Es kann positiv oder negativ sein. Nach Verringerung des Begriffsinhalts wird es sich hier im „Normalfall" nicht mehr um eine wesentliche Größe handeln.

(d) Steuern vom Einkommen und Ertrag

Kapitalgesellschaften weisen unter diesem Posten die
- Körperschaftsteuer und die
- Gewerbeertragsteuer

aus.

**Körperschaftsteueraufwand** ist der Betrag, der unter Berücksichtigung der erwarteten Dividendenausschüttung anfallen wird (bzw. bereits bezahlt worden ist). Auch Nachzahlungen früherer Jahre gehören hierher. Deshalb läßt sich aus dem Posten nicht unmittelbar auf den Gewinn der Steuerbilanz schließen.

Personenunternehmen können unter diesem Posten für die Zwecke der Veröffentlichung auch die Einkommensteuer der Unternehmer und Mitunternehmer ausweisen, die auf den ihnen steuerlich zugerechneten Gewinn des Unternehmens (oder als fiktive Körperschaftsteuer) zu zahlen ist.[39] Mit dieser vorgesehenen Vorschrift wird in Kauf genommen, daß ein Betrag für Steuern ausgewiesen wird, der möglicherweise nie bezahlt werden wird (weil der Mitunternehmer z. B. Verluste aus anderen Einkunftsquellen hatte, die er mit dem Gewinn aus der Unternehmung ausgleichen konnte).

---

[39] Vgl. S. 155.

(e) Sonstige Steuern

Hierunter fallen alle übrigen Steuern, für die das Unternehmen Steuerschuldner ist. Im einzelnen sind dies z.b. die Vermögen-, Grund-, Gewerbekapitalsteuer, Verbrauchsteuern (z.B. Bier-, Branntwein-, Tabak-, Mineralölsteuer[40]), Kraftfahrzeugsteuer, Wechselsteuer.

Nicht als sonstige Steuern sind Ausgaben zu behandeln, die als Anschaffungsnebenkosten aktiviert wurden (z.b. Grunderwerb-, Börsenumsatzsteuer, Umsatzsteuer auf den Selbstverbrauch, Eingangszölle). Steuererstattungen gehören zu den sonstigen Erträgen. Sie dürfen mit Steueraufwendungen nicht saldiert werden.

Für die Vermögensteuer, die von den Eigenkapitalgebern der Personenunternehmen auf ihre Beteiligung zu zahlen ist, gilt das zur Einkommensteuer der Mitunternehmer Ausgeführte sinngemäß. Es kann also entweder der im voraus ermittelte oder ein anhand der Beteiligungshöhe geschätzter Betrag der Vermögensteuer angesetzt werden.

(f) Erträge aus Verlustübernahme

Hierunter sind die Beträge aufzuführen, die ein anderes Unternehmen zum Ausgleich eines sonst entstehenden Fehlbetrags der bilanzierenden Unternehmung bereits vergütet oder noch zu erstatten hat. Zugrunde liegt im Regelfall ein Beherrschungs- oder Gewinnabführungsvertrag (§§ 291 ff AktG). Der Posten ist gegebenenfalls zusätzlich in das Schema einzustellen.

(g) Auf Grund einer Gewinngemeinschaft, eines Gewinnabführungs- oder eines Teilgewinnabführungsvertrags abgeführte Gewinne

Der Posten ist ebenfalls zusätzlich aufzunehmen. In den genannten Fällen wird der Gewinn oder Teile des Gewinns an ein anderes Unternehmen abgeführt. Auf die Erläuterungen zu dem entsprechenden Ertragsposten wird verwiesen.[41]

(h) Jahresüberschuß/Jahresfehlbetrag

Ein positiver Saldo der Gewinn- und Verlustrechnung wird Jahresüberschuß, ein negativer Jahresfehlbetrag genannt.

5. Die Gliederung der Ergebnisverwendung

Ergebnisverwendung bedeutet Zuweisung des Jahresüberschusses an die Rücklagen, Vorgabe des Dividendenbetrags (einschl. Gewinnvortrag), nach Auflösung des Ergebnisvortrags aus dem Vorjahr und gegebenenfalls Auflö-

---

[40] In Unternehmen, in denen Verbrauchsteuern einen erheblichen Teil des Erlöses ausmachen, werden diese i.d.R. als durchlaufende Posten betrachtet und in einer Vorspalte von den Umsatzerlösen abgesetzt.

[41] Vgl. S. 177.

sung von Rücklagen. Die Summe aus auszuschüttender Dividende und Gewinnvortrag des laufenden Jahres entspricht in der Bilanz dem Posten „Bilanzgewinn" (entsprechend „Bilanzverlust").

Die Auflösung von und die Einstellung in Gewinnrücklagen sind entsprechend den in der Bilanz ausgewiesenen Rücklagen aufzuteilen. Das vollständige Gliederungsschema der Ergebnisverwendung lautet daher:

Jahresüberschuß/Jahresfehlbetrag
± Gewinnvortrag/Verlustvortrag aus dem Vorjahr
+ Entnahme aus der Kapitalrücklage
+ Entnahmen aus Gewinnrücklagen
  a) aus der gesetzlichen Rücklage
  b) aus der Rücklage für eigene Anteile
  c) aus satzungsmäßigen Rücklagen
  d) aus der Wertaufholungsrücklage
  e) aus anderen Rücklagen
− Einstellungen in Gewinnrücklagen
  a) in die gesetzliche Rücklage
  b) in die Rücklage für eigene Anteile
  c) in die satzungsmäßigen Rücklagen
  d) in die Wertaufholungsrücklage
  e) in andere Rücklagen

= Auszuschüttender Betrag (einschl. Gewinnvortrag)

= Bilanzgewinn/Bilanzverlust

Das Schema vereinfacht sich im Regelfall, da Posten ohne Betrag nicht aufgeführt werden müssen.

Im Anschluß an das Gliederungsschema ist (als Merkposten) gegebenenfalls der zusätzliche Aufwand (zusätzlicher Ertrag) anzugeben, der sich ergeben hat, weil die Gesellschafterversammlung in ihrem Gewinnverwendungsbeschluß anders entschieden hat als dies bei Aufstellung oder Feststellung der Bilanz beabsichtigt (oder möglich) war. Wird z. B. mehr Gewinn einbehalten, dann erhöht sich der Betrag der Körperschaftsteuer.

## III. Die Anlage zur Bilanz als Ersatz für die Gewinn- und Verlustrechnung für die Zwecke der Veröffentlichung gem. § 5 Abs. 4 PublG

### a) Übersicht

Der Gesetzgeber gestattet es den nach dem PublG veröffentlichungspflichtigen Personenunternehmen[1] anstelle einer Gewinn- und Verlustrechnung eine **Anlage** zur Jahresbilanz (früher: „Anhang") bekanntzumachen. Der Rechts-

---

[1] Größenmerkmale vgl. S. 8.

ausschuß des Deutschen Bundestages hatte bei der Beratung des PublG die Hoffnung geäußert, daß möglichst viele dieser Personenunternehmen freiwillig ihre Gewinn- und Verlustrechnung bekanntmachen würden.[2] Dieser Wunsch hat sich nicht erfüllt.[3]

Für 1977 haben 155 Unternehmen eine Anlage (Anhang) im Bundesanzeiger veröffentlicht. Nach Rechtsformen verteilen sich die Unternehmen wie folgt:

KG:     138[4] (davon 52 Industrie und Handel[5])
OHG:    9 (davon 2 Industrie und Handel)
Einzelkaufleute: 8 (davon 1 Industrie).

Gemäß § 5 Abs. 4 PublG sind in der Anlage bekannt zu machen:

- die Umsatzerlöse,
- die Erträge aus Beteiligungen,
- die Löhne, Gehälter, sozialen Abgaben sowie Aufwendungen für Altersversorgung und Unterstützung,
- die Bewertungs- und Abschreibungsmethoden einschließlich wesentlicher Änderungen,
- die Zahl der Beschäftigten.

## b) Umsatzerlöse

Der Begriff „Umsatzerlöse" entspricht dem der handelsrechtlichen Gewinn- und Verlustrechnung.[6] Da in Höhe der Erlösschmälerungen (Skonto und Rabatte, zurückgewährte Entgelte, z.B. Gutschriften für Leergut) ein Umsatz nicht erzielt wurde, ist ein offener Ausweis der Preisnachlässe und zurückgeführten Entgelte nicht erforderlich.

Z.Zt. ist noch strittig, ob Kreditinstitute Umsätze in diesem Sinne haben. Da § 158 Abs. 1 AktG als Umsatzerlöse nur die Erlöse aus der Erzeugung, Fertigung oder Lieferung von Waren bezeichnete, wurde diese Frage bisher überwiegend verneint.[7] Dabei wurde verkannt, daß die zitierte Vorschrift nicht die Erlöse der Industrie- und Handelsunternehmen von den Umsätzen anderer Branchen abgrenzen wollte. Das AktG verlangte vielmehr eine Trennung der eigentlichen Betriebsleistung von den sonstigen Erträgen. Bei einer anderen Auslegung hätten auch die anderen Dienstleistungsbetriebe (z.B.

---

[2] Ausschußprotokoll, abgedruckt bei *Herbert Biener*, Gesetz über die Rechnungslegung von bestimmten Unternehmen und Konzernen, Düsseldorf 1973, S. 44.
[3] Für 1977 haben 15% der Industrie- und Handelsbetriebe und 26% der Privatbankiers die Veröffentlichung einer Gewinn- und Verlustrechnung der Offenlegung eines Anhangs vorgezogen.
[4] Privatbankiers wurden im Zweifel (vgl. S. 4) als KG gezählt.
[5] Einschl. Speditionen (1), Reisebüro (1), Beteiligungsgesellschaften (6).
[6] Vgl. S. 172.
[7] Vgl. z.B. *Karl-Heinz Forster*, Ausgewählte Fragen zur Rechnungslegung nach dem Publizitätsgesetz, WPg. 1972, S. 474. Für 1977 wurden nur in 11% der Fälle Umsatzerlöse ausgewiesen.

*III. Die Anlage zur Bilanz als Ersatz für die Gewinn- und Verlustrechnung*

Wohnungs-, Beratungs-, Vermögensverwaltungsunternehmen) keine Umsätze gehabt. Durch die Formulierung des neuen Rechts (... „sowie aus den für die gewöhnliche Geschäftstätigkeit des Unternehmens typischen Dienstleistungen") dürfte diese Frage nunmehr entschieden sein.[8] Umsätze der Banken sind die vereinnahmten Zinsen, die laufenden Erträge aus Wertpapieren und Beteiligungen, die Provisionen und anderen Erträge aus Dienstleistungsgeschäften sowie gegebenenfalls Erträge aus dem Warenverkehr und Nebenbetrieben. Soweit den Beteiligungen Gewinngemeinschaften, Gewinnabführungs- oder Teilgewinnabführungsverträge zugrunde liegen, kommt auch eine Hinzurechnung dieser Position des Formblatts infrage.

## c) Erträge aus Beteiligungen

Als Erträge aus Beteiligungen im Sinne des § 5 PublG könnten verstanden werden:

1. der gleichnamige Posten der handelsrechtlichen Gewinn- und Verlustrechnung,[9]
2. die Erträge, die der Position „Beteiligungen" des handelsrechtlichen Gliederungsschemas entsprechen,[10]
3. die Beteiligungserträge gemäß 1 oder 2 nach Saldierung mit Verlustübernahmen.

Die Auslegungen zu 1 und 2 unterscheiden sich dadurch, daß im zweiten Fall nicht nur die Pos. 10 der handelsrechtlichen Gewinn- und Verlustrechnung, sondern auch die Erträge aus Gewinngemeinschaften, Gewinnabführungs- und Teilgewinnabführungsverträgen[11] berücksichtigt werden, sofern den genannten Verträgen Beteiligungen zugrundeliegen.[12] Für die Interpretation zu 2 sprechen folgende Gründe:

- Das PublG (Gesetzentwurf) bezieht sich – anders als bei den Umsatzerlösen – an dieser Stelle nicht auf das HGB.
- In der handelsrechtlichen Gewinn- und Verlustrechnung dient der Begriff Beteiligungen der Differenzierung zwischen den Beteiligungserträgen mit und ohne Gewinnabführungsvertrag. Im PublG ist eine derartige Differenzierung aber nicht vorgesehen.
- Es widerspräche dem Sinn des Gesetzes, auf die Offenlegung des möglicherweise größten Teils der Beteiligungserträge verzichten zu wollen.

---

[8] Wie hier schon früher *Edgar Castan*, Der Anhang zur Bilanz der publizitätspflichtigen Unternehmen, DB 1980, S. 410; *Heinz-Peter Wirtz*, Der Anhang zur Jahresbilanz nach dem Publizitätsgesetz, ZfB 1973, S. 509; WP-Handbuch 1981, S. 834.
[9] Vgl. S. 177.
[10] Vgl. S. 143.
[11] Vgl. S. 177.
[12] So auch WP-Handbuch 1981, S. 834. In den Anhängen für 1977 wurde in 3% der Fälle auf die Einbeziehung der Erträge aus Gewinnabführungsverträgen hingewiesen. Eine Unternehmung teilt die Saldierung der Beteiligungserträge mit Aufwendungen aus Verlustübernahmen mit.

Da Beteiligungen nicht in spekulativer Absicht erworben werden, gehören Veräußerungsgewinne nicht zu den Beteiligungserträgen. Eines besonderen Vermerks als „laufende" Beteiligungserträge bedarf es daher nicht. Eine Saldierung der Erträge aus Beteiligungen mit Aufwendungen aus Verlustübernahme ist nicht zulässig, da hiermit gegen das Bruttoprinzip des Jahresabschlusses verstoßen würde.[13]

### d) Personalaufwendungen

In der Anlage gem. PublG sind ferner – in einer Summe[14] – anzugeben die Löhne, Gehälter, sozialen Abgaben sowie Aufwendungen für Altersversorgung und Unterstützung. Ein Grund dafür, diese Begriffe in einem anderen Sinne als dem des übrigen Handelsrechts zu interpretieren, ist nicht ersichtlich.

Vergütungen an die persönlich haftenden Gesellschafter von Kommanditgesellschaften, auch soweit sie als feste Beträge gezahlt werden, sind keine Personalaufwendungen.[15] Eine andere Auslegung wäre mit dem Wesen der Handelsgesellschaft nicht vereinbar. Diese Personen zählen auch nicht zu den Arbeitnehmern, deren Zahl an anderer Stelle der Anlage anzugeben ist.

### e) Bewertungs- und Abschreibungsmethoden

Für die Angabe der Bewertungs- und Abschreibungsmethoden in der Anlage gem. PublG gilt das zum handelsrechtlichen Anhang noch Auszuführende.[16] Die praktische Handhabung dieser Vorschrift ist unbefriedigend.[17] Kreditinstitute sind von den entsprechenden Angaben befreit (§ 26a KWG).

### f) Zahl der Beschäftigten

Die Zahl der Beschäftigten ist als Durchschnitt zu ermitteln,[18] da dieser Modus auch der Ermittlung des Schwellenwertes gem. § 1 PublG zugrunde-

---

[13] Vgl. S. 168.
[14] Für 1977 haben 32% der Privatbankiers die Personalaufwendungen aufgegliedert (zumeist in 3 Beträgen).
[15] A.A. für die Bezüge des persönlich haftenden Gesellschafters einer KGaA: *Adler-Düring-Schmaltz*, Anm. 140 zu § 157 AktG.
[16] Vgl. S. 196.
[17] Die Mehrzahl der Berichte nennt lediglich einige – häufig selbstverständliche – allgemeine Bewertungsgrundsätze, im Einzelfall auch steuerliche Vorschriften. Auf Änderungen der Bewertungsmethoden wurde für 1977 in keinem Bericht aufmerksam gemacht.
[18] WP-Handbuch 1981, S. 835; *Ulrich-Lenz*, Jahresabschluß. Ausweis und Bewertung, München-Hannover 1978, S. 125; *Wirtz*, S. 509. Für 1977 wurde die Zahl der Beschäftigten von den Industrie- und Handelsbetrieben in etwa einem Viertel der Fälle zum Bilanzstichtag angegeben.

*III. Die Anlage zur Bilanz als Ersatz für die Gewinn- und Verlustrechnung*

liegt. Der Durchschnitt errechnet sich aus dem „12. Teil der Summe aus den Zahlen der am Ende eines jeden Monats beschäftigten Arbeitnehmer einschließlich der zu ihrer Berufsausbildung Beschäftigten sowie den im Ausland beschäftigten Arbeitnehmern" (§ 1 Abs. 2 PublG). In die Zahl der Beschäftigten sind auch Teilzeitbeschäftigte (ohne Umrechnung auf Volltagskräfte) und Heimarbeiter, nicht dagegen die sogenannten Leiharbeitnehmer einzubeziehen. Fehlen eigene Beschäftigte, so erscheint ein Hinweis notwendig.

# D. Der dritte Teil der Rechnungslegung: Der Anhang

## I. Vorbemerkung

a) Nach geltendem Recht ist ein „Anhang" in drei Fällen vorgeschrieben:
1. Gemäß § 33 Abs. 3 und 4 GenG haben die Genossenschaften im Anhang bekanntzumachen:
- Zahl der Mitglieder, die am Beginn und Ende des Geschäftsjahrs der Genossenschaft angehörten sowie die Zahl der neu eingetretenen und der ausgeschiedenen Genossen.
- Zu- und Abnahme der Geschäftsguthaben.
- Betrag der Haftsumme.

2. Gemäß Formblatt VO für die Jahresbilanz der Sparkassen haben diese
- in einem Anhang zur Gewinn- und Verlustrechnung die Überleitung des Jahresüberschusses zum Bilanzgewinn darzustellen;
- in einem Anhang zur Bilanz bestimmte Erläuterungen zu einzelnen Bilanzpositionen, zum haftenden Eigenkapital und zur Einhaltung der Liquiditätsgrundsätze zu geben.

Im Bundesanzeiger veröffentlicht wird nur der Anhang zur Gewinn- und Verlustrechnung.

3. Gemäß § 5 Abs. 2 Nr. 4 können Personenunternehmen, die zur Veröffentlichung des Jahresabschlusses verpflichtet sind, statt einer Gewinn- und Verlustrechnung einen „Anhang zur Jahresbilanz" veröffentlichen.[1]

Einen „Geschäftsbericht" verlangt das Gesetz von Unternehmen bestimmter Rechtsformen (AG, KGaA, eG, VVaG), bestimmter Größen (sehr große[2] GmbH, Gewerkschaft, wirtschaftlicher Verein, rechtsfähige Stiftung gem. § 5 Abs. 1 PublG), bestimmter Branchen (z.B. Bausparkassen, gemeinnützige Wohnungsunternehmen, Kreditinstitute, Versicherungen), von bestimmten Sondervermögen des Bundes (Bundesbahn, Bundespost) und bestimmten Körperschaften (z.B. Bundesversicherungsanstalt für Angestellte) und öffentlichen Anstalten (z.B. Norddeutscher Rundfunk).

Unter dem Begriff „Geschäftsbericht" versteht die Wirtschaftspraxis allerdings nicht nur den entsprechenden Bericht im Rechtssinn (§§ 160 AktG, 33 a GenG, 5 PublG), sondern das gesamte Druckwerk, das von den großen Unternehmen (vor allem Aktiengesellschaften und Gesellschaften mit beschränkter Haftung, aber auch großen Personenunternehmen) im Zusam-

---
[1] Künftig „Anlage", vgl. S. 183 ff.
[2] Größenmerkmale vgl. S. 8.

menhang mit dem Jahresabschluß veröffentlicht wird. Der Geschäftsbericht im wirtschaftlichen Sinn umfaßt neben dem Jahresabschluß und den Abschlußerläuterungen z. B. auch die Einladung zur Hauptversammlung, den Gewinnverwendungsvorschlag des Vorstands, Stellungnahmen des Vorstands zur Wirtschafts- und Gesellschaftspolitik, Nachrufe, Danksagungen, Hinweise auf die Kursentwicklung der eigenen Aktie, Produkt- und Vertrauenswerbung.[3]

Die 4. EG-Richtlinie und ihr folgend der Bilanzrichtlinie-Gesetzentwurf ersetzen den Begriff „Geschäftsbericht" durch die Begriffe „Anhang" und „Lagebericht". Der Anhang des PublG soll künftig „Anlage" heißen.

Das grundsätzlich Neue wird bei der beabsichtigten Reform nicht in der Änderung des Namens, auch nicht in der Aufteilung auf zwei Berichte oder bestimmten Erweiterungen des Berichtsinhalts liegen, sondern in der Art der Veröffentlichung: Während der Geschäftsbericht nach geltendem Recht nur dem Handelsregister einzureichen (und rechtsformspezifisch gegebenenfalls den Anteilseignern zu übersenden) ist, sollen bestimmte Unternehmen Anhang und Lagebericht künftig im Bundesanzeiger bekanntmachen. Wenn der Umfang des Bundesanzeigers nicht in einem unerträglichen Umfang anschwellen soll,[4] wird hier nur das veröffentlicht werden können, was der Gesetzgeber ausdrücklich vorschreibt. Z. Zt. ist völlig offen, wer über diesen zulässigen Inhalt künftig entscheiden soll. Infrage kämen

- der Registerrichter (der bisher nur darauf zu achten hat, daß die eingereichten Unterlagen vollständig sind; eine Prüfung in dem gekennzeichneten Sinn würde eine erhebliche Stellenausweitung erfordern);
- die Redaktion des Bundesanzeigers (die zwar Anzeigenaufträge ablehnen muß, die nicht den gesetzlichen Bestimmungen entsprechen, durch eine Verpflichtung zur Prüfung des gesetzlichen Mindestinhalts jedoch völlig überfordert wäre);
- der Wirtschaftsprüfer (der einen entsprechenden Prüfungsauftrag nach dem Gesetzentwurf aber nicht hat).

Der Gesetzentwurf ist in der gegenwärtigen Form daher nicht praktikabel. Nach neuem Recht soll der Anhang – soweit er obligatorisch ist – Teil des Jahresabschlusses werden. Er soll mit der Bilanz und der Gewinn- und Verlustrechnung eine Einheit bilden. Der Anhang wird allen Kaufleuten – mit Ausnahme der Personenunternehmen – vorgeschrieben.

Der Lagebericht wird – bei allen Kaufleuten (ohne die Personenunternehmen) – neben den Jahresabschluß treten. Dabei ist eine unterschiedliche Art

---

[3] Einzelheiten bei *Edgar Castan,* Geschäftsbericht, HdR, Sp. 606–615.
[4] Gegenwärtig veröffentlichen im Bundesgebiet rd. 13 000 Unternehmen ihren Jahresabschluß (davon ca. 3400 im Bundesanzeiger). Die vorgesehene Reform würde die erstgenannte Zahl vermutlich vervierfachen. Dabei käme die Erhöhung fast ausschließlich auf den Bundesanzeiger zu. Der Jahresabschluß eines mittelgroßen Industrieunternehmens erfordert z. Zt. etwa eine Dreiviertelseite im Bundesanzeiger, künftig wohl kaum weniger als 2 Seiten. Vgl. *Edgar Castan:* Die Praxis der Jahresabschlußpublizität, WPg 1981, S. 342.

der Veröffentlichung zu erwarten.[5] Es empfiehlt sich deshalb, Anhang und Lagebericht künftig als gesonderte Teile der Rechnungslegung anzusehen. Eine bestimmte Gliederung des Anhangs sieht das neue Recht nicht vor. Mit dem Inhalt des gegenwärtigen Geschäftsberichts vergleichbar sind

- der Erläuterungsbericht,
- Erläuterungen, die sich auf das außerordentliche und das Jahresergebnis beziehen,
- der Bericht über finanzielle Leistungen an die Mitglieder der Organe und
- der Beteiligungsbericht.

Der Bericht über Haftungsverhältnisse wird nach geltendem Recht in Form der Bilanzvermerke gegeben (dies wird künftig alternativ möglich sein). Der Personalbericht ist gegenwärtig Bestandteil des (z. Zt. noch unselbständigen) Lageberichts.

b) Für die **Steuerbilanz** spielt der Anhang keine Rolle. Von Unternehmen, die ihn aufzustellen haben, wird das Finanzamt die Einreichung verlangen können.

## II. Allgemeine Grundsätze für den Inhalt und die Gliederung des Anhangs

Anders als für die Bilanz und die Gewinn- und Verlustrechnung sieht das neue Recht keine speziellen auf den Anhang bezogenen Grundsätze für den Inhalt und die Gliederung vor. Da der Anhang jedoch Teil des Jahresabschlusses ist, gelten für ihn die Grundsätze, die auch auf den Jahresabschluß anzuwenden sind. Es sind dies insbesondere die folgenden:[1]

a) Der Anhang ist in **deutscher Sprache** und in **DM** aufzustellen.

b) Der Inhalt des Anhangs muß **richtig** sein, d. h., daß die Angaben nach zulässigen und nachprüfbaren Regeln gewonnen wurden und grundsätzlich nach dem Kenntnisstand am Bilanzstichtag zutreffend sind.

c) Angaben im Anhang sind nur insoweit erforderlich, wie sie vom Gesetz gefordert werden oder notwendig sind, um ein den tatsächlichen Verhältnissen entsprechendes Bild der Vermögens-, Finanz- und Ertragslage des Unternehmens zu vermitteln. Die Darstellung muß sich auf das **Wesentliche** beschränken.

d) Der Bericht muß klar und übersichtlich sein. Er muß plausibel **gegliedert** sein, Zusammengehöriges darf nicht auseinandergerissen werden.

e) Aufbau und Art der Darstellung dürfen in aufeinanderfolgenden Berichten nicht ohne zwingenden Grund geändert werden (**Stetigkeit** der Darstellung).

---

[5] Vgl. S. 215.
[1] Vgl. auch S. 73 ff.

f) **Fehlanzeigen** sind nicht erforderlich. Soweit entsprechende Sachverhalte in den berichtenden Unternehmen nicht vorliegen (z. B. fehlende Beteiligungen), braucht hierauf nicht besonders hingewiesen zu werden. Der Verzicht auf Fehlanzeigen folgt aus den Grundsätzen der Wesentlichkeit und Übersichtlichkeit.

g) Da im Erläuterungsbericht – anders als in der Bilanz und der Gewinn- und Verlustrechnung – die verbale Darstellung überwiegt, muß der Bericht so abgefaßt werden, daß er für einen in Wirtschaftsfragen Kundigen **verständlich** ist. Der BGH[2] hat in bezug auf den Börsenprospekt verlangt, daß der Gesamteindruck auf einen durchschnittlichen Anleger entscheidend sei, der „zwar eine Bilanz zu lesen versteht, aber nicht unbedingt mit der in eingeweihten Kreisen gebräuchlichen Schlüsselsprache vertraut zu sein braucht". Dies gilt auch für die Formulierungen im Anhang.

h) Der Anhang muß grundsätzlich **zusammenhängend**, im „Block" dargestellt werden. Der Auffassung von *Niehus*,[3] daß an seine Stelle auch Fußnoten zur Bilanz oder Gewinn- und Verlustrechnung treten könnten, wird hier nicht gefolgt. Fußnoten widersprächen dem Begriff „Anhang", unter dem im gewöhnlichen Sprachgebrauch ein Nachtrag verstanden wird. Dies schließt einzelne Fußnoten nicht aus, soweit dadurch die Übersichtlichkeit des Abschlusses nicht leidet. Fußnoten zur Bilanz sind in angelsächsischen Abschlüssen weit verbreitet.

### III. Der Inhalt des Erläuterungsberichts

a) **Übersicht**

Der Erläuterungsbericht dient (nach gegenwärtigem und künftigem Recht) der Erklärung der Zahlen und Begriffe des Jahresabschlusses. Soweit notwendig, ist das Zustandekommen und die Zusammensetzung wichtiger Posten zu erklären und auf Zusammenhänge zwischen den Posten aufmerksam zu machen. *Claussen*[1] forderte zum geltenden Recht, daß hier alles anzugeben sei „was jemand, der Bilanzen zu lesen versteht, zu deren Verständnis braucht und an anderer Stelle nicht erhält". Dies gilt künftig auch für den Anhang.

Je nachdem, ob das Gesetz bestimmte Angaben zur Bilanz (z. B. den Bericht über die Bewertungsmethoden) oder generell eine Erläuterung des Jahresabschlusses verlangt, unterscheidet die Literatur zum geltenden Recht die **besonderen** und die **allgemeinen** Abschlußerläuterungen. Da das neue Recht den Inhalt des Anhangs präziser vorschreibt als das geltende Recht den des Geschäftsberichts, erscheint es unzweckmäßig, an dem bisherigen Gliederungskriterium festzuhalten. Vielmehr bietet es sich an, als allgemeine Erläu-

---

[2] BGH-Urteil vom 12. 7. 1982 (WM 1982, S. 862).
[3] *Niehus*, Rechnungslegung, Anm. 530 zu § 42 GmbHG.
[1] *Claussen*, Anm. 14 zu § 160 AktG.

III. Der Inhalt des Erläuterungsberichts

terungen diejenigen anzusehen, die sich auf den Jahresabschluß insgesamt oder Grundsatzfragen der Bilanzierung beziehen, während die besonderen Erläuterungen einzelnen Posten der Bilanz oder der Gewinn- und Verlustrechnung gewidmet sind. Eine strenge Trennung dieser beiden Teile wird allerdings nach wie vor nicht für notwendig gehalten.

## b) Allgemeine Erläuterungen des Jahresabschlusses

### 1. Der Diskrepanzhinweis

Führen bestimmte Umstände dazu, daß der Jahresabschluß trotz Anwendung der Grundsätze ordnungsmäßiger Buchführung ein den tatsächlichen Verhältnissen entsprechendes Bild nicht vermittelt, so haben publizitätspflichtige Unternehmen im Anhang künftig zusätzliche Angaben zu machen (§ 237 Abs. 2 EHGB).

Die vorgesehene Vorschrift entspricht Art. 2 Abs. 4 der 4. EG-Richtlinie. Nach Auffassung der EG-Kommission reicht die Anwendung des Gesetzes normalerweise aus, um den geforderten Einblick zu geben.[2] Mit der genannten Vorschrift werden daher nicht generelle Ergänzungen gefordert (z. B. in Form einer Kapitalflußrechnung), sondern nur Zusätze „bei besonderen Umständen". Biener[3] erwähnt in diesem Zusammenhang die Ausübung von Wahlrechten, wobei er selbst hinzufügt, daß in den wichtigsten Fällen dieser Art die Richtlinie ohnehin ergänzende Angaben verlange. Jonas[4] versteht hierunter den Fall, daß an dem Grundsatz der Unternehmensfortführung[5] nicht mehr festgehalten werden könne oder sich sein wesentlicher Inhalt verändert habe.

Der Auffassung von Jonas ist grundsätzlich zu folgen. Nach dem vorgesehenen Wortlaut des Gesetzes müssen bestimmte Umstände eingetreten sein und als Folge dieser Umstände muß der Aussagewert des Jahresabschlusses geringer sein als im Vorjahr. Dies trifft zu, wenn mit einer Liquidation, Teilliquidation oder Stillegung wesentlicher Teile des Unternehmens zu rechnen ist. Zu denken ist aber auch an den Abschluß von Unternehmensverträgen, mit denen das Unternehmen künftig zu einem wirtschaftlich unselbständigen Glied eines anderen Unternehmens wird. Auch ein Vergleich zur Fortsetzung des Unternehmens dürfte ein Ereignis in dem erwähnten Sinn sein.

### 2. Allgemeine Erläuterungen zur Aktivierung und Passivierung von Wirtschaftsgütern, Korrekturposten, Rechnungsabgrenzungsposten und zur Bilanzierungshilfe

Da das neue Bilanzrecht hinsichtlich des Inhalts des Jahresabschlusses nur noch verhältnismäßig wenig Spielraum läßt, werden allgemeine Erläuterun-

---

[2] Biener, Rechnungslegung, S. 26.
[3] Ebenda.
[4] Jonas, S. 45 ff. So auch Niehus, Anm. 23 zu § 42 GmbHG.
[5] Vgl. S. 76.

# D. Der Anhang

gen zur Bilanzierung nur in Ausnahmefällen erforderlich sein. Gemäß § 241 Abs. 1 EHGB sind Wirtschaftsgüter und Rechnungsabgrenzungsposten nicht aufzunehmen, soweit das Unternehmen gesetzlich eingeräumte Wahlrechte in Anspruch nimmt. Dies betrifft in gleicher Weise die Korrekturposten und die Bilanzierungshilfe. Es ist jedoch keine Vorschrift vorgesehen, nach der auf die Ausnutzung von Bilanzierungswahlrechten generell im Anhang hingewiesen werden müßte. Nicht erläutert werden muß daher, daß

- für geringfügige Rechnungsabgrenzungsposten kein Betrag angesetzt wurde,
- für unterlassene Instandsetzungen (zulässigerweise) keine Rückstellungen gebildet wurden,
- ein Posten ausstehende Einlagen gebildet worden ist, weil der im Handelsregister eingetragene Betrag des Gesellschaftskapitals passiviert wurde,
- auf eine Wertaufholungsrücklage verzichtet wurde.

Eine Erläuterungspflicht besteht dagegen in den folgenden Fällen:

- Unterbleiben Rückstellungen für Pensionen ganz oder teilweise, so ist der rückstellungsfähige Betrag im Anhang anzugeben.
- Werden Rückstellungen für Großreparaturen gebildet, so sind diese im Anhang zu erläutern.
- Aktivierte Aufwendungen für die Ingangsetzung und Erweiterung des Geschäftsbetriebs (die Bilanzierungshilfe) sind im Anhang zu erwähnen.

Darüberhinaus sind

- die Bilanzierungsmethoden zu erläutern und
- Änderungen der Bilanzierungsmethoden anzugeben und zu erläutern.

Übersteigen die aus Änderungen der Bilanzierungs- und Bewertungsmethoden, aus der Vornahme von außerplanmäßigen Abschreibungen und Abschreibungen auf das Umlaufvermögen sich ergebenden Aufwendungen und Erträge 10% des Jahresergebnisses, so sind die Beträge zu beziffern, sofern sie wesentlich sind. Angabepflicht besteht sowohl für Aufwendungen als auch für Erträge, sobald einer der beiden Beträge die kritischen Grenzen überschreitet. Eine Saldierung ist nicht (mehr) zulässig.

Eine Erläuterung von Bilanzierungsmethoden, die gesetzlich vorgeschrieben sind und keinen Spielraum lassen, ist nicht erforderlich. Derartige Angaben würden den Anhang unnötig aufblähen. Auf Bilanzierungsmethoden ist daher (außer im Fall der Änderung) nur einzugehen, wenn Bilanzierungswahlrechte in Anspruch genommen werden oder (neue) Bilanzierungsfragen aufgetaucht sind, die der Gesetzgeber nicht abschließend geregelt hat.

## 3. Allgemeine Erläuterungen zur Bewertung

Das geltende Recht verlangt von den Aktiengesellschaften und den nach Aktienrecht bilanzierungspflichtigen Unternehmen die Angabe der Bewertungsmethoden so vollständig, „wie es zur Vermittlung eines möglichst sicheren Einblicks in die Vermögens- und Ertragslage" erforderlich ist (§ 160

## III. Der Inhalt des Erläuterungsberichts

Abs. 2 AktG). Die Bilanzierungspraxis hat diese Forderung sehr unterschiedlich erfüllt.[6] Mit dem Ziel einer aussagefähigeren Berichterstattung will das neue Recht die Anforderungen nunmehr erhöhen. Ob die zu erwartenden Vorschriften zu einer wesentlichen Änderung der Berichtspraxis führen werden, ist gegenwärtig offen.

Das neue Recht verlangt ein Eingehen auf die Bewertungsmethoden,

- falls von den allgemeinen Grundsätzen der Bewertung abgewichen worden ist,
- falls von Bewertungswahlrechten Gebrauch gemacht wurde,
- falls Bewertungsmethoden geändert wurden und
- bei der Erläuterung der einzelnen Posten der Bilanz und der Gewinn- und Verlustrechnung.

Abweichungen von den allgemeinen Grundsätzen der Bewertung[7] sind möglich, falls

- das Gesetz dies verlangt,[8]
- das Gesetz dies ausdrücklich gestattet[9] oder
- das Gesetz dies ausnahmsweise zuläßt.[10]

In jedem Fall muß die Abweichung im Anhang begründet und erläutert werden. Der Einfluß der Änderung auf die Vermögens-, Finanz- und Ertragslage ist darzustellen.

Eine Berichterstattung bei der Ausnutzung von Bewertungswahlrechten wird das neue Recht insbesondere in vier Fällen vorschreiben:

- Bei der Aktivierung von Zinsen für Fremdkapital in den Herstellungskosten.
- Sofern nur steuerlich zulässige Wertansätze auch in die Handelsbilanz übernommen worden sind. Der Betrag der aus steuerlichen Gründen vorgenommenen Abschreibungen, Rücklagen und unterlassenen Zuschreibungen ist anzugeben. Die Maßnahmen sind zu begründen.
- Der Unterschiedsbetrag zwischen einer Bewertung zum Börsen- oder Marktpreis und einer Gruppenbewertung oder einer Bewertung mit unterstellter Verbrauchsfolge[11] ist anzugeben, sofern er erheblich ist.
- Die Grundlagen für die Umrechnung von Fremdwährungspositionen in DM sind anzugeben.

---

[6] Vgl. die Statistik in der Vorauflage, S. 171 sowie meinen Aufsatz: Die Erläuterung der Bewertungs- und Abschreibungsmethoden der großen Börsengesellschaften in den Geschäftsberichten für 1977, DB 1969, S. 269–272 und 315–318. Ferner: *Karl-Werner Schulte*, Aktienrechtliche Rechnungslegung im Spiegel der Geschäftsberichte, Würzburg-Wien 1984.
[7] Vgl. S. 73 ff.
[8] Vgl. S. 85.
[9] Vgl. S. 85.
[10] Vgl. S. 85.
[11] Vgl. S. 116.

Änderungen der Bewertungsmethoden sind zu erläutern. Der Einfluß der Änderung auf die Vermögens-, Finanz- und Ertragslage ist gesondert darzustellen. Für die Angabe des Unterschiedsbetrags gilt das zur Änderung von Bilanzierungsmethoden Ausgeführte.

Schließlich sind die auf die einzelnen Posten des Jahresabschlusses angewandten Bewertungsmethoden zu erläutern. Die allgemeinen Erläuterungen zur Bewertung überschneiden sich hier mit den besonderen Erläuterungen zu einzelnen Bilanzposten.

Zum Bericht über die Bewertung des Anlagevermögens gehören:

- Angaben zu den bei jeder Gruppe der Anlagegüter angewandten Methoden planmäßiger Abschreibungen. Bei degressiver Abschreibung ist die Degression zu erwähnen, wenn sie das steuerlich zulässige Maß überschreitet. Auf die sofortige Abschreibung geringwertiger Anlagegüter muß hingewiesen werden.
- Angaben zur Nutzungsdauer der Anlagen, sofern diese von den in den AfA-Tabellen oder in anderen allgemein zugänglichen Tabellen genannten Zahlen abweichen.[12]
- Angaben zur Zusammensetzung der Herstellungskosten aktivierter Eigenleistungen. Der Hinweis auf den steuerlich zulässigen Umfang reicht nicht aus, da auch für die Steuerbilanz ein Wahlrecht besteht.

Die Erläuterungen der im Umlaufvermögen angewandten Bewertungsmethoden umfassen

- Angaben zu den Methoden der Bestandsermittlung (z.B. Durchschnitt oder Lifo). Werden innerhalb eines Bilanzpostens mehrere Bewertungsmethoden angewandt, so sind Hinweise auf den Anteil der unterschiedlich bewerteten Vermögensgegenstände erforderlich.[13]
- Angaben zur Zusammensetzung der Herstellungskosten der unfertigen und fertigen Erzeugnisse.

### 4. Allgemeine Erläuterungen zur Gliederung

Allgemeine Erläuterungen zur Gliederung sind nur in Ausnahmefällen erforderlich, vor allem falls

- wegen besonderer Umstände die Gliederung der Bilanz oder der Gewinn- und Verlustrechnung geändert werden mußte,
- Vorjahrszahlen mit den Zahlen des Abschlußjahrs nicht vergleichbar sind,
- für ein Unternehmen mehrere verschiedene Gliederungsvorschriften gelten.

---

[12] *Adler-Düring-Schmaltz*, Anm. 33 zu § 160; *Kropff*, Anm. 36 zu § 160 AktG; a.A. *Mellerowicz*, Anm. 16 zu § 160 AktG.
[13] Stellungnahme NA 1/1967.

## c) Die Erläuterung einzelner Posten des Jahresabschlusses

### 1. Vorbemerkung

Die Posten der Bilanz und der Gewinn- und Verlustrechnung sind so zu erläutern, „daß ein den tatsächlichen Verhältnissen entsprechendes Bild" vermittelt wird. Für alle Posten der Bilanz und der Gewinn- und Verlustrechnung gilt:

- Auf die Mitzugehörigkeit eines Wirtschaftsgutes zu einem anderen Posten des Jahresabschlusses kann entweder in der Bilanz oder im Anhang hingewiesen werden.

- Falls die mit arabischen Zahlen versehenen Posten des Jahresabschlusses aus Gründen der Klarheit der Darstellung zusammengefaßt worden sind, müssen diese Posten im Anhang gesondert aufgeführt werden. Dies betrifft nur eine Zusammenfassung durch den Bilanzierenden, nicht etwa durch den Gesetzgeber: Gestattet dieser den kleinen Kapitalgesellschaften z.B. eine Zusammenfassung der immateriellen Wirtschaftsgüter in einem Posten, so braucht auch im Anhang keine Aufgliederung vorgenommen zu werden.

### 2. Die Erläuterung einzelner Bilanzposten

(a) Posten der Aktivseite

*(1) Der Anlagenspiegel*

Publizitätspflichtige Unternehmen müssen die Entwicklung der einzelnen Posten des Anlagevermögens und der Bilanzierungshilfe in der Bilanz oder im Anhang darstellen. Diese Übersicht wird „Anlagenspiegel" oder „Anlagengitter" genannt. Neu gegenüber dem geltenden Recht ist, daß die Übersicht künftig nicht mit den Buchwerten zu Beginn der Periode, sondern mit den historischen Anschaffungs- oder Herstellungskosten beginnt und nicht nur die Abschreibungen des Jahres, sondern auch die kumulierten Abschreibungen (von der Beschaffung des Gutes bis zum Bilanzstichtag) auszuweisen sind. Abschreibungen auf Zugänge des Jahres sollen dagegen nicht mehr aufgeführt werden.

Der neue Anlagenspiegel beginnt mit den **Anschaffungs- oder Herstellungskosten der zu Beginn der Periode vorhandenen Wirtschaftsgüter** des Anlagevermögens und der Bilanzierungshilfe. Auszugehen ist von dem handelsrechtlichen Begriff der Anschaffungs- oder Herstellungskosten.[14] Falls die Ermittlung dieser Beträge bei der erstmaligen Anwendung des Gesetzes unverhältnismäßig hohe Kosten oder Verzögerungen verursachen würde, dürfen die

---

[14] Vgl. S. 46 ff bzw. 54 ff.

Buchwerte des vorangegangenen Geschäftsjahrs übernommen werden (Art. 24 Abs. 5 EEinfGHGB). Nach der Begründung zum Regierungsentwurf[15] können die Unternehmen statt der Buchwerte des letzten Geschäftsjahrs bei der erstmaligen Anwendung auch die Werte eines früheren Geschäftsjahrs oder geschätzte Werte ansetzen. Die Art der Ermittlung ist im Anhang anzugeben. Rückschlüsse auf die Abschreibungspolitik (Schaffung stiller Rücklagen) sind aus den historischen Anschaffungskosten nur in geringem Maße möglich, da in demselben Posten Anlagen unterschiedlicher Nutzungsdauer zusammengefaßt sein können und die Anlagen nicht gleichaltrig sind.

In der zweiten Zahlenspalte werden die **Zugänge** ausgewiesen. Zugänge sind mengenmäßige Ausweitungen des Anlagevermögens. Auch Aufwendungen, die nicht der Erhaltung, sondern der Veränderung des Gegenstands dienen und daher als Herstellungskosten zu aktivieren sind,[16] gehören zu den Zugängen. Ebenso sind Umbuchungen aus dem Umlaufvermögen (z.B. die Umwidmung von Wertpapieren) Zugänge, da sie den mengenmäßigen Bestand des Anlagevermögens erhöhen. Ferner sind die geringwertigen Anlagegüter (mit Ausnahme derjenigen, die im Materialaufwand verrechnet werden[17]) in den Zugang aufzunehmen. Nicht im Zugang erscheinen Gegenstände, die einem zum Festwert bewerteten Bestand zugeführt werden.

Die dritte Spalte nimmt die **Abgänge** auf. Abgänge sind mengenmäßige Verringerungen des Anlagevermögens, bewertet zu Restbuchwerten im Zeitpunkt des Ausscheidens. Scheidet der Anlagegegenstand im Laufe des Jahres aus, so sind grundsätzlich noch anteilige Abschreibungen zu verrechnen.

In der vierten Spalte erscheinen die **Umbuchungen**. Umbuchungen verändern weder die Menge noch den Wert des Anlagevermögens insgesamt. Sie führen lediglich zu einem Wechsel zwischen den Anlageposten. Am häufigsten sind Umbuchungen von den „Anlagen im Bau" auf die übrigen Sachanlageposten und Veränderungen zwischen den Grundstücksposten (z.B. als Folge der Bebauung eines bisher unbebauten Grundstücks).

Die fünfte Spalte zeigt die **Abschreibungen des Jahres**. Als Abschreibung wird die Verminderung des Wertansatzes vorhandener bzw. im Geschäftsjahr zugegangener Gegenstände bezeichnet.[18] Außerplanmäßige Abschreibungen sind entweder in der Gewinn- und Verlustrechnung oder im Anhang (stets in einer Summe) gesondert anzugeben. Im Anlagenspiegel empfiehlt sich der Vermerk als Fußnote. Nicht zu den außerplanmäßigen Abschreibungen gehören steuerliche Sonderabschreibungen, erhöhte Absetzungen und die Übertragung von Veräußerungsgewinnen. Derartige Wertminderungen werden auf der Passivseite der Bilanz (im Sonderposten mit Rücklageanteil) gezeigt.

---

[15] S. 136.
[16] *Kropff,* Anm. 7 zu § 152 AktG. Die von *Kropff* gegebene Begründung überzeugt nicht, da es Investitionen nicht nur im Anlagevermögen gibt.
[17] I.d.R. Anlagegegenstände bis 100 DM Anschaffungs- oder Herstellungskosten (Abschn. 31 Abs. 3 EStR).
[18] Vgl. S. 100 ff.

### III. Der Inhalt des Erläuterungsberichts

Die sechste Spalte weist die **kumulierten Abschreibungen** aus (Abschreibungen der Vergangenheit und des laufenden Geschäftsjahrs), einschließlich der außerplanmäßigen Abschreibungen. Da dem Endbestand (zu Anschaffungskosten) nur die auf diesen entfallende kumulierte Abschreibungen gegenüberstehen dürfen, sind bei Abgängen in der Berichtsperiode die hierfür aufgelaufenen Abschreibungen auszubuchen (Beträge mit negativem Vorzeichen in der Spalte kumulative Abschreibungen). Dies gilt auch für Zuschreibungen der Vergangenheit. Aus Vereinfachungsgründen sollten abgeschriebene geringwertige Anlagegüter im Jahr des Zugangs zugleich als Abgang erfaßt werden.[19]

Die siebte Spalte enthält die **Zuschreibungen**. Zuschreibungen sind Erhöhungen des Wertansatzes vorhandener Anlagegegenstände (ohne Mengenveränderung). Auf Zuschreibungen wegen einer Sonderprüfung gemäß § 259 AktG oder einer gerichtlichen Entscheidung gemäß § 260 AktG ist gesondert hinzuweisen. Nachträgliche Aktivierungen ursprünglich nicht für aktivierungspflichtig gehaltener Aufwendungen sind als Zugang zu behandeln. Zuschreibungen bei den langfristigen Ausleihungen sind meistens die Folge von Aufzinsungen oder entstehen bei der Tilgung abgeschriebener Forderungen.

In der 8. Spalte wird der **Anschaffungswert der am Ende der Periode vorhandenen Wirtschaftsgüter** des Anlagevermögens ausgewiesen. Die neunte Spalte zeigt den **Restwert** am Ende des Geschäftsjahrs, der in die Bilanzsumme eingeht. Die letzte Spalte nimmt schließlich den **Restwert des Vorjahrs** auf (vgl. *Tab. 26*).

*(2) Posten des Umlaufvermögens*

Sofern die auf das Umlaufvermögen angewandten Bewertungsmethoden mit Wahlrechten (z.B. die Zusammensetzung der Herstellungskosten) nicht im allgemeinen Teil des Erläuterungsberichts dargestellt wurden, muß auf sie anhand der einzelnen Posten eingegangen werden. Über Festwerte, die von größerer Bedeutung sind und deren Höhe nicht aus der Bilanz ersichtlich ist, muß im Anhang berichtet werden. Ebenso ist auf die Anwendung des Niederstwertprinzips, die Aktivierung anteiliger Gewinne bei langfristiger Fertigung und die Abzinsung von Forderungen einzugehen. Besondere Angaben verlangt das neue Recht darüberhinaus in drei Fällen:

- Falls bei Wirtschaftsgütern des Umlaufvermögens der nahe Zukunftswert angesetzt worden ist, muß der Betrag der Abschreibung in der Gewinn- und Verlustrechnung oder im Anhang gesondert angegeben werden. Da der Betrag in der Erfolgsrechnung in einer Summe zu nennen wäre (Vermerk zu den Abschreibungen auf Wirtschaftsgüter des Umlaufvermögens), ist auch im Anhang eine Aufteilung nach der Art des Wirtschaftsgutes nicht erforderlich.

- Falls bei Forderungsposten wegen des allgemeinen Kreditrisikos eine Pauschalwertberichtigung (aktivisch) abgesetzt worden ist,[20] muß der Betrag

---

[19] IdW, Stellungnahme zum Regierungsentwurf eines Bilanzrichtlinie-Gesetz 1983, WPg 1984, S. 129.
[20] Vgl. S. 114.

Tab. 26: Der Anlagenspiegel

| Anlagevermögen | Anschaffungswert der am 1.1. vorhandenen Wirtschaftsgüter TDM | Zugänge TDM | Abgänge TDM | Umbuchungen TDM | Abschreibungen des Jahres TDM | Kumulierte Abschreibungen TDM | Zuschreibungen TDM | Anschaffungswert der am 31.12. vorhandenen Wirtschaftsgüter TDM | Restwert am 31.12. des Jahres TDM | Restwert am 31.12. des Vorjahres TDM |
|---|---|---|---|---|---|---|---|---|---|---|
| I. Immaterielle Wirtschaftsgüter | 3.000 | 260 | 300 | | 400 | 1.400 − 700 | | 2.260[1] | 1.560[2] | 2.000 |
| II. Sachanlagen 1. Grundstücke und Bauten | 3.500 | 30 | 65 | 35 | 55 | 900 − 200 | 10 | 3.300 | 2.610 | 2.655 |
| 2. Maschinen | 5.300 | 200 | 35 | 25 | 300 | 2.200 −1.000 | 15 | 4.490 | 3.305 | 3.400 |
| 3. Geleistete Anzahlungen und Anlagen im Bau | 180 | 40 | | (60) | | | | 160 | 160 | 160 |
| III. Finanzanlagen 1. Beteiligungen | 2.400 | 250 | 90 | | 100 | 300 | | 2.560 | 2.260 | 2.200 |
| 2. Wertpapiere | 500 | 100 | 20 | | 70 | 120 − 70 | 5 | 510 | 465 | 450 |
| | 14.880 | 880 | 510 | − | 925[3] | 2.950 | 30 | 13.280 | 10.360 | 10.865 |

[1] 3.000 + 260 − 300 − 700 = 2.260
[2] 2.260 − 1.400 + 700 = 1.560
[3] Davon außerplanmäßige Abschreibungen: 250

## III. Der Inhalt des Erläuterungsberichts

der Abschreibung in der Bilanz vermerkt oder im Anhang angegeben werden. Da in der Bilanz ein Vermerk zu „dem entsprechenden Posten" verlangt wird, müssen auch im Anhang die Abschreibungen zu jedem einzelnen Forderungsposten gesondert aufgeführt werden.

- Falls unter dem Posten „Forderungen und sonstige Wirtschaftsgüter" Beträge für Wirtschaftsgüter ausgewiesen worden sind, die erst nach dem Bilanzstichtag rechtlich entstehen und diese einen größeren Umfang haben, müssen sie im Anhang erläutert werden. Wenn ein Mieter z.B. an das bilanzierende Unternehmen jeweils am 1. 4. des neuen Jahres nachträglich für ein Jahr die Miete zu bezahlen hat, so entsteht die Forderung rechtlich erst an diesem Tag. Wirtschaftlich gehören aber $9/12$ der Mieterträge (April–Dezember des Vorjahrs) in das alte Jahr. Gegenposten dieser im alten Jahr verbuchten Mieterträge sind die sonstigen Wirtschaftsgüter. Zu erläutern sind sie, „sofern sie einen größeren Umfang haben". Zur Problematik dieses Nachsatzes vgl. S. 134. Analog § 253 Abs. 4 EHGB wird man eine Erläuterungspflicht zumindest anzunehmen haben, wenn der Betrag mehr als 10% des Postens „Forderungen und sonstige Wirtschaftsgüter" (Schema I) oder „sonstige Wirtschaftsgüter" (Schema II) ausmacht.

(b) Posten der Passivseite

*(1) Der Eigenkapitalspiegel*

Veränderungen des Eigenkapitals, die nicht im Rahmen der Ergebnisverwendung[21] anzugeben sind, müssen künftig in der Bilanz oder im Anhang dargestellt werden. Es dürfte sich empfehlen, in diesen Eigenkapitalspiegel auch die Entnahmen aus den Kapitalrücklagen und die Veränderungen der Gewinnrücklagen aufzunehmen, um die Entwicklung des Eigenkapitals insgesamt zeigen zu können (vgl. *Tab. 27*).

*(2) Rückstellungen*

Falls auf den Fehlbetrag der Pensionsrückstellung und die Rückstellung für Großreparaturen nicht bereits im allgemeinen Teil der Erläuterungen eingegangen worden ist,[22] sind diese Angaben künftig zu den entsprechenden Posten zu machen. Generell sind Kriterien zu nennen, die die Höhe der Rückstellungen bestimmt haben.[23]

Bei der Pensionsrückstellung ist der Rechenzinsfuß anzugeben, sofern er von dem steuerlich Gebotenen abweicht.[24] Rückstellungen, die in der Bilanz nicht gesondert ausgewiesen werden, sind zu erläutern (Angabe des Grundes),

---

[21] Vgl. S. 182f. Nicht zur Ergebnisverwendung gehören Veränderungen des Grund- oder Stammkapitals (Erhöhung oder Herabsetzung) und die Erhöhung der Kapitalrücklage (z.B. aus dem Agio bei der Kapitalerhöhung).
[22] Vgl. S. 134.
[23] *Peter Martin Litfin*, Bewertungs- und Abschreibungsmethoden nach dem Aktiengesetz, Stuttgart-Wiesbaden 1974, S. 64.
[24] Weniger streng das WP-Handbuch 1981 (S. 621), das eine Angabe des Rechenzinsfußes nur bei erheblicher Abweichung von dem steuerlich zulässigen Satz verlangt.

Tab. 27: Der Eigenkapitalspiegel

| Eigenkapital | Vortrag am 1.1. TDM | Kapital-erhöhung TDM | Kapital-herabsetzung TDM | Einstellung aus dem Jahresüberschuß des Vorjahrs TDM | Einstellung aus dem Jahresüberschuß des Geschäftsjahrs TDM | Entnahmen TDM | Stand am 31.12. TDM |
|---|---|---|---|---|---|---|---|
| I. Gezeichnetes Kapital | 500 | 100 | | | | | 600 |
| II. Kapitalrücklage | 20 | 10 | | | | | 30 |
| III. Gewinnrücklagen | | | | | | | |
| 1. Gesetzliche Rücklagen | 50 | | | | 2 | | 52 |
| 2. Rücklage für eigene Anteile | 7 | | | | | 5 | 2 |
| 3. satzungsmäßige Rücklagen | 200 | | | | 20 | | 220 |
| 4. Wertaufholungsrücklage | 4 | | | | 1 | | 5 |
| 5. andere Rücklagen | 400 | | | 10 | 50 | | 460 |
| | 1.181 | 110 | | 10 | 73 | 5 | 1.369 |
| IV. Bilanzgewinn | | | | | | 5 | 50 |

## III. Der Inhalt des Erläuterungsberichts

wenn sie „einen nicht unerheblichen Umfang" haben). Dabei reicht es aus, durch verbale Angaben die relative Bedeutung der wichtigsten Rückstellungen zu charakterisieren.[25]

*(3) Sonderposten mit Rücklageanteil*

Soweit diese aus der Bilanz oder den allgemeinen Erläuterungen nicht ersichtlich sind, muß auf die Rechtsgrundlagen und die Zusammensetzung der Sonderposten mit Rücklageanteil in den besonderen Erläuterungen eingegangen werden.

*(4) Verbindlichkeiten*

Bereits nach geltendem Recht sind Verbindlichkeiten nur zu erläutern, wenn sich wesentliche Veränderungen gegenüber dem Vorjahr ergeben haben (Aufnahme von Investitionskrediten, Erhöhung der Lieferantenverbindlichkeiten). Hieran wird das neue Recht nichts ändern.

Publizitätspflichtige Unternehmen müssen nach neuem Recht angeben:

- den Gesamtbetrag der Verbindlichkeiten mit einer Restlaufzeit von mehr als 5 Jahren,

- den Gesamtbetrag der Verbindlichkeiten, die durch Pfandrechte oder ähnliche Rechte gesichert sind, unter Angabe von Art und Form der Sicherheiten.

Gesamtbetrag bedeutet, daß die Angaben nicht zu jedem einzelnen Posten der Verbindlichkeiten gemacht werden müssen. Von den großen prüfungspflichtigen Unternehmen wird allerdings eine Aufgliederung nach den einzelnen Posten der Verbindlichkeiten verlangt.

Der Begriff „Grundpfandrechte" ist bereits erläutert worden.[26] Ein Pfandrecht, das kein Grundpfandrecht ist, entsteht z.B. bei der Zwangsvollstreckung (Pfändungsrecht, das sich auf Maschinen, Waren, Forderungen u.ä. richten kann). Zu den ähnlichen Rechten gehört in erster Linie die Sicherungsübereignung.[27]

Soweit es sich um größere Beträge handelt, müssen künftig ferner

- Verbindlichkeiten, die erst nach dem Abschlußstichtag rechtlich entstehen (z.B. eine Mietschuld für das abgelaufene Jahr, die erst im neuen Jahr fällig wird[28])

im Anhang erläutert werden.

---

[25] So auch *Karl-Heinz Forster*, Anhang, Lagebericht, Prüfung und Publizität im Regierungsentwurf eines Bilanzrichtlinie-Gesetzes, DB 1982, S. 1577.
[26] Vgl. S. 141.
[27] Im Gegensatz zum Pfandrecht, das grundsätzlich die Übertragung des Besitzes an der Pfandsache auf den Gläubiger voraussetzt (§ 1205 BGB), ist die Sicherungsübereignung eine Eigentumsübertragung mit der Abrede, daß die übereigneten Sachen nur bei Nichterfüllung der Forderung verwertet werden dürfen. Die sicherungsübereigneten Gegenstände müssen hinreichend bestimmt sein (z.B. durch Bezeichnung bestimmter Anlagen oder Teile eines Warenlagers).
[28] Vgl. S. 201.

## 3. Die Erläuterung einzelner Posten der Gewinn- und Verlustrechnung

Die Posten der Gewinn- und Verlustrechnung werden erläutert durch

- Aufgliederung von Sammelposten (sonstige Aufwendungen, sonstige Erträge),
- Begründung außerordentlicher Aufwendungen und Erträge,
- Hinweise auf Veränderungen in der Zusammensetzung der Umsatzerlöse,
- Anmerkungen zur Entwicklung der Beziehungen zu verbundenen Unternehmen (z.B. Verlustübernahme, Gründe für Abschreibungen auf Beteiligungen).

Eine besondere Erläuterungspflicht wird das neue Recht in drei Fällen vorsehen:

- Die außerordentlichen Aufwendungen und Erträge sind hinsichtlich ihres Betrages und ihrer Art zu erläutern, soweit diese für die Beurteilung der Ertragslage nicht von untergeordneter Bedeutung sind;
- Für periodenfremde Aufwendungen und Erträge gilt die Erläuterungspflicht unter denselben Voraussetzungen;
- Große prüfungspflichtige Unternehmen haben die Umsatzerlöse nach Tätigkeitsbereichen sowie nach geographisch bestimmten Märkten aufzugliedern, sofern sich – unter Berücksichtigung der Verkaufsorganisation – die Tätigkeitsbereiche und die geographisch bestimmten Märkte erheblich unterscheiden.[29]

Auslegungsschwierigkeiten bei der Abgrenzung der berichtspflichtigen außerordentlichen und periodenfremden Aufwendungen und Erträge werden hinsichtlich des Begriffs „nicht von untergeordneter Bedeutung" auftreten.[30] Nicht viel leichter zu beantworten ist die Frage, wann sich Tätigkeitsbereiche und Märkte „erheblich unterscheiden". Hierbei soll auch noch die Verkaufsorganisation berücksichtigt werden. Tätigkeitsbereiche in diesem Sinne sind entweder Produkte (z.B. Waschmittel, Margarine), oder Abnehmer (z.B. Industrie, Handel, Endverbraucher), seltener wohl auch Produktionsprozesse (z.B. Stromerzeugung aus Kohle/Öl bzw. Kernenergie). Besteht für Produktgruppen (z.B. Lkw und Busse) eine einheitliche Verkaufsorganisation, so erscheint eine Aufteilung insoweit nicht erforderlich.

Geographisch bestimmte Märkte sind der Inlands- und der Auslandsmarkt, wobei der letztere nach wesentlichen Abnehmerländern (z.B. USA, Frankreich) oder Erdteilen aufzugliedern ist.

---

[29] Der Gesetzentwurf sieht eine Schutzklausel wie beim Beteiligungsbericht (vgl. S. 211) vor.
[30] Vgl. S. 134. Einzelheiten bei *Hans Vollmar Westphal,* Segmentberichterstattung im Rahmen der 4. EG-(Bilanz-)Richtlinie, DB 1981, S. 1422–1425.

## IV. Die Darstellung der Ergebnisverwendung und Erläuterungen, die sich auf das außerordentliche Ergebnis und das Jahresergebnis beziehen

Sofern die Ergebnisverwendung nicht in der Bilanz, in der Gewinn- und Verlustrechnung oder gesondert dargestellt wird, ist sie künftig in den Anhang aufzunehmen. In der vorliegenden Darstellung wurde sie im Zusammenhang mit der Erfolgsrechnung dargestellt.[1]

Die auf das Ergebnis bezogenen Erläuterungen betreffen drei Fragen im Zusammenhang mit der Besteuerung;

- Kapitalgesellschaften müssen künftig angeben, in welchem Umfang die ertragsabhängigen Steuern das Ergebnis der gewöhnlichen Geschäftstätigkeit und das außerordentliche Ergebnis belasten;

- Große publizitätspflichtige Unternehmen müssen mitteilen, in welchem Ausmaß das Jahresergebnis dadurch beeinflußt wurde, daß Wirtschaftsgüter zur Erlangung steuerlicher Vergünstigungen nach steuerlichen Vorschriften bewertet wurden.

- Die großen publizitätspflichtigen Unternehmen müssen auch über das Ausmaß erheblicher künftiger steuerlicher Belastungen berichten, die sich aus rein steuerlichen Bewertungsmaßnahmen ergeben werden.

Da nach der gesetzlichen Abgrenzung[2] die außerordentlichen Aufwendungen und Erträge nur noch Beträge enthalten, die außerhalb der gewöhnlichen Geschäftstätigkeit angefallen sind und diese zumindest zum Teil (z.B. Sanierungsgewinne) steuerfrei sind, dürfte eine Berichterstattung insoweit nur ausnahmsweise in Betracht kommen.

Im Zusammenhang mit der Berichterstattung über den Einfluß steuerlicher Vergünstigungen ist zunächst abzugrenzen, um welche Vergünstigungen es sich handelt. M.E. gehören hierher keine Vorschriften, deren Ziel die Vereinfachung der Rechnungslegung ist (z.B. die Sofortabschreibung geringwertiger Wirtschaftsgüter) oder mit denen handelsrechtliche Wahlrechte für steuerliche Zwecke normiert werden sollen (z.B. der Ansatz eines Höchstsatzes für die degressive Abschreibung)[3] oder die Grundprinzipien der Bewertung berühren (z.B. das Verbot der Zuschreibung bei abnutzbaren Wirtschaftsgütern des Anlagevermögens). Zu denken ist vielmehr an steuerliche Sonderabschreibungen, erhöhte Absetzungen, die Bildung steuerfreier Rücklagen und die Übertragung von Veräußerungsgewinnen.[4] Einzubeziehen in die Berichterstattung sind nicht nur die Auswirkungen, die sich aus der erstmaligen

---

[1] Vgl. S. 182f.
[2] Vgl. S. 180f.
[3] Um einen Grenzfall handelt es sich allerdings, wenn aus konjunkturpolitischen Gründen der Satz der degressiven Abschreibung oder die Grenze für die Sofortabsetzung der geringwertigen Wirtschaftsgüter verändert werden.
[4] Vgl. S. 71.

Anwendung der betreffenden Vorschriften ergeben, sondern auch die Nachwirkungen aus den vorangegangenen Jahren. Das Jahresergebnis kann daher auch positiv beeinflußt werden. Berichterstattungspflicht besteht nur, falls ein Saldo aus positiven und negativen Wirkungen übrig bleibt. Jahresergebnis ist der Endbetrag der Gewinn- und Verlustrechnung vor Beginn der Ergebnisverwendung.[5] Dies ergibt sich aus § 258 EHGB, in dem derselbe Begriff verwandt wird. Folglich ist auch die steuerliche Belastung zu berücksichtigen, die sich mit und ohne Inanspruchnahme der steuerlichen Vergünstigungen (in Gegenwart und Vergangenheit) ergeben hätte.

Schließlich ist zu entscheiden, wie über das Ausmaß der Beeinflussung berichtet werden soll: Reicht eine verbale Darstellung („Das Jahresergebnis ist ... nicht wesentlich beeinflußt worden ...") aus oder ist der Betrag (absolut oder prozentual) anzugeben? Aus dem Grundsatz der Wesentlichkeit folgt, daß auf Zahlenangaben verzichtet werden kann, so lange es sich um vergleichsweise unbedeutende Beträge handelt. Als Grenze bieten sich wieder 10% des Jahresergebnisses an.[6]

Die Berichterstattung über das Ausmaß erheblicher künftiger steuerlicher Belastungen steht im Zusammenhang mit der Rückstellung für latente Steuern.[7] Da eine Berichterstattung nur verlangt wird, wenn es sich um erhebliche künftige Belastungen handelt, dürften derartige Angaben nur selten erforderlich sein. Eine steuerliche Belastung entfällt im übrigen, wenn im Jahr der Auflösung (z.B. der Preissteigerungsrücklage) entsprechende Neubildungen vorgenommen werden oder mit Verlusten gerechnet wird.

## V. Der Bericht über Haftungsverhältnisse und bestimmte Verpflichtungen aus schwebenden Verträgen

a) Im Gegensatz zum Erläuterungsbericht und dem Ergebnisbericht bezieht sich der Haftungsbericht nicht auf Positionen der Bilanz oder der Gewinn- und Verlustrechnung, sondern auf Vorgänge, die (noch) keinen Niederschlag im Jahresabschluß gefunden haben. Es handelt sich hier um die sogenannten Eventualverbindlichkeiten und bestimmte Verpflichtungen aus schwebenden Verträgen.

b) **Eventualverbindlichkeiten** sind Haftungsverhältnisse, aus denen der Unternehmung unter bestimmten Umständen, mit deren Eintritt nicht gerechnet wird, eine Inanspruchnahme droht. Sie werden nach geltendem Recht in Form des Bilanzvermerks („unter dem Strich", d.h. nicht einbezogen in die Bilanzsumme) ausgewiesen. Die Form des Bilanzvermerks kann auch nach neuem Recht gewählt werden. Zur Entlastung der Bilanz empfiehlt sich allerdings eine Übernahme in den Anhang.

---

[5] A. A. *Niehus*, Rechnungslegung, Anm. 596 zu § 42 GmbHG.
[6] Vgl. S. 201. So auch *Jonas*, Bilanzrichtlinie, S. 227.
[7] Vgl. S. 157.

## V. Der Bericht über Haftungsverhältnisse

Nach geltendem Recht gibt es fünf Arten von Eventualverbindlichkeiten:

1. Mit **Verbindlichkeiten aus der Begebung und Übertragung von Wechseln** ist das Wechselobligo gemeint. Anzugeben ist der Nennbetrag aller Wechsel, aus denen die Gesellschaft als Ausstellerin (§ 9 Wechselgesetz) oder Indossant (§ 15 Wechselgesetz) bei Nichteinlösung (im Regreßweg) verpflichtet ist. Auf die Bonität der Akzeptanten kommt es dabei nicht an. Von diesem Wechselobligo streng zu trennen ist die Wechselverbindlichkeit, bei der die Unternehmung selbst Schuldner ist. Der Gesetzgeber hätte an dieser Stelle daher besser nicht von „Verbindlichkeiten" gesprochen. Diese liegen ja gerade (noch) nicht vor.

2. Auch die **Verbindlichkeiten aus Bürgschaften, Wechsel- und Scheckbürgschaften** bezeichnen keine Schulden, sondern Haftungsverhältnisse. Bürgschaft ist eine Verpflichtung gegenüber dem Gläubiger eines Dritten, für die Erfüllung der Schulden des Dritten einzustehen (§ 765 Abs. 1 BGB). Z.B. übernimmt die Obergesellschaft die Bürgschaft für einen Bank- oder Obligationskredit, den die Tochter aufgenommen hat. Wechsel- und Scheckbürgschaften entstehen durch einen entsprechenden Vermerk auf dem Wechsel bzw. dem Scheck. Auch das sogenannte Gefälligkeitsgiro (beim Wechsel) ist wirtschaftlich eine Bürgschaft, mit der die Kreditwürdigkeit des Akzeptanten erhöht werden soll.

3. **Verbindlichkeiten aus Gewährleistungsverträgen** umfassen eine ganze Reihe möglicher Haftungsverhältnisse. Für den Begriff „Gewährleistung" gibt es keine gesetzliche Definition. Es handelt sich dabei um vertragliche Verpflichtungen, die das Einstehen für einen bestimmten Erfolg oder eine Leistung zum Gegenstand[1] haben, soweit sie nicht bereits zu den unter 1. und 2. genannten Fällen gehören. Gemeint sind nur Verpflichtungen, die über das geschäfts- und branchenmäßig Übliche hinausgehen (also nicht z.B. Zusagen aus allgemeinen Geschäftsbedingungen). Ein Beispiel ist die Delkrederehaftung, die der Kommissionär (gemäß § 394 HGB) übernehmen kann (bei Verkaufskommission gegenüber dem Kommittenten auf Zahlung des Kaufpreises). Ein weiteres Beispiel ist die Dividendengarantie an die Gesellschafter einer anderen (verbundenen) Unternehmung, soweit eine Verlustübernahmeverpflichtung (gemäß § 302 AktG) nicht besteht.[2] Auch sogenannte Patronatserklärungen können vermerkpflichtig sein, sofern die Möglichkeit der Inanspruchnahme nicht völlig ausgeschlossen werden kann. Patronatserklärungen sind i.d.R. bestimmte Mitteilungen von Muttergesellschaften gegenüber Kreditgebern von Tochterunternehmen. Inhalt dieser Erklärungen sind Aussagen zur Konzernpolitik, soweit sie die Liquidität des Kreditnehmers berühren.[3] Verpflichtungen zur künftigen Sicherheitsleistung[4] und Erwerbs-

---

[1] *Adler-Düring-Schmaltz*, Anm. 304 zu § 151 AktG.
[2] *Kropff*, Anm. 133 zu § 151 AktG.
[3] Z.B. durch die Erklärung, daß die Tochtergesellschaft während der Kreditlaufzeit finanziell so ausgestattet wird, daß sie ihre Verpflichtungen jederzeit erfüllen kann oder daß ein Gewinnabführungsvertrag nicht gekündigt wird.
[4] Z.B. Verpflichtungen der Muttergesellschaft, auf Anforderung des Kreditgebers eine selbstschuldnerische Bürgschaft zu übernehmen.

verpflichtungen[5] werden ähnlich beurteilt. Die Rechtsnatur der Patronatserklärung kann sehr unterschiedlich sein.[6] Auch die gesamtschuldnerische Haftung, die eine Unternehmung als persönlich haftende Gesellschafterin einer KG oder OHG übernimmt[7], gehört zur Gewährleistung.

4. Im Gegensatz zu der Bestellung von Sicherheiten für eigene Verbindlichkeiten, die im Erläuterungsbericht mitzuteilen ist,[8] gehört der Hinweis auf die **Haftung aus der Bestellung von Sicherheiten für fremde Verbindlichkeiten** in den Haftungsbericht. Hierzu zählen die Bestellung von Grundpfandrechten, die Verpfändung beweglicher Sachen und die Sicherungsübereignung für jemanden, der gegenüber einem anderen Schulden hat, für die er selbst nicht genügend Sicherheiten bieten kann (z.B. Sicherheitsbestellung der Obergesellschaft für Schulden der Untergesellschaft).

5. Bei den **sonstigen Haftungsverhältnissen** handelt es sich um weitere Eventualverbindlichkeiten, mit denen im Wirtschaftsleben nicht ohne weiteres zu rechnen ist. Zu denken ist z.B. an

- Einzahlungsverpflichtungen auf nicht vollbezahlte Aktien, GmbH-Anteile oder Genossenschaftsanteile und noch nicht eingeforderte Einlagen von Personenunternehmen;
- Vertragsstrafen, deren Geltendmachung nicht ganz ausgeschlossen erscheint (z.B. in der Bauindustrie für nicht termingemäß erstellte Bauten);
- Haftung für ein unwiderrufliches Akkreditiv,[9] das eine Bank gestellt hat;
- einem Dritten eingeräumte Nießbrauchsrechte.[10]

Die Haftungsverhältnisse sind auch anzugeben, wenn ihnen gleichwertige Rückgriffsforderungen (z.B. des Bürgen gegenüber dem Bürgschaftsnehmer) gegenüberstehen. Anzugeben sind ferner die durch Pfandrechte oder ähnliche Rechte[11] gewährten Sicherheiten (z.B. Verpfändung von Wertpapieren als Sicherheit für die vereinbarte Vertragsstrafe). Besteht das Haftungsverhältnis gegenüber verbundenen Unternehmen, so ist dies bei jeder Position anzugeben.

c) Prüfungspflichtige Unternehmen müssen künftig den **Gesamtbetrag der sonstigen finanziellen Verpflichtungen,** die nicht in der Bilanz erscheinen

---

[5] Verpflichtung der Muttergesellschaft, auf Anforderung des Kreditgebers die Forderungen gegen den Kreditnehmer anzukaufen.

[6] Einzelheiten bei *Manfred Obermüller,* Die Patronatserklärung, ZGR 1975, S. 1–47; *Karl Bordt,* Die Bedeutung von Patronatserklärungen für die Rechnungslegung, WPg 1975, S. 285–298.

[7] A. A. *Claussen,* Anm. 57 zu § 160 AktG.

[8] Vgl. S. 203.

[9] Mit Eröffnung des Akkreditivs verpflichtet sich die Bank, den Kaufpreis der Ware an den Verkäufer zu zahlen, sofern dieser bestimmte Dokumente (z.B. den Frachtbrief, die Ausfuhrgenehmigung, Verzollungspapiere, Rechnung) vorlegt.

[10] Nießbrauch ist das Recht, die Nutzungen des belasteten Vermögensgegenstandes zu ziehen (z.B. die Zinsen aus bestimmten Kapitalanlagen, die der Unternehmensgründer auf Lebzeiten seiner Frau überlassen hat; die Kapitalanlage verbleibt im Eigentum des Unternehmens).

[11] Zu diesem Begriff vgl. S. 203.

oder als Eventualverbindlichkeiten berichtspflichtig sind, mitteilen, sofern diese Angaben für die Beurteilung der Finanzlage von Bedeutung sind.
Die vorgesehene Vorschrift ist aus Art. 43 Nr. 7 der Vierten EG-Richtlinie übernommen worden. Fraglich ist, ob die sonstigen finanziellen Verpflichtungen in einer Summe oder spezifiziert anzugeben sind. Das Wort „Gesamtbetrag" weist auf eine Summe hin,[12] aus dem Wort „**Angaben**" könnte das Gegenteil geschlossen werden. Im übrigen verlangt § 250 Abs. 3 EHGB, daß unterlassene Pensionsrückstellungen im Anhang anzugeben sind. Gegebenenfalls sind demnach mindestens 2 Beträge erforderlich. Zweckmäßig erscheint eine Zahlenangabe zu jeder einbezogenen Verpflichtung, da der Aussagewert andernfalls sehr gering wäre. Außer den Pensionsverpflichtungen erwähnt der Gesetzentwurf (§ 250 EHGB) beispielhaft

- mehrjährige Verpflichtungen aus Miet- oder Leasingverträgen,
- Verpflichtungen aus begonnenen Investitionsvorhaben,
- künftige Großreparaturen,
- notwendige Umweltschutzmaßnahmen,

sofern diese Angaben für die Beurteilung der Finanzlage von Bedeutung sind.[13] Das letztere wird anzunehmen sein, wenn eine Finanzierung der eingeleiteten Maßnahme noch nicht als gesichert angesehen werden kann, mit einer Erhöhung des Verschuldungsgrades zu rechnen ist oder eine ungewöhnliche Anspannung der Liquidität erwartet wird. Wer z. B. seinen Maschinenpark an eine Leasingunternehmung verkauft und ihn anschließend zurückmietet, der weist im Jahr des Verkaufs möglicherweise einen Ertrag (aus Anlageabgängen) aus. Diesem Ertrag stehen aber Mietausgaben in der Zukunft gegenüber, die (wenn sie die bisherigen Abschreibungen übersteigen) zu einer Verschlechterung der Gewinnsituation und zu bisher nicht gewohnten Liquiditätsabflüssen führen können. Auf diesen Zusammenhang soll im Haftungsbericht aufmerksam gemacht werden.
Verpflichtungen gegenüber verbundenen Unternehmen sind gesondert anzugeben.

## VI. Der Bericht über finanzielle Leistungen an die Mitglieder von Organen des Unternehmens

a) Im Gegensatz zum geltenden Recht (§ 151 AktG) werden Kredite an Vorstandsmitglieder und Mitglieder von Aufsichtsorganen künftig nicht mehr gesondert in der Bilanz sondern im Anhang ausgewiesen. Die geforderten Angaben gehen weiter als bisher.[1]

---

[12] So auch *Niehus*, Rechnungslegung, Anm. 582 zu § 42 AktG.
[13] Der Nachsatz bezieht sich nicht auf Pensionsverpflichtungen. Über diese ist in jedem Fall zu berichten.
[1] Allerdings wird der Personenkreis gegenüber § 89 AktG eingeschränkt: Über Kredite an Prokuristen und Handlungsbevollmächtigte ist nicht mehr zu berichten.

Zu berichten ist über Vorschüsse und Kredite, die an Mitglieder des Geschäftsführungsorgans (Vorstand, Geschäftsführer), eines Aufsichtsrats, eines Beirats oder einer ähnlichen Einrichtung gewährt wurden sowie die zugunsten dieser Personen eingegangenen Haftungsverhältnisse. Dabei sind – gesondert für jede Personengruppe – anzugeben

- die vereinbarten Zinsen,
- die wesentlichen Kreditbedingungen,
- die gegebenenfalls im Geschäftsjahr zurückgezahlten Beträge.

Vorschüsse sind Vorauszahlungen auf die den genannten Personen zustehende Vergütungen (Gehälter, Tantiemen, Aufsichtsratsvergütungen), die innerhalb kurzer Zeit (ca. 3 Monate) mit dem Vergütungsanspruch verrechnet werden sollen. Andernfalls liegt ein Kredit vor. Zum Begriff der Haftungsverhältnisse vgl. S. 207. Es entspricht dem Sinn der Vorschrift, auch bei den Haftungsverhältnissen Beträge anzugeben.[2]

Unter Zinsen dürften die Jahres-Effektivzinsen zu verstehen sein. Ein Mindestzins wird nicht verlangt.[3] Zu den wesentlichen Kreditbedingungen gehören Angaben zu den Sicherheiten und zur Laufzeit des Kredits.

b) Prüfungspflichtige Unternehmen haben auch die Aufwendungen für die Mitglieder der Geschäftsführung und eines Aufsichtsorgans, eines Beirats oder einer ähnlichen Einrichtung anzugeben. Dies entspricht weitgehend dem geltenden Recht für Aktiengesellschaften (§ 160 Abs. 3 Nr. 8 AktG). Gesondert anzugeben sind die Gesamtbezüge (Gehälter, Gewinnbeteiligungen, Abfindungen, Ruhegehälter, Nebenleistungen) der gegenwärtigen und früheren Vorstands- und Aufsichtsratsmitglieder und deren Hinterbliebenen, aufgegliedert nach Zahlungen von der Gesellschaft und verbundenen Unternehmen (soweit das Mitglied dort gesetzlicher Vertreter oder Angestellter ist oder war).

### VII. Der Bericht über Beteiligungen (i.w.S.) und verbundene Unternehmen

a) Neu eingeführt wird die Verpflichtung, Namen und Sitz aller Unternehmen anzugeben, von denen das berichtende Unternehmen (oder ein abhängiges Unternehmen oder eine für Rechnung des Unternehmens handelnde Person) mindestens 20% der Anteile besitzt. Dabei kommt es nicht darauf an, ob der Beteiligungstatbestand[1] erfüllt ist. Zu den Beteiligungsunternehmen (i.w.S.) sind ferner mitzuteilen

- der Kapitalanteil,

---

[2] A.A. *Niehus*, Rechnungslegung, Anm. 560 zu § 42 GmbHG.
[3] A.A. *Niehus* (Rechnungslegung, Anm. 559 zu § 42 GmbHG), der nur marktübliche Zinsen als statthaft ansieht.
[1] Vgl. S. 143.

## VII. Der Bericht über Beteiligungen und verbundene Unternehmen

- das Eigenkapital,
- das Ergebnis des letzten Geschäftsjahrs, für das ein Jahresabschluß vorliegt.

Kapitalanteil ist der Prozentsatz der Beteiligung am Nominal- (Grund-, Stammkapital). Das Eigenkapital ist entsprechend den Bilanzpositionen[2] abzugrenzen. Unter Ergebnis ist der Jahresüberschuß/Jahresfehlbetrag zu verstehen. Ein Jahresabschluß liegt vor, wenn er festgestellt ist.[3]

Eigenkapital und Jahresergebnis brauchen nicht mitgeteilt zu werden, wenn das Beteiligungsunternehmen selbst nicht publizitätspflichtig ist und das berichtende Unternehmen weniger als die Hälfte der Anteile besitzt.

Darüberhinaus wird das Gesetz eine **besondere Schutzklausel** für den Beteiligungsbericht vorsehen. Auf die geforderten Angaben kann verzichtet werden, falls sie

- für die Darstellung der Vermögens-, Finanz- und Ertragslage des berichtenden Unternehmens von untergeordneter Bedeutung sind oder
- geeignet sind, dem berichtenden Unternehmen oder dem Beteiligungsunternehmen einen erheblichen Nachteil zuzufügen.

Die Anwendung der Schutzklausel ist gegebenenfalls zu erwähnen.

Von untergeordneter Bedeutung ist das Beteiligungsunternehmen, wenn es im Vergleich zur berichtenden Gesellschaft nur einen geringen Umsatz erzielt und nur über eine geringe Bilanzsumme verfügt. Dabei sind die Verhältnisse bei allen Beteiligungsunternehmen zusammen zu berücksichtigen.

Von einem erheblichen Nachteil wird gesprochen werden können, wenn als Folge der Veröffentlichung mit Umsatz- oder Gewinneinbußen bei den betroffenen Unternehmen ernstlich gerechnet werden muß (z.B. weil bisher nicht bekannt war, daß die Beteiligungsgesellschaft Konkurrenzprodukte von Großkunden der berichtenden Unternehmung vertreibt).[4]

b) Vergleichbar dem geltenden Recht der AG (§ 160 Abs. 2 Nr. 10 AktG)[5] ist die künftige Pflicht zur Berichterstattung über die **Beziehungen zu verbundenen Unternehmen**[6] und über geschäftliche Vorgänge bei diesen Unternehmen. Angabepflichtig sind nach geltendem und künftigem Recht

- die rechtlichen Beziehungen zu verbundenen Unternehmen,
- die geschäftlichen Beziehungen zu verbundenen Unternehmen,
- geschäftliche Vorgänge bei diesen Unternehmen, die auf die Lage des berichtenden Unternehmens von erheblichem Einfluß sind.

---

[2] Vgl. S. 40.
[3] A. A. *Niehus*, (Rechnungslegung, Anm. 564 zu § 42 GmbHG), der auch einen aufgestellten, noch nicht geprüften Jahresabschluß gelten lassen will.
[4] Einzelheiten bei *Ulrich Ertner*, Wieweit bietet die Schutzklausel des Geschäftsberichts die Möglichkeit, die Berichterstattung über verbundene Unternehmen einzuschränken?, WPg 1968, S. 509–513.
[5] Die Berichterstattung war bisher auf Unternehmen mit Sitz im Inland beschränkt.
[6] Zu diesem Begriff vgl. S. 158.

Die Angabe der Firma dürfte erforderlich sein, wenn es sich um ein wesentliches oder ein an der berichtenden Unternehmung beteiligtes Unternehmen handelt.

**Rechtliche Beziehung** bedeutet Art der Unternehmensverbindung (z.B. Konzernverhältnis). Zu den **geschäftlichen Beziehungen** gehören vor allem die wesentlichen Verträge zwischen den beteiligten Unternehmen (z.B. Lizenzverträge, Absprachen über gemeinsamen Verkauf).[7] **Geschäftliche Vorgänge** sind für das berichtende Unternehmen insbesondere dann von erheblichem Einfluß, wenn Verluste eingetreten sind, die übernommen werden müssen oder Gewinne ausblieben, mit deren Übernahme gerechnet worden war.

Auch für die Berichterstattung über die Beziehungen zu verbundenen Unternehmen kann eine besondere Schutzklausel in Anspruch genommen werden. Auf die Anwendung ist hinzuweisen. Einzelheiten brauchen nicht angegeben zu werden, sofern durch die Mitteilung den beteiligten Unternehmen erhebliche Nachteile entstehen können. Die Schutzklausel betrifft in erster Linie die Berichterstattung über die geschäftlichen Beziehungen.[8]

## VIII. Der Personalbericht

Zum geltenden Recht ist strittig, ob ein Personalbericht[1] obligatorischer Bestandteil des Geschäftsberichts ist oder nicht.[2] In der Berichtspraxis wird Personalfragen (bis zur Ausdehnung zur sogenannten Sozialbilanz[3]) zunehmend mehr Raum gegeben. Dieser Entwicklung wird der Gesetzgeber dadurch Rechnung tragen, daß künftig bestimmte Angaben ausdrücklich vorgeschrieben werden und darüberhinaus eine freiwillige Berichterstattung zulässig sein soll.

In jedem Anhang soll die durchschnittliche Zahl der Arbeitnehmer während des Geschäftsjahrs angabepflichtig werden.[4]

Prüfungspflichtige Unternehmen haben künftig die Durchschnittszahl der Arbeitnehmer nach Gruppen aufzugliedern. Die Art der Gruppenbildung wird im Gesetz nicht angesprochen werden. Biener[5] erwähnt als wichtigste Gruppen die Einteilung in Arbeiter, Angestellte und leitende Angestellte,

---

[7] *Kropff*, Anm. 114e zu § 160 AktG.
[8] *Kropff*, Anm. 116g zu § 160 AktG.

[1] In Literatur und Praxis wird dieser Teil des Anhangs (bzw. bisher Geschäftsberichts) „Sozialbericht" genannt. Es erscheint jedoch zweckmäßiger, den Terminus „Sozialbericht" im Zusammenhang mit einer (freiwilligen) Berichterstattung über die gesellschaftlichen Nutzen und Kosten des Unternehmens zu verwenden.
[2] Verneinend z.B. *Ulrich Ertner*, Der Geschäftsbericht als Instrument erweiterter aktienrechtlicher Rechnungslegung, Berlin 1968, S. 38. Bejahend (als Teil des Lageberichts) z.B. *Kropff*, Anm. 21 zu § 160 AktG.
[3] Einzelheiten in der Vorauflage sowie z.B. *Klaus v. Wysocki*, Sozialbilanzen, Stuttgart-New York 1981.
[4] Einzelheiten vgl. S. 186f.
[5] *Biener*, Rechnungslegung, S. 151.

jeweils unterschieden nach Männern und Frauen.[6] Darüberhinaus hält er eine Aufteilung nach den wichtigsten Tarifgruppen für wünschenswert. Soweit gegenwärtig bereits eine Aufteilung der Zahl der Beschäftigten vorgenommen wird, sind die am häufigsten gewählten Gruppen:
- gewerbliche und kaufmännische Arbeitnehmer,
- Vollzeit-, Teilzeitbeschäftigte, Auszubildende und Aushilfen (Handel),
- männliche und weibliche Arbeitnehmer,
- ausländische und deutsche Arbeitnehmer,
- Verteilung nach Betriebsstätten (z.T. nur In- und Ausland),
- Durchschnittsalter (in Stufen),
- Betriebszugehörigkeit (in Stufen).

Bei Angestellten findet sich auch eine Aufteilung in außertariflich und tariflich bezahlte Kräfte. Eine Aufteilung nach Tarifgruppen ist dagegen sehr selten anzutreffen.

Als Mindestangabe erscheint die Einteilung in kaufmännische und gewerbliche Arbeitnehmer zwingend, zumal für diese unterschiedliche Kündigungsfristen gelten.

Außer über die Zahl der Arbeitnehmer und ihre Aufteilung in Gruppen **darf** im Anhang künftig noch berichtet werden über
- die Zusammensetzung der Arbeitnehmerschaft,
- die Arbeitsbedingungen,
- die sozialen Verhältnisse,
- die Löhne und Gehälter.

Die **Zusammensetzung** betrifft die Gruppeneinteilung, soweit über diese nicht schon Pflichtangaben gemacht worden sind. Im Zusammenhang mit **Arbeitsbedingungen** wird insbesondere über technische Arbeitserleichterungen, Arbeitszeit und Arbeitsunfälle berichtet werden können. **Soziale Verhältnisse** betreffen die Gesundheitsvorsorge, das Wohnungswesen, Fahrt zur Arbeit, Aus- und Weiterbildung, Werksverpflegung, Gewinn- und Kapitalbeteiligung. Im Zusammenhang mit den **Löhnen und Gehältern** können Angaben zum Abschluß von Tarifverträgen und zur Arbeitsbewertung gemacht werden.

## IX. Die allgemeine Schutzklausel

Die Berichterstattung im Anhang muß (wie bisher) insoweit unterbleiben, wie dies für das Wohl der Bundesrepublik Deutschland oder eines ihrer Länder erforderlich ist. Die Schweigepflicht bezieht sich auf alle im Anhang

---

[6] Jonas (Bilanzrichtlinie, S. 221) hält die Unterteilung nach dem Geschlecht für einen Verstoß gegen den Gleichheitsgrundsatz. Eine Begründung hierfür gibt er allerdings nicht.

geforderten Angaben und sie geht so weit, daß selbst auf die Tatsache ihrer Inanspruchnahme nicht hingewiesen werden darf. Nach h. M.[1] sind die Bestimmungen über die allgemeine Schutzklausel eng auszulegen. Die Berichterstattung ist nur untersagt, falls sich der Vorstand andernfalls wegen Geheimnisverrats (§§ 99 ff StGB) oder „aus einem anderen Grund"[2] strafbar machen würde. In Frage kommen nur die Interessen der Bundesrepublik oder ihrer Länder, nicht dagegen anderer öffentlich-rechtlicher Körperschaften oder etwa diejenigen der Gesellschaft selbst. Gemeint sind Sicherheits-, nicht dagegen finanzielle Interessen. *Adler-Düring-Schmaltz*[3] nennen als Beispiel den Fall, daß sich die Unternehmung bei Übernahme einer Beteiligung im Interesse der staatlichen Sicherheit verpflichtet hat, über den Vorgang Stillschweigen zu bewahren. Zu denken wäre auch an militärische Entwicklungsarbeiten oder eine entsprechende Zusammenarbeit mit anderen Unternehmen. Auch im Falle des Verschweigens wesentlicher Tatsachen muß der Bericht so abgefaßt werden, daß kein falscher Gesamteindruck erweckt wird.[4]

---

[1] *Claussen,* Anm. 80 zu § 160 AktG; *Mellerowicz,* Anm. 50 zu § 160 AktG.
[2] *Kropff,* Anm. 16 zu § 160 AktG.
[3] *Adler-Düring-Schmaltz,* Anm. 9 zu § 160 AktG.
[4] *Mellerowicz,* Anm. 51 zu § 160 AktG.

# E. Der vierte Teil der Rechnungslegung: Der Lagebericht

## I. Vorbemerkung

a) Der Lagebericht ist nicht Teil des Jahresabschlusses. Daher gelten die auf den Jahresabschluß anzuwendenden Vorschriften nicht ohne weiteres auch für den Lagebericht. Im Vergleich zu den Jahresabschlußnormen werden die gesetzlichen Bestimmungen zum Lagebericht bescheiden ausfallen: vorgesehen ist nur ein Paragraph. Die Vorschrift über den Lagebericht wird ergänzt durch einige Prüfungs-, Veröffentlichungs- und Aufbewahrungsvorschriften. Anders als beim Jahresabschluß bestimmt der EHGB nicht, wer einen Lagebericht aufzustellen und wer ihn offen zu legen hat. Dies wird ausschließlich den handelsrechtlichen Sondergesetzen zu entnehmen sein. Eine Verpflichtung zur Aufstellung eines Lageberichts ist vorgesehen für

- AG und KGaA (§§ 148 und 270 EAktG),
- GmbH (§ 41 Abs. 2 EGmbHG),
- Genossenschaften (§ 33 Abs. 2 EGenG),
- Bergrechtliche Gewerkschaften, wirtschaftliche Vereine, rechtsfähige wirtschaftliche Stiftungen, Körperschaften, Stiftungen oder Anstalten des öffentlichen Rechts, die Kaufleute sind oder als Kaufmann im Handelsregister eingetragen sind, sofern sie vom PublG betroffen sind (§ 5 Abs. 1 EPublG),[1]
- Körperschaften oder Anstalten des öffentlichen Rechts, die Kreditinstitute sind (§ 25 a EKWG),
- Sparkassen (Angleichung der Ländergesetze zu erwarten),
- VVaG (soweit sie nicht kleinere Vereine sind) und öffentlich-rechtliche Versicherungsunternehmen (§ 55 Abs. 1 EVAG).

Im Bundesanzeiger zu veröffentlichen ist der Lagebericht von der AG und KGaA (§ 177 Abs. 1 AktG), der großen publizitätspflichtigen GmbH (§ 42 f GmbHG), den unter das PublG fallenden Unternehmen (§ 9 Abs. 1 PublG) und dem VVaG, (soweit es sich nicht um einen kleineren Verein handelt (§ 55 Abs. 1 VAG). Mittelgroße GmbH und Genossenschaften haben den Lagebericht lediglich zum Handels-(Genossenschafts-)register einzureichen.

Das Gesetz enthält keine Vorschriften zur Gliederung des Lageberichts. Aus der Aufzählung des gesetzlichen Inhalts wird man – weitgehend der bisherigen Praxis folgend – vier Berichtsteile unterscheiden können:

- den Bericht über den Geschäftsverlauf und die Lage des Unternehmens,

---

[1] Größenmerkmale vgl. S. 8.

- den Nachtragsbericht,
- den Prognosebericht,
- den Forschungsbericht.

Die letzten beiden Berichte sind gegenüber dem bisherigen Recht der Aktiengesellschaften neu.

b) **Steuerliche** Vorschriften zur Aufstellung eines Lageberichts gibt es nicht.

## II. Allgemeine Grundsätze für den Inhalt des Lageberichts

Da das Gesetz keine allgemeinen Grundsätze für den Inhalt des Lageberichts vorsehen wird, bleiben als Rechtsquelle nur die den GoB vergleichbaren „Grundsätze einer gewissenhaften und getreuen Rechenschaft", wie sie sich zum alten Recht (§ 160 Abs. 4 AktG) entwickelt haben. Es gibt keinen Grund, diese Regeln auf den neuen Lagebericht nicht mehr anzuwenden.

Als Teil der Rechnungslegung dient der Lagebericht ebenso wie der Jahresabschluß der Unterrichtung der Anteilseigner, der Gläubiger, der Arbeitnehmer und der Öffentlichkeit, in gewisser Weise auch privaten und öffentlichen Aufsichtsorganen. Auf den Lagebericht stützen sich insbesondere

- der Aufsichtsrat bei seinem Beschluß über die Feststellung des Jahresabschlusses,
- die Hauptversammlung bei ihrem Beschluß über die Gewinnverwendung,
- die Gläubiger bei ihren Entscheidungen über die Kreditvergabe,
- die prospektiven Kapitalanleger bei ihren Entscheidungen über den Erwerb von Anteilen.

Der Bericht muß geeignet sein, für derartige Beschlüsse und Entscheidungen nützlich zu sein, andernfalls besäße er keinen Sinn. Als allgemeine Grundsätze für den Inhalt des Lageberichts dürfen die auch auf den Anhang angewandten allgemeinen Regeln gelten:

- Der Lagebericht ist in deutscher Sprache und DM aufzustellen.
- Der Inhalt des Lageberichts muß vollständig und richtig sein.
- Der Inhalt muß sich auf das Wesentliche beschränken.
- Der Bericht muß klar und übersichtlich sein.
- Der Bericht muß für einen wirtschaftlich vorgebildeten, externen Leser verständlich sein.
- Der Bericht muß stetig sein.
- Fehlanzeigen können erforderlich sein (z.B. kein Hinweis auf einen fehlenden Forschungsbericht im Lagebericht eines Kaufhauses, wohl aber in dem einer großen Industrieunternehmung).[1]

---

[1] Vgl. S. 226.

## III. Der Bericht über den Geschäftsverlauf und die Lage des Unternehmens

Im Lagebericht ist „zumindest" der Geschäftsverlauf und die Lage des Unternehmens darzustellen (§ 273 Abs. 1 EHGB). Das Wort „zumindest" hatte in Art. 46 Vierte EG-Richtlinie, aus der es übernommen werden soll, seine Berechtigung, weil dort für die übrigen Berichtsteile nur eine Sollvorschrift bestand. Nachdem der EBilRG jedoch alle Berichtsteile obligatorisch machen will, gehören zum Mindestinhalt nicht nur der Bericht über Geschäftsverlauf und Lage des Unternehmens.

Der Bericht über den Geschäftsverlauf und die Lage des Unternehmens soll eine wirtschaftliche Gesamtbeurteilung ermöglichen. Dabei ist eine Trennung des Berichts in Geschäftsverlauf (wichtige Geschehnisse während des Jahres) und Lage am Bilanzstichtag (z.B. Auftragssituation und Liquidität) nicht üblich.

Das neue Recht wird (wie das frühere AktG) keine nähere Bestimmungen über den Inhalt des Berichts über den Geschäftsverlauf vorsehen. Große Unternehmen gehen in ihrer Berichterstattung gegenwärtig nicht selten über die Anforderungen hinaus, die in der Kommentarliteratur[1] genannt werden (wobei die Länge eines Berichts noch nichts über seinen Wert aussagt). Soweit der Lagebericht im Bundesanzeiger zu veröffentlichen ist, wird künftig eine Beschränkung auf den Mindestinhalt zwingend sein.[2]

Die großen publizierenden Unternehmen beginnen den Lagebericht gegenwärtig überwiegend mit Ausführungen zur **Entwicklung der Volkswirtschaft** im Berichtsjahr (z.B. Entwicklung des Bruttosozialprodukts, verfügbare Einkommen, Lebenshaltungskosten, privater Verbrauch, Sparneigung, Zinsentwicklung, Bevölkerungsentwicklung, Zahl der Arbeitslosen und der Erwerbstätigen, Wechselkurse, Konkurse und Vergleichsverfahren, Einfuhr und Ausfuhr, Staatsverschuldung). Stark exportabhängige Unternehmen berichten auch über die Entwicklung in ihren wichtigsten Abnehmerländern.

Da jeder Interessent sich derartige Angaben verhältnismäßig leicht auch an anderer Stelle beschaffen kann (z.B. Berichte der Deutschen Bundesbank) und eine Aufblähung des Lageberichts künftig vermieden werden muß, sollte auf diesen Teil im obligatorischen Teil des Berichts (Bundesanzeiger) verzichtet werden.

An den volkswirtschaftlichen Überblick schließen sich häufig Darlegungen zur **Branchenentwicklung** an (z.B. Branchenumsätze, Kapazitätsauslastung, Nettoproduktion der Branche, Exportanteile, Preise und Kosten, Konzentrationsprozesse, Wettbewerbsdruck einschl. bekanntgewordener wettbewerbsrechtlicher Auseinandersetzungen).

---

[1] Vgl. z.B. *Adler-Düring-Schmaltz*, Anm. 19–23 zu § 160 AktG; *Claussen*, Anm. 7 zu § 160 AktG; *Kropff*, Anm. 21 zu § 160 AktG.
[2] Vgl. S. 190.

# E. Der Lagebericht

Im Einzelfall mag eine Würdigung des Geschäftsverlaufs des berichtenden Unternehmens nur auf dem Hintergrund der Branchenentwicklung möglich sein. Generell gilt aber auch hier das zum Bericht über die volkswirtschaftliche Entwicklung Ausgeführte: Interessenten steht ausreichendes Material (z.B. Verbandsmitteilungen oder das Wirtschaftshandbuch der Frankfurter Allgemeinen Zeitung) an anderer Stelle zur Verfügung, so daß auch auf diesen Berichtsteil im Bundesanzeiger verzichtet werden sollte.

Für den **unternehmungs-(konzern-)bezogenen** Berichtsteil haben sich vier Schwerpunkte herausgebildet, innerhalb derer mehr oder weniger ausführliche Angaben gemacht werden:

1. **Umsatz und Auftragslage.** Angaben zur mengen- und wertmäßigen Entwicklung des Umsatzes sind unverzichtbar. Sofern der Umsatz nicht bereits im Anhang aufgegliedert worden ist,[3] wird dies an dieser Stelle nachzuholen sein (z.B. Umsatz nach Hauptartikeln, Exportartikel, Märkte, Produktionsstandorte). Angaben über Marktanteile sind häufig informativ, können aber nicht verlangt werden. Im Industriebetrieb gehört dagegen auch eine knappe Charakteristik der Auftragslage am Bilanzstichtag zum Mindestinhalt.

2. **Entwicklung des Jahresergebnisses.** Da das Ergebnis des Wirtschaftens (Überschuß oder Fehlbetrag) in der Mehrzahl der Unternehmen der wichtigste Indikator der wirtschaftlichen Entwicklung ist, gehört die Begründung des Ergebnisses zum Mindestinhalt des Berichts über die Geschäftsentwicklung. Einzugehen ist auf die Entwicklung wesentlicher Absatzmarkt- und Beschaffungsmarktpreise, die Lohnentwicklung, den Beschäftigungsgrad und die Entwicklung der Produktivität. Im Handel sind auch Angaben zum Lagerumschlag und zu Inventurdifferenzen üblich.

3. **Investition und Finanzierung.** Im Bericht über den Geschäftsverlauf ist auf wesentliche, in Angriff genommene oder durchgeführte Investitionen (getrennt nach Sachanlagen und Beteiligungen) einzugehen, sofern dies nicht bereits an anderer Stelle geschehen ist (z.B. bei der Erläuterung bestimmter Bilanzpositionen). Nicht zwingend ist eine Aufgliederung nach Sparten, obwohl gerade diese wichtige Entwicklungen des Unternehmens (Verlagerungen im Produktionsprogramm) erkennen lassen würde. Auf bedeutende Veränderungen in der Höhe des Eigen- und Fremdkapitals wird bereits im Erläuterungsbericht eingegangen. Vom Lagebericht werden in diesem Zusammenhang zusammenfassende Aussagen zur Entwicklung des Verschuldungsgrads und der Liquidität erwartet. Eine Bewegungsbilanz[4] oder eine Kapitalflußrechnung,[5] die ausschließlich auf veröffentlichten Zahlen des Jahresabschlus-

---

[3] Vgl. S. 204.
[4] Die Bewegungsbilanz ist eine Gegenüberstellung der Veränderungen in den Bilanzposten zwischen zwei aufeinanderfolgenden Bilanzen, gegliedert nach Gruppen der Mittelherkunft (innere und äußere Eigen- und Fremdfinanzierung) und Mittelverwendung (Investition, Erhöhung der flüssigen Mittel, Verminderung des Fremd- und Eigenkapitals). Vgl. das Beispiel in der Vorauflage, S. 161.
[5] Die Kapitalflußrechnung zeigt in Staffelform die Veränderung eines Finanzmittelfonds (z.B. das Nettogeldvermögen) aus der Geschäftstätigkeit (Jahresüberschuß

ses beruht, kann der Bilanzleser auch selbst aufstellen. Rechnungen mit nichtveröffentlichten Zahlen werden dagegen nicht verlangt.

**4. Besondere Ereignisse.** Unverzichtbar sind schließlich Hinweise auf wichtige Ereignisse, die den Geschäftsverlauf beeinflußt haben (z.B. Gründung von Zweigniederlassungen, Änderungen in der Organisation, Einführung neuer Produkte, Rationalisierungsmaßnahmen, Abschluß von Sozialplänen, Massenentlassungen, Beginn und Ende wesentlicher Rechtsstreitigkeiten, Streiks, Schadensfälle, Abschluß von Unternehmensverträgen).

Im Anschluß an den Unternehmensbericht finden sich in der Berichtspraxis nicht selten Darstellungen über Unternehmensteile (z.B. Lagerhaltung, Produktion, Vertrieb, Qualitätsprüfung, Einkauf, Lehrlingsausbildung). Einige Unternehmen berichten in jedem Jahr über einen anderen Funktionsbereich. Darstellungen dieser Art (nicht selten reich bebildert[6]) können Betriebsabläufe anschaulich machen. Sie sind aber nicht Teil der Rechnungslegung, sondern der Vertrauenswerbung.

## IV. Der Nachtragsbericht

Im Lagebericht ist ferner auf Vorgänge von besonderer Bedeutung einzugehen, die nach dem Schluß des Geschäftsjahrs eingetreten sind. Mit diesem sogenannten Nachtragsbericht sollen in erster Linie Aufsichtsrat und Hauptversammlung vor Entscheidungen (z.B. über die Verwendung des Bilanzgewinns, die Entlastung des Vorstands) bewahrt werden, die in Kenntnis der neuen Situation anders ausgefallen wären.

Grundsätzlich sind zwei Arten von Ereignissen nach dem Bilanzstichtag zu unterscheiden:[1]

---

zuzüglicher bestimmter Aufwendungen und Erträge), der Investitionstätigkeit (z.B. Zugänge im Anlagevermögen) und dem Finanzierungsbereich (z.B. Kapitalerhöhung, Abnahme der Schulden), Einzelheiten z.B. IdW, Die Kapitalflußrechnung als Ergänzung des Jahresabschlusses (HFA 1/1978); *Walter Busse von Colbe,* Aufbau und Informationsgehalt von Kapitalflußrechnungen, ZfB, 1. Ergänzungsheft 1966, S. 82–114; *Klaus von Wysocki,* Die Kapitalflußrechnung als integrierter Bestandteil des aktienrechtlichen Jahresabschlusses; WPg 1971, S. 617–625; *Otto H. Jacobs,* Kapitalrechnungen als mögliche Ergänzungsinstitute zum aktienrechtlichen Jahresabschluß, WPg 1974, S. 19–27; *Klaus Chmielewicz,* Betriebliche Finanzwirtschaft I, Berlin-New York 1976.

[6] Es gibt Geschäftsberichte, in denen die Hälfte des Gesamtumfangs auf Bilder entfällt. Gem. § 272 Abs. 2 EHGB dürfen graphische Darstellungen und Bilder in den Anhang nur aufgenommen werden, wenn sie der Erläuterung des Jahresabschlusses dienen.

[1] Vgl. UEC-Empfehlung zur Abschlußprüfung Nr. 13: Die Berücksichtigung von Ereignissen nach dem Bilanzstichtag im Rahmen der Abschlußprüfung, 1982; *Ernst August Pohl,* Ereignisse nach dem Bilanzstichtag – Auswirkungen auf Rechnungslegung und Prüfung, WPg 1983, S. 177–180; *Bruno Kropff,* Der Lagebericht nach geltendem und künftigem Recht, BFuP 1980, S. 530.

- Positive oder negative bekanntgewordene Ereignisse, die zu einer **Wertaufhellung** führen[2] (z.B. Bekanntwerden von Schäden an Produkten, die die Unternehmung hergestellt hat, Inanspruchnahme aus Bürgschaften und Patronatserklärungen, Bestätigung der Zahlungsunfähigkeit eines bedeutenden Kunden);
- Positive oder negative Ereignisse, die erst **nach dem Bilanzstichtag** eingetreten sind (z.B. Erwerb oder Verkauf von Beteiligungen, Eintritt erheblicher Verluste, wichtige Vorgänge, über die im Bericht über den Geschäftsverlauf zu berichten gewesen wäre).

Die Ereignisse der ersten Kategorie führen zu einer Berichtigung der Jahresabschlußposten. Auf sie ist gegebenenfalls im Erläuterungsbericht einzugehen. Auf Ereignisse der zweiten Kategorie ist im Nachtragsbericht hinzuweisen. Dabei kann ein Ereignis der letzten Art sich auch auf den Jahresabschluß auswirken (z.B. wenn die Vermutung der Unternehmensfortführung als Folge einer eingetretenen Überschuldung nicht mehr aufrechterhalten werden kann).

Da der Jahresabschluß im Regelfall mit Zustimmung des Aufsichtsrats festgestellt ist,[3] reicht der Zeitraum für den Nachtragsbericht vom ersten Tag des neuen Geschäftsjahrs grundsätzlich bis zur sogenannten Bilanzsitzung des Aufsichtsrats. Soweit es sich um Ereignisse handelt, die das Ergebnis des neuen Jahres sehr wesentlich berühren (insbesondere Verluste) ist eine Offenlegung auch noch in der Versammlung der Gesellschafter erforderlich.[4]

Verglichen mit dem theoretischen Anspruch fällt der empirische Befund der z.Zt. nach dem AktG oder dem PublG veröffentlichten Geschäftsberichte mager aus. Nicht wenige Unternehmen verzichten auf den Nachtragsbericht gänzlich. Die übrigen berichten im Regelfall nur in wenigen Sätzen über den Verlauf der ersten Monate des neuen Jahres (z.B. Fortsetzung des ungünstigen Konjunkturverlaufs, Rückgang des Zinsniveaus, rückläufige Umsatzentwicklung, Einführung neuer Produkte, Aufnahme der Arbeit in einer neuen Produktionsstätte).

## V. Der Prognosebericht

Im Lagebericht soll künftig auch auf die voraussichtliche Entwicklung des Unternehmens eingegangen werden. Dieser sogenannte Prognosebericht ist für das deutsche Recht neu.[1] Im Gegensatz zu Teilen der Literatur[2] kann

---

[2] Vgl. S. 120 ff.
[3] Vgl. S. 242.
[4] *Adler-Düring-Schmaltz,* Anm. 26 zu § 160 AktG; *Pohl,* S. 179.
[1] So auch: Regierungsbegründung, zum EBilRG, S. 94; *Hans Bauchowitz,* Die Lageberichtspublizität der Deutschen Aktiengesellschaften, Frankfurt/M-Bern-Las Vegas 1979, S. 179; *Wolfgang Reittinger,* Die Prüfung des Lageberichts nach Aktienrecht und nach den Vorschriften der 4. EG-Richtlinie, Frankfurt/M-Bern 1983, S. 31.

## V. Der Prognosebericht

auch nicht davon ausgegangen werden, daß sich entsprechende Angaben bereits heute häufig in den Geschäftsberichten finden. Jedenfalls gilt dies nicht, wenn der Wortlaut des Gesetzentwurfs ernst genommen wird.[3] Wird davon abgesehen, daß bestimmte Prognosen auch im Zusammenhang mit der Aufstellung der Bilanz unentbehrlich sind (z.B. Schätzung der Nutzungsdauer von Anlagen oder bestimmter Risiken bei der Bemessung von Rückstellungen) und die Darstellung der Lage des Unternehmens ohne Hinweise auf Marktaussichten nicht auskommt, dann gibt es nach geltendem Recht nur eine gesetzlich vorgeschriebene spezielle Prognose: Im Jahresabschluß (zumeist unter der Gewinn- und Verlustrechnung) sind im Vomhundertsatz der im Geschäftsjahr geleisteten Pensionszahlungen „die in jedem der folgenden fünf Geschäftsjahre voraussichtlich zu leistenden Zahlungen zu vermerken" (§ 159 AktG, soll durch das BilRG aufgehoben werden).

Zumeist unter der Überschrift „Ausblick" enthielten einige Geschäftsberichte bisher Hinweise auf Erwartungen hinsichtlich der volkswirtschaftlichen Entwicklung (z.B. zur Fortsetzung der bisherigen Konjunkturentwicklung, Entwicklung des Zinsniveaus oder der öffentlichen Schulden), allgemeinbetriebliche Postulate (z.B. künftig sparsamerer Personaleinsatz, Senkung der Ausgaben in allen wichtigen Bereichen angestrebt), seltener auch Aussagen zu bestimmten Schlüsselzahlen (erwartete Umsatzentwicklung, Exportentwicklung) oder Vorhaben (z.B. Investitionen, Entwicklung neuer Produkte, Inbetriebnahme neuer Werke). Von Ausnahmen abgesehen erfüllten diese Angaben bisher weder den Berichtsgrundsatz der Vollständigkeit noch den der Stetigkeit.

Der Wortlaut des Gesetzentwurfs wirft drei Fragen auf:

- Was bedeutet „voraussichtlich",
- was heißt „Entwicklung des Unternehmens" und
- was gehört zum „Darlegen" erwarteter Entwicklungen?

**Voraussichtlich** besagt, daß in diesem Teil des Lageberichts Annahmen über künftige Geschehnisse (Erwartungen) wiedergegeben werden sollen. Erwartungen auf der Grundlage von Erfahrungen und Ereignissen der Vergangenheit werden im Regelfall mit der Länge des Zeitraums, für den sie ausgedrückt werden (und dem Grad ihrer Bestimmtheit) unsicherer. Ist der Zeit-

---

A.A.: *Reinhard Sprenger*, Grundsätze gewissenhafter und getreuer Rechenschaft im Geschäftsbericht, Wiesbaden 1976, S. 114; *Wolf-Rüdiger Bretzke*, Inhalt und Prüfung des Lageberichtes: Anmerkungen zur gegenwärtigen und zukünftigen Praxis der Prognosepublizität, WPg 1979, S. 337–349. M.E. kann *Bretzke* insofern gefolgt werden, als eine realistische Schilderung der Lage des Unternehmens ohne gewisse Prognosen nicht auskommt (S. 341). Der vorgesehene Prognosebericht geht jedoch über diese Anforderungen hinaus.

[2] z.B. *Jonas*, Bilanzrichtlinie, S. 244; *Niehus*, Rechnungslegung, Anm. 613 zu § 42 GmbHG.

[3] Dies tut *Forster* offensichtlich nicht, wenn er den Satz „Wir erwarten auch für das laufende Jahr ein befriedigendes Ergebnis" als Prognosebericht ansieht und davon ausgeht, daß „nur wenige Unternehmen bereit sein werden, mit dieser Praxis zu brechen" (Anhang, Lagebericht, S. 1633).

raum dagegen zu kurz (oder der Inhalt zu unbestimmt) verliert die Prognose ihren Sinn (Hilfe für Entscheidungen der Berichtsempfänger geben zu können). Ein allgemeingültiger Zeithorizont für Prognosen im Rahmen des Lageberichts läßt sich nicht bestimmen. Dieser hängt zumindest von dem Berichtsgegenstand (Auftragsentwicklung, Investition,[4] Finanzierung) und der Branche (Investitionsgüter-, Konsumgüterindustrie, Handel, Banken, Versicherungen) ab. Da mit Vorlage des nächsten Jahresabschlusses eine neue Situation für Prognosegeber und -nehmer eintritt (der Wahrheitsgehalt der Prognose wird insoweit überprüfbar), wird man jedoch den Zeitraum bis zur Veröffentlichung des nächsten Jahresabschlusses als den typischen Prognosezeitraum bezeichnen können.[5]

Hinsichtlich der Kriterien, die die **Entwicklung des Unternehmens** kennzeichnen, liegt es nahe, auf die Schwerpunkte abzustellen, die auch dem Bericht über den Geschäftsverlauf und die Lage des Unternehmens sein Gepräge geben sollen. Einzugehen wäre demnach auf

- die erwartete Umsatzentwicklung (gegebenenfalls Aufgliederung nach Hauptartikeln),
- die erwartete Ergebnisentwicklung (Absatzmarkt- und Beschaffungsmarktpreise, ohne Berücksichtigung außerordentlicher Ereignisse),
- erwartete Entwicklung der Investitionen und ihrer Finanzierung (Richtung der Investitionen nach Sparten, Innen- und Außenfinanzierung),
- erwartete besondere Ereignisse (z.B. die Inbetriebnahme neuer Werke, die Einführung neuer Produkte, der Erwerb von Beteiligungen).

Zur erwarteten Ergebnisentwicklung gehören auch Erwartungen hinsichtlich des Wertes von Beteiligungen und deren Erträge.

Auch hinsichtlich des Inhalts der **Darlegungen** dürfte es sich empfehlen, nach dem Berichtsgegenstand und der Branche zu differenzieren. Umsatzprognosen sind leichter als Gewinnschätzungen. Einem Wohnungsunternehmen fallen Vorausschätzungen leichter als einem stark exportabhängigen Konsumgüterhersteller. Zahlenangaben werden nur in verhältnismäßig bescheidenem

---

[4] Nach einer empirischen Untersuchung von *Busse von Colbe* erstrecken sich freiwillige Prognosen (im Geschäftsbericht, Presseinformationen, auf der Hauptversammlung, in Aktionärsbriefen oder sonstigen Anlässen) hinsichtlich der Investition „relativ weit in die Zukunft", während sich Prognosen über den Jahresüberschuß fast immer nur auf das laufende Geschäftsjahr bezögen. Vgl. *Walter Busse von Colbe*, Prognosepublizität von Aktiengesellschaften. In: Beiträge zur Lehre von der Unternehmung. Festschrift für *Karl Käfer*, Stuttgart 1968, S. 91–118 (108).

[5] In der Literatur wird häufig ein Zeitraum von 2 Jahren (gerechnet vom Stichtag der Rechnungslegung, mit der die Prognose veröffentlicht wird) empfohlen. Z.B. *Otto Wanik*, Probleme der Aufstellung und Prüfung von Prognosen über die Entwicklung der Unternehmung in der nächsten Zukunft. In: Bericht über die Fachtagung 1974 des Instituts der Wirtschaftsprüfer, Düsseldorf 1975, S. 55; *Wilfried Bechtel, Heinrich Köster* und *Hans-Ulrich Steenken*, Die Veröffentlichung und Prüfung von Vorhersagen über die Entwicklung von Unternehmungen. In: Bilanzfragen. Festschrift für *U. Leffson*, Düsseldorf 1976, S. 211. *Busse von Colbe* (Prognosepublizität, S. 115) empfiehlt einen Zeitraum von 3–5 Jahren.

## V. Der Prognosebericht

Umfang erwartet werden können.[6] Insbesondere können Forderungen nach einer Planbilanz,[7] einer Plan-Kapitalflußrechnung,[8] einem Plan-Kennzahlensystem[9] und einem Finanzplan[10] auf den Wortlaut oder Sinn des Gesetzes nicht gestützt werden. Andererseits verlangt das Wort „darlegen" mehr als die Wiedergabe allgemeiner subjektiver Einschätzungen der Zukunft des Unternehmens. Hinsichtlich der aufgeführten Berichtsschwerpunkte sind Erwartungen (Tendenzen) mitzuteilen, die auf auswertbaren Erkenntnissen der Gegenwart (wie sie auch dem internen Planungssystem zugrundeliegen) beruhen, soweit deren Veröffentlichung der Zielsetzung des Unternehmens nicht zuwiderläuft. Die Annahmen müssen aus den zukunftsbezogenen Informationen logisch abgeleitet sein.[11] Nur insoweit können sie ex ante „richtig" sein. Die Veröffentlichung von Vorhaben, bei denen das Überraschungsmoment wesentliche Voraussetzung des Gelingens ist, wird nicht verlangt. Auch in diesen Fällen können jedoch Auswirkungen berücksichtigt werden, ohne die Maßnahme selbst zu nennen.[12] Ein Prognosebericht, der nicht mehr bietet als die Erkenntnisse, die auch aus der Bilanz oder der Gewinn und Verlustrechnung abgeleitet werden können, wäre dagegen überflüssig.[13] Soweit dies in der gebotenen Kürze möglich und sinnvoll ist, sollte auf die Annahmen hingewiesen werden, die der Prognose zugrundegelegen haben.[14] Falls Vorhersagen hinsichtlich der angedeuteten Schwerpunkte mit einigem Erkenntniswert für den externen Leser nicht möglich sind, sollte (mit kurzer Begründung) auch darauf hingewiesen werden. Die Erwähnung von Prognosefehlern im vorangegangenen Bericht könnte den Leser auf die Begrenztheit derartiger Vorhersagen aufmerksam machen.

---

[6] Daß sich Zahlenangaben selbst in Bereichen, in denen statistische Wahrscheinlichkeiten zugrundegelegt werden können, später leicht als falsch erweisen können, hat die Untersuchung von *Matschke* gezeigt. Vgl. *Manfred Jürgen Matschke;* Prognosen im Rahmen der publizierten Rechnungslegung – Ein Bericht über die Prognose der Pensionszahlungen gem. § 159 AktG, DB 1981, S. 2289–2293, 2339–2343 und 2394–2397.

[7] Die „Planbilanz" ist eine interne Rechnung, die aus dem Investitions-, Finanz-, Absatz- und Ergebnisplan entwickelt wird (integrierte Planungsrechnung).

[8] Vgl. Fußnote 5 auf S. 218.

[9] *Pfeiffer* hält die Veröffentlichung von Kennzahlensystemen und prospektiven Kapitalflußrechnungen für wünschenswert. Vgl. *Hans-Hubert Pfeiffer*: Möglichkeiten und Grenzen der Prüfung von Prognosen im Geschäftsbericht, WPg 1974, S. 159–170 und 186–197.

[10] Für eine an die interne Finanzplanung gebundene Prognose spricht sich *Sprenger* (S. 114) aus.

[11] Zur logischen Struktur von Prognosen vgl. z. B. *Joachim Hagest* und *Georg Kellinghusen,* Zur Problematik der Prognoseprüfung und der Entwicklung von Grundsätzen ordnungsmäßiger Prognosebildung, WPg 1977, S. 407.

[12] Ähnlich: *Bretzke,* Inhalt, S. 344.

[13] So auch: *Dieter Rückle,* Gestaltung und Prüfung externer Prognosen. In: Management und Kontrolle. Festschrift für *E. Loitlsberger,* Berlin 1981, S. 439.

[14] So auch *Wolf Rüdiger Bretzke,* Zur Frage der Überprüfbarkeit von Prognosen im Geschäftsbericht, WPg 1974, S. 295. *Busse von Colbe* (Prognosepublizität, S. 108) ist dagegen der Meinung, daß „die Angabe von Annahmen für eine Prognose häufig als Hinweis für eine besonders große Unsicherheit" gewertet werden müsse. M. E. hängt dies vom Ausmaß des (künftig) Üblichen ab.

## VI. Der Forschungsbericht

Im Lagebericht wird schließlich auch „die Forschungs- und Entwicklungstätigkeit" der Unternehmung „darzulegen" sein. Ob Angaben zu Forschungsaktivitäten bereits nach geltendem Aktienrecht zum Lagebericht gehören und ob sie „sich bereits eingebürgert"[1] haben, ist strittig. Wie beim Prognosebericht hängt die Anwort auf diese Fragen wesentlich von den Inhalten ab, die mit diesen Begriffen verbunden werden.

*Adler-Düring-Schmaltz*[2] vertreten (zu § 160 AktG) die Auffassung, daß Angaben „über den Stand der Forschung (Forschungsaufwand, technisch-wissenschaftliche Forschungsergebnisse, Marktforschung und Konsumforschung) von Bedeutung sein" können. Nach *Kropff*[3] ist „in der Regel" darzulegen, welche Einrichtungen das Unternehmen für Forschungs- und Entwicklungszwecke unterhält, wieviele Mitarbeiter in ihnen beschäftigt sind und mit welchen Zielsetzungen in ihnen gearbeitet wird". *Niehus*[4] geht in dieser Beziehung von einer „weit verbreiteten Praxis" aus und *Jonas*[5] meint, daß es „bei der bestehenden Praxis" bleiben könne.

Empirische Untersuchungen zur Berichtspraxis in diesem Bereich sind nur bedingt vergleichbar, da in den Veröffentlichungen nicht erkennbar ist, welche Angaben zum Forschungsbericht gezählt worden sind. *Bauchowitz*[6] fand in einer repräsentativen Untersuchung für 1975 einen Anteil von 14,5% (1968: 10,5%) Aktiengesellschaften, die über den Bereich Forschung und Entwicklung informierten. Bei einer Durchsicht von 296 Geschäftsberichten aus allen Branchen (Dez. 1973 bis Nov. 1974) stellte *Brockhoff*[7] fest, daß 32% der Unternehmen „verbal über Aufgaben oder Ergebnisse der Forschungs- und Entwicklungstätigkeit" berichteten.

In den von mir durchgesehenen 70 Geschäftsberichten aus Industrie und Handel für 1982 fanden sich am häufigsten (40%) Hinweise auf Ziele der Forschung (vor allem in der chemischen, elektrotechnischen, pharmazeutischen Industrie und im Kraftfahrzeugbau). Deutlich weniger Unternehmen (22%) gaben den Forschungsaufwand an (zuweilen Aufteilung nach Sparten oder Aufteilung nach Grundlagenforschung und „Umsetzung für Produkte, Systeme, Anlagen"). Etwas größer ist der Anteil der Unternehmen, die über Ergebnisse der Forschung berichten (28%). Häufig geschieht dies im Zusammenhang mit der Vorstellung neuer Produkte oder Hinweisen auf Umwelt-

---

[1] *Jonas*, Die EG-Bilanzrichtlinie, S. 244.
[2] *Adler-Düring-Schmaltz*, Anm. 23 zu § 160 AktG; etwas strenger: WP-Jahrbuch 1981, S. 616.
[3] *Kropff*, Der Lagebericht, S.
[4] *Niehus*, Anm. 614 zu § 42 GmbHG.
[5] *Jonas*, Die EG-Bilanzrichtlinie, S. 244.
[6] *Bauchowitz*, S. 139.
[7] *Klaus Brockhoff*, Forschung und Entwicklung im Lagebericht, WPg 1982, S. 239.

schutzmaßnahmen. In 3% der Fälle wird auf die sogenannte Lizenzbilanz (Verhältnis von Lizenzausgaben und -einnahmen) hingewiesen. Die Zahl der Beschäftigten in der Forschung nennen 10% der Unternehmen (zuweilen gesondert die Zahl der Beschäftigten mit Hochschulausbildung). Die Investitionssumme wird von 5% angegeben. In 9% der Fälle wird auf die Zusammenarbeit mit Hochschuleinrichtungen, öffentlichen Stellen oder anderen Unternehmen hingewiesen. In einem Bericht werden die staatlichen Zuschüsse, die das Unternehmen für Forschungszwecke erhalten hat, genannt. In 2 weiteren findet sich der Hinweis, daß es sich bei diesen um „erhebliche Beträge" gehandelt habe.

Unternehmen, die Forschungs- und Entwicklungsaufgaben wahrnehmen und darüber nicht berichtet haben, konnten sich bisher darauf berufen, daß eine entsprechende Verpflichtung ausdrücklich im Gesetz nicht erwähnt war. Dies wird sich mit der Bilanzrechtsreform ändern. Da eine überwiegende Berichtspraxis bisher nicht besteht, muß versucht werden, den Inhalt des Forschungsberichts aus dem Zweck der Vorschrift abzuleiten.

Der Wortlaut des Gesetzes läßt zwei Fragen offen:

- was gehört zur Forschungs- und Entwicklungstätigkeit im Sinne der Vorschrift,
- worüber ist im einzelnen mindestens zu berichten?

Die Begriffe „Forschung" und „Entwicklung" sind verhältnismäßig unstreitig. **Forschung** ist die systematische Anwendung wissenschaftlicher Methoden zum Erwerb neuer Kenntnisse über Natur- oder Kulturphänomene.[8] Forschung ohne Ausrichtung auf bestimmte Anwendungen wird als **Grundlagenforschung** bezeichnet (z.B. die Erforschung der Eigenschaften des Laserstrahls). Demgegenüber beschäftigt sich die **angewandte Forschung** mit der Verwendung von Ergebnissen der Grundlagenforschung für die (technische) Lösung weitgehend konkretisierter Problemstellungen hinsichtlich Material, Verfahren oder Erzeugnissen[9] (z.B. Möglichkeiten der Anwendung des Laserstrahls zum Abtasten von Tonträgern). **Entwicklung** wird „schwerpunktmäßig als eine Reduktion technischer Lösungen an die Bedingungen der ökonomischen Verwendung in der eigenen Unternehmung oder auf dem Markt angesehen"[10] (z.B. die Entwicklung eines marktfähigen Laser-Plattenspielers). Dabei ist es im hier gegebenen Zusammenhang unerheblich, ob der Bereich der angewandten Forschung (Neuentwicklung von Erzeugnissen oder Herstellungsverfahren) bereits zur Entwicklung gerechnet wird[11] oder ob unter Entwicklung nur die Weiterentwicklung von Erzeugnissen oder Herstellungsverfahren (soweit es sich um wesentliche Änderungen handelt) verstanden wird.

---

[8] Ähnlich: *W. Kern* und *H. H. Schröder*, Forschung und Entwicklung in der Unternehmung, Reinbek 1977, S. 16.
[9] *Werner Pfeiffer* und *Erich Staudt*, Forschung und Entwicklung, betriebliche, HWB, Sp. 1522.
[10] *Pfeiffer-Staudt*, ebenda.
[11] so z.B. § 82d EStDV 1979 (aufgehoben durch VO zur Änderung der EStDV vom 11.6.1981).

Schwieriger als die Definition der Begriffe ist die Umschreibung der Forschung und Entwicklung als Gegenstand eines Forschungsberichts. Eine besondere Erwähnung derartiger Aktivitäten bedarf es offenbar nicht, falls

- Forschung und Entwicklung das eigentliche Sachziel des Unternehmens ist oder
- Forschung und Entwicklung mit dem Sachziel des Unternehmens wenig oder nichts zu tun haben oder die Unternehmung hierfür nicht geeignet ist.

In Unternehmen, die der Forschung und Entwicklung dienen (rechtlich selbständige Forschungslabors, Versuchsstationen, Entwicklungswerkstätten, Marktforschungsunternehmen) gehören die entsprechenden Angaben in den Bericht über den Geschäftsverlauf und die Lage des Unternehmens. Ein gesonderter Forschungsbericht entfällt in diesem Fall. Ebensowenig erwartet der Leser einen Forschungsbericht von Unternehmen, die entweder nicht mit der Herstellung von Waren befaßt sind (Handel, Banken, Versicherungen) oder auf Grund ihrer Größe zu einer nennenswerten Forschungs- oder Entwicklungstätigkeit nicht in der Lage sind (z.B. Handwerksbetriebe). Unstreitig kann auch in großen Dienstleistungsbetrieben geforscht oder entwickelt werden (z.B Marktforschung, Arbeitsablaufforschung, Organisationsforschung). Die Beschreibung derartiger Aktivitäten gehört aber nicht in den Forschungsbericht, da ein unmittelbarer Zusammenhang mit dem Sachziel des Unternehmens nicht vorliegt.

Damit ist eine zweite Eingrenzung möglich: Soweit Forschungs- oder Entwicklungsarbeit in Unternehmen, die sich nicht mit der Herstellung von Waren befassen, nicht als berichtspflichtig angesehen wird, gilt dies auch für Industrieunternehmen: Auch in ihren Forschungsbericht gehören daher keine Marktanalysen, Untersuchungen zur Arbeitszufriedenheit oder Konzentrationsentwicklung, EDV-Anwendungen im Rechnungswesen oder ähnliche Entwicklungsprojekte. Grenzfälle sind Forschungs- oder Entwicklungsarbeiten zur Verbesserung von Sicherheitseinrichtungen an Fertigungsanlagen oder Umweltschutzmaßnahmen.

Industrieunternehmen müssen somit künftig im Rahmen des Forschungsberichts über Aktivitäten zur Verbesserung oder Neuentwicklungen im Bereich des Materialeinsatzes, der Herstellungsverfahren oder der Erzeugnisse berichten. Forschungstätigkeit kann im eigenen Unternehmen, in Tochterunternehmen oder in Gemeinschaftsunternehmen ausgeübt oder als Auftragsforschung vergeben werden. Berichtspflichtig sind alle Formen. Fehlanzeige erscheint bei Unternehmen, bei denen entsprechende Aktivitäten nach der Größe oder dem Sachziel der Unternehmung erwartet werden, erforderlich.

Inhalt des Forschungsberichts im einzelnen sind Einsätze und Ausbringungen (einschl. Zielsetzungen), extern oder intern, in zentralen Forschungsabteilungen oder Forschungsabteilungen der Sparten, quantifizierend (nach Menge und Wert) oder nicht quantifizierend (beschreibend).[12] Ihre Grenze findet die

---

[12] Einzelheiten bei: *Brockhoff*, S. 237ff und *Klaus Dellmann*, Rechnung und Rechnungslegung über Forschung und Entwicklung, WPg, 1982, S. 557–561 und 587–590.

## VI. Der Forschungsbericht

Berichterstattungspflicht dort, wo die Veröffentlichung geeignet ist, dem Unternehmen einen erheblichen Nachteil zuzufügen oder die Bekanntgabe Geheimnisverrat im strafrechtlichen Sinne bedeuten würde.[13]

Soweit Forschung und Entwicklung im eigenen Unternehmen durchgeführt werden, können Angaben zu den Investitionen in der Berichtsperiode und zum Forschungsaufwand erwartet werden. Dem Vorschlag der Kommission Rechnungswesen,[14] Ausgaben für Grundlagenforschung nicht zu nennen, wird hier nicht gefolgt. Soweit Sach- oder Geldmittel von anderen Unternehmen oder staatlichen Stellen für bestimmte Aufgaben zur Verfügung gestellt werden (mit und ohne Rückzahlungsverpflichtung), können auch hierzu Angaben erwartet werden.[15]

Über Ziele und Ergebnisse der Forschungstätigkeit wird weitgehend unter Verzicht auf Zahlenangaben zu berichten sein. Die Zahl der Patentanmeldungen oder die Erträge aus der Vergabe von Lizenzen für eigene Erfindungen sagen über die Produktivität der Forschungs- und Entwicklungsabteilungen ohnehin nicht viel aus. Für den Leser des Berichts ist dagegen das Ziel der z.Zt. vorrangigen Forschungsbemühungen sowie Ergebnisse von Interesse, die bereits in die Praxis umgesetzt worden sind, deren Anwendung bevorsteht oder mit deren Anwendung in absehbarer Zeit gerechnet wird.

---

[13] Vgl. die Schutzklauseln (S. 211 und S. 213f.), die m.E. analog anzuwenden sind.
[14] Kommission Rechnungswesen, Reformvorschläge zur handelsrechtlichen Rechnungslegung, DBW 1979, Heft 1a, S. 36.
[15] strenger: *Brockhoff*, S. 245.

# F. Der Prozeß der Rechnungslegung und die in diesem Zusammenhang anfallenden Prüfungen

## I. Die Aufstellung des Jahresabschlusses und Lageberichts

Die Aufstellung des Jahresabschlusses ist der erste Abschnitt im Prozeß der Rechnungslegung. Sie schließt an den internen Vorgang des Kontenabschlusses, soweit dieser Teil der Buchführung ist, an. Die Aufstellung geht über die technische Übernahme der Zahlen aus der Buchführung immer dort hinaus, wo es einen Spielraum für die Festlegung, Gruppierung oder Einordnung gibt. Mit der Aufstellung können daher bereits Vorentscheidungen über die Ausnutzung von Bilanzierungs-, Bewertungs- und Gliederungswahlrechten gefällt werden. Der aufgestellte Jahresabschluß ist in den Unternehmen, in denen die Fixierung der Bilanzansätze noch von anderen Personen als den Aufstellern abhängt, als Vorschlag aufzufassen. Aufstellungszeitpunkt ist der Termin, zu dem der für die Bilanzaufstellung Verantwortliche den Jahresabschluß als fertig ansieht.

Soweit ein Geschäfts- (künftig Lage-)bericht verlangt wird, ist dieser mit der Aufstellung durch den Vorstand oder Geschäftsführer zugleich fertiggestellt. Zwar kann auch der Lagebericht später noch abgeändert werden (z.B. weil der Inhalt des Jahresabschlusses korrigiert worden ist), er bedarf zu seiner Wirksamkeit aber keiner anderen Person als der seines Aufstellers.

Die Aufstellung des Jahresabschlusses obliegt grundsätzlich dem Kaufmann.[1] Ist dieser Einzelkaufmann, so ist mit seiner Unterschrift der Jahresabschluß endgültig;[2] ein besonderes Feststellungsverfahren entfällt. Bei der oHG, KG und KGaA obliegt die Aufstellung dem persönlich haftenden Gesellschafter, soweit dieser nicht von der Geschäftsführung ausgeschlossen ist (§ 39 Abs. 2 HGB). In der GmbH stellen der Geschäftsführer (§ 41 Abs. 2 GmbHG), in der eG (§ 33 Abs. 2 GenG) und AG (§ 148 AktG) stellen die Vorstände den Jahresabschluß auf.

Hinsichtlich der Frist für die Aufstellung des Jahresabschlusses verlangt das geltende Recht (§ 29 HGB), daß Inventur und Bilanz der Personenunternehmen „innerhalb der einem ordnungsgemäßen Geschäftsgang entsprechenden Zeit" aufzustellen sind. Die Auslegung dieses Begriffs ist strittig. Die überwiegende Meinung[3] geht handelsrechtlich von 6 Monaten aus, während

---

[1] Zur Erweiterung des Kreises der Bilanzierungspflichtigen nach Steuerrecht vgl. S. 10.
[2] Abgesehen von den Möglichkeiten späterer Bilanzänderung (= steuerlich das Rückgängigmachen eines einmal ausgeübten Bewertungswahlrechts nach Einreichen der Steuererklärung) oder der Bilanzberichtigung (= steuerlich die Korrektur eines Bilanzansatzes, der gegen Steuerrecht verstößt).
[3] *Wolfgang Blumers*, Bilanzierungstatbestände und Bilanzierungsfristen im Handelsrecht und Strafrecht, Köln 1983, S. 61.

230   F. Der Prozeß der Rechnungslegung und die dabei anfallenden Prüfungen

steuerrechtlich zumeist längere Fristen (bis 12 Monate) akzeptiert werden. Der EBilRG unterscheidet 4 Fälle:
- Besondere Umstände machen die unverzügliche Aufstellung erforderlich.
- Eine kürzere Frist als 5 Monate ist in den handelsrechtlichen Sondergesetzen vorgesehen.
- Es gilt die Regelfrist von 5 Monaten.
- Sofern eine Fristverlängerung für die Einreichung der Steuererklärung besteht, darf der Jahresabschluß später aufgestellt werden, falls dies
  – einem ordnungsgemäßen Geschäftsgang entspricht und
  – anderweitige Fristen hierdurch nicht überschritten werden.

Eine **unverzügliche** Aufstellung ist vor allem notwendig, falls mit einer Überschuldung oder drohender Zahlungsunfähigkeit[4] gerechnet wird. Das Bundesverfassungsgericht geht davon aus, daß, wenn keine Besonderheiten vorliegen, Bilanzen innerhalb von 8–10 Wochen nach dem Bilanzstichtag zu erstellen sind.[5] Dies dürfte auch der äußerste Zeitrahmen für eine unverzügliche Aufstellung darstellen.

**Kürzere Fristen** als die handelsrechtliche Regelfrist schreiben § 5 Abs. 1 PublG (3 Monate), § 26 Abs. 1 KWG (3 Monate) und § 55 VAG (4 Monate) vor.

Gem. § 149 Abs. 2 AO sind **Steuererklärungen,** die sich auf ein Kalenderjahr beziehen, spätestens 5 Monate danach abzugeben. Die Frist kann verlängert werden (§ 109 Abs. 1 AO). Für Steuerpflichtige, die sich bei der Abgabe der Steuererklärung beraten lassen, besteht eine generelle Verlängerung bis 30. September. Darüber hinaus wird Steuerpflichtigen mit Steuerberatern in einem vereinfachten Verfahren allgemeine Fristverlängerung bis zum 28. Februar des nächstfolgenden Jahres gewährt. In Einzelfällen kann die Frist noch weiter herausgeschoben werden. Es kann kaum zweifelhaft sein, daß Bilanzen, die später als 1 Jahr nach dem Bilanzstichtag erstellt werden, nicht mehr einem „ordnungsgemäßen Geschäftsgang" entsprechen. Hierfür ist auch maßgeblich, daß es mit fortschreitender Zeit immer schwieriger wird, Ereignisse, die erst nach dem Bilanzstichtag eingetreten sind, von denjenigen zu trennen, die bereits am Bilanzstichtag bestanden.[6]

## II. Die Prüfung des Jahresabschlusses und Lageberichts

### a) Übersicht

Prüfung ist ein Vergleich von Istobjekten mit Sollobjekten und die sich anschließende Urteilsbildung.[1] Der Prüfer kann dem zu prüfenden Unterneh-

---
[4] Vgl. S. 254.
[5] Beschluß vom 15. 3. 1978 (BVerfGE 48, S. 48–64).
[6] Einzelheiten bei *Wienand Meilicke,* Aufstellung, Feststellung und Änderung der Bilanz nach Handelsrecht und Steuerrecht, StbJb 1979/80, S. 447–478.
[1] *Klaus von Wysocki:* Betriebswirtschaftliches Prüfungswesen, München 1972, S. 9.

## II. Die Prüfung des Jahresabschlusses und Lageberichts

men als Angestellter (= Innenrevisor) oder Mitglied des Aufsichtsrats angehören oder ein Außenstehender (externer Prüfer) sein. Die Innenrevision wird hier nicht behandelt.[2] Nach dem Kriterium der Regelmäßigkeit werden ordentliche Abschlußprüfungen und Sonderprüfungen (z.B. wegen des Verdachts der Unterbewertung gem. § 258 AktG) unterschieden. Pflichtprüfungen beruhen auf dem Gesetz,[3] freie Prüfungen auf vertraglichen Abmachungen der Gesellschafter oder Entschlüssen der Unternehmensleitung.[4] Nach den Objekten und dem Ziel der Pflichtprüfung werden die handelsrechtliche Jahresabschlußprüfung und die steuerliche Betriebsprüfung (Außenprüfung) unterschieden.

### b) Die handelsrechtliche Jahresabschlußprüfung[5]

#### 1. Die Prüfung durch den Abschlußprüfer

(a) Der Kreis der prüfungspflichtigen Unternehmen

Einer gesetzlichen Verpflichtung zur regelmäßigen Prüfung ihrer handelsrechtlichen Jahresabschlüsse können die privaten Unternehmen unterliegen aufgrund

- ihrer Rechtsform (AG, KGaA, eG, nach dem künftigen Recht auch mittelgroße und große GmbH),
- ihres Geschäftszweigs (Kreditinstitute, Versicherungsunternehmen, Bausparkassen, gemeinnützige Wohnungsunternehmen, Kapitalanlagegesellschaften, bestimmte Lagerhausunternehmen, Verwertungsgesellschaften)
- ihrer Größe (Kriterien vgl. S. 8).

(b) Subjekt, Ziel und Ergebnis der Abschlußprüfung

Als Abschlußprüfer sind bei Unternehmen, die als Folge ihrer Rechtsform oder Größe prüfungspflichtig sind, grundsätzlich[6] nur Wirtschaftsprüfer oder Wirtschaftsprüfungsgesellschaften[7] im Sinne des § 1 Wirtschaftsprüfer-

---

[2] Vgl. hierzu z.B. *Viktor Z. Brink* und *James A. Cashin:* Interne Revision, Berlin 1962; *Böhmer-Hengst-Hofmann-Müller-Puchta:* Interne Revision, Berlin-Bielefeld-München 1981.
[3] Das schließt nicht aus, daß Ziel der Pflichtprüfung auch die Feststellung sein kann, ob Bestimmungen der Satzung eingehalten worden sind.
[4] Der Entschluß braucht nicht auf die Prüfung gerichtet zu sein. Z.B. kann mit dem Entschluß zur Aufnahme eines Bankkredits die Übertragung von Prüfungsrechten an das Kreditinstitut verbunden sein.
[5] Einschließlich Prüfung des Lageberichts.
[6] Ausnahme: Prüfer im Rechtssinn ist bei Genossenschaften ein Prüfungsverband, dem jede Genossenschaft angehören muß. Der Prüfungsverband beschäftigt angestellte Wirtschaftsprüfer und andere Verbandsprüfer.
[7] Weitere Einschränkungen nennt § 277 EHGB. Z.B. dürfen die Abschlußprüfer nicht Mitglied des Vorstands oder des Aufsichtsrats oder Angestellte der Gesellschaft oder

ordnung vom 24. 7. 1961 zugelassen.[8] Der Abschlußprüfer wird regelmäßig[9] von der Hauptversammlung auf Vorschlag des Aufsichtsrats (§ 124 Abs. 3 AktG) gewählt (§ 163 Abs. 1 AktG).[10] Bei der KG wirken auch die Kommanditisten an der Wahl des Prüfers mit. Im übrigen kann die Satzung der GmbH, Gewerkschaft oder Personenunternehmung auch ein anderes Organ als die Versammlung der Gesellschafter zur Bestellung des Prüfers ermächtigen. Die handelsrechtliche Pflichtprüfung ist eine Einrichtung des Privatrechts, die Erteilung des Bestätigungsvermerks daher kein Verwaltungsakt.[11] Ziel der aktienrechtlichen Jahresabschlußprüfung (und der Prüfung nach PublG) ist die Feststellung, ob der handelsrechtliche Jahresabschluß und gegebenenfalls Lagebericht den Vorschriften des Gesetzes und der Satzung entsprechen. Stellt der Abschlußprüfer dabei Tatsachen fest, die den Bestand des Unternehmens gefährden oder seine Entwicklung wesentlich beeinträchtigen können oder die schwerwiegende Verstöße gegen Gesetz oder Satzung erkennen lassen, so hat er auch hierüber zu berichten. Geprüft wird die Ordnungsmäßigkeit der Rechnungslegung, nicht die wirtschaftliche Zweckmäßigkeit unternehmerischer Entscheidungen.[12] Da allerdings auch der Lagebericht durchzusehen ist, geht der Prüfungsumfang über die formelle Ordnungsmäßigkeitskontrolle hinaus. Zu beurteilen ist ebenso die wirtschaftliche Gesamtlage des Unternehmens und die Darstellung, die diese im Bericht des Vorstands gefunden hat.

Im einzelnen richtet sich die Prüfung auf die Buchführung, die Bilanz, die Gewinn- und Verlustrechnung, den Anhang sowie den Lagebericht.

---

eines verbundenen Unternehmens sein oder in den letzten drei Jahren in den Diensten der Gesellschaft gestanden haben. Sie dürfen auch keine Anteile an dem zu prüfenden Unternehmen besitzen, bei der Aufstellung des Jahresabschlusses nicht mitgewirkt haben und nicht mehr als die Hälfte der beruflichen Gesamteinnahmen aus der Prüfung oder Beratung des zu prüfenden Unternehmens bezogen haben.

[8] Eine Untersuchung des „Prüfermarktes" hat *Lothar Schruff* vorgelegt (Der Wirtschaftsprüfer und seine Pflichtprüfungsmandate, Düsseldorf 1973).

[9] Bei aufsichtspflichtigen Versicherungsunternehmen wird der Abschlußprüfer vom Aufsichtsrat bestimmt (§ 58 VAG).

[10] Wahlvorschläge können auch von Aktionären gemacht werden (§ 127 AktG); die Hauptversammlung kann von den Vorschlägen abweichen.

[11] Das schließt nicht aus, daß der Wirtschaftsprüfer auch eine öffentliche Aufgabe erfüllt. „Er gleicht hier in bestimmtem Umfange dem Rechtsanwalt, der Ratgeber seines Mandanten und zugleich Organ der staatlichen Rechtspflege ist" (*Marcus Lutter*, Der Wirtschaftsprüfer und seine Aufgabe in unserer Zeit. In: Bericht über die Fachtagung 1974 des IdW, Düsseldorf 1975, S. 234). Vgl. auch *Erich Potthoff*, Ist die Pflichtprüfung des Jahresabschlusses auf Konflikt angelegt?, WPg 1980, S. 322–325.

[12] Hierin unterscheidet sich die aktienrechtliche Pflichtprüfung u. a. von der genossenschaftlichen Prüfung (die auch auf gemeinnützige Wohnungsunternehmen anzuwenden ist). Gem. § 53 GenG sind die Einrichtungen, die Vermögenslage sowie die Geschäftsführung einer eG zwecks Feststellung der wirtschaftlichen Verhältnisse und der Ordnungsmäßigkeit der Geschäftsführung zu prüfen. Ähnlich können Gebietskörperschaften, die in bestimmtem Umfang an Unternehmen des privaten Rechts beteiligt sind, eine Erweiterung der Abschlußprüfung auf die Ordnungsmäßigkeit der Geschäftsführung verlangen (§ 53 Abs. 1 HGrG).

## II. Die Prüfung des Jahresabschlusses und Lageberichts

Die Buchführung wird daraufhin geprüft, ob die Konten rechnerisch, buchungstechnisch und sachlich richtig geführt wurden und ob die Belege vollzählig sind.[13] Objekte der Bilanzprüfung sind der Nachweis der Mengen (einschl. Kontrolle, inwieweit die vorhandenen Bestände bilanziert wurden), der Wertansatz (handelsrechtliche, gegebenenfalls auch steuerrechtliche Zulässigkeit) und die Postenanordnung (Ordnungsmäßigkeit des Ausweises und der Gliederung).[14] Bei der Revision der Bilanz werden wesentliche Teile der Gewinn- und Verlustrechnung bereits mit erfaßt. Es verbleiben vor allem die Kontrolle der Vollständigkeit und korrekten Bezeichnung der Aufwands- und Ertragsposten. Die Prüfung des Anhangs erstreckt sich in erster Linie auf den Erläuterungsbericht (sachliche Richtigkeit, Vollständigkeit und Verständlichkeit). Hinsichtlich des Lageberichts ist festzustellen, ob er mit dem Jahresabschluß in Einklang steht und ob die sonstigen Angaben nicht eine falsche Vorstellung von der Situation des Unternehmens erwecken.

Ergebnisse der Jahresabschlußprüfung sind der Bestätigungsvermerk und der Prüfungsbericht. Mit dem Bestätigungsvermerk erklärt der Abschlußprüfer (nach neuem Recht), daß

- Buchführung und Jahresabschluß den gesetzlichen Vorschriften entsprechen,

- der Jahresabschluß ein den tatsächlichen Verhältnissen entsprechendes Bild der Vermögens-, Finanz- und Ertragslage vermittelt,

- der Lagebericht im Einklang mit dem Jahresabschluß steht und keine falsche Vorstellung von der Lage des Unternehmens vermittelt.

Der Vermerk faßt das Urteil über die Ordnungsmäßigkeit der handelsrechtlichen Rechnungslegung formelmäßig zusammen. Sind keine Bedenken (abgesehen von „leichteren Beanstandungen")[15] zu erheben, so wird der Vermerk „uneingeschränkt" erteilt. Bestehen gewisse Bedenken wegen bestimmter, klar abgrenzbarer und formulierbarer Tatbestände, kann der Prüfer einen Posten oder eine Aussage nicht ausreichend beurteilen oder erscheint ein Hinweis aus anderem Grund zwingend, so ist der Bestätigungsvermerk einzuschränken (z.B. wegen bestimmter Mängel der Buchführung oder einzelner Verstöße gegen Ausweisvorschriften) oder mit einem Zusatz[16] zu versehen (z.B. bei Überschuldung oder Sanierungsbedürftigkeit). Gemäß Fachgutachten des IdW 3/1977 muß auf eine **Einschränkung** des Bestätigungsver-

---

[13] Einzelheiten bei *Adler-Düring-Schmaltz*, Anm. 270ff zu § 162; *Brönner*, Anm. 43ff zu § 162 AktG; WP-Handbuch, S. 1031ff.

[14] Einzelheiten bei *Werner Klein* und *Theodor Wiesenhöfer*, Organisation, Planung und Technik der Jahresabschlußprüfung, Düsseldorf 1974, insbes. S. 100–127; *Ulrich Leffson*, Wirtschaftsprüfung, 2. Aufl., Düsseldorf 1982.

[15] *Claussen*, Anm. 6 zu § 167; *Baumbach-Hueck*, Anm. 3 zu § 167 AktG; *Richard Karoli* und *Klaus Tomfohrde*, Zweifelsfragen zum Bestätigungsvermerk für den Jahresabschluß nach dem neuen Aktienrecht, WPg 1967, S. 169–177; WP-Handbuch 1981, S. 1019; *Kropff*, Anm. 19ff. zu § 167 AktG.

[16] Einzelheiten hinsichtlich kommentierender Zusätze bei *Hermann Clemm*: Die Bedeutung des Bestätigungsvermerks des Abschlußprüfers einer Aktiengesellschaft nach derzeitiger gesetzlicher Regelung und nach dem Verständnis der Allgemeinheit, WPg 1977, S. 145–158.

merks durch das Wort „Einschränkung" ausdrücklich hingewiesen werden. Eine Einschränkung setze einen nicht nur geringfügigen Verstoß gegen Einzelbestimmungen voraus, der sich auf abgrenzbare Sachverhalte bezöge. Im Gegensatz hierzu seien Zusätze zum Bestätigungsvermerk keine Beanstandungen, sondern entweder Vorbehalte oder Hinweise. Bei einem **Vorbehalt** seien in dem geprüften Abschluß bereits Sachverhalte berücksichtigt (z. B. Kapitaländerung in der Sanierungsbilanz), die zu ihrer Wirksamkeit noch Beschlüsse anderer Organe (z. B. der Hauptversammlung) oder der Eintragung in das Handelsregister bedürften. Ein **Hinweis** solle auf Besonderheiten aufmerksam machen, „die sich bei der Prüfung des Jahresabschlusses ergeben haben, aber nicht zu Einwendungen des Abschlußprüfers ... führen". Einen gesetzlichen Hinweis sieht der EBilRG (§ 280 Abs. 2 EHGB) vor, falls das Unternehmen handelsrechtliche Bilanzierungs- oder Bewertungsmethoden geändert hat und wegen dieser Änderung ein Unterschiedsbetrag anzugeben ist.

Bei schweren Verstößen gegen die GoB und sofern der Abschluß kein klares Bild mehr von der Vermögens- und Ertragslage der Unternehmung gibt, ist der **Bestätigungsvermerk zu versagen**. Bei allen durch Gesetz oder Satzung vorgeschriebenen Veröffentlichungen, Einreichungen und Vervielfältigungen ist der Jahresabschluß mit dem Wortlaut des Bestätigungsvermerks wiederzugeben. Auf die Tatsache einer Versagung ist hinzuweisen. Eine unmittelbare rechtliche Wirkung hat die Einschränkung oder Versagung grundsätzlich[17] nicht. Die wirtschaftlichen Auswirkungen können allerdings erheblich sein (Verlust der Kreditwürdigkeit).

Die Praxis des eingeschränkten und mit einem Zusatz versehenen Bestätigungsvermerks stimmt mit den vorstehend genannten Anforderungen nicht immer überein. Zunächst ist festzustellen, daß Versagungen des Bestätigungsvermerks kaum vorkommen und Einschränkungen und Zusätze selten sind. Für die veröffentlichten Abschlüsse 1977 wurde in 2 Fällen der Bestätigungsvermerk versagt. In beiden Fällen handelte es sich um kleine Kreditinstitute, von denen sich eines bereits in Liquidation befand. Als Einschränkungen gekennzeichnet wurden 17 Vermerke. Zusätze gab es in 16 weiteren Fällen (davon 4 Vorbehalte). Die geringe Anzahl erklärt sich daraus, daß der Bestätigungsvermerk nur einzuschränken oder zu versagen ist, wenn der Grund der Beanstandung bis zum Abschluß der Prüfung nicht beseitigt worden ist.[18] Bestätigt wird mit dem uneingeschränkten Vermerk daher lediglich, daß im Zeitpunkt der Beendigung der Prüfung Mängel nicht (mehr) vorlagen. Nicht einheitlich behandelt werden Fälle, bei denen die Bewertung „nicht abschließend beurteilt werden kann" (z. B. hinsichtlich Konzessionen, Wertpapieren, Risiken aus schwebenden Rechtsstreiten, Planungskosten im Ausland): In 4 Fällen wurde aus diesem Grund die Form der Einschränkung,

---

[17] Ausnahme: Beschlüsse über Kapitalerhöhung aus Gesellschaftsmitteln (§ 209 Abs. 3 Satz 2 AktG) und über die Ausgabe von Arbeitnehmeraktien (§ 204 Abs. 3 AktG) setzen einen uneingeschränkten Bestätigungsvermerk voraus. Dies gilt auch bei Änderungen des vom Vorstand aufgestellten Jahresabschlusses durch die Hauptversammlung (§ 173 Abs. 3 Satz 3 und 4 AktG).
[18] Fachgutachten 3/1977, S. 47.

## II. Die Prüfung des Jahresabschlusses und Lageberichts

in 6 Fällen dagegen die Form des Zusatzes gewählt (ohne daß sich aus der Formulierung ein sachlicher Unterschied erkennen ließe). Eingeschränkt wurde der Bestätigungsvermerk darüberhinaus, weil

- der Gewinneinbehalt gegen die Satzung verstoßen habe (1 Fall),
- noch nicht zu übersehen war, ob das Unternehmen fortgeführt werden könne (1 Fall),
- die Bezüge von Vorstandsmitgliedern, die sie aus verbundenen Unternehmen bezogen haben, nicht angegeben wurden (7 Fälle),
- die Körperschaftsteuer auf Basis der vorgeschlagenen Dividende (statt auf der Grundlage der Vollausschüttung des Bilanzgewinns) ermittelt wurde (2 Fälle),
- Buchungen und Bilanzierung nicht zeitgerecht gewesen wären (Veröffentlichung 4 Jahre nach dem Bilanzstichtag).

Zusätze in Form des Hinweises wurden gemacht, weil

- Treuhandvermögen nur insoweit geprüft worden sei, als es sich um im eigenen Namen eingegangene Verbindlichkeiten handelte (1 Fall),
- Buchungen erst im folgenden Jahr vollzogen werden konnten (1 Fall),
- der Fortbestand des Unternehmens nicht abschließend beurteilt werden konnte (2 Fälle),
- die Gesellschaft wegen stiller Rücklagen in Grundstücken nicht überschuldet wäre (1 Fall),
- das Sondervermögen grundsätzlich zum Nennwert ausgewiesen wurde (1 Fall).

Im Gegensatz zum Bestätigungsvermerk dient der **Prüfungsbericht** grundsätzlich internen Zwecken. Anspruch auf ihn haben Vorstand und Aufsichtsrat, nicht dagegen die Aktionäre,[19] Gläubiger oder der Registerrichter. Zusammen mit der Steuererklärung ist er auch dem Finanzamt einzureichen (§ 60 Abs. 4 EStDV in Verb. m. § 20 KStG). Kreditinstitute und Versicherungsunternehmen haben ihren Prüfungsbericht auch der Aufsichtsbehörde vorzulegen. Bei Unternehmen, an denen die öffentliche Hand die Mehrheit der Anteile besitzt, kann jede mit mehr als einem Viertel beteiligte Gebietskörperschaft Vorlage des Berichts verlangen (§ 53 HGrG). Ein entsprechendes Recht besitzen auch der Bundesrechnungshof und die Landesrechnungshöfe. Der Prüfungsbericht soll dem Aufsichtsrat die Prüfung des Jahresabschlusses erleichtern.[20] Er muß daher über den Anhang hinausgehen.[21] Z.B. sind die wichtigsten Einzelposten des Jahresabschlusses aufzugliedern und Gründe für die Art der Bewertung zu nennen. Nachteilige wesentliche Veränderungen der Vermögenslage (= relative Verringerung des Eigenkapitals), der Finanzlage (= Liquidität) und der Ertragslage (= Rentabilität) sind zu erläutern.

---

[19] Zum Anspruch des stillen Gesellschafters und Kommanditisten vgl. S. 244.
[20] *Claussen*, Anm. 2 zu § 166; *Kropff*, Anm. 3 zu § 166 AktG.
[21] Einzelheiten im WP-Jahrbuch 1981, S. 1001–1022.

## 2. Die Prüfung durch den Aufsichtsrat

(a) Der Kreis der prüfungspflichtigen Unternehmen

Eine gesetzliche Verpflichtung zur Prüfung des Jahresabschlusses durch den Aufsichtsrat ergibt sich entweder aus der Rechtsform (AG, KGaA, eG) oder aus der Größe des Unternehmens in Verbindung mit der Tatsache, daß ein Aufsichtsrat vorhanden ist. Hat eine GmbH oder eine Personengesellschaft, die dem PublG unterliegen, einen Aufsichtsrat, so hat dieser die gleichen Prüfungspflichten wie der Aufsichtsrat einer AG.

(b) Subjekt, Ziel und Ergebnis der Prüfung durch den Aufsichtsrat

Die Prüfung des Jahresabschlusses und Geschäftsberichts obliegt dem Gesamtaufsichtsrat. Diese Verpflichtung trifft daher z.b. die Arbeitnehmervertreter ebenso wie die anderen Mitglieder. Kropff[22] nennt fünf Ziele der Prüfung:

(1) Jedes Aufsichtsratsmitglied hat den Prüfungsbericht der Abschlußprüfer daraufhin durchzusehen, ob sich aus ihm unmittelbar Beanstandungen ergeben (z.B. erkennbare Unvollständigkeit bei problematischen Bilanzposten).

(2) Jahresabschluß und Prüfungsbericht sind daraufhin zu untersuchen, ob sie in wesentlichen Teilen mit den Kenntnissen und Erfahrungen (namentlich aufgrund der Vorstandsberichte) des Aufsichtsratsmitglieds in Einklang stehen (z.B. hinsichtlich der Würdigung einer Auslandsbeteiligung),

(3) Das Aufsichtsratsmitglied muß beurteilen, ob der Vorstand von seinem Spielraum bei der Bilanzierung, Bewertung und Gliederung zweckmäßig, d.h. im Einklang mit den Interessen der Unternehmung und der Kapitalgeber, Gebrauch gemacht hat.

(4) Es ist zu entscheiden, ob der Vorschlag des Vorstands hinsichtlich der Bildung oder Auflösung offener Rücklagen zweckmäßig ist.

(5) In Kenntnis der Rechnungslegung (und der Vorstandsberichte) hat der Aufsichtsrat schließlich zu prüfen, ob Einwände gegen die Geschäftsführung des Vorstandes bestehen.

Das einzelne Aufsichtsratsmitglied kann die Mehrzahl dieser Aufgaben ohne Kenntnisse der Grundlagen des Bilanzwesens nicht erfüllen. Um sein Amt pflichtgemäß ausüben zu können, muß er sich dieses Wissen daher notfalls nach Übernahme des Mandats aneignen.

In der Praxis dürfte die Effizienz der Jahresabschlußprüfung durch den Aufsichtsrat sehr unterschiedlich sein. Empirisch belegt ist, daß Entscheidungs-

---

[22] Anm. 8 bis 18 zu § 171; ähnlich *Adler-Düring-Schmaltz*, Anm. 8–10 zu § 171; *Brönner*, Anm. 4 zu § 171 AktG. *Brönner* verlangt darüber hinaus noch, daß durch Stichproben die Richtigkeit der Ergebnisse des Abschlußprüfers kontrolliert wird (Anm. 2 zu § 171 AktG).

## II. Die Prüfung des Jahresabschlusses und Lageberichts

beiträge des Aufsichtsrats in diesen Fragen selten sind. „Ein Wirtschaftsprüfer ging ... so weit, die Bilanzdiskussion als ein Ritual zu bezeichnen, dem keine tatsächliche Prüf- und Bewertungsfunktion zukommt".[23] *Schuler*[24] spricht von einer weitverbreiteten Degenerierung der Jahresabschlußprüfung des Aufsichtsrats zu einer bloßen Kenntnisnahme des Prüfungsberichts des Abschlußprüfers. Nicht selten wird selbst der Prüfungsbericht nur noch vom Aufsichtsratsvorsitzenden und den Mitgliedern des Bilanzausschusses gelesen. Nach Meinung von *Krüger*[25] ist der Aufsichtsrat seinen rechtlichen Minimalverpflichtungen nachgekommen, wenn er effektiv nicht oder so gut wie nicht tätig wird. Hier wird wohl Empirie mit Rechtsnorm verwechselt.

Ergebnis der Abschlußprüfung durch den Aufsichtsrat ist ein Bericht an die Hauptversammlung, in dem

- die Prüfung der Rechnungslegung durch den Aufsichtsrat angesprochen,[26]
- zu dem Ergebnis der Prüfung durch den Abschlußprüfer Stellung genommen[27] und
- mitgeteilt wird, ob (wesentliche) Einwendungen[28] gegen den aufgestellten Jahresabschluß erhoben werden oder dieser gebilligt wird.

Jeder Aktionär hat Anspruch auf eine Abschrift des Aufsichtsratsberichts. Der Aufsichtsratsvorsitzende soll den Bericht zu Beginn der Hauptversammlung erläutern (§ 176 Abs. 1 AktG).

## c) Die steuerrechtliche Jahresabschlußprüfung (Außenprüfung)

### 1. Der Kreis der prüfungspflichtigen Unternehmen

Jeder Steuerpflichtige, der einen gewerblichen oder land- und forstwirtschaftlichen Betrieb unterhält oder freiberuflich tätig ist, unterliegt der steuerlichen Betriebsprüfung (Außenprüfung).[29] Der Kreis der steuerlich prüfungspflichtigen Unternehmen ist also sehr viel weiter als der der handels-

---

[23] *Dorothea Brinkmann-Herz*, Entscheidungsprozesse in den Aufsichtsräten der Montanindustrie, Berlin 1972, S. 78.

[24] *Klaus Schuler*, Die Abgrenzung der Funktionen von Aufsichtsrat und Abschlußprüfer von Aktiengesellschaften, DB 1974, S. 1850.

[25] *Krüger*, S. 175.

[26] Zu beachten ist, daß der Hauptversammlung der Bericht des Abschlußprüfers nicht vorliegt. Die Hauptversammlung ist zur Beurteilung der Qualität der Rechnungslegung daher auf den Bericht des Aufsichtsrats angewiesen (vgl. *Brönner*, Anm. 9 zu § 171 AktG).

[27] In Sonderheit muß sich der Aufsichtsrat mit den Argumenten des Abschlußprüfers auseinandersetzen, wenn er diesem nicht folgen will (*Claussen*, Anm. 14 zu § 171; *Brönner*, Anm. 11 zu § 171; *Adler-Düring-Schmaltz*, Anm. 30 zu § 171 AktG).

[28] Eine Mitteilung von Einwendungen entfällt, wenn der Vorstand vor Abgabe des Berichts des Aufsichtsrats den Grund für die Beanstandungen beseitigt hat (*Godin-Wilhelmi*, Anm. 3 zu § 171 AktG).

[29] Einzelheiten bei *Johannes Schröder* und *Harro Muus*: Handbuch der steuerlichen Betriebsprüfung, Berlin, Loseblattsammlung.

rechtlich Prüfungspflichtigen. Ein weiterer Unterschied besteht darin, daß die handelsrechtliche Pflichtprüfung regelmäßig in jedem Jahr durchzuführen ist, die steuerliche Prüfung dagegen in größeren Abständen. Im Falle der AG und KGaA, der Kreditinstitute und der dem PublG unterliegenden Unternehmen ist die handelsrechtliche Jahresabschlußprüfung Voraussetzung eines rechtsgültigen Abschlusses. Die steuerliche Außenprüfung berührt die Gültigkeit des handelsrechtlichen Abschlusses dagegen nicht.[30] Die Häufigkeit der Außenprüfung, der Prüfungszeitraum und der Prüfereinsatz hängen im wesentlichen von der Unternehmensgröße ab. Die Merkmale für die Abgrenzung der Größenklassen werden von den obersten Finanzbehörden der Länder in Abstimmung mit dem Bundesminister der Finanzen festgelegt (§ 5 BPO). Die zur Zeit gültigen Grenzen nennt *Tabelle 28*.

Im Durchschnitt werden Großbetriebe z. Zt. alle 4,7 Jahre geprüft. Bei Mittelbetrieben liegt der durchschnittliche Prüfungsabstand bei 9 Jahren. Kleinbetriebe werden nur selten geprüft (Prüfungsturnus theoretisch 35 Jahre).[31]

Bei Großbetrieben soll der Prüfungszeitraum an den vorhergehenden Prüfungszeitraum anschließen (sog. Anschlußprüfung). Bei den anderen Größenklassen soll der Prüfungszeitraum nicht über die letzten 3 Besteuerungszeiträume, für die Steuererklärungen abgegeben worden sind, zurückreichen (§ 4 Abs. 2 BPO).[32] Die Finanzverwaltung definiert das Wort „soll" als „muß".

Die aufgrund von Betriebsprüfungen festgesetzten Mehrsteuern werden im Bundesfinanzministerium statistisch erfaßt. Gezählt werden allerdings nur die im jeweiligen Berichtszeitraum rechtskräftig gewordenen Steuernachforderungen, die sich zu einem erheblichen Teil aus Prüfungen der Vorjahre ergeben. Die Statistik trennt auch nicht zwischen Steuerbeträgen, die ohne Betriebsprüfung nicht festgesetzt worden wären und solchen, bei denen lediglich der Erhebungszeitraum richtiggestellt worden ist. Die Aufgliederung der rechtskräftigen Nachforderungen nach Steuerarten für die gewerblichen Betriebe zeigt *Tabelle 29*.

Nach oben wird der Prüfungszeitraum durch die Verjährungsvorschriften und Aufbewahrungsvorschriften begrenzt.[33]

---

[30] Ein weiterer Unterschied besteht darin, daß sich die Außenprüfung nicht nur auf den Jahresabschluß richtet, sondern z. B. auch auf die steuerlichen Verhältnisse der Arbeitnehmer, auf die Ermittlung des Einheitswerts des Betriebsvermögens und auf Feststellungen, die die Steuerverhältnisse Dritter betreffen (Kontrollmitteilungen).

[31] Finanznachrichten des Bundesministers der Finanzen vom 9. 9. 1983.

[32] Ausnahme, falls die Besteuerungsgrundlagen nicht ohne Erweiterung des Prüfungszeitraums festgestellt werden können, mit nicht unerheblichen Steuernachforderungen oder -erstattungen zu rechnen ist oder der Verdacht eines Steuervergehens besteht.

[33] Gemäß § 169 AO beträgt die Festsetzungsfrist (für noch nicht festgesetzte Beträge) bei Zöllen und Verbrauchsteuern 1 Jahr, bei den übrigen Steuern 4 Jahre, bei leichtfertig verkürzten Beträgen 5 Jahre und bei hinterzogenen 10 Jahre. Bei den Veranlagungsteuern beginnt die Festsetzungsfrist nach Ablauf des Kalenderjahres, in dem die Steuererklärung für den jeweiligen Zeitraum abgegeben wird. Rechnungen und sonstige Belege sind 6 Jahre, Bücher, Inventare und Bilanzen 10 Jahre aufzubewahren (§ 147 Abs. 3 AO).

II. Die Prüfung des Jahresabschlusses und Lageberichts

Tab. 28: *Abgrenzungsmerkmale für die Unternehmungsgrößenklassen im Rahmen der steuerlichen Betriebsprüfung 1982–1984*

| Art des Unternehmens | Bemessungsgrundlage | Größenklasse | | |
|---|---|---|---|---|
| | | Großbetr. über ... DM | Mittelbetr. über ... DM | Kleinbetr. über ... DM |
| Handelsbetriebe | Gesamtumsatz oder steuerlicher Gewinn | 8 Mio 280.000 | 850.000 45.000 | 180.000 25.000 |
| Freie Berufe | Gesamtumsatz/ Betriebseinnahmen oder steuerlicher Gewinn | 4,5 Mio 680.000 | 750.000 110.000 | 170.000 35.000 |
| Andere Leistungsbetriebe | Gesamtumsatz/ Betriebseinnahmen oder steuerlicher Gewinn | 4,5 Mio 280.000 | 750.000 60.000 | 170.000 30.000 |
| Fertigungs- und sonstige Betriebe | Gesamtumsatz oder steuerlicher Gewinn | 4 Mio 180.000 | 450.000 45.000 | 80.000 25.000 |
| Kreditinstitute | Aktivvermögen oder steuerlicher Gewinn | 80 Mio 500.000 | 25 Mio 90.000 | 7 Mio 45.000 |
| Versicherungsunternehmen* | Jahresprämieneinnahmen | 12 Mio | 2 Mio | 750.000 |
| übrige Steuerpflichtige** | Summe der Einkünfte | 1 Mio | | |

\* Unterstützungskassen sind wie Kleinbetriebe einzustufen.
\*\* Abschreibungsgesellschaften und vergleichbare Bauherrengemeinschaften sind Großbetrieben gleichzustellen.

Quelle: BMF-Schreiben vom 12. 8. 1981 (BStBl I, S. 589)

## 2. Subjekt, Ziel und Ergebnis der steuerrechtlichen Jahresabschlußprüfung

Die Durchführung der Außenprüfung obliegt in den Ländern den Amtsbetriebsprüfungsstellen der Finanzämter (insbesondere zur Prüfung von Klein- und Mittelbetrieben), den Großbetriebs-Prüfungsstellen (für mehrere Finanzämter regional zusammengefaßte Stellen) und den Konzern-Betriebsprüfungsstellen (nur bei einem Teil der Oberfinanzdirektionen eingerichtet).

Tab. 29: Nachforderungen aufgrund der steuerlichen Betriebsprüfung 1982 (nur Gewerbebetriebe)

| Art der Steuer | Betrag (Mio DM) |
|---|---|
| Einkommensteuer | 2.770 |
| Körperschaftsteuer | 1.637 |
| Gewerbesteuer | 1.366 |
| Umsatzsteuer | 750 |
| Vermögensteuer | 306 |
| Sonstige Steuern | 489 |
| insgesamt | 7.318 |

Quelle: Finanznachrichten des BMF vom 9. 9. 1983.

Als Bundesbehörde besteht das Bundesamt für Finanzen, das an Prüfungen, Vor- oder Schlußbesprechungen durch Entsendung eines Bundesbetriebsprüfers mitwirken oder teilnehmen kann (insbesondere bei der Prüfung von Auslandsbeziehungen und Prüfungen, die sich auf verschiedene Bundesländer erstrecken). Im Einvernehmen mit den zuständigen Landesfinanzbehörden kann das Bundesamt auch selbst – im Auftrag des zuständigen Finanzamts – Außenprüfungen durchführen.

Ziel der Außenprüfung ist es, die Besteuerungsgrundlagen (zugunsten[34] wie zuungunsten des Steuerpflichtigen) festzustellen (§ 199 Abs. 1 AO) und dazu schriftlich Stellung zu nehmen. Über den Steueranspruch entscheidet nicht der Prüfer, sondern das Finanzamt (das sich seinerseits von den Fachreferaten der Oberfinanzdirektionen und dem Ministerium beraten lassen kann). Die formelle Prüfung soll die Frage beantworten, ob der für die Besteuerung relevante Teil des Rechnungswesens ordnungsmäßig im Sinne der steuerlichen Anforderungen ist. Die materielle Prüfung richtet sich auf die Einhaltung der steuerlichen Bilanzierungs- und Bewertungsvorschriften (z.B. Abgrenzung von Privat- und Betriebsvermögen, Einhaltung des Maßgeblichkeitsprinzips, Gewinnverlagerungen ins Ausland, verdeckte Gewinnausschüttungen, Zulässigkeit von Sonderabschreibungen und Rückstellungen).[35]

Gemäß § 10 BPO hat sich die Außenprüfung in erster Linie auf solche Sachverhalte zu erstrecken, die zu endgültigen Steuerausfällen oder Steuererstattungen oder zu nicht unbedeutenden Gewinnverlagerungen führen können.

Sofern das Ergebnis der Betriebsprüfung zu einer Änderung der Besteuerungsgrundlagen führt, ist das Ergebnis mit dem Steuerpflichtigen in einer Schlußbesprechung zu erörtern (§ 201 Abs. 1 AO) und in einem Prüfungsbe-

---

[34] Praktisch führen allerdings nahezu alle Prüfungen zu Nachzahlungen durch den Steuerpflichtigen (vgl. Tab. 29).
[35] Zur Technik im einzelnen vgl. *Schröder-Muus* sowie *Fritz Erhard*, Steuerliche Betriebsprüfung, Düsseldorf 1966. Zu einigen praktischen Problemen: *Ursula Niemann*, Betriebsprüfung heute, StbJb 1973/74, S. 435–446.

richt festzulegen (§ 202 Abs. 1 AO).[36] In der Schlußbesprechung wird auch versucht, zu einer Einigung in strittigen Fragen (insbesondere der Bewertung) zu kommen, um den endgültigen Abschluß der Besteuerung zu beschleunigen. Eine Einigung in der Schlußbesprechung bindet allerdings weder den Steuerpflichtigen noch das Finanzamt.

Das Finanzamt hat dem Steuerpflichtigen vor Erlaß neuer Bescheide eine Abschrift des Betriebsprüfungsberichts zu übersenden und ihm Gelegenheit zu geben, in angemessener Zeit dazu Stellung zu nehmen (§ 202 Abs. 2 AO). Nach Ablauf dieser Zeit erklärt das Finanzamt vorläufige Veranlagungen für endgültig, berichtigt vorläufige Bescheide oder ändert (unter bestimmten Voraussetzungen) rechtskräftige Bescheide.

## III. Die Feststellung des Jahresabschlusses

Feststellung ist die Erklärung des zuständigen Organs, daß der aufgestellte Jahresabschluß als der vom Gesetz verlangte und für die gesetzlichen Rechtsfolgen maßgebende Abschluß gelten soll.[1] Mit der Feststellung wird über die einzelnen Maßnahmen der Bilanzpolitik und (gegebenenfalls innerhalb eines gesetzlichen oder satzungsmäßigen Rahmens) über die Bildung und Auflösung von offenen Rücklagen entschieden. § 4 Abs. 3 PublG bezeichnet die Feststellung als Billigung. Auch in der AG stimmen Feststellung und Billigung durch die zuständige Stelle im Regelfall überein, aber nicht immer.[2]

Ein besonderes Feststellungsverfahren entfällt für den Jahresabschluß des Einzelunternehmens und der Einmann-GmbH, sofern der Geschäftsführer zugleich der Gesellschafter ist und die Satzung keine weitere Stelle für die Feststellung vorsieht.[3] In diesen Fällen ist die aufgestellte Bilanz mit der Unterschrift festgestellt.

Bei der oHG ist die Feststellung Sache aller Gesellschafter, also auch derjenigen, die von der Geschäftsführung ausgeschlossen sind. Können sich die Gesellschafter nicht einigen und sieht der Gesellschaftsvertrag für diesen Fall keine besondere Regelung vor (z.B. Mehrheitsbeschluß), so muß das Gericht entscheiden.[4] In der KG wirken die Kommanditisten – mangels anderweitiger Regelung in der Satzung – bei der Feststellung der Handelsbilanz nach h.M. nicht mit.[5] Sie obliegt nach der gesetzlichen Regelung ausschließlich

---

[36] Darüber hinaus werden vom Betriebsprüfer Vermerke (Kontrollmitteilungen) angefertigt, die nur für das Finanzamt bestimmt sind. Sie sind unzulässig, falls dem Steuerpflichtigen insoweit ein Auskunftsverweigerungsrecht (insbesondere zum Schutz bestimmter Berufsgeheimnisse) zusteht.
[1] Vgl. *Kropff*, Anm. 7 zu § 172 AktG.
[2] Vgl. S. 243.
[3] Entsprechendes gilt für die GmbH mit mehreren Gesellschaftern, die sämtlich zu Geschäftsführern bestellt sind.
[4] Einzelheiten bei *J. Rohn*, Die Entscheidung von Streitigkeiten zwischen Gesellschaftern einer oHG (KG) bei der Erstellung der Bilanz, Diss. Münster 1966.
[5] Vgl. z.B. *Westermann*, Anm. 870.

dem persönlich haftenden Gesellschafter (gegebenenfalls dem Geschäftsführer der Komplementär-GmbH in der GmbH & Co KG). Der persönlich haftende Gesellschafter kann den Gewinnanspruch des Kommanditisten ohne dessen Zustimmung durch Bildung stiller Rücklagen aber nur insoweit verkürzen, als er sich dabei noch innerhalb der Grenzen der GoB hält. Die Inanspruchnahme steuerlicher Bewertungsfreiheiten ist mit den GoB vereinbar. Zur Bildung offener Rücklagen bedarf der persönlich haftende Gesellschafter dagegen einer Ermächtigung durch die Satzung oder der Zustimmung des Kommanditisten.

Auch in der GmbH liegt das Feststellungsrecht bei den Gesellschaftern (§ 46 Nr. 1 GmbHG). Mehrheitsbeschluß genügt grundsätzlich, wobei sich das Stimmrecht nach den Geschäftsanteilen richtet. Der Gesellschaftsvertrag kann Einstimmigkeit des Beschlusses vorsehen, ebenso die Übertragung der Feststellung auf ein anderes Organ (z.B. einen Aufsichtsrat, einen Delegierten der Gesellschaft oder den Geschäftsführer).[6]

In der Genossenschaft gehört die Feststellung zu den unentziehbaren[7] Rechten der Generalversammlung (§ 48 Abs. 1 GenG). Mangels anderer Regelung im Statut reicht die einfache Mehrheit der erschienenen Genossen für die Feststellung aus. Die Generalversammlung kann die Bilanz in einzelnen Teilen abändern;[8] sie kann auch die Vorlage einer neuen Bilanz verlangen.

In der KGaA beschließt die Hauptversammlung (d.h. die Versammlung der Aktionäre) über die Feststellung des Jahresabschlusses. Der Beschluß bedarf der Zustimmung des persönlich haftenden Gesellschafters (§ 286 Abs. 1 AktG). Die Beteiligung beider Organe ist zwingend.[9] Die Mitwirkung der Hauptversammlung geschieht nach den für die AG geltenden Regeln, sofern dort die Feststellung (ausnahmsweise) der Hauptversammlung übertragen worden ist. Der persönlich haftende Gesellschafter legt den Jahresabschluß zusammen mit dem Bericht des Aufsichtsrats der Hauptversammlung vor. Bei der AG und dem VVaG obliegt die Feststellung entweder Vorstand und Aufsichtsrat (§ 172 AktG, 36a VAG) oder Vorstand und Hauptversammlung.[10] Vorstand und Aufsichtsrat stellen den Jahresabschluß fest, wenn der Aufsichtsrat den Jahresabschluß billigt und Vorstand und Aufsichtsrat nicht beschließen, die Feststellung der Hauptversammlung zu übertragen. Die Feststellung durch Vorstand und Aufsichtsrat ist der Regelfall. Die Hauptversammlung beschließt über den Jahresabschluß, wenn

- der Aufsichtsrat den Jahresabschluß nicht billigt,
- der Aufsichtsrat sich zu den vorgelegten Abschlußunterlagen auch nach Fristsetzung durch den Vorstand nicht äußert,

---

[6] *Schilling* in *Hachenburg,* Anm. 13 zu § 46 GmbHG; *Scholz,* Kommentar zum GmbHG, 6. Aufl., Köln-Marienburg 1978, Anm. 11 zu § 46 GmbHG.
[7] *Lang-Weidmüller,* Anm. 1 zu § 48 GenG.
[8] *Meyer-Meulenbergh-Beuthien,* Anm. 2 zu § 48 GenG.
[9] *Baumbach-Hueck,* Anm. 3 zu § 286 AktG.
[10] Beim VVaG tritt an die Stelle der Hauptversammlung die oberste Vertretung, die entweder eine Versammlung der Mitglieder oder eine Versammlung von Vertretern der Mitglieder ist (§ 29 VAG).

- Vorstand und Aufsichtsrat entscheiden, trotz Billigung durch den Aufsichtsrat die Feststellung der Hauptversammlung zu überlassen,
- die Feststellung kraft Gesetzes der Hauptversammlung vorbehalten ist. Dies ist der Fall, wenn bei einer vereinfachten Kapitalherabsetzung Grundkapital und Rücklagen in der Höhe ausgewiesen werden, in der sie nach der Kapitalherabsetzung bestehen sollen (§ 234 Abs. 2 AktG), und während der Abwicklung der Gesellschaft (§ 270 Abs. 2 AktG).

Die Regelung des AktG ist zwingend. Auch die Satzung kann die Feststellung nicht generell der Hauptversammlung übertragen.[11] Für den Beschluß des Aufsichtsrats mit dem der Jahresabschluß gebilligt werden soll, genügt grundsätzlich[12] die einfache Mehrheit (nicht dagegen der Beschluß eines Aufsichtsratsausschusses). Stellt die Hauptversammlung den Jahresabschluß fest, dann sind ihre Rechte teils weiter und teils enger als die des Aufsichtsrats: Der Aufsichtsrat ist rechtlich darauf beschränkt, den aufgestellten Jahresabschluß zu billigen oder abzulehnen,[13] während die Hauptversammlung ihn auch selbständig abändern kann, sofern die Änderung mit den Bilanzierungsvorschriften vereinbar ist. Allerdings bedarf es dann einer erneuten Prüfung durch den Abschlußprüfer. Der bereits erteilte Bestätigungsvermerk wird unwirksam. Offene Rücklagen kann die Hauptversammlung im Feststellungsbeschluß nur erhöhen, soweit dies nach Gesetz oder Satzung vorgeschrieben ist. Nur wenn die Hauptversammlung den Jahresabschluß feststellt, können Aktionäre Auskunft über Bewertungsmethoden verlangen, die über die Berichterstattung im Anhang hinausgeht.

Schließt sich an die Aufstellung ein besonderes Feststellungsverfahren an, so braucht der Jahresabschluß nicht erneut unterschrieben zu werden. Unterschrieben wird der Jahresabschluß nach der Aufstellung, nicht nach der Feststellung.[14] Das Aufstellungsdatum ist für die Fristen gem. § 39 HGB und die Rechtsfolgen gem. §§ 283–283 b StGB[15] wichtig. In der Praxis der Aktiengesellschaften unterzeichnen die Vorstandsmitglieder allerdings im Regelfall erst nach der sogenannten Bilanzsitzung.

## IV. Die Mitteilung und Vorlage des Jahresabschlusses

Mitteilung im hier gegebenen Zusammenhang ist die Aushändigung des festgestellten Jahresabschlusses an bestimmte Personen, die an seiner Aufstellung oder Feststellung nicht beteiligt waren. Nicht zur Mitteilung in diesem Sinne rechnen die Veröffentlichung und die Einreichung zum Handelsregi-

---

[11] *Kropff*, Anm. 17 zu § 172; *Claussen*, Anm. 2 zu § 173; *Brönner*, Anm. 2 zu § 173 AktG.
[12] Abweichende Regelung in der Satzung möglich.
[13] Abgesehen von der Möglichkeit, den Jahresabschluß mit Zustimmung des Vorstands zu ändern (erneute Prüfungspflicht).
[14] So auch *Manfred Maluck* und *Wilfried Göbel*, Die Unterzeichnung der Bilanz nach § 41 HGB, WPg 1978, S. 624–628. A.A. z.B. *Kropff*, Anm. 7bb zu § 148 AktG.
[15] Vgl. S. 254.

ster, die sich an einen anonymen Kreis von Bilanzinteressenten richten. Vorlage ist eine Unterrichtung bestimmter Personen, grundsätzlich ohne Aushändigung einer Abschrift.

Die **Mitteilung** des festgestellten Jahresabschlusses können der stille Gesellschafter und der Kommanditist verlangen (§ 338 Abs. 1 und § 166 Abs. 1 HGB). Auf die Bilanzmitteilung kann auch vertraglich nicht verzichtet werden (§ 810 BGB), dagegen kann das Recht des stillen Gesellschafters und des Kommanditisten, die Bücher einzusehen, auf einen anderen (z.B. einen Verwaltungsrat) übertragen werden.[1] Das Recht auf Mitteilung des Jahresabschlusses erstreckt sich auf die Handels- und Steuerbilanz (einschließlich Gewinn- und Verlustrechnung) sowie einen gegebenenfalls vorliegenden Prüfungsbericht des Abschlußprüfers.

Ohne Rücksicht auf die Rechtsform, allerdings abhängig von der Unternehmensgröße, hat der Wirtschaftsausschuß ein Recht auf **Vorlage** des (handelsrechtlichen) Jahresabschlusses. Ein Wirtschaftsausschuß ist gemäß § 106 BVG in allen Unternehmen mit der Regel mehr als 100 ständig beschäftigten Arbeitnehmern zu bilden.[2] Die Mitglieder des Wirtschaftsausschusses werden vom Betriebsrat bestimmt. Die Aufgaben des Wirtschaftsausschusses können auch einem Ausschuß des Betriebsrats übertragen werden (§ 107 Abs. 3 BVG).

Gemäß § 108 Abs. 5 BVG ist der Jahresabschluß dem Wirtschaftsausschuß zu „erläutern". Erläuterung bedeutet Erklärung wichtiger Posten der Bilanz und der Gewinn- und Verlustrechnung anhand des vorgelegten Abschlusses (auch soweit er nicht veröffentlichungspflichtig ist).[3] Als Zeitpunkt erscheint ein Termin nach Eingang des Prüfungsberichts und vor der Feststellung zweckmäßig. Die Pflicht zur Vorlage bezieht sich nicht auf die Steuerbilanz.[4]

In Betrieben mit weniger als 100 Beschäftigten kann zwar durch Betriebsvereinbarung ein Gremium geschaffen werden, das ähnliche Funktionen wie ein Wirtschaftsausschuß hat. Seine Rechte leiten sich dann aber aus der zugrundeliegenden Betriebsvereinbarung, nicht dagegen unmittelbar aus dem BVG ab. Zu einer (vereinbarten) Vorlage des Jahresabschlusses an den Betriebsrat kommt es in kleineren Betrieben insbesondere im Zusammenhang mit einer Gewinnbeteiligung der Arbeitnehmer.

---

[1] Dies kommt bei den sogenannten Abschreibungsgesellschaften häufig vor.
[2] Eine Ausnahme von dieser Vorschrift gilt für die sogenannte Tendenzbetriebe gemäß § 118 BVG (Unternehmen, die unmittelbar und überwiegend politischen, koalitionspolitischen, konfessionellen, karitativen, erzieherischen, wissenschaftlichen oder künstlerischen Bestimmungen oder Zwecken der Berichterstattung oder Meinungsäußerung dienen).
[3] *Rolf Dietz* und *Reinhard Richardi*, Betriebsverfassungsgesetz, Bd. 2, 6. Aufl., München 1982, Anm. 37 zu § 108 BVG.
[4] Ebenda, Anm. 34 zu § 108. A.A. *Karl Fitting, Fritz Auffarth* und *Heinz Kaiser*, Betriebsverfassungsgesetz, 12. Aufl., München 1977, Anm. 12 zu § 108 BVG.

## V. Die Einreichung des Jahresabschlusses und Lageberichts zu einem öffentlichen Register

Das Handels- (bzw. Genossenschafts-)register wird bei den Amtsgerichten geführt (§ 8 HGB). In das Register werden bestimmte Rechtsverhältnisse der Kaufleute eingetragen (z.b. Firma, Höhe des Grund- oder Stammkapitals, Namen der Prokuristen). Zum Handelsregister sind bestimmte Schriftstücke einzureichen. Das Recht auf Einsicht und Erteilung von Abschriften der Eintragungen und der zum Register eingereichten Schriftstücke steht jedem innerhalb der Dienststunden und in den Räumen des Gerichts zu, ohne daß ein berechtigtes Interesse glaubhaft gemacht werden müßte (§ 9 Abs. 1 HGB).

Die Einreichung des Jahresabschlusses (und gegebenenfalls eines Lageberichts) zum Handelsregister korrespondiert nur zum Teil mit der Verpflichtung zur Veröffentlichung. Alle denkbaren Kombinationen kommen hier auch praktisch vor (vgl. *Tab. 30*):

a) Es besteht eine Verpflichtung zur Einreichung zum Handelsregister und zur Veröffentlichung für

1. den Jahresabschluß und Lagebericht der AG,[1] KGaA, großen VVaG,[2] großen eG,[3] großen GmbH sowie Gewerkschaften, wirtschaftlichen Vereine, Körperschaften und Anstalten öffentlichen Rechts und Stiftungen, die gem. Publizitätsgesetz veröffentlichungspflichtig sind;

2. die Bilanz (und gegebenenfalls die Anlage) der Personenunternehmen, die dem PublG unterliegen.

b) Die Einreichung zum Handelsregister ist obligatorisch, nicht aber die Veröffentlichung für

1. die Bilanz und den Anhang der kleinen GmbH,

2. den Jahresabschluß und den Lagebericht der mittelgroßen GmbH und der kleinen eG[4]

---

[1] Ausnahme: Eine gemäß § 319 AktG in eine andere AG eingegliederte AG braucht ihren Jahresabschluß und Geschäftsbericht dem Handelsregister nicht einzureichen und bekanntzumachen. Es genügen Einreichung und Bekanntmachung des Konzernabschlusses und Konzerngeschäftsberichts, sofern die eingegliederte Gesellschaft in diese einbezogen worden ist (§ 325 AktG).
[2] Das sind Vereine, die bestimmungsgemäß keinen sachlich, örtlich oder dem Personenkreis nach eng begrenzten Wirkungskreis haben (§ 53 VAG). Die Entscheidung hierüber trifft die Aufsichtsbehörde.
[3] Vgl. die folgende Fußnote 4. Auch große eG kann das Gericht, falls nicht nach den besonderen Umständen des Falles die Veröffentlichung geboten erscheint, auf Antrag von der Veröffentlichung befreien, sofern glaubhaft gemacht wird, daß die Kosten der Veröffentlichung in offenbarem Mißverhältnis zur Vermögenslage der eG stehen würden (§ 33c Abs. 2 EGenG).
[4] Eine kleine Genossenschaft ist nach dem EBilRG gegeben, wenn sie nicht jährlich

Tab. 30: Die Publizität des Jahresabschlusses und Lageberichts nach dem EBilRG (ohne Ausnahmetatbestände)

| Rechtsform/Größe/Branche | Einreichung zum Handels-(Genossenschafts-)Register | | | | | Veröffentlichung | | | |
|---|---|---|---|---|---|---|---|---|---|
| | | | | | | im Bundesanzeiger | | in anderen Blättern | |
| | Bilanz | G + V | Anhang | Lagebericht | | Jahresabschluß | Lagebericht | Jahresabschluß | |
| AG, KGaA | ja | ja | ja | ja | | ja | ja | nein | |
| große GmbH | ja | ja | ja | ja | | ja | ja | nein | |
| mittelgroße GmbH | ja | ja | ja | ja | | nein | nein | nein | |
| kleine GmbH | ja | nein | ja | nein | | nein | nein | nein | |
| große Genossenschaften | ja | ja | ja | ja | | nein | nein | ja | |
| kl. Genossenschaften | ja[1] | ja | ja | ja | | nein | nein | nein | |
| sehr große Personenunternehmen | | | nein | nein | | ja[2] | nein | nein | |
| nicht sehr große Personenunternehmen | nein | nein | nein | nein | | nein | nein | nein | |
| sehr große Gewerkschaften, Vereine u. a. | ja | ja | ja | ja | | ja | ja | nein | |
| nicht sehr große Gewerkschaften, Vereine u. a. | nein | nein | nein | nein | | nein | nein | nein | |
| große VVaG | ja | ja | ja | ja | | ja | ja | nein | |
| kleine VVaG | nein | nein | nein | ja | | nein | nein | nein | |
| Kreditinstitute | ja | ja | ja | ja | | ja | ja | nein | |
| kl. Kreditinstitut mit örtlicher Bedeutung[3] | ja | ja | ja | ja | | nein | nein | ja | |

[1] und gegebenenfalls die Anlage zur Bilanz.
[2] nur die Bilanz!
[3] Kleinen Kreditinstituten mit nur örtlicher Bedeutung kann das Bundesaufsichtsamt auf Antrag widerruflich gestatten, daß sie ihren Jahresabschluß und Lagebericht nur in der örtlichen Presse veröffentlichen (§ 25 a KWG).

## VI. Vervielfältigung und Veröffentlichung 247

c) Es besteht keine Verpflichtung zur Einreichung zum Handelsregister, wohl aber zur Veröffentlichung für den Jahresabschluß der Verwertungsgesellschaften[5] (der Aufsichtsbehörde ist auch der Geschäftsbericht einzureichen).

d) Es besteht weder eine Verpflichtung zur Einreichung zum Handelsregister noch zur Veröffentlichung für den Jahresabschluß der Personenunternehmen, wirtschaftlichen Vereine und Stiftungen unterhalb der Schwellen des PublG.

Die Eignung der Handelsregistereinreichung als Publizitätsmittel ist praktisch davon abhängig, inwieweit gewerbliche Informationsmittler (insbesondere Auskunfteien und Verlage von Wirtschaftshandbüchern) diese Angaben verwerten. Die Bereitschaft der Gerichte, auf schriftliche Anforderung Abschriften von Jahresabschlüssen zu übersenden, ist nicht überall gleich groß.

## VI. Die Vervielfältigung und Veröffentlichung des Jahresabschlusses und Lageberichts

Vervielfältigung ist eine mechanische Reproduktion, die zur Verbreitung an einen bestimmten Personenkreis gedacht ist.[1] Gemäß §§ 175 EAktG und 48 EGenG sind der Jahresabschluß und der Lagebericht von der Einberufung der Hauptversammlung an (bzw. bei der eG mindestens eine Woche vor der Generalversammlung) in „dem" Geschäftsraum[2] der Unternehmung zur Einsicht der Aktionäre (Genossen) auszulegen. Mit diesem Termin endet die freie Abänderbarkeit eines festgestellten Jahresabschlusses durch die Verwaltung.[3] Auf Verlangen ist jedem Aktionär (Genossen) eine Abschrift der Vorlagen zu erteilen. Zumindest bei den Börsengesellschaften, aber auch bei einem großen Teil der übrigen Aktiengesellschaften und den großen Genossenschaften ist es üblich, Jahresabschluß und Geschäftsbericht als selbständiges Druckwerk herauszubringen, das entweder über die Kreditinstitute oder direkt an die Interessenten[4] abgegeben wird.

---

(sondern nur alle zwei Jahre) geprüft werden muß. Dies sind Genossenschaften mit einer Bilanzsumme von weniger als 2 Mio (früher 1 Mio) DM (§ 53 EGenG).
[5] § 9 Abs. 6 Wahrnehmungsgesetz vom 9. 9. 1965.
[1] *Adler-Düring-Schmaltz*, Anm. 2 zu § 178 AktG.
[2] D.h. mindestens in einem Raum am Sitz der Hauptversammlung (*Kropff*, Anm. 21 zu § 175 AktG).
[3] Eine Abänderung ist nach diesem Termin nur noch unter erschwerten Voraussetzungen möglich. Einzelheiten bei *Carl Hans Barz*, Abänderung festgestellter Jahresabschlüsse einer Aktiengesellschaft. In: Gesellschaftsrecht und Unternehmensrecht. Festschrift für *Schilling*, Berlin-New York 1973, S. 140.
[4] Gesetzlich einsichtsberechtigt ist nur der Aktionär (bzw. Genosse), der sich auf Verlangen der Gesellschaft als solcher auszuweisen hat. Zumindest in Gesellschaften mit einem großen Aktionärskreis kommt der Ausweispflicht in diesem Zusammenhang aber keine praktische Bedeutung zu. Hier nähert sich die Vervielfältigung daher der Veröffentlichung.

Veröffentlichung ist Bekanntgabe an die Öffentlichkeit, also an einen grundsätzlich unbegrenzten Personenkreis.[5] Der Grad der Publizität hängt von dem Ausmaß an Mühe ab, das der einzelne aufwenden muß, um sich die bekanntgegebenen Informationen zu beschaffen.

AG, KGaA, große GmbH, große VVaG und die unter das PublG fallenden Unternehmen müssen den Jahresabschluß und Lagebericht (im Falle der sehr großen Personenunternehmen nur die Bilanz und Anlage) im Bundesanzeiger bekannt machen (vgl. *Tab. 30*). Genossenschaften veröffentlichen den Jahresabschluß in den für ihre Bekanntmachungen bestimmten Blättern (Mitteilungsblätter der Verbände, Lokalzeitungen, Fachzeitschriften, Amtliche Anzeiger, Bezirksblätter).

Zu unterscheiden sind Pflichtveröffentlichungen und freiwillige Bekanntmachungen. Pflichtveröffentlichungen beruhen auf dem Gesetz oder der Satzung. Sie umfassen grundsätzlich den ungekürzten Jahresabschluß mit Bestätigungsvermerk im gesetzlichen Wortlaut. Ein freiwillig bekanntgemachter Jahresabschluß kann auch in verkürzter Form (i. d. R. durch Verringerung der Zahl der Posten) wiedergegeben werden. Dabei ist anzugeben, ob die Abschlußprüfer den vollständigen Jahresabschluß bestätigt haben. Unternehmen, deren Aktien oder Obligationen an der Börse amtlich gehandelt werden, müssen im Regelfall ihre Jahresabschlüsse in einem sogenannten Börsenpflichtblatt (Tageszeitung am Börsenplatz) veröffentlichen. Diese Verpflichtung beruht aber nicht auf dem AktG, dem GmbHG oder der Satzung, sondern auf dem Verlangen der Börsenzulassungsstelle (in Verbindung mit § 44 Börsengesetz). Im Sinne des AktG oder PublG ist dies keine Pflichtveröffentlichung.

Bei der AG hat die Hauptversammlung, die den Jahresabschluß entgegennimmt, in den ersten 8 Monaten des (neuen) Geschäftsjahrs stattzufinden (§ 175 Abs. 1 AktG). Jahresabschluß und Geschäftsbericht sind unverzüglich nach der Hauptversammlung dem Handelsregister einzureichen, der Jahresabschluß ist unverzüglich zu veröffentlichen. Die Einreichung zum Handelsregister ist vom Registergericht durch Festsetzen von Zwangsgeld (bis 10 000 DM) durchzusetzen (§ 14 HGB). Nach neuem Recht sollen die Gesellschafter der GmbH innerhalb derselben Frist über die Feststellung und die Ergebnisverwendung beschließen (§ 42 e EGmbHG). Nach bisherigem Recht muß die Genossenschaft den Jahresabschluß innerhalb von 6 Monaten nach Ablauf des alten Geschäftsjahrs den Jahresabschluß veröffentlichen (§ 33 Abs. 3 GenG). Nach neuem Recht hat der Vorstand den Jahresabschluß in den ersten 5 Monaten der Generalversammlung vorzulegen. Unverzüglich danach ist er zu veröffentlichen (§ 33 c EGenG). Die dem PublG unterliegenden Unternehmen können sich 8 (künftig 9) Monate Zeit bis zur Veröffentlichung lassen.

Die genannten Termine werden nicht von allen Unternehmen eingehalten. Zur Veröffentlichungspraxis vgl. *Tab. 31*.

---

[5] *Baumbach-Hueck*, Anm. 2 zu § 178 AktG.

VI. Vervielfältigung und Veröffentlichung 249

Tab. 31: *Zeitpunkt der Veröffentlichung des Jahresabschlusses 1977 im Bundesanzeiger (... Monate nach dem Bilanzstichtag für 3.114 Abschlüsse)*

| Monate | Zahl der Unternehmen | Monate | Zahl der Unternehmen | Monate | Zahl der Unternehmen |
|---|---|---|---|---|---|
| 2 | 6 | 14 | 33 | 26 | 2 |
| 3 | 34 | 15 | 20 | 27 | 2 |
| 4 | 106 | 16 | 15 | 28 | 2 |
| 5 | 210 | 17 | 12 | 30 | 1 |
| 6 | 338 | 18 | 11 | 31 | 2 |
| 7 | 473 | 19 | 10 | 33 | 1 |
| 8 | 677 | 20 | 6 | 34 | 2 |
| 9 | 579 | 21 | 7 | 36 | 1 |
| 10 | 232 | 22 | 1 | 39 | 2 |
| 11 | 143 | 23 | 3 | 41 | 1 |
| 12 | 93 | 24 | 4 | 52 | 1 |
| 13 | 80 | 25 | 4 | | |

# G. Rechtsfolgen bei Verstößen gegen die Rechnungslegungsvorschriften[1]

## I. Handelsrechtliche Straf- und Bußgeldvorschriften

### a) Geltendes Recht

#### 1. HGB

Das geltende HGB enthält keine Strafandrohung wegen Verstoßes gegen die Rechnungslegungsvorschriften.

#### 2. Handelsrechtliche Sondergesetze

(a) AktG, GenG, VAG, PublG

(1) Nach geltendem Aktienrecht wird mit **Freiheitsstrafe** bis zu 3 Jahren oder mit Geldstraße bestraft, wer als Mitglied des Vorstands, Aufsichtsrats oder als Abwickler

- die Verhältnisse der Gesellschaft in Darstellungen oder Übersichten über den Vermögensstand unrichtig wiedergibt oder verschleiert,
- im Geschäftsbericht über die Gegenstände nach § 160 Abs. 3 falsche Angaben macht oder erhebliche Umstände verschweigt (§ 400 Abs. 1 AktG).

Der Begriff „Verhältnisse der Gesellschaft" geht über wirtschaftlich relevante Tatsachen oder Vorgänge hinaus. Er bezieht z.b. auch soziale Beziehungen oder die Angabe der Namen der Vorstandsmitglieder (im Geschäftsbericht bzw. Anhang) mit ein. Zu den Darstellungen und Übersichten über den Vermögensstand gehören alle Teile der Rechnungslegung.[2] **Unrichtig wiedergegeben** werden die Verhältnisse, wenn sie bewußt falsch dargestellt werden. Da die meisten Bilanzposten auf Schätzungen beruhen, liegt es in der Natur der Sache, daß Wertansätze objektiv falsch sein können, ohne daß eine vorsätzliche Falschbewertung vorliegt. Zum Wesen der Schätzung gehört es auch, daß verschiedene Personen zu unterschiedlichen Ergebnissen (innerhalb eines Schätzrahmens) kommen können. Eine Bewertung, die sich innerhalb der gesetzlichen Spielräume bewegt, ist im Sinne dieser Vorschrift nicht unrichtig.

---

[1] Behandelt werden nur die strafrechtlichen Folgen, nicht dagegen die zivilrechtlichen (z.B. Nichtigkeit des festgestellten Jahresabschlusses wegen Verstoßes gegen die Bewertungsvorschriften gem. § 256 Abs. 5 AktG).

[2] So auch *Geilen* in Kölner Kommentar, Anm. 43 zu § 400 AktG.

Fälle der Bilanzfälschung³ sind z.B. die Aufnahme von Forderungen, die gar nicht (mehr) bestehen, die Verfälschung von Inventurunterlagen, das Weglassen von Schulden. In falschen Gewinn- und Verlustrechnungen fehlen z.B. die Abschreibungen oder Mietaufwendungen oder es werden Umsätze ausgewiesen, die auf fingierten Rechnungen beruhen.

Die Verhältnisse des Unternehmens werden **verschleiert**, wenn zwar das Ergebnis der Rechnung richtig ist, aus der Art der Darstellung aber falsche Schlüsse gezogen werden können. Bilanzverschleierung ist eine vorsätzliche, erhebliche Verletzung von Gliederungsvorschriften, die geeignet ist, eine falsche Beurteilung der wirtschaftlichen Situation der Unternehmung (insbes. ihrer Rentabilität und Liquidität) herbeizuführen). Beispiele sind der Ausweis kurzfristiger Verbindlichkeiten als langfristig, das Verschweigen von Konzernverbindungen, das Weglassen von Eventualverbindlichkeiten.⁴

Die vorstehend behandelten Vorschriften des AktG finden sich in gleicher oder ähnlicher Formulierung auch im geltenden GenG (§ 147), VAG (§ 143) und PublG (§ 17).

Mit den **Falschangaben im Geschäftsbericht** wird ein Spezialtatbestand herausgegriffen und gesondert unter Strafe gestellt. Ausdrücklich erwähnt wird in diesem Fall das Verschweigen erheblicher Umstände. Verschweigen heißt Weglassen oder Erwähnen in einer nicht verständlichen Formulierung. Die Vorschrift zielt z.B. auf falsche Angaben zum Bestand einer wechselseitigen Beteiligung, zum genehmigten Kapital, zum Bestehen von Genußrechten, Bezüge von Vorstand und Aufsichtsrat sowie die Beziehungen zu verbundenen Unternehmen.

(2) **Ordnungswidrig** handelt,⁵ wer als Mitglied des Vorstands, des Aufsichtsrats oder als Abwickler gegen die Vorschriften über Form und Inhalt der Bekanntmachung des Jahresabschlusses und Geschäftsberichts⁶ verstößt (§ 405 Abs. 1 Nr. 5 AktG). Überschneidet sich der Verstoß mit einem Straftatbestand des § 400 AktG (z.B. Verstoß gegen die Gliederungsvorschriften), so tritt die Ordnungswidrigkeit hinter der Strafsanktion zurück (§ 21 OWiG). § 178 AktG verlangt, daß

- der Jahresabschluß vollständig und richtig mit dem vollen Wortlaut des Bestätigungsvermerks wiedergegeben wird,
- jeder Posten des Jahresabschlusses eine besondere Zeile erhält,
- der Beschluß über die Verwendung des Bilanzgewinns mitzuteilen ist,

---

³ Einzelheiten bei *Hanns Friedhelm Marker*, Bilanzfälschung und Bilanzverschleierung, Düsseldorf 1970; *Joachim Nelles*, Aktienrechtliche Bilanzdelikte, Diss. Münster 1974; *Günter Sieben* u.a., Bilanzdelikte, Wiesbaden 1974; *H.J. Neuhäuser*, Bilanzkriminalität, Würzburg 1974, *Heinz Lohmeyer*, Bilanzdelikte, GA 1972, S. 302–312.
⁴ Einzelheiten bei *Tiedemann* in *Scholz*, Anm. 61 zu § 82 GmbHG, *Kohlmann* in *Hachenburg*, Anm. 107 zu § 82 GmbHG, *Geilen* in Kölner Kommentar, Anm. 38 zu § 400 AktG.
⁵ Geldbuße bis zu 50 000 DM.
⁶ Vgl. § 178 AktG.

I. *Handelsrechtliche Straf- und Bußgeldvorschriften* 253

• die Namen der Mitglieder des Vorstands und des Aufsichtsrats anzugeben sind.

Unerheblich für die strafrechtliche Verantwortlichkeit ist, ob durch die falsche oder verschleierte Darstellung ein Schaden eingetreten ist.

(b) GmbHG

Mit Freiheitsstrafe bis zu 3 Jahren oder Geldstrafe wird bestraft, wer als Geschäftsführer, Mitglied des Aufsichtsrats oder eines ähnlichen Organs in einer öffentlichen Mitteilung die Vermögenslage der Gesellschaft unwahr darstellt oder verschleiert (§ 82 Abs. 2 Nr. 2 GmbHG). Der Unterschied gegenüber den entsprechenden Vorschriften des AktG, GenG und VAG besteht somit darin, daß Bilanzverfälschung oder -verschleierung bei der GmbH nach dieser Vorschrift[7] nur strafbar ist, wenn sie in einer öffentlichen Mitteilung enthalten ist. Zu denken ist an die Veröffentlichung des Jahresabschlusses nach dem PublG und dem KWG (Kreditinstitute in der Rechtsform der GmbH) sowie Bekanntmachungen in Prospekten, Pressemitteilungen und Inseraten.

b) Entwurf eines Bilanzrichtlinie-Gesetzes

1. HGB

(1) Der EBilRG (§ 286 EHGB) sieht vor, die Straftatbestände Bilanzfälschung und Bilanzverschleierung in das HGB aufzunehmen. Allerdings soll sich die Strafandrohung auf publizitätspflichtige Unternehmen (jeder Rechtsform) beschränken. Statt von Darstellungen und Übersichten wird der Gesetzgeber künftig von der Eröffnungsbilanz, dem Jahresabschluß und dem Lagebericht sprechen. Eine sachliche Änderung ist damit gegenüber dem geltenden Recht nicht verbunden.[8]

(2) Als Ordnungswidrigkeit sollen bei allen publizitätspflichtigen Unternehmen Zuwiderhandlungen gegen Vorschriften über Form und Inhalt des Jahresabschlusses oder Lageberichts geahndet werden (§ 289 EHGB). Als Täter kommen vertretungsberechtigte Gesellschafter, sonstige gesetzliche Vertreter oder Mitglieder des Aufsichtsrats infrage. Die Androhung der Geldbuße (bis 50 000 DM) gilt für Aufstellung, Feststellung und Offenlegung.

---

[7] Daneben können allgemeine Straftatbestände (z.B. Betrug, §§ 263, Kreditbetrug, 265 b StGB) infragekommen.
[8] A. A.: *Eckart Sünner,* der davon ausgeht, daß die „Verhältnisse der Gesellschaft" nach geltendem Recht nur den Vermögensstand umfaßten. (Folgen der Verletzung von Rechnungslegungs- und Berichtspflichten durch eine Aktiengesellschaft, AG 1984, S. 16).

## 2. Handelsrechtliche Sondergesetze

Die Strafandrohung in den handelsrechtlichen Sondergesetzen soll nur noch insoweit aufrechterhalten werden, als sie Fälle erfaßt, die durch das reformierte HGB nicht berücksichtigt werden. Als Täter kommen nach den Sondergesetzen auch Abwickler, bei der GmbH zusätzlich auch das Mitglied eines einem Aufsichtsrat ähnlichen Organs in Betracht. § 178 AktG[9] soll aufgehoben werden.

## II. Vorschriften des Strafgesetzbuches

### a) Bilanzdelikte in der Krise

Mit Freiheitsstrafe bis zu 5 Jahren (in besonders schweren Fällen bis zu 10 Jahren) oder Geldstrafe wird bestraft, wer bei Überschuldung, drohender oder eingetretener Zahlungsunfähigkeit entgegen dem Handelsrecht

- Bilanzen so aufstellt, daß die Übersicht über seinen Vermögensstand erschwert wird oder
- es unterläßt, die Bilanz seines Vermögens oder das Inventar in der vorgeschriebenen Zeit aufzustellen (§ 283 StGB).

**Überschuldung** liegt vor, wenn die Verbindlichkeiten größer sind als das Vermögen, d. h. das Eigenkapital aufgezehrt ist und darüberhinaus noch ein Verlust verbleibt. Für die Bewertung im Überschuldungsstatus gelten die handelsrechtlichen Rechnungslegungsvorschriften[10] nicht. Insbesondere sind alle stillen Rücklagen aufzulösen. In dem Maße, in dem davon auszugehen ist, daß das Unternehmen nicht mehr fortgeführt werden kann, treten an die Stelle der Buchwerte Zerschlagungswerte (erwartete Einzelveräußerungspreise). Rückstellungen sind grundsätzlich zu berücksichtigen.[11]

Die Unternehmung ist **zahlungsunfähig,** wenn sie auf Dauer nicht mehr in der Lage ist, wesentliche Teile ihrer fälligen Schulden zu bezahlen. Die Zahlungsunfähigkeit **droht,** wenn mit ihrem baldigen Eintritt gerechnet werden muß (weil z.B. die baren Mittel und die Kreditlinien erschöpft sind und Zahlungsanforderungen – z.B. Lohn-, Wechsel- und Lieferantenverbindlichkeiten – in naher Zukunft zu erfüllen sind).

Die Übersicht über das Vermögen wird „erschwert", wenn die aufgestellten Bilanzen falsch oder verschleiert sind. Dabei sind die Anforderungen, die an eine richtige Bilanz zu stellen sind, grundsätzlich nicht geringer als nach dem Handelsrecht. Allerdings bedeutet nicht jeder Verstoß gegen die Gliederungs-

---

[9] Vgl. S. 252.
[10] Vgl. S. 77.
[11] Einzelheiten bei *Günther Hoffmann,* Berücksichtigung von Rückstellungen bei Prüfung der Überschuldung im Sinne des Bankrottstrafrechts, MDR 1979, S. 93–97.

vorschriften (z.B. Offenlegung der Konzernbeziehungen) schon eine erschwerte Vermögensübersicht.

Nicht verständlich ist die Auffassung der Rechtsprechung,[12] daß eine Pflichtverletzung nicht vorliegen soll, wenn der Schuldner mangels Zahlungsfähigkeit die Kosten der Bilanzaufstellung nicht mehr aufbringen kann. Zahlungsunfähigkeit tritt im Regelfall nicht abrupt ein. Daher hat der Schuldner es in der Hand, bestimmte Verpflichtungen vorrangig zu erfüllen.

Eine Bilanz ist nicht rechtzeitig aufgestellt, wenn die vorgeschriebenen Termine nicht eingehalten worden sind.[13] Bei fehlender gesetzlicher Terminangabe („innerhalb der einem ordnungsgemäßen Geschäftsgang entsprechenden Zeit", § 39 Abs. 2 HGB) ist der Jahresabschluß unverzüglich aufzustellen. Die Zeit drängt, weil gegebenenfalls auch entschieden werden muß, ob Konkurs oder Vergleich angemeldet werden muß.

### b) Bilanzdelikte außerhalb der Krise

Mit Freiheitsstrafe bis zu 2 Jahren oder mit Geldstrafe wird bestraft, wer Bilanzen mangelhaft oder nicht rechtzeitig aufstellt, sofern das Unternehmen zu einem späteren Zeitpunkt seine Zahlungen einstellt oder über das Vermögen das Konkursverfahren eröffnet wird oder der Eröffnungsantrag mangels Masse abgelehnt werden muß (§ 283 b StGB). Die Tathandlung ist demnach grundsätzlich dieselbe wie zuvor beschrieben. Es fehlt lediglich die Bedingung, daß die Tat in der Krise (Überschuldung, drohende oder eingetretene Zahlungsunfähigkeit) begangen wurde. Allerdings muß ein gewisser Zusammenhang zwischen der Tat und dem Unternehmungszusammenbruch bestehen. Diese Verbindung ist nicht mehr gegeben, wenn die fehlende Bilanzierung viele Jahre vor der Krise nachgeholt worden ist und Auswirkungen der Tat nicht mehr erkennbar sind. Hinsichtlich der Bilanzierungsfristen besteht die Besonderheit, daß die Personenunternehmen außerhalb der Krise nicht zur unverzüglichen Bilanzaufstellung verpflichtet sind. Es reicht demnach eine Frist von 6–12 Monaten nach dem Bilanzstichtag.

### c) Strafsachenstatistik

Die amtliche Strafsachenstatistik gliedert die Bankrotthandlungen gem. § 283 StGB, zu denen auch die Bilanzfälschung und die nicht rechtzeitige Bilanzierung gehören, nicht im einzelnen auf. Die Zahl der insgesamt wegen Bankrotts abgeurteilten Personen ist in den letzten Jahren angestiegen. Dies gilt auch für die Verurteilungen wegen Verletzung der Buchführungspflicht (vgl. *Tab. 32*).

---

[12] BGH 28, 232.
[13] Vgl. S. 229 f.; *Schönke-Schröder*, Strafgesetzbuch, 21. Aufl., München 1982, Anm. 7 zu § 283 b StGB.

Tab. 32: Wegen Bankrotts und Verletzung der Buchführungspflicht Verurteilte 1980/1982

| Straftat | 1982 | 1981 | 1980 |
|---|---|---|---|
| Bankrott (§ 283 StGB) | 329 | 208 | 190 |
| (davon zu Freiheitsstrafen Verurteilte) | (87) | (75) | (69) |
| besonders schwerer Fall des Bankrotts (§ 283 a StGB) | 7 | 5 | 1 |
| (davon zu Freiheitsstrafen Verurteilte) | (2) | (3) | (1) |
| Verletzung der Buchführungspflicht | 114 | 85 | 79 |
| (davon zu Freiheitsstrafen Verurteilte) | (14) | (10) | (17) |

Quelle: Statistisches Bundesamt, Fachserie 10: Rechtspflege, Reihe 3: Strafverfolgung, Stuttgart-Mainz 1981, 1982, 1983.

## III. Steuerrechtliche Straf- und Bußgeldvorschriften

(a) Mit **Freiheitsstrafe** bis zu 5 Jahren (in besonders schweren Fällen bis 10 Jahren) oder Geldstrafe wird Steuerhinterziehung bestraft (§ 370 AO). Hierunter fallen vor allem die Steuerverkürzung und das Erlangen nicht gerechtfertigter Steuervorteile durch unrichtige oder unvollständige Angaben oder das Verschweigen steuerlich erheblicher Tatsachen.

**Steuerverkürzung** ist eine Gefährdung der rechtzeitigen und vollständigen Verwirklichung des staatlichen Steueranspruchs.[1] Das Ausmaß der Schuld hängt im wesentlichen von der Höhe der Steuerverkürzung ab. Die Bilanz wird unrichtig z. B. durch

- Weglassen von Aktiva (z. B. Verbuchung von Anlagegegenständen – ohne geringwertige Anlagegüter – über ein Aufwandkonto, unvollständige Inventur des Warenlagers, fehlende Forderungen, Nichtverbuchung von Betriebseinnahmen);

- Vortäuschen von Passiva (fingierte Rückstellungen, tatsächlich nicht bestehende Verwandtendarlehn, Vortäuschen von Betriebsausgaben);

- zu niedrige Bewertung auf der Aktivseite (zu hohe Abschreibungen auf Anlagen oder Forderungen),

- zu hohe Bewertung auf der Passivseite (überhöhte Rückstellungen).

Das Steuerrecht bestraft Schuld nur, wenn der Täter vorsätzlich[2] (d. h. wissentlich und willentlich) gehandelt hat. Vorsatz ist z. B. anzunehmen, „wenn

---

[1] *Kohlmann,* Steuerstraf- und Steuerordnungswidrigkeitenrecht einschl. Verfahrensrecht, 3. Aufl., Köln-Marienburg, Losebl., Anm. 84 zu § 370 AO.
[2] Sogenannter „bedingter Vorsatz" genügt (der Täter hält es für möglich, daß er den Tatbestand verwirklicht und billigt dies oder nimmt es in Kauf).

### III. Steuerrechtliche Straf- und Bußgeldvorschriften

ein Steuerpflichtiger bei früheren Betriebsprüfungen über die Unzulässigkeit seiner Bewertungsmethode aufgeklärt worden ist, der Berichtigung zugestimmt hat oder im Rechtsmittelverfahren unterlegen ist, in der Folgezeit aber sein unrichtiges Bewertungsverfahren trotzdem beibehalten hat".[3]

Bei den **nicht gerechtfertigten Steuervorteilen** handelt es sich um Vergünstigungen, die dem Steuerpflichtigen zu Unrecht eingeräumt worden sind. Beispiele[4] sind

- Inanspruchnahme von Bewertungsfreiheiten (§§ 79, 81, 82 EStDV),
- Einsetzen steuerfreier Rücklagen (§ 6b EStG),
- Genehmigung einer Bilanzänderung (Ersatz eines zulässigen Wertansatzes durch einen in diesem Fall unzulässigen Ansatz).

Der gewährte Vorteil kann nachträglich ungerechtfertigt werden, wenn eine Voraussetzung der Gewährung (z.b. die wirtschaftliche Zusammenarbeit mit dem Beteiligungsunternehmen bei der steuerfreien Übertragung von Veräußerungsgewinnen gem. § 6b EStG) später entfällt.

Auch die versuchte Steuerhinterziehung ist strafbar, nicht hingegen die Vorbereitungshandlung. Dabei ist nicht die Bilanzfälschung der Versuch, sondern die Abgabe der entsprechenden Steuererklärung. Bei den Veranlagungssteuern (z.b. ESt, KSt, GewSt) ist die Steuerhinterziehung mit dem Erhalt des Steuerbescheids vollendet.

Die Zahl der wegen Verstoßes gegen die AO Verurteilten ist vergleichsweise groß, auch wenn sie in den letzten Jahren leicht sinkende Tendenz aufweist. Die Strafsachenstatistik gliedert die einzelnen Straftatbestände der AO nicht im einzelnen auf (vgl. *Tab. 33*).

*Tab. 33: Wegen Verstößen gegen die Abgabenordnung (Steuer- und Zollzuwiderhandlungen) Verurteilte 1980/1982*

| Straftat | 1982 | 1981 | 1980 |
|---|---|---|---|
| Verstoß gegen die AO | 17371 | 17400 | 17554 |
| (davon zu Freiheitsstrafen Verurteilte) | (595) | (600) | (613) |

Quelle: Statistisches Bundesamt, Fachserie 10: Rechtspflege, Reihe 3: Strafverfolgung, Stuttgart-Mainz 1981, 1982, 1983.

(b) Als **Ordnungswidrigkeiten** werden die leichtfertige Steuerverkürzung (Geldbuße bis zu 100000 DM) und die Steuergefährdung (Geldbuße bis zu 10000 DM) geahndet.

---

[3] *Franzen-Gast-Samson*, Steuerstrafrecht und Steuerordnungswidrigkeiten, 2. Aufl. München 1978, Anm. 108 zu § 370 AO.
[4] Vgl. auch *Heinz Lohmeyer*, Steuerliche Bilanzdelikte und ihre strafrechtliche Würdigung, GA 1972, S. 302–312; *Alexander Paufler*, Die Steuerhinterziehung, Stuttgart 1983.

Wie bei der Steuerhinterziehung kann der Taterfolg auch bei der **leichtfertigen Steuerverkürzung** entweder im Verkürzen von Steuern oder im Erlangen eines nicht gerechtfertigten Steuervorteils bestehen (§ 378 AO). Der wesentliche Unterschied liegt darin, daß der Steuerpflichtige bei der Steuerhinterziehung vorsätzlich, bei der leichtfertigen Steuerverkürzung dagegen nur „leichtfertig" gehandelt hat. Leichtfertig handelt

- wer die Sorgfalt außer acht läßt, zu der er nach den Steuergesetzen verpflichtet und nach seinen persönlichen Kenntnissen und Fähigkeiten imstande war und

- Umstände vorlagen, nach denen es sich dem Täter hätte aufdrängen müssen, daß sein Verhalten eine Steuerverkürzung bewirken wird.[5]

Nicht selten wird die Tat als Ordnungswidrigkeit geahndet, wenn der Vorsatz nicht nachgewiesen werden kann, aber ein erheblicher Tatverdacht besteht.

Bei der **Steuergefährdung** handelt es sich um bestimmte Vorbereitungshandlungen, die eine Verkürzung von Steuern ermöglichen (§ 379 AO). Im Zusammenhang mit der Bilanzierung kommen vor allem infrage

- das Ausstellen unrichtiger Belege,

- die Verletzung gesetzlicher Buchführungs- und Aufzeichnungspflichten.

Belege sind alle Schriftstücke, die geeignet sind, steuerlich erhebliche Tatsachen zu beweisen[6] (z.B. Rechnungen, Lieferscheine, Quittungen über erhaltene Zahlungen, Vertragsurkunden, Frachtbriefe, Handelsbriefe und sogenannte Eigenbelege). Der Beleg ist ausgestellt, wenn er dem Empfänger zugegangen ist.

Die Begriffe „Buchführungs-" und „Aufzeichnungs-"pflichten werden nach der Art der Gewinnermittlung abgegrenzt. Der Aufzeichnungspflichtige benötigt keine ordnungsmäßige Buchführung (sondern nur eine Überschußrechnung, in der die Einnahmen und Ausgaben aufgeführt werden). Auf die Verpflichtung zur Führung von Büchern ist bereits eingegangen worden.[7] Buchführungspflichten werden verletzt durch Nichtverbuchen und unrichtiges Verbuchen. Mit dem Tatbestand des Nichtverbuchens sollen vor allem die Geschäfte ohne Rechnung erfaßt werden. Die Falschverbuchung stellt einen Geschäftsvorfall anders dar als er tatsächlich gewesen ist (z.B. Verbuchung von Privatausgaben als Betriebsausgaben oder die Zerlegung einer Anlage in Einzelteile, um sie als geringwertiges Wirtschaftsgut behandeln zu können).

---

[5] *Kohlmann*, Anm. 49 zu § 378 AO.
[6] *Franzen-Gast-Samson*, Anm. 9 zu § 379 AO.
[7] Vgl. S. 10.

# Literaturverzeichnis

*Adler, Hans; Düring, Walther; Schmaltz, Kurt:* Rechnungslegung und Prüfung der Aktiengesellschaft, 4. Aufl. Bd. 1, Stuttgart 1968.

*von Ahsen, Helge Bernd:* Sammelbewertung des Vorratsvermögens, Wiesbaden 1977.

*Albach, Horst:* Rechnungslegung im neuen Aktienrecht, NB 1966, S. 178–192.

*Albach, Horst:* Steuerliche Probleme der Abgrenzung von Anlage- und Umlaufvermögen, StbJb 1973/74, S. 265–299.

*Baetge, Jörg:* Einschränkung des Pfennigrechnens im Rechnungswesen, ZfbF 1967, S. 185–205.

*Barz, Carl Hans:* Abänderung festgestellter Jahresabschlüsse einer Aktiengesellschaft. In: Gesellschaftsrecht und Unternehmensrecht. Festschrift für Schilling, Berlin-New York 1973, S. 127–144.

*Bauch, Günther; Bossert, Rainer:* Handels- und Steuerbilanzen, Heidelberg 1977.

*Bauchowitz, Hans:* Die Lageberichtspublizität der Deutschen Aktiengesellschaften, Frankfurt/M-Bern-Las Vegas 1979.

*Baumbach, Adolf; Duden, Konrad:* Handelsgesetzbuch, 23. Aufl. München 1978.

*Bayer, H. W.; Birtel, T.:* Die Liebhaberei im Steuerrecht, Tübingen 1981.

*Bechtel, Wilfried; Köster, Heinrich; Steenken, Hans-Ulrich:* Die Veröffentlichung und Prüfung von Vorhersagen über die Entwicklung von Unternehmen. In: Bilanzfragen. Festschrift für Ulrich Leffson, Düsseldorf 1976, S. 205–216.

*Beisse, Heinrich:* Handelsbilanzrecht in der Rechtsprechung des Bundesfinanzhofs, BB 1980, S. 637–646.

*Beisse, Heinrich:* Zum Verhältnis von Bilanzrecht und Betriebswirtschaftslehre, StuW 1984, S. 1–14.

*Biedenkopf, Kurt; Claussen, Carsten, P. u.a.:* Kölner Kommentar zum Aktiengesetz, Köln-Berlin-Bonn-München, im Erscheinen seit 1970.

*Biener, Herbert:* Einzelne Fragen zum Publizitätsgesetz, WPg 1972, S. 1–11 und 85–94.

*Biener, Herbert:* Gesetz über die Rechnungslegung von bestimmten Unternehmen und Konzernen, Düsseldorf 1973.

*Biener, Herbert:* Rechnungslegung, Prüfung und Publizität nach den Richtlinien der EG, Köln 1979.

*Biener, Herbert:* Schwerpunkte des Regierungsentwurfs eines Bilanzrichtlinie-Gesetzes. In: Das neue Bilanzrichtliniegesetz (hrsg. von *Walter Busse von Colbe* und *Klaus Chmielewicz*), Arbeitsbericht Nr. 26 des Instituts für Unternehmensführung und Unternehmensforschung, Bochum 1983, S. 4–45.

*Biergans, Enno:* Einkommensteuer und Steuerbilanz, 2. Aufl., München 1983.

*Blümich, Walther; Falk, Ludwig; Uelner, Adalbert; Haas, Gerhard:* Einkommensteuergesetz. Kommentar, Loseblattwerk, 11. Aufl., München.

*Blumers, Wolfgang:* Bilanzierungstatbestände und Bilanzierungsfristen im Handelsrecht und Strafrecht, Köln 1983.

*Bodarwé, Ernst:* Erfüllen die Grundsätze ordnungsmäßiger Buchführung und Bilanzierung noch ihre Aufgabe?, WPg 1966, S. 668–672.

*Böhmer, Georg-August; Hengst, Franz-Josef; Hofmann, Rolf; Müller, Otto; Puchta, Rudi:* Interne Revision. Ein Handbuch für die Praxis, Berlin-Bielefeld-München 1981.

*Boelke, Wilfried:* Die Bewertungsvorschriften des Aktiengesetzes 1965 und ihre Geltung für die Unternehmen in anderer Rechtsform, Berlin 1970.

*Böse, Wulf H.:* Grundsätze ordnungsmäßiger Jahreserfolgsrechnung, Wiesbaden 1973.
*Bordewin, Arno:* Grenzfragen des Bilanzsteuerrechts, JbFSt 1975/76, S. 243–262.
*Bordewin, Arno:* Leasing im Steuerrecht, Stuttgart-Wiesbaden 1976.
*Bordt, Karl:* Die Bedeutung von Patronatserklärungen für die Rechnungslegung, WPg 1975, S. 285–298.
*Brehmer, Fritz:* Zur Frage der Zuschreibung bei abnutzbaren Anlagegegenständen, WPg 1969, S. 284–286.
*Breidenbach, Bertold:* Bewertungsproblematik des Festwertverfahrens im Zusammenhang mit Werkzeugen, WPg 1975, S. 109–112.
*Bretzke, Wolf Rüdiger:* Zur Frage der Überprüfbarkeit von Prognosen im Geschäftsbericht, WPg 1974, S. 292–296.
*Bretzke, Wolf-Rüdiger:* Inhalt und Prüfung des Lageberichts: Anmerkungen zur gegenwärtigen und zukünftigen Praxis der Prognosepublizität, WPg 1979, S. 337–349.
*Brezing, Klaus:* Die Bewertung von Beteiligungen in der Steuerbilanz, StbJb 1972/73, S. 339–374.
*Brezing, Klaus:* Steuerliche Probleme aus dem Personal- und Sozialbereich, StbJb 1977/78, S. 367–386.
*Brink, Viktor Z.; Cashin, James A.:* Interne Revision, Berlin 1962.
*Brinkmann-Herz, Dorothea:* Entscheidungsprozesse in den Aufsichtsräten der Montanindustrie, Berlin 1972.
*Brockhoff, Klaus:* Forschung und Entwicklung im Lagebericht, WPg 1982, S. 237–247.
*Brönner, Herbert; Bareis, Hans-Peter:* Die Bilanz nach Handels- und Steuerrecht, 8. Aufl., Stuttgart 1971.
*Brüggemann, Dieter:* Großkommentar HGB (*Staub*), 3. Aufl., Berlin 1967.
*Budde, Wolfgang Dieter:* Überlegungen zur Umsetzung des „True and Fair View" in das deutsche Recht. In: Wirtschaftsprüfung und Wirtschaftsrecht. Beiträge zum 75jährigen Bestehen der Treuhand-Vereinigung Aktiengesellschaft, Stuttgart 1980, S. 109–135.
*Burkel, Peter:* Wirtschaftsprüfung und Insolvenzprophylaxe, Schwarzenbek-Hamburg 1982.
*Busse von Colbe, Walther:* Aufbau und Informationsgehalt von Kapitalflußrechnungen, ZfB, 1. Erg.Heft 1966, S. 82–114.
*Busse von Colbe, Walther:* Prognosepublizität von Aktiengesellschaften. In: Beiträge zur Lehre von der Unternehmung, Festschrift für Karl Käfer, Stuttgart 1968, S. 91–118.
*Busse von Colbe, Walther:* Bilanzen, Wiesbaden 1981.
*Busse von Colbe, Walther:* Diskussionsbeitrag. In: Institut für Unternehmensführung und Unternehmensforschung, Arbeitsbericht Nr. 26: Das neue Bilanzrichtliniegesetz, Bochum 1983, S. 61.
*Busse von Colbe, Walther; Ordelheide, Dieter:* Vorratsbewertung und Ermittlung konzerninterner Erfolge mit Hilfe des Kifo-Verfahrens, ZfB 1969, S. 221–238.
*Busse von Colbe, Walther; Laßmann, Gert* (Hrsg.): Zum Vorentwurf eines Bilanzrichtlinie-Gesetzes gemäß 4. EG-Richtlinie, Stuttgart 1981.
*Castan, Edgar:* Die Erläuterung der Bewertungs- und Abschreibungsmethoden der großen Börsengesellschaften in den Geschäftsberichten für 1967, DB 1969, S. 269–272 und 315–318.
*Castan, Edgar:* Zur Frage der Einführung einer Publizitätspflicht für alle Großunternehmen, HJWG 1968, S. 191–209.
*Castan, Edgar:* Finanzierung und Bilanzierung im Regierungsentwurf eines GmbH-Gesetzes, HJWG 1972, S. 147–166.

*Castan, Edgar:* Publizität, HWR, Sp. 1400–1408.
*Castan, Edgar:* Geschäftsbericht, HWR, Sp. 606–615.
*Castan, Edgar:* Der Anhang zur Bilanz der publizitätspflichtigen Unternehmen, DB 1980, S. 409–412 und 460–472.
*Castan, Edgar:* Anschaffungskosten, Prüfung der, HWRev, Sp. 17–30.
*Castan, Edgar:* Die Praxis der Jahresabschlußpublizität, WPg 1981, S. 337–343.
*Chmielewicz, Klaus:* Betriebliche Finanzwirtschaft I, Berlin-New York 1976.
*Chmielewicz, Klaus:* Vereinheitlichung der Rechnungslegung durch ein rechtsformunabhängiges Rechnungslegungsgesetz. In: Rechnungslegung nach neuem Recht (hrsg. von Marcus Bierich u.a.), Wiesbaden 1980, S. 15–52.
*Chmielewicz, Klaus:* Zur Neuordnung der handelsrechtlichen Rechnungslegung, siehe Busse von Colbe-Laßmann.
*Clemm, Hermann:* Die Bedeutung des Bestätigungsvermerks des Abschlußprüfers einer Aktiengesellschaft nach derzeitiger gesetzlicher Regelung und nach dem Verständnis der Allgemeinheit, WPg 1977, S. 145–158.
*Coenenberg, Adolf Gerhard:* Jahresabschluß und Jahresabschlußanalyse, 6. Aufl., Landsberg 1982.
*Dellmann, Klaus:* Rechnung und Rechnungslegung über Forschung und Entwicklung, WPg 1982, S. 557–561 und 587–590.
Denkschrift zu dem Entwurf eines HGB und eines EG in der Fassung der vom Reichstag gemachten Vorlage, Berlin 1897
*Dietz, Rolf; Richardi, Reinhard:* Betriebsverfassungsgesetz, Bd. 2, 6. Aufl., München 1982.
*Dinkel, Fritz:* Bilanz und Bewertung, Berlin 1974.
*Döllerer, Georg:* Rechnungslegung nach dem neuen Aktiengesetz und ihre Auswirkungen auf das Steuerrecht, BB 1965, S. 1405–1417.
*Döllerer, Georg:* Die Rechtsprechung des Bundesfinanzhofs und die Wirtschaftsprüfung. In: Wirtschaftsprüfung heute, Wiesbaden 1977, S. 185–193.
*Döllerer, Georg:* Die Grenzen des Imparitätsprinzips, StbJb 1977/78, S. 129–152.
*Döllerer, Georg:* Handelsbilanz ist gleich Steuerbilanz, In: Der Jahresabschluß im Widerstreit der Interessen (hrsg. von *J. Baetge*), Düsseldorf 1983, S. 157–177.
*Doralt, Werner:* Der Firmenwert in der Handels- und Steuerbilanz, Berlin 1976.
*Dreher, Eduard; Tröndle, Herbert:* Strafgesetzbuch, München 1981.
*Dziadkowski, Dieter:* Die Aktivierungsfähigkeit handelsrechtlicher Bilanzierungshilfen in der Steuerbilanz, BB 1980, S. 1515–1520.
*Ebisch, Hellmuth; Gottschalk, Joachim:* Preise und Preisprüfungen bei öffentlichen Aufträgen, 4. Aufl., München 1977.
*Eder, Karl:* Gelten die neuen aktienrechtlichen Bewertungsvorschriften auch für die Jahresabschlüsse der GmbH?, GmbHR 1965, S. 192–194.
*Egner, Henning:* Bilanzen. Ein Lehrbuch zur Bilanztheorie, München 1974.
*Eifler, Günter:* Grundsätze ordnungsmäßiger Bilanzierung für Rückstellungen, Düsseldorf 1976.
*Eisele, Wolfgang:* Technik des betrieblichen Rechnungswesens, München 1980.
*Ellenberger, Gert:* Die Bilanzierung unentgeltlich erworbener Wirtschaftsgüter nach Handels- und Steuerrecht, WPg 1971, S. 237–245 und 271–276.
*Ellerich, Marian:* Offene Fragen zur Wertaufholungskonzeption im Regierungsentwurf des Bilanzrichtlinie-Gesetzes, BB 1983, S. 1763–1768.
*Emmerich, Gerhard:* Bilanzierung, Gewinnausschüttung und Substanzerhaltung, Göttingen 1976.
*Endres, Walter:* Zur Weiterentwicklung der Jahresabschlußgliederungen in nationaler und internationaler Sicht, WPg 1975, S. 517–524.
*Erhard, Fritz:* Steuerliche Betriebsprüfung, Düsseldorf 1966.

*Ertner, Ulrich:* Der Geschäftsbericht als Instrument erweiterter aktienrechtlicher Rechnungslegung, Berlin 1968.

*Ertner, Ulrich:* Wieweit bietet die Schutzklausel des Geschäftsberichts die Möglichkeit, die Berichterstattung über verbundene Unternehmen einzuschränken?, WPg 1968, S. 509–513.

*Eßer, J.:* Gliederungsvorschriften, Bewertung, Gewinnverwendung und Pflichtangaben nach dem Aktiengesetz 1965, AG 1965, S. 310–319.

*Fähnrich, Herbert:* Steuerausgleichsposten, HdbBil, 31. Erg. Lieferung, Freiburg 1981.

*Fahrholz, Bernd:* Leasing in der Bilanz, Köln-Berlin-Bonn-München 1979.

*Federmann, Rudolf:* Bilanzierung nach Handelsrecht und Steuerrecht, 4. Aufl., Bielefeld 1978.

*Fitting, Karl; Auffarth, Fritz; Kaiser, Heinz:* Betriebsverfassungsgesetz, 12. Aufl., München 1977.

*Fischer, Werner:* Die Überschuldungsbilanz, Köln-Berlin 1980.

*Flaßkühler, Alfred:* Die Abgrenzung des Betriebs- und Privatvermögens in Handels- und Steuerbilanz, Thun-Frankfurt 1981.

*Forster, Karl-Heinz:* Ausgewählte Fragen zur Rechnungslegung nach dem Publizitätsgesetz, WPg 1972, S. 469–475.

*Forster, Karl-Heinz:* Zur Leasing-Stellungnahme des HFA, WPg 1973, S. 81–83.

*Forster, Karl-Heinz:* Anhang, Lagebericht, Prüfung und Publizität im Regierungsentwurf eines Bilanzrichtlinie-Gesetzes, DB 1982, S. 1577–1582 und 1631–1635.

*Frantz, Ulrich:* Bilanzen, Bielefeld-Köln 1976.

*Franz, Klaus-Peter:* Bilanzierung und Erfolgsrechnung, 2. Aufl., Düsseldorf 1978.

*Franzen, Klaus; Gast-de Haan, Brigitte; Samson, Erich:* Steuerstrafrecht und Steuerordnungswidrigkeiten, 2. Aufl., München 1978.

*Freericks, Wolfgang:* Bilanzierungsfähigkeit und Bilanzierungspflicht in Handels- und Steuerbilanz, Köln-Berlin-Bonn-München 1976.

*Friedrich, Hartmut:* Grundsätze ordnungsmäßiger Bilanzierung für schwebende Geschäfte, Düsseldorf 1975.

*Friedrichs, Hans:* Zulässigkeit von Rückstellungen für Ausgleichsansprüche der Handelsvertreter, WPg 1972, S. 11–12.

*Gadow, W.; Heinichen, E.:* Aktiengesetz. Großkommentar, 3. Aufl., Berlin-New York 1970–75.

*Geilen, Gerd:* siehe Biedenkopf u. a.

*Geist, Günther:* Insolvenzen und Steuer, 3. Aufl., Herne-Berlin 1980.

*Geisthardt, Achim:* Bedeutung der vierten EG-Richtlinie für den Aussagegehalt des aktienrechtlichen Jahresabschlusses, Thun-Frankfurt 1980.

*George, Heinz:* Bilanzierung von Zuschüssen, BBK vom 17. 5. 1974, S. 295–300.

*Gerstner, Paul:* Bilanz-Analyse, 11. Aufl., Berlin 1944.

*Geßler, Ernst; Hefermehl, Wolfgang; Eckardt, Ulrich; Kropff, Bruno:* Aktiengesetz, Bd. III, München 1973.

*Godin-Wilhelmi:* Gesetz über Aktiengesellschaften und Kommanditgesellschaften auf Aktien, 4. Aufl., Berlin 1971.

*Goerdeler, Reinhard:* Geschäftsbericht, Konzerngeschäftsbericht und Abhängigkeitsbericht aus der Sicht des Wirtschaftsprüfers, WPg 1966, S. 113–126.

*Goerdeler, Reinhard:* Probleme des Publizitätsgesetzes. In: Beiträge zum Wirtschaftsrecht. Festschrift für Heinrich Kaufmann, Köln 1972, S. 169–183.

*Goerdeler, Reinhard:* A True and Fair View – or Compliance with the Law and the Company Statutes, WPg 1973, S. 517–525.

*Goerdeler, Reinhard; Müller, Welf:* Die Behandlung von nichtigen oder schwebend unwirksamen Anschaffungsgeschäften, von Forderungsverzichten und Sanierungszuschüssen im Jahresabschluß, WPg 1980, S. 313–322.

*Goldschmidt, Levin:* Handbuch des Handelsrechts, Bd. 1, 2. Aufl., Stuttgart 1875.

*Grefe, Cord:* Anwendung weiterer degressiver Abschreibungsverfahren nach der Änderung des § 7 Abs. 2 EStG durch das Gesetz zur Steueränderung und Investitionsförderung, BB 1978, S. 448–449.

*Großfeld, Bernhard:* Bilanzrecht, Heidelberg-Karlsruhe 1978.

*Großfeld, Bernhard:* Die Einkommensteuer, Tübingen 1981.

*Gruß, H.:* Zur Minderbewertung des Umlaufvermögens in der Handelsbilanz und Steuerbilanz, besonders der AG, StuW 1966, Sp. 401–408.

*Gutenberg, Erich:* Bilanztheorie und Bilanzrecht, ZfB 1965, S. 13–20.

*Haase, Klaus Dittmar:* Segment-Bilanzen, Wiesbaden 1974.

*Hachenburg, Max:* Kommentar zum Gesetz betreffend die Gesellschaften mit beschränkter Haftung, 7. Aufl., Berlin-New York 1979.

*Hagenmüller, Karl-Friedrich; Stoppok, Gerhard:* Leasing-Handbuch für die betriebliche Praxis, 4. Aufl., Frankfurt/M 1981.

*Hagest, Joachim; Kellinghusen, Georg:* Zur Problematik der Prognoseprüfung und der Entwicklung von Grundsätzen ordnungsmäßiger Prognosebildung, WPg 1977, S. 405–415.

*Hamel, Winfried:* Bilanzierung unter Mitbestimmungs-Einfluß, Stuttgart 1982.

*Hantke, Hans:* Handels- und steuerrechtlicher Jahresabschluß, München-Wien 1982.

*Harms, Jens E.; Küting, Karlheinz:* Bilanzierungsprobleme von latenten Steuern im Rahmen der 4. EG-Richtlinie, ZfB 1979, S. 891–905.

*Harms, Jens E.; Küting, Karlheinz:* Das Konzept der Wertaufholung nach dem Regierungsentwurf des Bilanzrichtlinie-Gesetzes, BB 1982, S. 1459–1468.

*Harms, Jens E.; Küting, Karlheinz:* Ermittlung und Ausweise des Eigenkapitals nach dem Bilanzrichtlinie-Gesetz, DB 1983, S. 1449–1454.

*Hartmann-Böttcher-Nissen-Bordewin:* Kommentar zum Einkommensteuergesetz, Loseblattwerk, Wiesbaden.

*Hartmann, Bernhard:* Anschaffungen im Handels- und Steuerrecht anhand typischer Fälle, Freiburg/Br. 1980.

*Havermann, Hans:* Zur Bilanzierung von Beteiligungen an Kapitalgesellschaften in Einzel- und Konzernabschlüssen, WPg 1975, S. 233–242.

*Hax, Karl:* Die Substanzerhaltung der Betriebe, Köln-Opladen 1957.

*Heibel, Reinhold:* Handelsrechtliche Bilanzierungsgrundsätze und Besteuerung, Köln 1981.

*Heigl, Anton; Uecker, Peter:* Die aktienrechtliche Prüfung, Stuttgart 1970.

*Heinen, Edmund:* Handelsbilanzen, 10. Aufl., Wiesbaden 1982.

*Hermann, Carl; Heuer, Gerhard; Raupach, Arndt:* Kommentar zur Einkommensteuer und Körperschaftsteuer, Loseblattwerk, Köln.

*Heuser, Paul J.:* Die neue Bilanz der GmbH, ihre Prüfung und Publizität. In: Handbuch der GmbH, Loseblattwerk, 10. Aufl. Köln, Anhang zu Bd. 1.

*Heyd, Reinhard:* Ziele und Funktionsfähigkeit von Jahresabschlüssen nach den vorparlamentarischen Regierungsvorlagen für ein Bilanzrichtlinie-Gesetz unter besonderer Berücksichtigung des Interessenschutzes und der Interessengewichtung bei unterschiedlichen Rechtsformen, Frankfurt/M. 1982.

*von der Heyden, Daniel; Körner, Werner:* Bilanzsteuerrecht in der Praxis, 6. Aufl., Herne-Berlin 1981.

*Hilke, Wolfgang:* Kurzlehrbuch Bilanzpolitik, Wiesbaden 1983.

*Hoffmann, Günther:* Berücksichtigung von Rückstellungen bei Prüfung der Überschuldung im Sinne des Bankrottstrafrechts, MDR 1979, S. 93–97.

*Hoffmann, Günther:* Ergänzungsbilanzen, HdbBil, 37. Erg. Lfg. 1982.

*Hüttemann, Ulrich:* Grundsätze ordnungsmäßiger Bilanzierung für Verbindlichkeiten, Düsseldorf 1970.

*Husemann, Karl-Heinz:* Grundsätze ordnungsmäßiger Bilanzierung für Anlagegegenstände, Düsseldorf 1970.

*Institut der Wirtschaftsprüfer in Deutschland e. V.* (Hrsg.): Wirtschaftsprüfer-Handbuch 1981, Düsseldorf 1981.

*Institut der Wirtschaftsprüfer in Deutschland e. V.:* Stellungnahme zum Regierungsentwurf eines Bilanzrichtlinie-Gesetzes 1983, WPg 1984, S. 125–140.

*Institut der Wirtschaftsprüfer in Deutschland e. V.:* Die Fachgutachten und Stellungnahmen, Loseblattwerk, Düsseldorf.

*Jacobs, Otto H.:* Das Bilanzierungsproblem in der Ertragsteuerbilanz, Stuttgart 1971.

*Jacobs, Otto H.:* Kapitalflußrechnungen als mögliche Ergänzungsinstitute zum aktienrechtlichen Jahresabschluß, WPg 1974, S. 19–27.

*Jäger, Horst:* Sozialversicherungsrecht, 9. Aufl., Berlin 1981.

*John, Gerd:* Wirtschaftsgut, HwStR, S. 1633.

*Jonas, Heinrich H.:* Die EG-Bilanzrichtlinie, Freiburg/Br. 1980.

*Kalveram, Wilhelm:* Praxis der Goldmarkbilanzierung, 2. Aufl., Berlin 1924.

*Karoli, Richard; Tomfohrde, Klaus:* Zweifelsfragen zum Bestätigungsvermerk für den Jahresabschluß nach dem neuen Aktienrecht, WPg 1967, S. 169–177.

*Kern, W.; Schröder, H. H.:* Forschung und Entwicklung in der Unternehmung, Reinbeck 1977.

*Kiehne, Hans-Erich:* Das Verhältnis zwischen Handels- und Steuerbilanz, BB 1968 S. 553–557.

*Klein, Theodor:* Wechselkursänderung als Bilanzierungsproblem, Wiesbaden 1975.

*Klein, Werner; Wiesenhöfer, Theodor:* Organisation, Planung und Technik der Jahresabschlußprüfung, Düsseldorf 1974.

*Knapp, Lotte:* Was darf der Kaufmann als seine Vermögensgegenstände bilanzieren?, DB 1971, S. 1121–1129.

*Knobbe-Keuk, Brigitte:* Bilanz- und Unternehmenssteuerrecht, 4. Aufl., Köln 1983.

*Knoblauch, Peter:* Die vierte EG-Richtlinie, Frankfurt/M. 1978.

*Knoche, Martin:* Die Berichterstattung über Bewertungsänderungen im Geschäftsbericht nach neuem Aktienrecht, Düsseldorf 1967.

*Kohlmann, Günter:* Steuerstraf- und Steuerordnungswidrigkeitenrecht einschl. Verfahrensrecht, 3. Aufl., Loseblattwerk, Köln-Marienburg.

*Kohlmann, Günter:* siehe Hachenburg.

*Kommission Rechnungswesen im Verband der Hochschullehrer für Betriebswirtschaft e. V.:* Reformvorschläge zur handelsrechtlichen Rechnungslegung, DBW 1979, Heft 1 a.

*Kommission Rechnungswesen im Verband der Hochschullehrer für Betriebswirtschaft e. V.:* Stellungnahme zum Regierungsentwurf eines Bilanzrichtlinie-Gesetzes, DBW 1983, S. 5–14.

*Kriehne, Hans-Erich:* Das Verhältnis zwischen Handels- und Steuerbilanz, BB 1968, S. 553–557.

*Kropff, Bruno:* Der Lagebericht nach geltendem und künftigem Recht, BFuP 1980, S. 514–532.

*Kropff, Bruno:* s. Geßler-Hefermehl.

*Krüger, Ralf:* Der Jahresabschluß aus der Sicht des Aufsichtsrats. In: Der Jahresabschluß im Widerstreit der Interessen (hrsg. von J. Baetge), Düsseldorf 1983, S. 269–296.

*Kruse, Heinrich Wilhelm:* Bilanzierungswahlrechte in der Steuerbilanz, StbJb 1976/77, S. 113–129.

*Kruse, Heinrich Wilhelm:* Grundsätze ordnungsmäßiger Buchführung, Rechtsnatur und Bestimmung, 2. Aufl., Köln 1976.

*Kücken, Norbert:* Herstellungskosten für Beteiligungen?, WPg 1983, S. 579–583.

*Küting, Karl-Heinz:* Der Abhängigkeitsbericht in der Wirtschaftspraxis, ZfB 1975, S. 473–492.

*Kupsch, Peter:* Bilanzierung von Rückstellungen und ihre Berichterstattung, Herne-Berlin 1975.

*Lademann-Söffing-Brockhoff:* Kommentar zum Einkommensteuergesetz, Loseblattwerk, München-Hannover.

*Lang-Weidmüller:* Genossenschaftsgesetz, 31. Aufl., Berlin-New York 1984.

*Lauffer, Hans-Martin:* Die Bewertungskonzeption der organischen Bilanzlehre in den Entwürfen für die Rechnungslegung in Europa, ZfbF 1975, S. 723–751.

*Layer, Manfred:* Inventur und Inventar, HWR, Sp. 772–781.

*Leffson, Ulrich:* Zur Gemeinsamkeit juristischer und ökonomischer Ermittlung der Grundsätze ordnungsmäßiger Buchführung, WPg 1973, S. 582–585.

*Leffson, Ulrich:* Bilanzanalyse, 2. Aufl., Stuttgart 1977.

*Leffson, Ulrich:* Wirtschaftsprüfung, 2. Aufl., Wiesbaden 1980.

*Leffson, Ulrich:* Die Grundsätze ordnungsmäßiger Buchführung, 6. Aufl., Düsseldorf 1982.

*Lenz, Ulrich:* Jahresabschluß. Ausweis und Bewertung, München-Hannover 1978.

*Leunig, Manfred:* Die Bilanzierung von Beteiligungen, Düsseldorf 1970.

*Litfin, Peter Martin:* Bewertungs- und Abschreibungsmethoden nach dem Aktiengesetz, Stuttgart-Wiesbaden 1974.

*List, Heinrich:* Ausgleichszahlungen an Handelsvertreter im Spiegel der Rechtsprechung des Bundesfinanzhofs. In: Unternehmung und Steuer. Festschrift für Peter Scherpf, Wiesbaden 1983, S. 71–81.

*Littmann, Eberhard:* Die Bilanzierungsvorschriften des Aktiengesetzes, 2. Aufl., München 1974.

*Littmann, Eberhard:* Das Einkommensteuerrecht, 13. Aufl., Stuttgart 1981.

*Löhr, Dieter:* Factoring und Bilanzierung, WPg 1975, S. 457–460.

*Lohmeyer, Heinz:* Bilanzdelikte, GA 1972, S. 302–312.

*Lohmeyer, Heinz:* Steuerliche Bilanzdelikte und ihre strafrechtliche Würdigung, GA 1972, S. 302–312.

*Lorch, Manfred:* Publizitätsorientierte Gestaltung der Rechnungslegungsvorschriften für Versicherungsunternehmen, Karlsruhe 1974.

*Lück, Wolfgang:* Die externe Rechnungslegung der Aktiengesellschaften in der Bundesrepublik Deutschland und in den Vereinigten Staaten von Nordamerika, Düsseldorf 1970.

*Lück, Wolfgang:* Materiality in der internationalen Rechnungslegung, Wiesbaden 1975.

*Lutter, Marcus:* Europäisches Gesellschaftsrecht, Berlin-New York 1979.

*Lutter, Marcus:* Der Wirtschaftsprüfer und seine Aufgabe in unserer Zeit. In: Bericht über die Fachtagung des IdW 1974, Düsseldorf 1975, S. 227–247.

*Lutter, Marcus:* s. Biedenkopf.

*Männel, Wolfgang:* Erlösschmälerungen, Wiesbaden 1975.

*Maluck, Manfred; Göbel, Wilfried:* Die Unterzeichnung der Bilanz nach § 41 HGB, WPg 1978, S. 624–628.

*Marker, Hanns-Friedhelm:* Bilanzfälschung und Bilanzverschleierung, Düsseldorf 1970.

*Mathews, Kurt:* Rechenschaftslegung über Treuhandverhältnisse, Herne-Berlin 1978.

*Matschke, Manfred Jürgen:* Funktionale Unternehmungsbewertung, Bd. 2, Wiesbaden 1979.

*Matschke, Manfred Jürgen:* Prognosen im Rahmen der publizierten Rechnungslegung – Ein Bericht über die Prognose der Pensionszahlungen gem. § 159 AktG, DB 1981, S. 2289–2293, 2339–2343 und 2394–2397.

*Maul, Karl-Heinz:* Immaterielle Anlagewerte im Jahresabschluß der Aktiengesellschaft, ZfbF 1973, S. 16–28.

*Maul, Karl-Heinz:* Bilanzierungshilfen im künftigen Bilanzrecht, AG 1980, S. 233–240.
*May, Erich:* Das Wirtschaftsgut, Wiesbaden 1970.
*Meilicke, Wienand:* Aufstellung, Feststellung und Änderung der Bilanz nach Handelsrecht und Steuerrecht, StbJb 1979/80, S. 447–478.
*Mellerowiz, Konrad:* s. Gadow-Heinichen.
*Menrad, Siegfried:* Rechnungswesen, Göttingen 1978.
*Meyer, Claus:* Bilanzierung nach Handels- und Steuerrecht, 3. Aufl., Herne-Berlin 1982.
*Meyer, Emil H.; Meulenberg, Gottfried; Beuthien, Volker:* Genossenschaftsgesetz, 12. Aufl., München 1983.
*Mittelbach, Rolf:* Handbuch der Rückstellungen und Rücklagen im Steuerrecht, Köln 1977.
*Moews, Dieter:* Kosten und Leistung, HWR, Sp. 1114–1126.
*Mosch, Wolfgang:* Patronatserklärungen deutscher Konzernmuttergesellschaften und ihre Bedeutung für die Rechnungslegung, Bielefeld 1978.
*Moxter, Adolf:* Der Einfluß von Publizitätsvorschriften auf das unternehmerische Verhalten, Köln-Opladen 1962.
*Moxter, Adolf:* Ist bei drohendem Unternehmenszusammenbruch das bilanzrechtliche Prinzip der Unternehmensfortführung aufzugeben?, WPg 1980, S. 345–351.
*Moxter, Adolf:* Bilanzlehre, 2. Aufl., Wiesbaden 1982.
*Moxter, Adolf:* Betriebswirtschaftliche Gewinnermittlung, Tübingen 1982.
*Moxter, Adolf:* Bilanzierung nach der Rechtsprechung des Bundesfinanzhofs, Tübingen 1982.
*Moxter, Adolf:* Grundsätze ordnungsgemäßer Unternehmensbewertung, Wiesbaden 1983.
*Münch, Bernd:* Die Problematik der „Sonderposten mit Rücklageanteil" im Jahresabschluß der AG, DB 1973, S. 833–841 und 885–889.
*Mutze, Otto:* Die unterschiedliche Behandlung der Herstellungskosten auf den verschiedenen Anwendungsgebieten, DB 1967, S. 169–174.
*Mutze, Otto:* Grundsatzfragen der Bilanzierung, AG 1970, S. 6–9.
*Nelles, Joachim:* Aktienrechtliche Bilanzdelikte, Diss. Münster 1974.
*Neuhäuser, H. J.:* Bilanzkriminalität, Würzburg 1974.
*Neumann, Lothar:* Die steuerrechtliche Lehre vom Wirtschaftsgut aus betriebswirtschaftlicher Sicht, ZfB 1964, S. 188–204.
*Niehus, R. J.:* „Materiality" („Wesentlichkeit") – Ein Grundsatz der Rechnungslegung auch im deutschen Handelsrecht?, WPg 1981, S. 1–14.
*Niehus, Rudolf, E.:* Rechnungslegung und Prüfung der GmbH nach neuem Recht, Berlin-New York 1982.
*Niemann, Ursula:* Bilanzierungswahlrechte, Institut Finanzen und Steuern, Heft 98, Bonn 1971.
*Niemann, Ursula:* Betriebsprüfung heute – Bericht über die Podiumsdiskussion, StbJb 1973/74, S. 435–446.
*Niemann, Ursula:* Rückstellungen im Handels- und Steuerrecht nach gegenwärtigem Recht, StbJb 1974/75, S. 259–319.
*Obermüller, Manfred:* Die Patronatserklärung, ZGR 1975, S. 1–47.
*Oelmeier, Max:* Neue Rechnungslegungs-, Prüfungs- und Publizitätspflichten für die GmbH nach dem Bilanzrichtlinie-Gesetz, Loseblattwerk, Kissing.
*Olfert, Klaus; Ehreiser, Hans-Jörg; Welter, Klaus:* Bilanzen, 4. Aufl., Ludwigshafen 1982.
*Ott, Alfred Eugen:* Marktformen, HdWW, Bd. 5, S. 104–113.
*Paal, Eberhard:* Realisierung sog. Teilgewinne aus langfristigen, auftragsbezogenen Leistungen im Jahresabschluß der AG, Düsseldorf 1977.

*Paufler, Alexander:* Die Steuerhinterziehung, Stuttgart 1983.

*Pausch, Alfons:* Vom Beutesymbol zur Steuerbilanz: Köln 1982.

*Peiffer, Hans-Hubert:* Möglichkeiten und Grenzen der Prüfung von Prognosen im Geschäftsbericht, WPg 1974, S. 159–170 und 186–197.

*Peiner, Wolfgang:* Zur Aktivierung der Verbrauchsteuern als Teil der Herstellungskosten, WPg 1976, S. 69–72.

*Pfeiffer, Werner; Staudt, Erich:* Forschung und Entwicklung, betriebliche, HWB, Sp. 1521–1530.

*Pieper, Werner:* Steuerliche Herstellungskosten, Wiesbaden 1975.

*Plate, Georg:* Die Konkursbilanz, Köln-Berlin-Bonn-München 1979.

*Pohl, Ernst August:* Ereignisse nach dem Bilanzstichtag – Auswirkungen auf Rechnungslegung und Prüfung, WPg 1983, S. 177–180.

*Potthoff, Erich:* Ist die Pflichtprüfung des Jahresabschlusses auf Konflikt angelegt?, WPg 1980, S. 322–325.

*Pougin, Erwin:* Ertragsteuerbilanz, Stuttgart 1981.

*Prühs, Hagen:* Die Rechnungslegung nach dem Publizitätsgesetz, AG 1969, S. 375–378.

*Reinhard, H.:* Die Wertaufholung nach dem Bilanzrichtlinie-Gesetz und ihre praktische Anwendung, DB 1983, S. 1557–1562.

*Reischauer, Friedrich; Kleinhans, Joachim:* Kreditwesengesetz, Loseblattwerk, Berlin.

*Reittinger, Wolfgang:* Die Prüfung des Lageberichts nach Aktienrecht und nach den Vorschriften der 4. EG-Richtlinie, Frankfurt/M-Bern 1983.

*Reuss, Wilhelm; Sieber, Eugen H.; Hagenmüller, Karl F. R. u. a.:* Handbuch der Aktiengesellschaft, Loseblattwerk, Köln-Marienburg seit 1967.

*Riebel, Paul:* Kuppelproduktion und -kalkulation, Management-Enzyklopädie, Bd. 3, München 1970. S. 1243–1265.

*Rieger, Heinz P.:* Mobilien-Leasing in der Steuerbilanz, BBK vom 3. 9. 1971, S. 527–536.

*Rohn, J.:* Die Entscheidung von Streitigkeiten zwischen Gesellschaftern einer OHG (KG) bei der Erstellung der Bilanz, Diss. Münster 1966.

*Rückle, Dieter:* Gestaltung und Prüfung externer Prognosen. In: Management und Kontrolle. Festschrift für Erich Loitlsberger, Berlin 1981.

*Rückle, Dieter:* Anzahlungen von Kunden, Handbuch der Bilanz- und Abschlußprüfung (hrsg. von *Karl Vodratzka*), Wien 1983, S. 533–536.

*Rux, Hans-Joachim:* Garantierückstellung, HdbBil, 38. Erg. Lieferung, Freiburg/Br. 1983.

*Saage, Gustav:* Grundsätze ordnungsmäßiger Buchführung aus der Sicht des neuen Aktienrechts, NB 1967, S. 1–20.

*Sauer, Johannes; Althaus, Wolfgang:* Bilanzierung von Beteiligungen an Personengesellschaften, WPg 1971, S. 1–7.

*Sauer, Otto:* Neue Aspekte zur Wertaufhellungstheorie, FR 1974, S. 232–235.

*Sauer, Otto:* Übersicht zum Bilanzsteuerrecht, Becksche Steuertabellen, Loseblattwerk, München.

*Savary, Jaques:* Le parfait négotiant on instruction générale pour ce qui regarde le commerce des merchandise de France et de pays étrangers, Paris 1675.

*Schäfer, Wolf:* Grundsätze ordnungsmäßiger Bilanzierung für Forderungen, Düsseldorf 1977.

*Scheibe-Lange, Ingrid:* Die Informationsanforderungen der Gewerkschaften an die Rechnungslegung. In: Der Jahresabschluß im Widerstreit der Interessen (hrsg. von *Jörg Baetge*), Düsseldorf 1983, S. 47–67.

*Scherrer, Gerhard:* Die Ausweitung der Rechnungslegungspublizität auf alle Großunternehmen, Diss. München 1968.

*Schildbach, Thomas:* Analyse des betrieblichen Rechnungswesens aus der Sicht der Unternehmungsbeteiligten, Wiesbaden 1975.

*Schildbach, Thomas:* Geldentwertung und Bilanz, Habil.-Schrift, Köln 1978.

*Schindele, Wilhelm:* Grundstücke und Gebäude in der Bilanz, Heidelberg 1974.

*Schlappig, Manfred:* Die Überprüfbarkeit von Wiederbeschaffungswerten im Jahresabschluß, Düsseldorf 1974.

*Schlegelberger, Franz; Hildebrandt, Wolfgang; Steckhan, Hans-Werner:* Handelsgesetzbuch, 5. Aufl., Bd. 1, München 1973.

*Schmalenbach, Eugen:* Dynamische Bilanz, 11. Aufl., Köln-Opladen 1953.

*Schmidle, Lothar:* Das Publizitätsverhalten Deutscher Aktiengesellschaften im Erläuterungsbericht gem. § 160 Abs. 2 Satz 2–5 AktG. Eine empirische Untersuchung, Frankfurt/M-Bern 1981.

*Schmidt, Fritz:* Die organische Tageswertbilanz, Leipzig 1921 (Neudruck Wiesbaden 1951).

*Schmidt, Harald:* Bilanzierung und Bewertung, Wiesbaden 1978.

*Schmidt, Ludwig:* Einkommensteuergesetz, 2. Aufl., München 1983.

*Schmidt-Busemann, Wilfried:* Entstehung und Bedeutung der Vorschriften über Handelsbücher, Göttingen 1977.

*Schmölder-Geßler-Merkle:* Kommentar zum DMBG, Stuttgart 1950.

*Schneider, Dieter:* Die wirtschaftliche Nutzungsdauer von Anlagegütern als Bestimmungsgrund der Abschreibung, Köln-Opladen 1961.

*Schneider, Dieter:* Abschreibungsverfahren und Grundsätze ordnungsmäßiger Buchführung, WPg 1974, S. 365–376.

*Schneider, Dieter:* Der Gewinnbegriff vor der Betriebswirtschaftslehre und die Substanzerhaltungsdiskussion heute, ZfbF 1976, S. 724–743.

*Schneider, Dieter:* Grundzüge der Unternehmensbesteuerung, 2. Aufl., Wiesbaden 1978.

*Schneider, Dieter:* Steuerbilanzen, 2. Aufl., Wiesbaden 1983.

*Schneider, Dieter:* Rechtsfindung durch Deduktion von Grundsätzen ordnungsmäßiger Buchführung aus gesetzlichen Jahresabschlußzwecken?, StuW 1983, S. 141 bis 160.

*Schneider, Hans:* Rückstellung für Wechselobligo und Wertaufhellungstheorie, Stbp 1974, S. 124–126.

*Schönke, Adolf; Schröder, Horst:* Strafgesetzbuch, 21. Aufl. München 1982.

*Scholz, Franz:* Kommentar zum GmbH-Gesetz, 6. Aufl., Köln 1978/83.

*Schröder, Johannes; Muus, Harro:* Handbuch der steuerlichen Betriebsprüfung, Loseblattwerk, Berlin.

*Schruff, Lothar:* Der Wirtschaftsprüfer und seine Pflichtprüfungsmandate, Düsseldorf 1973.

*Schruff, Lothar:* Rechnungslegung und Prüfung der AG und GmbH nach neuem Recht (4. EG-Richtlinie), Düsseldorf 1978.

*Schubert, Rolf; Steder, Karl-Heinz:* Genossenschafts-Handbuch, Loseblattwerk, Berlin seit 1973.

*Schubert, W.:* Latente Steuern. In: Unternehmung und Steuer. Festschrift für Peter Scherpf, Wiesbaden 1983, S. 63–69.

*Schülen, Werner:* Grundsätze ordnungsmäßiger Buchführung – Quellen und Auslegungskompetenzen. In: 50 Jahre Wirtschaftsprüferberuf. Bericht über die Jubiläumsfachtagung vom 21. bis 23. Oktober 1980 in Berlin, Düsseldorf 1981. S. 71–82.

*Schütz, Eckhard:* Die inhaltliche Abgrenzung der Rechnungsabgrenzungsposten gegenüber verwandten Bilanzpositionen, DB 1958, S. 29–32 und 57–58.

# Literaturverzeichnis 269

*Schuler, Klaus:* Die Abgrenzung der Funktionen von Aufsichtsrat und Abschlußprüfer von Aktiengesellschaften, DB 1974, S. 1849–1851.

*Schult, Eberhard:* Bilanz und Bilanzpolitik in Aufgaben und Lösungen, 5. Aufl., Freiburg 1979.

*Schulte, Karl-Werner:* Aktienrechtliche Rechnungspflegung im Spiegel der Geschäftsberichte, Würzburg-Wien 1984.

*Schulte-Groß, Horst:* Rohstoffbewertung und Substanzerhaltung, Düsseldorf 1973.

*Schulze-Osterloh, Joachim* (Hrsg.): Alternativen zum Bilanzrichtlinie-Gesetzentwurf, Köln 1981.

*Schulze zur Wiesche, Dieter:* Gewinnermittlung und Gewinnfeststellung bei Personengesellschaften, Köln 1982.

*Schwartz, Eberhard:* Börsengesetz, München 1976.

*Selchert, Friedrich Wilhelm:* Aktienrechtliche Jahresabschlußprüfung, Wiesbaden 1979.

*Sieben, Günther* u. a.: Bilanzdelikte, Wiesbaden 1974.

*Sieben, Günther:* Geldwertänderung und Bilanz. In: Bericht über die Fachtagung 1971 des Instituts der Wirtschaftsprüfer in Deutschland e. V., Düsseldorf 1971, S. 57–68.

*Siegel, Theodor:* Zulässigkeit und ökonomische Relevanz der digitalen Abschreibung in der Steuerbilanz, StuW 1979, S. 314–320.

*Silberschmidt, W.:* Die Commenda in ihrer frühesten Entwicklung, Würzburg 1884.

*Simon, H. V.:* Die Bilanzen der Aktiengesellschaften und Kommanditgesellschaften auf Aktien, 3. Aufl., Berlin 1899.

*Söffing, Günter:* Gewillkürtes Betriebsvermögen, StbJb 1980/81, S. 451–524.

*Sprenger, Reinhard:* Grundsätze gewissenhafter und getreuer Rechenschaft im Geschäftsbericht, Wiesbaden 1976.

*Steinbach, Adalbert:* Die Rechnungslegungsvorschriften des Aktiengesetzes 1965 aus der Perspektive eines neuen Systems der Grundsätze ordnungsmäßiger Buchführung, Wiesbaden 1973.

*Stolle, Dieter:* Bilanzierung, Stuttgart-Berlin-Köln-Mainz 1979.

*Strobel, Wilhelm:* Zum Referentenentwurf eines Bilanzrichtlinie-Gesetzes, DB 1980, S. 1225–1233.

*Sudhoff:* Bilanzierung nur zur Benutzung eingebrachter betriebsnotwendiger Wirtschaftsgüter, DB 1974, S. 842–844.

*Sünner, Eckart:* Folgen der Verletzung von Rechnungslegungs- und Berichtspflichten durch eine Aktiengesellschaft, AG 1984, S. 16–20.

*Teichgräber, Gerhard:* Die Bewertung des Vorratsvermögens nach fiktiven Verbrauchsfolgen in Handels- und Steuerbilanz, Köln 1977.

*Tiedemann, Klaus:* siehe Scholz.

*Tiedtke, Klaus:* Einkommensteuer- und Bilanzsteuerrecht, Berlin-New York 1983.

*Tipke, Klaus:* Steuerrecht, 9. Aufl., Köln 1983.

*Tipke, Klaus; Kruse, Heinrich Wilhelm:* Abgabenordnung, Loseblattwerk, 11. Aufl., Köln.

*Trumpler, Hans:* Die Bilanz der Aktiengesellschaft, Basel 1950.

*Tubbesing, Günter:* Zur Bilanzierung erhaltener Zuschüsse zu Investitionen, WPg 1967, S. 203–210.

*Union Européenne des Experts Comptables Économiques et Financiers:* Empfehlungen, Loseblattwerk, München.

*Veit, Klaus-Rüdiger:* Die Konkursrechnungslegung, Köln-Berlin-Bonn 1982.

*Veit, Klaus-Rüdiger:* Zur Bilanzierung von Organisationsausgaben und Gründungsausgaben nach künftigem Recht, WPg 1984, S. 65–70.

*Viel, Jakob; Bredt, Otto; Renard, Maurice:* Die Bewertung von Unternehmungen und Unternehmungsanteilen, 5. Aufl., Stuttgart 1975.

*Vogel, Horst:* Zur Bildung von Rückstellungen im Steuerrecht, JbFSt 1977/78, S. 232–277.

*Vogler, Gerhard:* Bilanzen, Düsseldorf 1972.

*Vormbaum, Herbert:* Grundlagen des betrieblichen Rechnungswesens, Berlin-Köln-Mainz 1977.

*Vormbaum, Herbert; Franz, Klaus-Peter; Rautenberg, Hans Günter:* Die Abbildung von Forschung und Entwicklung in der externen Rechnungslegung von Unternehmen. In: Wettbewerb und Fortschritt. Festschrift für Burkhart Röper, Baden-Baden 1981, S. 183–204.

*Wacker, Wilhelm H.:* Spezielles Veranlassungsprinzip für die Bilanzierung von Schulden in der Steuerbilanz bei Einzelunternehmen und Mitunternehmerschaften. In: Unternehmung und Steuer. Festschrift für Peter Scherpf, Wiesbaden 1983, S. 83–108.

*von Wallis, H.; Mathiak, Walter:* Die Steuerbilanz des Kaufmanns, 3. Aufl., Stuttgart 1975.

*Wanik, Otto:* Überlegungen zur Stellung des Wirtschaftsprüfers im Zusammenhang mit der Unternehmungsverfassung. In: Probleme der Unternehmungsverfassung. Festschrift für Martin Lohmann, Tübingen 1971, S. 117–140.

*Wanik, Otto:* Die Buchführungsvorschriften des Handelsgesetzbuches in der Diskussion, AG 1975, S. 29–36 und 62–67.

*Wanik, Otto:* Probleme der Aufstellung und Prüfung von Prognosen über die Entwicklung der Unternehmung in der nächsten Zukunft. In: Bericht über die Fachtagung 1974 des Instituts der Wirtschaftsprüfer, Düsseldorf 1975, S. 45–60.

*Wassermann, Bernd:* Der Zinsfuß als Bewertungsfaktor in der Ertragsteuerbilanz, Köln 1979.

*Weber, Eberhard:* Grundsätze ordnungsmäßiger Bilanzierung für Beteiligungen, Düsseldorf 1980.

*Weber, Helmut Kurt:* Betriebswirtschaftliches Rechnungswesen, 2. Aufl., München 1978.

*Werndl, Josef:* Wirtschaftliches Eigentum, Köln 1983.

*Westermann, H.; Scherpf, Peter:* Handbuch der Personengesellschaften, Loseblattwerk, Köln-Marienburg seit 1967.

*Westphal, Hans Vollmar:* Segmentberichterstattung im Rahmen der 4. EG-(Bilanz-)-Richtlinie, DB 1981, S. 1422–1425.

*Wirtz, Heinz-Peter:* Der Anhang zur Jahresbilanz nach dem Publizitätsgesetz, ZfB 1973, S. 507–526.

*Wöhe, Günter:* Betriebswirtschaftliche Steuerlehre, Bd. 1, 4. Aufl. München 1976.

*Wöhe, Günter:* Bilanzierung und Bilanzpolitik, 5. Aufl., München 1979.

*Wöhe, Günter:* Maßgeblichkeitsprinzip, HwStR, S. 986.

*Wöhe, Günter:* Zur Bilanzierung und Bewertung des Firmenwerts. In: Betriebswirtschaftslehre und Unternehmensbesteuerung. Ausgewählte Aufsätze, München 1984, S. 131–166.

*Woerner, Lothar:* Steuerliche Fragen der Abgrenzung des Betriebsvermögens bei der Einkommensteuer, StbJb 1974/75, S. 321–350.

*Wolf, Jakob:* Handels- und Steuerbilanz, Stuttgart 1978.

*Wurl, Hans-Jürgen:* Handelsrechtliche Bewertung unfertiger und fertiger Erzeugnisse bei Kuppelproduktion, WPg 1975, S. 101–109.

*von Wysocki, Klaus:* Die Kapitalflußrechnung als integrierter Bestandteil des aktienrechtlichen Jahresabschlusses, WPg 1971, S. 617–625.

*von Wysocki, Klaus:* Grundlagen des betriebswirtschaftlichen Prüfungswesens, 2. Aufl., München 1977.

*von Wysocki, Klaus:* Ergebnisse empirischer Untersuchungen über das Publizitätsverhalten deutscher Unternehmen, ZfbF 1976, S. 744–755.

*von Wysocki, Klaus:* Sozialbilanzen, Stuttgart-New York 1981.

*von Wysocki, Klaus:* Neun Thesen zum Regierungsentwurf eines Bilanzrichtlinie-Gesetzes, DB 1982, S. 1473–1480.

*von Wysocki, Klaus:* Zur Bilanzpolitik bei rückläufiger Konjunktur. In: Beiträge zum Bilanz- und Steuerrecht (hrsg. von *Albert J. Rädler* und *Arndt Raupach*), Köln 1982, S. 1–20.

*von Wysocki, Klaus; Keifer, Rüdiger; Gross, Gerhard; Jäger, Werner; Haas, Helmut:* Die Berichterstattung Deutscher Aktiengesellschaften über die Bewertungs- und Abschreibungsmethoden gemäß § 160 Abs. 2 AktG, ZfbF 1971, S. 308–334.

*Ziegeler, Werner:* Zur Berücksichtigung latenter Steuern im künftigen EG-Jahresabschluß, DB 1980, S. 2401–2406.

*Zilias, Manfred; Laufermann, Josef:* Die Neuregelung des Erwerbs und Haltens eigener Aktien, WPg 1980, S. 61–69 und 89–97.

*Zimmerer, Carl:* Bilanzwahrheit. Wunsch und Wirklichkeit, 2. Aufl., Wiesbaden 1972.

*Zöller, Artur:* 55 Möglichkeiten der Bildung von Rückstellungen und Rücklagen zur Gewinnbeeinflussung, Kissing 1979.

# Stichwortverzeichnis

Abänderung des Jahresabschlusses 247
Abbruchverpflichtung 156
Abgänge 198
Abnahme 49
Absatzmarktpreis 64
Abschlußkosten von Versicherungsverträgen 34
Abschlußprüfer 231
Abschreibung 176, 198
– außerplanmäßige 65, 71, 88
– degressive 101, 102
– digitale 104
– indirekte 43
– kumulierte 199
– mit fallenden Staffelsätzen 106
– nach der Beanspruchung oder Leistung 107
Abschreibungsmethoden 100
– kombinierte 108
– Wechsel der 108
Abschreibungsplan 88
Absetzung für Abnutzung 90
– für Substanzverringerung 90
– wegen außergewöhnlicher technischer oder wirtschaftlicher Abnutzung 91
Abzinsung 94
AfA-Tabelle 91
Agio 150
Akkreditiv 208
Aktivierung 16
Aktivierungsverbote 33
Aktivierungswahlrechte 31
Aktivseite 137
Altersversrogung, Aufwendungen für 175
Andere Verbindlichkeiten 158
Angleichung der Handels- an die Steuerbilanz 89
Anhang 183, 189
– Gliederung des 191
Anlage 183
Anlagen im Bau 141
– technische 141
Anlagenbau 169
Anlagengitter 197
Anlagenspiegel 197
Anlagevermögen, Bewertung des 85

– Gliederung des 137
Anlaufverluste 87
Anleihen 158, 159
Anschaffungskosten 46
– gesetzliche 47
– nachträgliche 49
Anschaffungskostenminderungen 49
Anschaffungsnaher Aufwand 49, 60
Anschaffungsnebenkosten 48
Anschaffungspreis 47
Anschaffungsvorgang 47
Anschaffungswertprinzip 79
Anteile 142
– eigene 148
Anzahlung 27, 41, 144
– erhaltene 41, 145, 159, 161
– geleistete 141
Aufgabe des Betriebes 66
Aufgeld 150
Auflösung einer Kapitalgesellschaft 66
Aufsichtsrat 236
Aufstellung des Jahresabschlusses 229
Auftragslage 218
Aufwand 164
Aufwandsrückstellung 37
Aufwendungen 80
– außerordentliche 181
Aufwendungsdarlehn 42
Aufzeichnungspflicht 258
Ausblick 221
Auseinandersetzungsstatus 1
Ausgaben 80
Ausgleichsanspruch des Handelsvertreters 156
Ausgleichsposten 30
Ausleihung 143
Ausschüttungssperre 30
Außenprüfung 237, 240
Außerordentliches Ergebnis 181

Barwertvergleichsmethode 96
Basiswerte 46
Bausparkassen 9
Baustellenräumung 156
Bauten auf fremden Grundstücken 140, 141
Bedarfsänderung 88

Beizulegender Wert 65
Beleuchtungsanlagen 140
Bereichsgliederung 170
Bergschäden 156
Berichtigungsaktien 51
Beschäftigte, Zahl der 186
Beschaffungsmarktpreis 63
Bestätigungsvermerk 233
Bestandteile 83
Beteiligungen 61, 143
– Bericht über 210
– Erträge aus 177
Betriebsausgaben 164
Betriebseinnahmen 164, 166
Betriebsergebnis 177
Betriebsprüfung, steuerliche 237
Betriebsstoffe 144
Betriebs- und Geschäftsausstattung 141
Betriebsverluste 69
Betriebsvermögen 19
Betriebsvorrichtungen 140
Bewegungsbilanz 218
Bewertung 45
Bewertungsabschlag 71, 87, 94
Bewertungsgebot 55
Bewertungsgrundsätze, allgemeine 73
Bewertungsgrundsätze, besondere 85
Bewertungsstetigkeit 75
Bewertungsverbot 58
Bewertungsverfahren, gemischte 99
Bewertungswahlrechte 56
Bezogene Leistungen, Aufwendungen für 175
Bilanzänderung 229
Bilanzbereinigung 89
Bilanzberichtigung 229
Bilanzfälschung 252, 253
Bilanzgewinn 183
Bilanzgliederung 135
Bilanzidentität 83
Bilanzierung dem Grunde nach 15
Bilanzierungshilfen, aktive 29
Bilanzierungshilfen, passive 42
Bilanzinhalt 15
Bilanzprüfung 233
Bilanzrichtlinie-Gesetz 7
Bilanzschemata 135
Bilanzstichtag 121
Bilanzverlust 183
Bilanzverschleierung 252, 253
Bilanzwahrheit 73
Bilanzzusammenhang 84
Börsenkurs 62, 64

Börsenumsatzsteuer 49
Bohrungen 133
Bonus 50, 156
Briefkurs 96
Bruttogewinn 54
Bruttorechnung 168
Bürgschaft 207
Bußgeld 156

Damnum 28, 178, 179
Dauerschuldverhältnis 98
Delkredere 43
Delkrederehaftung 207
Disagio 28, 178, 179
Diskrepanzhinweis 193
DM-Eröffnungsbilanz 47
Drohende Verluste aus schwebenden Geschäften 156
Durchschnittsbewertung 114

Eigenkapital 39, 150
Eigenkapitalspiegel 201
Eigenleistungen 173
Eigentumsvorbehalt 21
Einfache Buchführung 81
Einlagen, ausstehende 149
Einnahmen 80
Einreichung des Jahresabschlusses 245
Einzahlungsverpflichtung 208
Einzelbewertung 82
Einzelkosten 55
Einzelveräußerungspreis 66
Entwicklung 225
Ereignisse, besondere 219
Erfindungen 34
Ergebnis der gewöhnlichen Geschäftstätigkeit 180
Ergebnisabführungsvertrag 146
Ergebnisverwendung 205
Erhaltungsaufwand 59
Erhöhte Absetzungen 92
Erholungsheim 140
Erläuterungsbericht 192
Erlösschmälerungen 172
Ermessungsrücklagen 126
Ersatzbeschaffungsrücklage 154
Erträge 80, 165
– außerordentliche 180
Ertragswert 65
Erweiterung 30
Erzbergbau 71
Eventualverbindlichkeiten 206

## Stichwortverzeichnis

Fabrikbauten 140
Factoring 146
Fässer 113
Fehlbetrag 31
Fehlmaßnahme 69
Fertigerzeugnisse 144
Fertigungsgemeinkosten 56
Fertigungskosten 55
Fertigungslöhne 55
Feststellung des Jahresabschlusses 241
Festwertrechnung 119
Feuerlöschanlagen 140
Fifo-Methode 118
Finanzanlagen 141
Finanzierung 218
Finanzplan 223
Firmenwert 139
– derivativer 32, 79
– originärer 17
Flachpaletten 113
Flaschen 113
Flaschenkästen 113
Florentiner Handlungsbuch 3
Flüssige Mittel 148
Flugzeuge 134
Forderungen 145
– zweifelhafte 94
– aus Lieferungen und Leistungen 145
– gegen Beteiligungsunternehmen 146
– gegen verbundene Unternehmen 146
Forderungsverzicht 61
Formblätter 133
Forschung 225
– angewandte 225
Forschungsbericht 224
Frachten 48
Frist für die Aufstellung 229
Fundamentierungskosten 49
Funktionale Gliederung 170
Fusion 89

Garantieverpflichtung 100
Geldentwertung 110
Geldkurs 64
Geldstrafen 167
Gemeiner Wert 66
Genossenschaftsanteil 143
Gerichtskosten 48
Geringwertige Wirtschaftsgüter 112
Gerüst- und Schalungsteile 113
Gesamtaufwandsverfahren 169
Gesamthandvermögen 20
Gesamtkaufpreis 48

Gesamtkostenverfahren 169
Geschäftsbericht 189
Geschäftsbauten 140
Geschäftsguthaben 189
Geschäftswert 139
Geschenke 167
Geschirr 113
Gesellschafterdarlehn 159
Gewährleistung 156, 157
Gewährleistungsvertrag 207
Gewerbliche Schutzrechte 138
Gewillkürte Betriebsschulden 39
Gewillkürtes Betriebsvermögen 20
Gewinn 163
Gewinn- und Verlustrechnung 163
– Gliederung der 167
Gewinnabführungsvertrag 177
Gewinngemeinschaft 177
Gewinnrealisierung 52
Gewinnrücklagen 151
Gewinnschuldverschreibungen 159
Gewinnvortrag 153
Gezeichnetes Kapital 150
Gläubigerverzicht 166
Gliederung 129
Gliederungsstetigkeit 130
GmbH-Anteil 147
going concern 76
Goldmark-Eröffnungsbilanz 84
Gratisaktien 51
Größenmerkmale 8
Großreparaturen 44, 209
Gründungsaufwand 35
Grunderwerbsteuer 49
Grundlagenforschung 225
Grundmietzeit 24
Grundpfandrecht 141
Grundsätze ordnungsmäßiger Buchführung 12
Grundstücke mit Wohnungen 140
– ohne Bauten 140
– und Bauten 140
Grundstücksbestandteile 140
Grundstücksgleiche Rechte 141
Gruppenbewertung 116
Guthaben bei Kreditinstituten 148

Hafenanlagen 140
Hafenbetriebsanlagen 134
Haftsumme 189
Haftungsverhältnisse 206
– sonstige 208
Handelsbilanz 7

Handelsregister 245
Handelsschiffe 71
Hauptposten 136
Heimfallverpflichtung 133
Heizungsanlagen 140
Helgen 133
Herstellungskosten 54, 59
Hifo-Methode 118
Hilfsstoffe 144
Hypotheken 47
Hypothekenbanken 9

Identitätsnachweis 83
Immaterielle Anlagegegenstände 31
– Wirtschaftsgüter 138
Imparitätsprinzip 79
Importwarenabschlag 95
Ingangsetzung des Geschäftsbetriebs 29, 79
Instandhaltung 44
Instandhaltungskosten 157
Inventur 16
Investition 218
Investitionsvorhaben 209
Investitionszulage 50

Jahresabschluß 3, 183
Jahresabschlußkosten 156
Jahresabschlußprüfung, handelsrechtliche 231
– steuerrechtliche 237
Jahresfehlbetrag 153, 183
Jahresüberschuß 153

Kalkulationsirrtum 69
Kapitalanlagegesellschaft 9
Kapital, eingefordertes 31
Kapitalflußrechnung 218
Kapitalrücklage 150
Kassenbestand 148
Kauf auf Ziel 47
Kaufmann 18
Kaufoption 24
Kaufpreis-Leibrente 47
Kernbrennelemente 133
Kifo-Methode 119
Kilo-Methode 119
Körperschaftsteueraufwand 181
Kohlenbergbau 71
Kokillen 133
Kommanditanteile 143
Kommissionsgeschäft 21
Kompensationsgeschäft 145

Kongruenz 84
Konkursstatus 1
Kontoform 129
Konzession 34, 138
Korrekturposten, aktive 30
– passive 43
Krankenhaus 9, 71
Kreditinstitut 9, 158
Kreditoren, fiktive 45
Kreditrisiken, spezielle 43
Kreditrisiko, allgemeines 43
Kreditwürdigkeitsprüfung 77
Kühleinrichtungen 140
Kuppelproduktion 60

Lagebericht 215
Lagergeld 48
Lastenausgleichs-Vermögensabgabe 42
Latente Steuern 34
Leasing 23, 52, 96, 209
Lebensführung 166
Leergutrücknahmeverpflichtung 156
Leerkosten 59
Leerposten 135
Leistungen, nicht abgerechnete 145
Leistungsmäßige Abschreibung 101, 107
Leuchtstoffröhren 113
Liebhaberei 18, 166
Lieferantendarlehn 160
Lifo-Methode 116
Lineare Abschreibung 101
Liquidationsstatus 1
Liquidationswerte 77
Lizenzen 31, 138
Löhne und Gehälter 175
Lofo-Methode 118
Luftfahrzeuge 71

Mängelrüge 50
Maklergebühren 49
Markenrechte 31
Markt 63
Marktpreis 63
Maßgeblichkeit 11, 90, 95
– umgekehrte 11, 113
Maschinen 140, 141
Materialaufwand 174
Materialgemeinkosten 56
materiality siehe Wesentlichkeit
Materialkosten 55
Miete 23, 41
Mietverlängerungsoption 24
Mitteilung des Jahresabschlusses 243

## Stichwortverzeichnis

Mitzugehörigkeit 132
Montagekosten 49
Mooraufschließung 133

Nachtragsbericht 219
Naher Zukunftswert 70
Namensgewinnschuldverschreibung 159
Naturalrabatt 50
Nettorechnung 168
Neubewertungsrücklage 111
Niederstwertprinzip 93
Nießbrauch 21, 208
Notariatsgebühren 48
Notwendige Betriebsschulden 39
– Privatschulden 39
Notwendiges Betriebsvermögen 19
– Privatvermögen 20
Nutzungsdauer 88, 90
Nutzungsüberlassung 28

Öffentliche Hand, Kredite der 160
Öffentliche Rechnungslegung 8
Optionsanleihe 151
ordonnance de commerce 5

Pacht 23, 41
Parkplätze 140
Passivierungsverbote 45
Passivierungswahlrechte 44
Patente 31
– selbst entwickelte 33
Patentrückstellung 38
Patentverletzung 156
Patronatserklärung 207
Pauschalabschreibung 82
Pauschalbewertung 98
Pauschalwertberichtigung zu Forderungen 114
Pensionsgeschäft 21
Pensionskassen 175
Pensionsrückstellung 98, 99
Pensionssicherungsverein 161
Periodenabgrenzung 80
Perioden-Lifo 116
Permanentes Lifo 117
Personalaufwand 175
Personalbericht 212
Pfandrecht 208
Pfand-Rückzahlungsverpflichtung 133
Pfennigbeträge 128
Pflichtveröffentlichung 248
Pier 133

Planbilanz 223
Posten 136
Postengruppen 136
Preisnachlässe 156
Preissteigerungsrücklage 41, 71, 153
Privatausgaben 166
Privatdiskont 147
Privatvermögen 18
Produktenbörse 64
Prognosebericht 220
Progressive Abschreibung 101
Provision 48
Prozeßaufwand 49
Prozeßkosten 156
Prüfung des Jahresabschlusses 230
Prüfungsbericht 235
Prüfungszeitraum 238
Publizität des Jahresabschlusses 246

Rabatt 50
Realisation 80
Realisationsprinzip 79
Rebanlagen 133
Rechnungsabgrenzungsposten, aktive 27
– besondere 29
– passive 41, 42
Rechnungslegung 1
Rechtzeitigkeit 74
Registerkosten 48
Renovierungskosten 49
Renten 96
Rentenbarwert 96
Rentenverpflichtung 68, 96
Reparaturen 59
Restwert 199
Restwertrechnung 61
Rezepte 34
Richtigkeit 73
Rohergebnis 169
Rohstoffe 144
Rohstoffvorkommen 133
Rollende Ware 25
Rolltreppe 140
Rückdeckungsversicherung 161
Rücklage für eigene Anteile 152
– für Ersatzbeschaffung 113
– gesetzliche 151
– für Verluste ausländischer Tochtergesellschaften 154
– für Zuschüsse 154
– steuerfreie 153
Rücklagen, andere 152
– satzungsmäßige 152

– stille 52, 72, 126
Rücknahmeverpflichtung 156
Rückrechnung 54, 62
Rückstellungen 36, 37, 44, 97, 154
– für Ausgleichsverpflichtungen gegenüber Handelsvertretern 38
– für drohende Verluste 26
– für Garantie- und Gewährleistungen 98
– für Großreparaturen 157
– für Instandhaltung 98
– für Jahresabschlußprüfung 38
– für Kosten der Aufstellung des Jahresabschlusses 38
– für Kulanzleistungen 98
– für latente Steuern 125, 127
– für Pensionen 155
– für Sozialplan 38
– für Steuern 155
– sonstige 156
– wegen Verletzung fremder Patent-, Urheber- oder ähnlicher Schutzrechte 38
Rückzahlungsbetrag 95
Rückzahlungswert 68

Sachanlagen 139
Sacheinlagen 53
Sachgesamtheit 83
Sammelbewertung 114
Sammelposten 204
Sanierung 89
Sanierungszuschüsse 61
Schächte 133
Schatzwechsel 147
Scheck 148
Scheckbürgschaft 207
Schenkung 46, 50
Schiffbau 169
Schiffe 71, 134
Schiffspfandbriefbank 9
Schlußbesprechung 240
Schmiergeld 167
Schulden 35
– in fremder Währung 96
Schuldscheindarlehn 159
Schrottwert 88
Schutzklausel, allgemeine 213
– besondere 211
Schwarzmarktpreis 47
Schwebende Dauerverträge 26
Schwebende Geschäfte 26
Schwebezustand 27
Schwimmende Ware 25

Sicherheiten für fremde Verbindlichkeiten 208
Sicherheitsüberprüfung 49
Sicherungsübereignung 21, 203
Skonto 49, 96
Slipanlagen 133
Sonderabschreibung 92, 107
Sonderbetriebsvermögen 20
Sonderkosten der Fertigstellung 56
– der Fertigung 56
Sonderposten mit Rücklageanteil 40, 154, 174, 203
Sondervermögen 22
Sonstige betriebliche Aufwendungen 176
– Steuern 182
– Verbindlichkeiten 158, 159
– Wertpapiere 148
– Wirtschaftsgüter 146
Sozialbericht 212
Soziale Abgaben 175
Sozialgebäude 140
Sparkassen 9
Staffelabschreibung für Gebäude 108
Staffelform 130, 168
Staffelmethode 96
Status 77
Steuerausgleichsposten 40
Steuerbilanz 9
Steuergefährdung 258
Steuerhinterziehung 256
Steuern vom Einkommen und Ertrag 181
Steuerschulden 36, 160
Steuerverkürzung 256
Steuerzeichen 133
Stiftung 161
Stillegung 156
Stiller Gesellschafter 159
Stilliegende Betriebsteile 58
Strafsachenstatistik 255
Straf- und Bußgeldvorschriften, handelsrechtliche 251
– steuerrechtliche 256
Straßen 140
Stromerzeugungsanlagen 134
Stufenwertabschreibung 107
Substanzerhaltung 110
Subventionen 50

Tausch 46, 51, 66
Technischer Fortschritt 88
Teilgewinnabführungsvertrag 177
Teilherstellungskosten 58
Teilleistungen 25

## Stichwortverzeichnis

Teilwert 66
Teilwertvermutung 67
Tierbestand 133
Totalerfolg 84
Transportbänder 140
Transportversicherung 48
Treuhandverhältnis 21
true and fair view 73
Überschuldung 149, 254
Überschuldungsstatus 254
Überschußrechnung 10, 81
Umbau 49, 59
Umbuchungen 198
Umlaufvermögen, Bewertung des 93
- Gliederung des 143
Umsatzerlöse 172
Umsatzkostenverfahren 169
Umsatzsteuer 172
Umwandlung 89
Umweltschutz 71, 209
Unentgeltlicher Erwerb 32, 50
Unfertige Erzeugnisse 144
Unterbeschäftigung 58
Unterbewertung 72
Unternehmensfortführung 76
Unterstützung 175
Unterstützungskasse 161, 175
Ursprüngliche Aufwendungen 170

Valutaverbindlichkeiten 68, 96
Veräußerungsgewinn 50
Veräußerungsgewinnrücklage 154
Verbindlichkeiten 36, 203
- aus Lieferungen und Leistungen 158
- gegenüber Kreditinstituten 158
- Gliederung der 158
- im Rahmen der sozialen Sicherheit 160
Verbrauchsteuern 29, 56
Verbundene Unternehmen 142
- Beziehungen zu 211
Vergleichsstatus 1
Vergleichswerte 46, 82
Verkehrsfähigkeit 17
Verkehrsunternehmen 9
Verkehrswert 66
Verlust 31
Verluste aus dem Abgang von Wirtschaftsgütern des Anlagevermögens 176
- des Umlaufvermögens 176
Verlustübernahme 179

- Erträge aus 182
Verlustvortrag 153
Vermerke zu Posten 136
Vermögensgegenstand 16
Veröffentlichung des Jahresabschlusses 247
Verpackungsmaterial 50
Verpflichtungen aus schwebenden Verträgen 206
Verschmelzung 46, 53
Versicherungsprämien 41
Versicherungsentschädigung 50
Versicherungsunternehmen 9
Verteilungsverfahren 61
Vertragsstrafe 208
Vertreterkosten 156
Vertriebskosten 57
Vertriebslager 57
Vervielfältigung des Jahresabschlusses 247
Verwaltungskosten 56
Vierte EG-Richtlinie 7
Vorlage des Jahresabschlusses 243
Vorrangigkeit, eingeschränkte 132
- uneingeschränkte 132
Vorauszahlung 27, 28
Vorjahrszahlen 131
Vorräte 144
Vorsicht 78
Vorstandsmitglieder, Kredite an 209
Vorsteuer 48

Währungsgewinne 81
Währungsrisiken 156
Wandelschuldverschreibung 151
Waren 144
Wechsel, Begebung und Übertragung 207
Wechselbürgschaft 207
Wechselobligo 98, 156, 207
Wechselverbindlichkeiten 158
Werbung 57
Werkswohnung 140
Werkzeuge 113
Wert, handelsrechtlich zulässiger 72
- steuerlich zulässiger 70
Wertaufhellung 120, 220
Wertaufholung 123
Wertaufholungsrücklage 125, 153, 174
Wertberichtigung zu Forderungen 43
Werte, fakultative 46, 70
Wertpapierbörse 64
Wertpapiere 147

Wertschwankung 70
Wesentlichkeit 74, 134
Wiederbeschaffungswert 110
Wiegegeld 49
Willkürrücklagen 126
Wirtekundschaft, Kautionen und Einlagen der 133
Wirtschaftliche Zugehörigkeit 21
Wirtschaftlichkeit 74
Wirtschaftsgüter, passive 35
Wirtschaftsgut 16
Wirtschaftsprüfer 231
Wohnheime 140
Wohnungsunternehmen 9

Zahlungsunfähigkeit 254

Zeitliche Zugehörigkeit 25
Zeitpunkt der Veröffentlichung 249
Zeitwert 66
Zerschlagung 76
Zinsen 41, 49, 58, 179
– und ähnliche Erträge 178
Zinsstaffelmethode 97
Zölle 29, 48
Zonenrandförderungsrücklage 154
Zugänge 198
Zukunftswert, naher 70
Zuschreibung 123, 199
Zuschüsse 50, 156
Zuzahlungen 151
Zwangsrücklagen 126
Zwischenabrechnung 25